닥터 아이다

도로시 클라크 윌슨 지음 | 주지현 옮김

좋은씨앗

닥터 아이다

지은이 도로시 클라크 윌슨 옮긴이 주지현

초판 1쇄 발행 | 2007년 9월 10일
초판 2쇄 발행 | 2007년 10월 15일

펴낸이 신은철
펴낸곳 도서출판 좋은씨앗
1999.12.21 등록 / 제4-385호
137-130 서울시 서초구 양재동 2-30번지, 덕성빌딩 4층
전화 02) 2057-3041 (영업부) / 02) 2057-3043 (편집부)
팩스 02) 2057-3042
홈페이지 www.gsbooks.org
이메일 sec0117@empal.com

ISBN 978-89-5874-089-6 03230
값 18,000원
Printed in Korea

인도인의 영혼까지 치유한 의사,

아이다 스커더의 일대기

목차

추천사 1

아이다 스커더(1870-1960) 선교사는 4대에 걸쳐 42명의 선교사를 배출한 선교 명문가 출신이며, 온 가문이 선교사로 헌신한 기간을 합치면 1,200년이 넘습니다. 그녀의 할아버지 존 스커더(1793-1855) 박사는 미국 최초의 의료선교사로 36년 간 인도와 실론(스리랑카)에서 활동했습니다.

처음에는 이 책 《닥터 아이다》를 간단히 읽고 추천사를 쓰려 했으나 그렇게 할 수 없었습니다. 아이다의 생생한 생애로 인해 저는 제가 일하는 예수병원의 109년 의료 선교역사와 자연스럽게 비교하기도 하고, 저와 제 아내가 나이지리아에서 의료선교사로서 겪었던 여러 가지 일들을 떠올리기도 했습니다.

예수병원을 시작하신 미혼의 마티 잉골드 여의사가 동학혁명 이후에 우리나라 여성의 지위와 미신적인 치료 행위 때문에 느꼈을 비슷한 일들을 아이다도 겪었습니다. 그리하여 결국 여성들을 교육하기 위해 간호학교와 여자 의과대학을 설립하는 험난한 여정에 아이다는 자신의 생애를 드렸습니다. 오늘날 80만 명이나 되는 나이지리아 북부의 무슬림 여인들이 겪는 어려움 중에 하나인 방광질루(V.V.F., 소변 조절을 못하게 되고 냄새 때문에 남편에게 버림받게 됨)가 당시 인도에도 있었고 이것을 고쳐주기 위해 수술을 하는 아이다의 모습도 감동적이었습니다.

아이다가 부딪힌 인도의 상황에서 가장 심각한 문제들은 무지와 가난과 비위생적인 것을 제외하고도 여성에 대한 비인간적 대우, 그리고 사람을 차별화는 계급주의 카스트 제도였습니다. 이런 문화 바탕을 가진 인도 땅에 복음의 원리가 드러나고, 하나님의 형상으로 창조된 인간들 사이의 차별을 없애기 위해 때로는 토착화된 태도로, 때로는 정면 승부로 평생을 일관되게 살았던 아이다의 생애는 가히 뭉클한 감동을 주고도 남습니다.

그러면서도 이 책의 곳곳에는 평범한 사람들이 겪는 일들을 끌어안고 온 몸으로 고뇌하며 때로는 무기력해지기도 했던 아이다의 인간적인 면들이 잘 나타나 있습니다.

우리나라는 짧은 선교의 역사에도 불구하고 많은 선교사들을 파송하였습니다. 그런 과정에서 우리가 예상치 못했던 많은 문제들이 발생하기도 합니다. 그러므로 우리는 신명기 32장 7절처럼 역사에서 배우기를 힘써야 합니다. "옛날을 기억하라 역대의 연대를 생각하라 네 아버지에게 물으라 그가 네게 설명할 것이요 네 어른들에게 물으라 그들이 네게 말하리로다."

먹을 것이 없는 사람들에게 진정으로 도움을 주려면 물고기를 주기보다 물고기 잡는 법을 가르쳐야 한다는 말을 우리는 자주 듣습니다. 의료 선교에서도 이 말은 그대로 적용됩니다. 노벨 평화상을 수상한 바 있는 슈바이처가 일했던 아프리카의 람바렌 병원은 힘없이 문을 닫았지만, 아이다 스커더의 의과대학과 병원은 지금도 세계적인 수준을 유지하며 많은 인재를 길러내고 있습니다. 그들의 사역이 근거와 내용에서 명백한 차이가 있었음을 보여주는 결과입니다.

그리스도의 사랑을 자신의 은사로 또한 온 영혼으로 실천하며 살았던 한 인간의 모습은, 독자 여러분께 진정한 성도의 삶은 어떠해야 하는지 보여준다고 확신합니다.

제가 이 책을 읽으며 경험하였던 동일한 감동이 모든 분들에게도 있기를 기원합니다.

김민철 | SIM 나이지리아 의료 선교사,
전 한국누가회 이사장, 현 예수병원장

추천사 2

이 책은 닥터 아이다 스커더의 45년 선교 사역을 흐르는 강물처럼 그리고 있으며, 의료선교사가 현장에서 어떤 일들을 감당하는지 실제적으로 보여주는 살아있는 교과서라 할 수 있다. 의료적인 도움의 손길이 절실했던 그 시대의 인도에서 그녀가 섬김으로 보여주었던 의료 사역의 양과 질, 그리고 헌신과 사랑은 참으로 놀랍다.

그녀는 대를 이어 인도 선교에 헌신했던 미국 선교사 가정에서 태어나 독특한 부르심을 받은 후 늦은 나이에 의학을 공부하여 의과대학을 졸업했다. 의료 선교사였던 아버지의 뒤를 이어 환자를 돌보았을 뿐 아니라 의료 체계가 현지에 정착되고 토착화될 수 있도록 힘썼다. 인도의 종교적 장벽과 정치적 위기 상황, 세계 대전과 같은 어려움 속에서도 벨로아 지역에 병원을 설립하고, 간호대학과 여성의과대학을 열었으며 이를 계속 확장시켜 나갔다.

그 눈물 겨운 과정이 이 책《닥터 아이다》(*Dr. Ida*)에 생생하게 펼쳐져 있다. 그녀의 삶을 통해 우리는 개척, 도전, 희생, 불굴, 감동, 인내, 지혜, 충성같은 귀한 단어들을 배울 수 있다. 그 가운데 가장 강조되어야 할 점은 인도와 인도인들을 향한 그녀의 사랑일 것이다. 그녀의 희생과 헌신은 동시대에 한국에 와서 사역하다 양화진에 묻힌 의료선교사들을 떠오르게 한다. 그들의 공통점은 섬김의 헌신과 희생의 사랑이었다.

그 밖에도 아이다는 격변기의 인도에서 거대한 장벽과도 같았던 잘못된 관습과 제도에 맞서, 여성과 어린이에 대한 인식을 바꾸고, 질병에 대한 오해를 줄이는 데 크게 공헌했으며, 나아가 여성운동을 창시하고 교육분야 등에서 많은 발자취를 남겼다. 이는 선교사들이 복음전도 이외에 사회봉사와 변혁을 함께 추구해야 함을 실제적으로 보여주는 좋은 사례이다.

그녀가 예수님의 발자취를 따라가며 척박한 인도 땅에서 몸소 실천했던 사랑의 의술은 동일한 부르심을 따라 의료선교를 꿈꾸는 모든 의료인들에게 귀감과 도전이 될 것이다. 이런 위대한 선임 선교사의 일생에 관한 책을 읽고 추천서를 쓴다는 것은 내게 매우 과분한 일이다. 그러나 그런 분을 소개하는 일은 나의 기쁨이기도 하다. 이 책을 읽는 독자들이, 그녀의 일생을 통해 함께 하신 예수님을 발견하고 그분의 음성에 귀를 기울였으면 한다.

심재두 | 한국누가회 사무총장,
GMP(개척선교부) 알바니아 선교사, 내과전문의

추천사 3

나는 학교와 병원에서 아이다 여사와 함께 했던 그 시간과, 그분이 진료차를 몰고 다니던 인도의 그 길 역시 잊을 수가 없다. 외적으로도 아름다웠던 그분은 사람들을 이해하는 데 있어서도 최고였다. 나무 그늘 아래서 나병에 걸린 여성들과 남성들, 어린 아이들을 돌보는 그분의 모습을 지켜보았는데, 장갑을 끼지 않은 손으로 그들을 만지는 것에 충격을 받았다. 하지만 그분은 그러지 마시라는 나의 간언에 웃으며 말씀하셨다. "저는 언제나 예방을 합니다. 손에 긁힌 자국이 없어요. 이런 내 행동이 나를 찾아오는 환자들에게는 큰 의미가 됩니다." 한 번은 분주한 하루를 보낸 다음 날, 아침 식사에 조금 늦게 오셨다. 식탁에 앉더니 하시는 말씀이 긴급 환자가 찾아오는 바람에 새벽 3시에 일어나서 수술을 했다는 것이었다. 한 여성이 수술을 받으려고 소에 실려 험한 길을 왔기에 미룰 수 없었다고 했다.

아이다 스커더 선교사는 해외 선교에 있어 영광이자 놀라움이다. 본서를 통해 독자 여러분은 의사 아이다를 생생하게 만나게 될 것이다. 이 책은 그녀를 놀랍도록 잘 묘사하고 있으며, 문학적인 기술 역시 풍부하다. 그리스도인 가정에서 반드시 소장해야 할 책이다.

다니엘 A. 폴링 | 아이다와 함께 일했던 의사

I 위대한 영혼

남부 인도의 비옥한 도시 한 가운데에는 문이 하나 있다. 가히 '아름다운 문' 이라 불릴만 한데, 연꽃잎과 피어오르는 봉오리 문양에 은도금까지 되어 있다. 새벽녘부터 저녁까지 그 문은 닫히는 일이 없고, 인적 없는 날도 드물다. 매일 수천의 사람들이 그 문을 드나들고, 그 문을 중심으로 4억의 인구가 살고 있다.

나는 문 안쪽의 북적이는 사람들 틈으로 빈자리를 잡고 앉아, 오고 가는 사람들을 지켜보았다. 빳빳한 가운을 입은 젊은 인도인 의사들은 미국 최고의 존스 홉킨스 병원이나 마요 클리닉의 의사들 못지않게 빠릿빠릿하게 움직이고 있었다. 족장들은 긴 치마에 풍덩한 셔츠를 입고 머리에는 페즈(터키식 모자—옮긴이)인지 터번인지를 둘러쓰고 있다. 비시누의 삼지창, 혹은 시바신의 막대기 같은 것을 든 성자들은 이마에 빨간 나무진으로 줄을 그었다. 학생 간호사들은 흰색과 푸른색이 섞인 사리를 입고 있다. 서양식 옷에 간디 모자와 바이슈티(인도식 남성 복장—옮긴이)를 입은 관리들의 모습이 인상적이다. 마을 사람들은 머리와 허리를 가리는 한 가닥 천을 두른 게 고작이지만, 수세기에 걸쳐 내려오는 독특한 위엄을 지니고 있다. 곱게 머리를 땋고 비단 사리를 입고서 자신들이 이뤄낸 자립에 흥분을 감추지 못하는 여인들. 아직도 고대로부터 내려오는 겹겹의 휘장 뒤에서 겁먹은 듯 바라보는 여인들. 인고의 눈과 딱딱하게 굳은 맨발의 여인들. 그리고 깨끗한 애들, 지저분한 애들, 옷 입은 애들, 안 입은 애들이 웃고, 찡찡거리고, 울며 돌아다니는데, 건강해 보이면서도 왠지 고통으로 힘겨운 듯하다.

차 한 대가 도착하자, 힘겹게 지팡이를 의지한 노부인이 깜짝 놀란 듯 차에서 내렸다. 얼굴은 주름투성이고 어깨는 꾸부정하지만, 두 눈은 맑고 파랗게 반짝였고, 그 위로 부드러운 백발이 드리웠는데 군데군데 생생한 금빛으로 빛나고 있었다.

곧 수십 명의 사람들이 다가와 부인을 부축했다.

"흐이구, 이런 식으로 도움 받는 건 끔찍해. 정말 싫다니까!" 이렇게 싫은 듯 중얼거리면서도 감사의 미소를 지었다. "감사합니다. 고마워요."

외래 환자들이 잔뜩 모인 진료실을 지나 분주한 병원 복도로 접어들자, 굽었던 노부인의 몸이 펴지는 듯했다. 우울한 눈빛도 생기가 넘쳤다. 사람들은 환영한다는 몸짓으로 우아하게 두 손을 모으고 '나마스카르' 하고 인사했다. 고통과 공허함을 묻어두며, 세속을 초월한 듯 굳게 닫혔던 그들 입술에도 미소가 번졌다. 미처 보지 못한 갈색 손 하나가 노부인의 푸른 면 치맛자락을 붙잡았다. 당황스럽게도, 점잖게 하얀 바이슈티를 갖춰 입은 마을 사람이 거의 숭배에 가까운 눈빛으로 풀썩 무릎을 꿇고 앉더니, 그 발 앞에 완전히 엎드렸다.

인도에는 이런 말이 있다. 한 여인이 나타나면 온 세상이 순식간에 행복해질 것이라고 말이다. 위대한 영혼인 마하트마가 나타나면, 혹은 그의 눈빛만 보아도 다르샨, 즉 축복과 은총이 임한다고 한다.

노부인과 나는 길고 높은 개방식 복도 한 가운데에 잠시 멈춰 서서 병원부지 쪽을 바라다보았다. 뜰과 별관 건물, 북적이는 베란다, 널찍하게 뻗어 있는 길에서는 사람들이 쉴 새 없이 움직이고 있었다. 시야가 닿는 모든 곳에는 여러 동의 건물이 한 층 한 층 올라가는 중이었으며, 두드리는 망치 소리의 리듬에 맞춰 건물은 맥박이 뛰는 것처럼 생기가 넘쳤다. 원래는 2층짜리 건물이었지만 지금은 3층 내지 4층짜리 건물을 짓는 중이었다. 정원과 뜰이 있던 자리에는 새로운 병동과 실험실이 들어섰고, 베란다와 마루는 의사들을 위한 탈의실과 대기실로 변했다. 예배당의 하얀 지붕만이 원래 모습을 유지했다. 온 힘을 다해 세웠던 터라 애착이 가는 건물이었다.

하지만 병원 건물 안으로 들어가보면 그런 생기를 찾아볼 수 없었다. 우리가 서 있는 곳에서 1.6킬로미터 정도 떨어진 곳, 북적이는 거리와 시장 저 너머에는 현대적인 붉은 벽돌 건물이 보였다. 그곳은 안과 병동이었는데, 모든 조직은 여기를 중심으로 성장해갔다. 남쪽으로 6킬로미터 정도 떨어진 곳에는 푸른 언덕 위에 의과대학, 농촌 병원, 나병 재활 병동, 정신건강 센터가 들어선 건물이 있었다. 치유의 에너지는 건물 안과 밖으로 흘러나와 60킬로미터 반경의 도시와 마을에 임했고, 매년 각 지소와 거리 진료소, 시골 보건소, 안과 지부, 요양소 등에서는 이십 만 명의 사람들이 진료를 받았다. 그 에너지는 더욱 넘쳐흘러, 거대한 이 나라에는 수 천 명의 의사, 외과의, 간호사, 약사, 조산사, 보건 직원이 새롭게 양산되는 역사가 일어났다.

그리고 이 백발의 여인은 10개국 이상의 40개 장로교회의 후원으로, 이 나라에 위대한 의료 센터를 건립했다. 노부인의 가문은 42명의 구성원들이 4대에 걸쳐 대략 1,100년 동안 인도에서 선교사로 섬기고 있었으며, 부인은 어느 모로 보나 그 가운데서도 가장 주목할 만한 성과를 거두었다.

나는 놀라운 마음으로 부인을 보며 물었다. "정말 만족스럽지 않으십니까? 처음에 어떻게 시작했는지 떠올려보면 말입니다."

부인은 열정적으로 대답했다. "아, 물론이죠. 하나님은 정말 좋으신 분입니다."

나는 한층 궁금해졌다. 뭐라고? 한 세기에 나올까 말까 한 대단한 업적을 남긴 분의 입에서 겨우 '하나님은 정말 좋으신 분'이라고? 자만심이라곤 찾아볼 수 없는 감사의 말이다.

부인은 지팡이를 짚었기에 나머지 한 손으로 내 팔을 잡았다. "여기 그냥 있을 건가요? 아직 볼 곳도 많고 할 일도 많답니다." 그분 목소리에 활기가 넘쳤다. "자, 서두릅시다!"

갑자기 나도 흥분이 되었다. 그것 때문에 지구 반 바퀴를 돌아오지 않았는가. 결코 호락호락한 일이 아니었다. 위대한 영혼이 걸어온 길을 둘러본다는 생각에 마음이 설레고 가슴이 뛰는 모험을 기대했다.

이 책은 그 땅에 머무는 자체만으로, 이 땅의 수천 사람들에게 다르샨, 즉 축복과 은총이 되었던 한 여인, 푸른 눈과 금빛 백발을 한 노부인의 이야기다.

2 다시 인도로

또 다시 기차가 덜컹거리더니 삐직거리며 멈췄다. 바깥세상으로 나갈 길이 다시 막혀버렸다. 눈을 꼬옥 감고는 있었지만, 속눈썹 사이로 날아드는 붉은 흙먼지와 이마에 내리쬐는 짙은 열기를 느낄 수 있었다.

"아이디, 저것 봐!" 오빠 해리가 창가에 반쯤 몸을 기대고는 뭔가 열심히 쳐다본다. "서구 세계를 완전히 벗어났어. 여긴 정말 인도야. 우리가 떠났던 집으로 다시 돌아온 거라구. 멋지게 늘여 입은 흰 치마랑 분홍색 터번 보이지? 저기 지나가는 사람들이 타밀어로 말하는 소리 좀 들어봐. 이 광경, 이 소리, 정말 익숙하지 않니?"

아이다는 혼잣말처럼 중얼거렸다. '익숙하다구? 흥, 옛날에 악몽을 꾸다가 봤던 그 장면이랑 아주 똑같은데 뭘!' 차이가 있다면 지금은 꿈이 아니라 현실이라는 점이었다. 또한 그녀는 더 이상 겁먹은 8살 꼬마 아가씨가 아니었다. 이제 막 매사추세츠 주, 노스필드의 여자 신학교를 졸업한 갓 20살의 젊은 여성, 미스 아이다 스커더였다. 지금은 1878년이 아니라, 1890년 9월 20일이었고, 몇 주 전에 오빠인 해리와 함께 '베를린 시(市)'란 이름의 증기선을 타고 뉴욕에서 건너왔다. 그리고 몇 시간 전에 마드라스에 내렸다. 아버지는 전에 선착장에서 만났었고, 지금은 건너편의 딱딱한 녹색 좌석에 앉아 계신다.

아이다는 아버지의 모습이 선착장에서 봤을 때랑은 아주 딴판이라 깜짝 놀랐다. 너무 깡마르고 키가 컸으며, 어릴 적에 무릎에 앉아 만지작거렸던 길고 검던 수염은 거의 하얗게 변해 있었다. 다만 짙은 눈썹 아래 사각 안경 뒤에 가려진 깊고 검은 눈동자만은 기억하던 그대로였다.

그 두 눈이 아이다를 향해 반짝였다. 아버지는 큰 소리로 말했다. "우리 꼬마 아가씨가 정말 숙녀가 되었구나! 그것도 아주 예쁜 아가씨로 말이지! 이렇게 푸른 눈동자랑 멋진 금발이었다는 걸 잊고 있었구나." 그리고 생각에 잠긴 목소리로 말했다. "너희 엄마랑 내가 네 크는 모습을 얼마나 보고 싶어 했는지! 맙소사, 8년이라니! 정말 길고 긴 시간이었어!"

아이다는 갑자기 화가 치밀어 고개를 돌려버렸다. 그렇게 그리워할 줄 알았다면 어떻게 그럴 수 있었지? 8년 전, 아버지가 인도 선교사로 다시 돌아간다는 결정을 내렸을 때, 아이다는 네브라스카 농장에서 엄마와 오빠들과 남기를 원하지 않았던가? 그리고 2년 뒤 시카고에 있는 헨리 삼촌 집에서는 엄마마저 떠나버리지 않았던가?

그날 밤을 추억할 때마다 가슴이 아렸다. 14살 소녀의 무기력한 애통함만큼이나 창밖에는 비가 거칠게 쏟아졌다. 아이다는 기차역에서 인도로 떠나는 엄마를 배웅하는 것조차 허락받지 못했다. 그녀를 꼭 감싸 안은 엄마의 손이 풀리고 집을 떠나자마자, 아이다는 윗층으로 뛰어올라가 밤새도록 엄마의 빈자리에 누워 서글피 울었다. 헨리 삼촌은 친절한 분이었고 패니 숙모도 악의가 없었지만, 아이를 잘 이해하는 사람들은 아니었다. 밥을 먹지 않고 자기 방 안에 틀어박혀 있는 아이다를 그저 반항아로 취급했다. 멀쩡한 음식을 창밖에 내다버렸다고 벌을 주기도 했다. 몇 주가 가고 몇 달이 지나도, 외로움이라는 고통은 잠시 잠잠해질 뿐 결코 가실 기미가 없었다.

한 번은 엄마가 이렇게 편지를 써 보냈다. "인도 사람들은 우리가 여섯 자녀들을 미국에 남겨두고서 여기에 올 수 있었다는 사실을 이해하지 못한단다. 그 사람들은 그러지 않았겠지. 나 역시 또 그럴 수 있을 것 같지는 않구나."

가족들을 그렇게 서로 떼어놓은 장본인이 건너편에 앉은 낯선 사람, 곧 그의 아버지였다. 아이다는 문득 자신이 지금까지 모든 탓을 아버지에게 돌려왔음을 깨달았다. 해리 오빠는 억지로 익힌 듯한 바나나 한 송이를 자랑스럽게 들어 보였다. "보세요! 내 타밀어가 사람들에게 통한다니까요! 바라이파람 아루(바나나 여섯)! 이게 전부 다 해서 4아나(옛날 화폐 단위. 루피의 16분의 1의 가치—옮긴이)예요! 어때요, 12년 만인데 나쁘지 않죠?"

아버지는 웃었다. "흥정하는 솜씨보다는 타밀어 실력이 더 낫구나. 2아나 정도면 사겠는 걸." 하지만 흡족한 표정이었다. "너희 두 사람 모두, 여기를 고향으로 여겨야 한다. 여기서 태어나 어린 시절을 보낸 너희의 나라거든."

아이다는 입술을 질끈 깨물었다. 내 나라라고? 물론 지금은 여기서 잠시 머물러야 하는 게 사실이었다. 어머니가 아파서 아이다의 도움이 필요한 상황이었다. 하지만 내 나라라니! 절대 그럴 수는 없어! 맑은 공기와 깨끗한 거리, 편리한 건물이 있는 미국이야말로 자기 나라였다. 이 지옥 같은 곳이 조국일 수는 없었다! 또 다시 작은 기차칸 밖으로 펼쳐진 세계에 신경이 쓰였다. 열기 때문에 숨이 막힐 지경이었고, 강렬한 색깔들로 눈이 아팠다. 그러다가 정신을 차리고 보니 기차가 역에 들어서 있었다. 역사에는 요란스런 행상인들과 부산스런 심부름꾼들, 반쯤 벗고 있는 한량들, 산더미 같은 짐을 진 짐꾼들, 거지들이 득실거렸다.

그 사람들 중 하나가 아이다가 앉은 창밖에 서 있었다.

"암말(아가씨), 암말! 파씨, 파씨!"

파씨라고! 생각만 해도 끔찍한 소리였다. 타밀어는 대부분 잊어버렸지만, 그 단어는 절대 잊을 수가 없었다. 파씨. 배고프다는 말 아닌가! 7-8살 때의 악몽이 다시 살아났다.

수백 개의 손이 창문을 향해 끈질기게 뻗어댔다. 비슷한 또래 아이들의 손이었는데, 마치 조그만 갈고리 발톱과도 같았다. 아이다는 빵을 작은 조각으로 잘라 아이들의 손바닥에 올려놓았는데, 너무나 허약해서 손을 들지도 못하는 아이에게는 입에 직접 찔러 넣어줘야 했다. 아이다의 옆으로는 죄다 조그만 발톱들이 우글거리는 게 보였고, 아무리 잘게 잘라 서둘러 나눠주어도 이들을 채워줄 빵은 충분하지 못했다! "파씨. 파씨."

"무슨 일이야?" 해리가 바나나를 먹다 말고 걱정스러운 듯 말을 걸었다. "아파 보이는데."

아이다는 오빠를 바라보았다. 빳빳이 세운 정장 칼라 위로 짤막한 머리에 마른 얼굴이었다. 정말로 오빠에게는 거지들과 파씨 그리고 이 낯선 세계가 좋은 기억으로만 남아 있는 걸까?

해리도 그 악몽을 경험해보지 않았는가. 당시에는 사람들이 '1875년 대기근' 이라고 부르던 큰 기근이 있었다. 나중에 아이다는 기근에 관한 여러 보고서를 읽어보았는데, 그 중 하나인 아버지가 쓴 보고서에는 통계 수치가 가득했다. 어린 그의 눈에는 0이라는 숫자가 마치 횅하게 벌린 입들이 늘어서 있는 것 같았다.

"기근은 3년 가까이 마드라스와 인도 남부 여러 지역을 강타했다. 기근의 영향을 받은 전 지역의 인구는 58,500,000명이고, 그 면적은 약 657,000평방미터에 달한다. 이번 기근으로 사망한 사람은 5,250,000명으로 전해진다."

아이다의 부모이자 의사인 존 부부는 돈과 물품을 나눠달라는 부탁을 받았다. 짐마차 정도 분량의 쌀과 옷가지를 160여 킬로미터 떨어진 마드라스에서부터 운반했다. 선교 본부가 있는 벨로르에 구호 캠프를 열었는데, 첫날만 해도 존과 다른 의사가 확인하고 받아들인 인원만 1,200명이 넘었다.

"매일 엄청난 사람들이 도움을 청하러 온다. 아내는 굶주린 아이들을 먹이고 입히는 일을 담당했다. 대나무로 만든 우리 벨로르 선교본부 안에 아이들을 모아 줄을 맞춰 앉힌 다음 죽과 우유와 빵을 나눠준다. 우리 자녀들도 음식을 나눠주는 일을 거든다."

그 일은 금세 기억이 났다. 아이다와 5명의 오빠들, 존, 루, 해리, 찰리, 월트가 열심히 이 일을 도왔던 게 생생했다.

'오빠, 기억나? 그 애들이 부모님 가져다준다고 넝마 속에 콘지(일종의 숭늉—옮긴이)랑 빵을 숨길까봐 우리가 옆에서 감시했던 것 말이야. 애들이 문 열고 나가자마자 걔네들 엄마 아빠가 달려들어서 뭘 가져왔나 하고 살펴봤던 모습도 생각나?'

"어이, 망아지, 더워서 그런 걸 거야." 해리는 옛적 애완견 이름을 부르면서 생각에 잠긴 아이다를 깨웠다. "이제 익숙해지겠지. 근데 이렇게 말해서 미안하다만, 지금 네 모습은 완전히 겁먹은 강아지인걸!"

정신이 확 들었다. 아이다는 너무 익어 문드러진 바나나 하나를 들어 꺽다리 오빠를 향해 멋들어지게 발사했다. 해리는 제대로 피했고, 미사일은 반대쪽 창가로 휙 떨어져버렸다. 그러자 아랫도리만 걸친 두 장난꾸러기 녀석들이 서로 먹겠다고 덤벼들었다.

아버지 존 스커더는 그을린 뺨 위로 눈물이 흘러 수염 속으로 사라질 때까지 머리를 치켜들고 웃었다. 그리고 기쁜 듯 탄성을 질렀다. "이제야 우리 아이들이 돌아왔구나."

아이다는 새로 산 에나멜 가죽 가방을 열어 뒤적거렸다. 비단 장갑, 증기선 승선표, 노스필드의 동료가 보내준 장미꽃 다발의 분홍 리본, 《하루의 필요, 하루의 능력》 책자가 있는데, 책 안에는 '사랑하는 아이다에게, 사랑을 담아. 이모가. 1890년 7월 30일. 베를린 시' 라고 적혀 있다. … 아이다는 조그만 거울을 집어 들었다. 거울을 들여다보며, 속상한 듯 한숨을 쉬었다. 뽀얗던 뺨과 반듯한 이마는 불쾌한 땀으로 얼룩져 있고, 땀구멍마다 붉은 먼지가 들어앉아 있었다. 머리는 꼭 헤나로 물들인 듯 적갈색이다!

옷도 훑어보았다. 안나 이모랑 뉴욕의 가게에서 산 예쁜 파란색 면 드레스. 군데군데 보라색 비단 장식이 들어가 있고 소매는 멋들어지게 부풀어 있었는데, 열기 때문에 맥이 풀려 꼭 바늘로 찔러놓은 풍선 꼴이었다.

아, 정말 끔찍한 나라다! 이 열기하며, 먼지랑 소음 그리고 이 냄새! 거의 울상이 되었지만, 소매깃의 풍선을 바늘로 찔러서 빵 하고 터뜨리는 모습을 상상하자 울음은커녕 낄낄거리며 웃음만 나왔다.

그러고 나니 마음이 좀 가벼워졌다. 아이다는 이 나라와 거기에 관계된 거라면 뭐든 싫어하는 게 분명했다. 어머니 건강이 좋

소녀 시절의 아이다 소피아 스커더

아질 때까지만 잠시 머물다가 돌아갈 거라고 생각했고, 미리 세워둔 장래 계획을 따라 대학도 가고, 혹 연애 사업이 잘 안 풀리면 직장생활을 준비하겠다고 마음먹고 있었다(연애에 실패할 것 같지는 않았다. 학교 연합파티 때 마운트 헐몬 남학생들은 주변에 몰려들었고 주위 여학생들은 코웃음을 쳤다). 어쨌든 친구들과 재미있게 즐기고, 아름다움과 부와 모험을 따라 사는 것이 그녀가 꿈꾸는 삶이었다.

아버지의 전보가 도착한 그 날, 친한 친구 '스푸키'가 눈물을 그렁거리며 추궁하듯 말했다. "어머, 네가 인도에 간다고? 너희 집안 사람들처럼 선교사가 되겠다는 거니? 널 다시는 못 보겠구나."

"아니라니까!" 아이다는 화가 나서 발을 동동 구르며 이스트 홀의 자기 방에 모인 친한 친구들을 노려보았다. 친구들의 얼굴에는 동정심과 걱정, 회의감이 가득했다. 단 한 사람 애니 핸코크(Annie Hancock)만이 부끄럽고 조심스럽게 부러워했다.

"내가 그렇게 살 것 같애? 난 결코 선교사 따윈 안 돼. 절대, 절대로 말이야!" 아이다는 사납게 말했다.

다들 입을 모아 '스커더 집안 사람들'처럼 선교사가 될 거라고 속단하다니, 너무한다 싶었다. 심지어 부모님마저도 편지에는 늘 그런 식으로 쓰곤 했다. '뉴욕에서 작은 오르간 하나를 샀단다. 아이다, 네가 여기 오면 사용하게 될 거야. … 아가, 피아노 연습 열심히 해두렴. 선교지에서 음악은 정말 큰 도움이 된단다….'

전보가 도착한 그날 밤, 아이다는 밤새 잠을 못 이루고 두근거리는 마음으로 전보에 적힌 내용을 떠올렸다. "즉시 오너라. 어머니 위독. 네 도움 필요."

엄마를 다시 만난다고? 기쁜 건 당연지사다! 하지만 그 일 때문에 인도에 가야 한다고? 아이다는 눈을 크게 뜬 채 커다란 기숙사 창문 너머로 어스름히 밝아오는 하늘을 바라보았다. 창문이 너무 높고 길어서 커튼은 마치 꼭대기로 말려 올라간 겹먹은 레이스 조각 같았다.

밀려오는 새벽 햇살과 함께 결심했다. 인도로 가기로 말이다. 필요하다면 단기 선교사로 지원할 수도 있다. 물론 어머니 건강이 좋아질 때까지만 머물 거고, 스스로에게도 흥미로운 경험이 될 것이다. 그런 다음에는 다시 미국으로 돌아와 살면 된다.

해결책을 떠올리고 나니, 인도를 관통하는 기차를 타고 있는 이 순간에도 마음이 한결 가벼웠다. 심지어 차창 밖 아름다운 풍경에 자연스레 눈길이 가기도 했다. … 연두색에서 눈부신 에메랄드빛까지, 다양하게 수놓아진 반듯한 논밭. … 흐드러지게 핀 협죽도와 부겐벨리아(분꽃과 식물—옮긴이). … 너무 잎이 무성해서 목이 아플 정도인 야자나무. … 이제 막 갈아놓은 밭의 검은 흙을 배경으로 진홍색 사리가 마치 악보처럼 군데군데 찍혀 있는 듯하다.

어느 정도 화는 가라앉았다. 아이다는 이제 한결 부드러운 마음으로 아버지를 대하게 되었다. 잃어버린 8년의 세월과 아버지의 주름투성이 얼굴, 단정하게 손질된 긴 백발의 수염을 생각하니 갑자기 울고 싶어졌다. 그 부드럽던 수염의 감촉을 생각하니 손끝이 아려왔다.

틴디바남(Tindivanam)! 지난 5년 동안 부모님의 편지에 빠지지 않았던 곳, 마드라스 남쪽으로 100킬로미터 떨어진 그곳을 지도에 까맣게 표시해 두었었다. 창밖으로는 기왓장을 얹은 지붕들, 야자나무와 사원, 요란스런 목소리, 검은 얼굴들이 갑자기 나타났다. 숨 막힐 듯한 기대감에 쿵쾅거리는 심장을 안고, 아이다는 이글거리는 열기와 현란한 색이 가득한 열차 정거장에 발을 내디뎠다. 어머니는? 없었다. 그 많은 군중들 틈바구니 속에서 아는 얼굴이라고는 단 하나도 없었다. 심지어 백인도 한 명 없었다. 실망을 넘어 염려하는 마음이 들었다. 생각했던 것보다 훨씬 위독하신 걸까? 아버지가 일부러 숨기신 건가?

"우리가 이렇게 빨리 오리라곤 생각하지 못한 것 같구나." 아버지의 유쾌한 목소리를 들으니 마음이 좀 놓였다. "사환인 쏘우리도 우리를 마중 나오지 않았어. 반디를 타야 할 거야."

어린 소가 끄는 이륜차들이 역 앞에 줄지어 서 있었고, 아이다가 그 중 하나를 고르기로 했다. 화려한 색상에 화관으로 장식된 것이 꼭 대상 행렬의 축소판 같았다. 아이다는 그 많은 중에서도 가장 안 좋아 보이는 것으로 골랐다. 힘겹게 마차를 끄는 소가 너무 안 되어 보였기 때문이었다.

"넌 참 마음도 좋으셔!" 해리는 갈대로 지붕을 삼은 좁디좁은 우차 내부를 안경 너머로 훑어보며 투덜댔다. "그러고 보니 마르두의 애처로운 눈이 꼭 네브라스카에서 키우던 네 소랑 비슷한 것 같네."

"응, 정말 그런 것 같아." 아이다는 색이 바래고 너덜너덜한 지붕에서 풍기는 먼지에 코를 막으면서 순순히 인정했다.

짐을 실은 반디가 재빠른 속도로 옆을 스쳐가자, 아이다는 더욱 자신의 선택을 후회했다. 그들이 탄 반디는 기어가다시피 했다. "줄디, 줄디!" 아는 인도 단어라고는 몇 되지 않았지만 집에서 주워들었던 말이 무의식적으로 튀어나왔다.

"그건 타밀어가 아니야. 힌디어지." 해리가 놀렸다.

"알게 뭐야. 어쨌든 '빨리' 라는 말이잖아!"

아이다가 쏘아붙였다.

"힌흐! 힌흐!" 마부가 아무리 날카로운 소리로 재촉해 보아도, 앙상한 소 엉덩이를 채찍으로 때리는 것만큼이나 효과가 없었다.

아버지가 껄껄거리며 말했다. "무슨 말을 해도 저 마르두 녀석이 서두를 리가 없지. 타밀어든 힌디어든 말이다."

"당연하죠." 해리는 갑자기 심각해졌다. "저 나무 가로대 밑으로 녀석의 목에 난 상처 좀 보세요." 그의 목소리는 열정적으로 바뀌었다. "정말 놀라운 설교 제목감인걸! '내 멍에를 지라.' 그 구절의 의미를 정말 잘 몰랐었는데. 이거야말로 인도에서의 첫 설교 제목이 되겠는걸요!"

아이다는 쳐다보고 싶지 않았다. 소에 대한 연민으로 이미 마음이 상해 있었다. 게다가 굳이 고개를 돌리지 않아도 뻔히 다 보였다.

아이다는 금속 발판 위에 가지런히 발을 모으고 반디의 가장 뒷자리에 앉아 보호용 철 빗장을 꼭 붙잡고, 우차 뒤로 펼쳐지는 설기도하고 익숙하기도 한 인도인들의 생활 모습을 지켜보았다.

그렇게 많은 사람들을 이전에는 본 적이 없었다. 걷는 사람, 서 있는 사람, 기댄 사람, 타고 있는 사람, 앉은 사람, 웅크린 사람, 누운 사람 등. 그렇게 나를 빤히 쳐다보는 일 말고는 할 게 없나? 아이다는 영문도 모른 채 뭔가에 매료되고 한편으로는 두려워하며 그들을 주시했다. 달그락거리는 바퀴, 어슬렁대는 소 발굽, 까마귀 울음소리, 사람들 얼굴, 향과 소똥과 향신료의 날카로운 냄새, 강렬한 열기와 소음과 색상. … 전에도 먼지 나는 이 길을 달려본 적이 있든지, 아님 그 비슷한 경험이 있는 게 분명했다! 아니라면, 그 다음 펼쳐질 광경을 안다는 듯 두려움에 떨며 바라보고 있는 이유가 무엇인가? 대체 무엇을 기다리고 있는 것인가?

그러다가 갑자기 두 명의 소년들이 보였다. 너무 지친 나머지 길가의 나무 그늘 아래 축 늘어져 있었다. 이전의 악몽이 다시 벌어지고 있었다.

그날도 이렇게 생긴 반디를 탄 채 거리를 지나고 있었다. 한쪽에는 엄마가 앉아 있었고, 다른 한쪽에는 간호사인 마리 아야가 앉아 있었다. 아야는 아이다가 아주 어릴 때부터 그녀를 돌봐주던 사람이었다. 교회 가는 길이라 아이다는 빳빳하게 풀 먹인 제일 좋은 하얀 치마를 입고 있었다. 어머니와 마리 아야 역시 가장 좋은 옷으로 빳빳한 회색 포플린 옷과 다홍색 면 사리를 입고 있었다.

보통 때는 반디가 너무 느리기 때문에 타기를 싫어했고 차라리 오빠들과 걸어서 가게 해달라며 졸라댔다. 그렇지만 오늘은 아니었다. 집 부근에 가면 손을 내미는 아이들이 있을 것이기 때문에 차라리 천천히 가고 싶었다.

"어머나." 마리 아야가 갑자기 큰소리로 말했다. "저 애들 좀 보렴!"

언제나 호기심 많은 아이다는 아야의 무릎을 기대고 일어나 그녀가 가리키는 쪽을 보았다. "어디요? 길 가에 누워 있는 애들요? 이렇게 햇빛이 쨍쨍거리는데 왜 저렇게 누워 있는 거죠?" 아이다는 떨리는 목소리로 물었다. "왜요? 왜 저러고 있냐구요?"

아야의 대답은 간단했다. "죽었으니까."

십수년 전에 일어난 일이었지만, 굶주려 죽은 아이들의 시체와 놀라서 아야를 나무라는 엄마의 목소리, 뱃속부터 손발 끝까지 저려왔던 오싹함이 여전히 느껴졌다. 햇살이 뜨겁게 내리쬐는 오후였지만, 철 빗장을 쥐고 있는 아이다의 손은 싸늘하기만 했다.

"힌흐! 힌흐!"

헐거운 바퀴소리와 함께 우차는 삐거덕거리며 천천히 길가로 진입해 좁은 문으로 들어갔다.

아버지가 생기 넘치는 소리로 외쳤다. "다 왔다! 우리 집이야!"

갑자기 일어서는 바람에 새로 산 푸른 모자가 휘어진 지붕 벽에 부딪혀 먼지가 눈에 들어가고 말았다. 그래서 눈을 비비면서 아버지와 오빠 사이의 조그만 틈으로 힐끗 밖을 쳐다보았다. 거대한 타마린드 나무에서 우수수 잎이 떨어지고, 그 옆에는 짚으로 지붕을 엮은 하얀 건물이, 그리고 현관 기둥 사이에는 조각상 하나가 서 있었다. 아이다는 한 번에 풀쩍 우차에서 뛰어내려 소를 한 번 다독거린 뒤, 뛰어올라갔다.

큰 소리로 불렀다. "엄마! 엄마!"

엄마에게 다가가려다 잠시 멈췄다. 서두르면 안 된다는 생각이 갑자기 들었다. 6년은 참으로 긴 시간이기에 한 번에 뛰어넘기는 힘겹다. 이제 바라던 그 순간이 왔는데, 왠지 낯설고 부끄러웠다. 주름진 얼굴에 흰머리를 하고 검은 옷을 입은 저 연약한 여인이 정말 엄마인가? 엄마는 언제나 젊고 건강하지 않았던가! 하지만 밝게 빛나는 푸른 눈과 웃음 띤 입술, 머리 중앙에서 단정하게 위로 묶어 올린 부드러운 머리와 얌전한 이마는 여전했다. 정말이었다. 심지어 교회에서 엄마 무릎에 앉아 늘 만지작거리던 꽃 모양 은색 브로치마저도 똑같았다!

눈물을 흘리며 앞으로 내달았다.

그립던 엄마의 팔에 안기자, 6년 간의 씁쓸한 고독이 치유의 눈물 속에서 모조리 씻겨 내렸다.

3 스커더 집안

아이다의 아버지인 의사 존 스커더 2세는 7형제 중 막내였지만, 자기주장이 강한 사람이었다. 1861년, 3명의 형들이 설립한 아르코트 선교회에 합류하려고 인도로 돌아갔는데, 당시 그는 미국에서 만연하던 반항적 분위기에 물들어 있었다. 자신이 보기에 정당하지 못한 부분을 발견하자, 낮은 선교비에 관하여 과감히 선교본부에 항의 편지를 보냈다. 선교 본부에서는 이를 호되게 질책했고, 그와 함께 모든 선교회 사람들이 물러나야 할 상황에 처했다. 그러다 결국 선교본부에서는 이를 철회하고 선교비를 올리기 위해 선교헌금을 모금할 방법을 강구하기에 이른다. 하지만 그 사건은 존 스커더의 사역 전체에 큰 영향을 미치게 된다. 그가 본부에 보내는 보고서는 아주 짤막했고 또한 비정기적이었다. 자주 옮겨 다녔고, 본인의 선택으로 가장 힘겨운 지역으로 들어갔기 때문이었다.

틴디바남도 예외가 아니었다. 마드라스의 동부 해안에서 남쪽으로 160여 킬로미터 떨어진 조그만 마을로, 프랑스령 식민지인 폰디쉐리와 멀지 않았다. 아르코트 선교회에서 가장 남쪽에 위치한 지부였으며, 가장 가난하고 소외된 지역의 한 중간에 위치했다. 우기가 끝나면 기근에 시달렸고, 콜레라와 말라리아, 전염병, 그리고 여러 가지 열대 풍토병이 만연했으므로, 사람의 몸과 영혼을 치유하기 위해 귀신에게 영혼을 바치는 일들이 많았다.

마드라스에서 트리반드룸으로 이어지는 철도 선상에 위치하기는 했어도, 틴디바남은 규모가 조금 큰 마을 정도에 불과했다. 남 아르코트 행정구를 관할하는 식민 기지인 쿠달로르는 성 다윗항(港)의 흔적과 함께 바다를 굽어보는 영국식 저택들이 늘어서 있어 한결 인상적이었다. 서쪽으로 20킬로미터 떨어진 진지(Gingee)는 비자야나가르 지역의 고대 요충지였던 곳으로 아주 그림 같은 장소였다. 하지만 타마린드 숲인 틴디바남은 길게 늘어선 저자 거리보다 조금 큰 정도로, 도시 한쪽에는 기차역이, 다른 한쪽은 선교관이 위치하고 있었다. 게다가 선교관 벽은 한때 선교관 내에 있던 타마린드 잡목을 겨우겨우 막아내는 형편이었다.

그 지역의 여느 도시나 마을과 마찬가지로 인구의 90퍼센트가 힌두교 신자이고 10퍼센트가 무슬림이었다. 남인도 무슬림은 대부분 같은 문화를 지닌 힌두교 개종자들의 후손이었으므로, 두 집단 사이의 적개심은 적은 편이었다. 반면 북서쪽으로 100킬로미터 떨어진 벨로르에는 소수주의자인 무슬림들이 상당수를 차지하고 있었으므로, 종교적 감정들이 끓어오를 때마다 분쟁의 조짐들이 일면서 수년에 걸쳐 간간히 소요가 일어났었다. 그 안에 그리스도인 가정은 네 곳뿐이었고, 대부분이 선교관에서 사환으로 일하며 생활했다.

존 선교사가 맡은 일 중 하나는 100여 명쯤 되는 소년들을 위한 기숙학교를 운영하는 일이었는데, 반수 가까이는 힌두 신자였고, 나머지 반은 주변 마을 개종자들의 자녀였다. 또한 존 선교사는 목회자로 섬기면서, 평소처럼 열정과 낙관적인 생각으로 벽돌과 기왓장으로 된 튼튼한 교회 건물을 지었는데 수백 명을 수용할 정도로 규모가 컸다. 그리고 의사로서 마을 곳곳을 방문해달라는 요청을 받기도 했다. 하지만 대부분의 시간은 교회 사역이 새롭게 시작된 여러 마을을 널리 순회하는 일로 보냈다. 마을 전체를 도는 데는 주일 세 번을 포함해서 16일이 소요되었다. 개종자들은 대부분 절대 빈곤자이자 불가촉 천민들이었기 때문이었다.

기독교는 힌두교의 높은 카스트 계층, 특히 브라만에게는 그다지 매력적으로 다가오지 않았다. 전인류적인 형제 개념은 자신의 기득권에 극심한 위협이 되었기 때문이다. 그리고 이미 `유일신을 섬기는 무슬림들에게는 그리 신선할 것이 없었다. 그래서 낮은 카스트나 불가촉천민들이 주로 개종을 했다. 새로운 교리를 통해 얻는 것은 많으면서도, 잃을 것은 없는 이들이었다. 기독교를 통해 두려움과 미신에서 벗어날 뿐 아니라, 새로운 사회적 지위를 얻고 자녀 교육을 받을 수 있으며, 식민 정부의 재판을 받을 때는 억울함을 호소할 든든한 친구도 생기는 셈이었다. 이와는 반대로 높은 계층에 있던 개종자들은 사회에서 추방과 박해를 당하고, 심지어 분노한 친척들에게 생명의 위협을 받기도 했다.

아이다가 보기에 이곳은 완전히 뒤죽박죽인 세상이었다. 책상처럼 편편한 땅 위에 기괴한 모습의 돌덩이를 쌓아놓은 것은 사람들의 일상생활과는 너무나도 대조적이었다. 아이다는 도착한 지 얼마 안 되어 선교관 방갈로에 있는 방 책상에 앉아 이 혼란스런 이야기들을 일기에 담아보고자 했다.

사실은 일기장이 아니라, 지난 성탄절 때 안나 이모가 가계부를 꼼꼼히 적어보라며 주신 조그만 빨간색 공책이었다. 하지만 깔끔하게 줄이 그어진 공책은 딱딱한 숫자보다는 마음속의 따뜻한 이야기를 털어놓는 편이 더 어울리는 것 같았다. 노란 조명을 받으며 책상 위에 놓인 모습이 참으로 익숙해 보이는지라, 아이다는 공책을 집어 들고 즉시 일기를 써나가기 시작했다.

1890년 9월 22일. 틴디바남. 인도에 도착한 지 겨우 이틀이 지났다. 우리 집(글자 위에 줄을 죽죽 그어버림), 우리 부모님 집은 학교 근처에 위치한 큰 선교관이다. 햇빛에 말린 벽돌에 진흙을 이겨 세운 다음 회칠을 했다. 한 층에 방이 세 개다. 하지만 방은 서로 연결되지 않고, 문은 각각 복도 쪽으로 나 있다. 내가 자는 방은 거실 바로 옆인데, 그 사이에는 고작 나지막한 칸막이가 있을 뿐이다. 바닥은 진흙으로 메워 그 위에 석회로 대충 발라 놓았다. 짚으로 이은 지붕에는 흰개미가 천지고, 머리 위로는 늘 먼지가 푸석거리며 떨어지기 일쑤다. 하지만 우리는(아주 진하게 박박 줄을 그어버림), 부모님은 곧 다른 방갈로로 옮길 예정이다. 길 건너편에 2층짜리 진짜 퍼카('영구적' 이란 뜻의 인도식 영어—옮긴이) 집을 만들었다.

쓸데없었다. 아무리 일기장이라고 해도 마음속 진정한 느낌은 적을 수 없었다. 고향에 대한 그리움이 북받쳐 올라, 다시 일기장을 집어 들고 처음부터 죽 훑어보았다.

아이다 소피아 스커더의 일기

개인용!

1890년 1월 1일. 포킵시(뉴욕 주의 남부에 있는 도시). 비도 오고 날씨도 따뜻하다니, 새해를 시작하기에는 너무 안 좋은 날이다. 밤에는 초록색 새 드레스를 입고 월터 오빠와 테일러 씨네 남자애들 둘이랑 연회장에 갔다. …

1월 4일. 월요일엔 좀 멋지게 보이려고 옷에 신경을 썼는데도, 정말 마음에 안 든다. 죄다 엉망인 것 같다. 나도 돈 좀 많았으면 좋으련만. …

1월 6일. 재미있는 여행을 마치고 다시 노스필드로 돌아옴. 하트포드(코네티컷 주의 도시)에서 스푸키를 만났다. 포드 선생님은 참 친절하셨는데, 그분을 다시 좋아하게 되었으면 좋겠다. …

1월 8일. 오늘밤 침묵의 시간에 예배당에서 신나게 울고 웃으면서 멋진 시간을 보냈다. 미티와 나는 하루 종일 맛있는 음식을 엄청 먹어댔고, 스푸키가 왔길래 커피 한 잔씩을 했다. 덕분에 내일 수업 준비를 제대로 하지 못했다.

1월 9일. 오늘밤 공부 시간에 로티와 내가 큰 소리로 웃는 바람에 포드 선생님이 우리 방문을 두드리셨다. 이런, 좀 제대로 처신해야겠다.

1월 10일. 오늘은 포드 선생님 생신이니 축하인사를 드리고 싶은데, 말하지 못할까 두렵다. 난 정말 겁쟁이다.

1월 11일. 오늘밤엔 스푸키, 애니, 베시, 미티와 함께 생크림 커피랑 가재 요리를 먹으며 신나게 놀려고 했는데, 한 주간을 정리하는 기도 모임 시간이 15분밖에 되지 않아서 못하고 말았다.

나는 스푸키와 지붕 밑 골방에 들어가 쿠베브(담배에 첨가하여 천식, 후두염 완화용 향신료로 쓰기도 한다. 아주 맵다—옮긴이)를 피우며 재밌는 시간을 보냈다. 음악을 들으며 잘 놀다가 방에 들어왔는데, 그때부터 미티가 속이 아프다며 지금까지 고통스러워했다. 쿠베브가 너무 독했다며 아우성을 친 거다. 재미있었다.

1월 12일. 아, 오늘밤은 너무 우울하다. 아무리 애를 써도 소용없을 때가 많다. 친구들은 나한테 완전히 다른 생각을 가지고 대하는 듯하다. …

1월 13일. 포드 선생님이 내가 또 휘파람을 분다며 찾아오셨다. 오늘 아침 스푸키 방에서 가재와 함께 커피를 마셨다.

오늘 아버지랑 어머니의 편지를 받았는데, 두 분 다 어머니의 기침이 심하다고 말씀하셨다. 걱정은 되지만 모든 근심을 다 주님께 맡겨드리려고 한다. …

1월 18일. 어제는 시인 롱펠로우의 시에 대한 강의를 들었다. "내 인생은 싸늘하고 어두우며 쓸쓸하다." 하지만 오늘은 예외다. 저녁에 애니 핸코크, 로티 스미스와 함께 스케이트를 타러 가서 엄청 재미있게 놀고 기분도 아주 좋아졌기 때문이다.

1월 25일. 포드 선생님이 사무실로 나를 부르시더니 커피랑 코코아 마신 것을 얘기하시면서, 기름 스토브를 가져간 건 잘못이라고 하셨다. 그런 다음에는 내가 첫 학기 때보다 훨씬 나아졌다면서, 이런 여러 가지 일들을 거치는 동안 내 성품이 많이 다져졌다고 칭찬하셨다.

1월 29일. 오후에 애니 핸코크랑 같이 피셔 씨 댁 말을 끌고 썰매를 타러갔다. 너무 좋은 시간이었다. 피셔 씨 심부름을 하느라고 호텔처럼 보이는 집에 다짜고짜 찾아가 문을 두드리니 어떤 할머니가 나오길래, 피셔 씨네 말굴레 좀 주시라고 했더니 나를 미친 사람 보듯 했다. 그래서 근처에 호텔이 없냐고 물었더니 또 다시 이상한 듯 쳐다보며 그런 건 없다고 했다. 그래서 다시 말을 타고 나가서 신나게 썰매를 탄 다음 방으로 돌아왔다.

1월 30일. 방에서 기도의 날을 맞이했다. 로티와 내가 아침 식사 준비하는 날이라, 커피, 코코아, 머핀, 콩, 오트밀, 생크림 토스트로 거하게 차렸다. 아참, 할 일이 많은데, 자주 잊어버린다. 마치고 들어와 너무 피곤하다며 징징거렸다. 포드 선생님이 들어와 친절하게 대해주셨다. 선생님도 날 좋아해주면 얼마나 좋을까.

3월 3일. 마지막으로 일기를 쓴 지 한 달이 넘었는데, 그 동안 많은 일이 있었다. 2월 20일 쯤에 일어난 일이다. 에드나 스키너와 함께 예배당에서 킬킬거리고 웃었는데, 홀 선생님한테 완전히 한방 맞았다. 선생님은 매우 친절하게 말씀하셨다. 내가 몇몇 사람들에게 거침돌이 되기 때문에 내 행동이 바뀌지 않으면 계속 그런 취급을 받을 거라고 말이다.

아이다는 마지막으로 기록한 부분을 찬찬히 읽어보았다.

정말 내가 이 글을 쓴 게 맞나? 6개월도 채 안된 일인데? 나는 얼마나 겁 많고 어리석은 이기주의자였던가! 방금 읽은 그 글을 쓴 사람이 정말 나인가? 아이다는 활발하고 좌충우돌이었지만 반에서는 인기가 제일 많은 학생이었다! 마운트 헐몬에서 온 독일인 교수의 말과 마차를 '빌려' 타고 놀거나, 주스 제조 공장에 몰래 들어가는 등, 모든 장난을 도맡아 시작했다!

'예배당에서 깔깔대고 웃다니, 야단맞을 짓을 했지. …'

다 애들 장난인 것 같이 보였다. 아이다는 이제 더 이상 아이가 아니었다. 앞으로 꼭 기록하고 싶은 이야기가 있더라도 이 일기장에는 쓰지 않으리라. 일기장 앞에 '개인용' 이라고 쓴 글자에도 세 줄로 박박 그어버리고, 단호하게 일기장을 덮은 뒤, 어린 시절을 추억하는 기념품 상자 속에 쑤셔 넣었다.

이후 몇 주간은 쉽지 않았다. 한편으론 어머니를 돕기도 하고, 또 한편으론 부모님께 실망을 안겨드린 잘못을 속죄하는 마음으로 선교관 일에 열심히 뛰어들었다. 이 시절을 최대한 굵고 짧게 끝내리라는 결심에서였다.

딸이 옆에 있는 것만으로도 어머니 소피아 스커더의 창백한 얼굴에는 화기가 돌았다. 남편은 마을을 돌아보느라 상당 시간 밖에 나가 있었고, 그 마을에 사는 유일한 서양인 관리는 좀처럼 볼 수 없었으므로, 어머니께 틴디바남은 지난 5년 동안 늘 외로운 곳이었다.

어머니는 즐거운 듯 말했다. "말할 사람이 있다는 게 얼마나 좋은지 모른단다. 모국어로 이야기할 사람 하나 없이 3개월을 보내고 나면 말이 너무나 많아지는 통에, 그 다음 3개월은 내내 후회하면서 보내기도 하지!"

집을 보살피고 교사로 일하는 어머니의 업무는 힘겨워보였다. 그래서 아이다는 두 가지 역할을 몽땅 짊어졌다. 집안일에는 단지 자기 가족과 하인들을 돌보는 것뿐만 아니라, 백 명의 아이들이 공부하는 학교를 관리하는 일까지 포함되어 있었다. 필요한 음식을 주문하고, 식품점에서 배달해온 음식을 매일 아침 방갈로 뒤에서 하인들에게 나누어주었으며, 조리법을 알려주고, 시장에서 산 물건 값을 지불하고, 아이들 먹일 쌀이 있는지 살피고, 아이들 옷은 제대로 수선이 되었는지 보고 매주 드호비(빨래하는 사람)에게 보내는 일을 관할하며, 정기적으로 새 옷을 구입했다.

아이다는 계획을 세우는 일과, 관목이나 화단 가꾸는 일을 좋아했다. 심지어 시간을 쪼개 길 건너 새 건물이 들어선 자리의 선인장 숲에 망고 묘목과 대나무를 심기도 했다. 그렇지만 창고 청소, 손보지 않은 오래된 방갈로 지붕에 득실거리는 벌레와 쥐들과 싸우는 일 같은 건 딱 질색이었다. 우기인 10월이 오면 지붕만 새는 게 아니었고, 며칠만 지나도 가죽신, 가방, 옷가방에까지 누런 곰팡이가 끼었다. 심지어 가구 다리에 물그릇을 고정시켜 놓았어도 벌레를 막지는 못했다.

하지만 그런 사소한 문제를 걱정할 시간이 없었다. 어머니와 함께 학교를 돌보고, 무슬림과 힌두 상위 카스트 여인들이 격리되어 있는 은밀한 규방 아녀자들을 방문하는 일 외에도, 마을에서 운영되는 6~8명으로 구성된 힌두 여자학교의 총책임을 맡았다. 여기서 유능한 인도 여성인 아이삭 부인과 함께 일했는데, 아이다는 체조 강습에는 열심인 반면 영어 강습에는 그저 그랬다.

어린 소녀들을 대상으로 일하는 것이 가장 좋았기에, 아이다는 최고의 힘과 열정을 다 쏟았다. 하지만 어려운 순간도 있었다. 학교 바로 근처에 경쟁 학교가 들어섰을 때였다. 경쟁하겠다는 의도가 뻔히 보였다. 어느 날 크게 북소리를 울리고 분홍색 노란색 리본을 흩날리며 학생들에게 공짜로 사탕을 나눠주면서 그 일은 시작되었다. 다음날 아이다는 분명 학생들이 절반쯤은 빠져나갔을 거라 생각하며 떨리는 마음으로 학교에 갔다. 그런데 놀랍고 반갑게도 2~3명 정도만 그랬을 뿐이었다.

"여기가 더 좋아요." 머리를 곱게 빗어 넘긴 까무잡잡하고 예쁜 아이가 쑥스러운 듯 말했다. "선생님의 예쁜 머리랑 눈이 좋아요."

긴 치마에 딸랑거리는 발목 장식을 달고 자스민과 금송화를 함께 엮어 머리를 땋은 아이들을 볼 때마다 마음에서 기쁨이 우러났다. 상을 받는 날에는 더욱 화사한 치마를 입고, 자그만 귀와 손목과 코에 여러 가지 보석장식을 달았다. 아이들 모습은 마치 예전에 엄마가 예쁘게 입혀주었던 인형들을 크게 부풀려놓은 듯했다.

'아이다, 너 조심해야 돼.' 아이다는 스스로에게 엄중히 경고했다. '요 말괄량이들을 너무 좋아하면 안 돼! 너는 선교사가 되지 않을 거라는 걸 명심해. 절대, 절대, 절대로 안 돼!'

대부분은 즐겁게 할 수 있는 일들이었지만, 선교관 건너편에 아버지가 계신 예배당에서 오르간을 연주하는 일만은 내키지 않았다. 음악을 좋아하기는 했지만, 음악을 연주할 때마다 시카고에서의 일이 연상되었다. 패니 숙모는 아이다의 단조로운 피아노 연주를 들으며 신랄하게 쏘아댔기 때문이었다. "뭐야! 또 그렇게 엉망으로 칠래?"

그리고 의사이자 설교자인 아버지를 따라 마을을 순회하는 여행은 무척이나 분통터지는 경험이었다.

제리드 큰아버지와 사촌 언니 딕시가 그들과 함께하기 위해 기차로 10시간 떨어진 벨로르의 선교지부에서 이곳으로 왔다. 아이다는 어린 시절에 완고하고 웃음이 없는 큰아버지에 대해 두려움이 있었는데, 수년 동안 가족들이 하는 말을 들으면서는 더욱 무서워하게 되었다. 한 번은 어머니가 큰어머니에게 원하는 게 있으면 직접 사는 게 좋지 않느냐고 묻자, 의미심장한 대답을 들었다고 했다. "글쎄요. 남자들이 모두 다 시숙님 같으면 좋게요."

하지만 6살 많은 딕시는 언제나 아이다의 우상이었다. 딕시는 조그맣고 가냘픈 몸매에 손이 참 부드러웠고 인상적인 웃음과 아름다운 외모를 지녔다. 들리는 소문에 따르면 남인도에 있는 외국인 여자 중에 딕시만큼 청혼을 많이 받은 사람이 없을 정도였다. 그 딕시가 함께하는 여행이었기 때문에 아이다는 어머니 자리를 대신 채워보겠다며 아버지를 졸라댔다.

여행 전날 미리 조랑말과 마차를 하인들 편에 보내고, 짐을 실은 소와 우차도 함께 동행시켰다. 무더운 먼지투성이 속에서 기차를 타고 25킬로미터를 달려간 다음 날, 존 선교사와 일행은 짐을 찾은 뒤, 그늘진 길을 따라 8킬로미터를 달려 벵갈고무나무 아치를 지나 타마린드 나무 아래에 일행이 머물 천막이 설치된 마을로 들어섰다.

즐길 시간만 있다면 아이다에게 재밌는 여행이 되었겠지만, 매일 여러 마을을 찾아다니며 말씀을 전하고 신앙문답을 하고 진찰하는 데만 해도 수 시간이 걸렸다. 주일날도 쉴 틈이 없었다. 10시쯤 예배가 끝나면 제리드와 존 선교사는 각각 짤막한 수염과 긴 수염을 걷어 올리고서, 수술을 하고 종기를 째고 이를 뽑고 백내장과 종양을 제거하고 뼈를 맞추느라 여념이 없었다. 그리고 큰아버지는 매순간 옆에 딕시를 두고서 일하려고 했다.

밤이 되면 하루 동안 보았던 끔찍하고 불쌍한 사람들이 떠올라 의기소침해진 나머지, 아이다는 꼭 둘러맸던 드레스와 코르셋과 페티코트를 벗어던지고 천막 뒤의 조그만 냇가에서 목욕을 했다. 그리고 딕시가 누워 있는 옆 자리 침대로 들어가 편안하게 잠든 언니의 숨소리를 들으며 지친 몸을 달랬다. 어떤 마을에서는 저녁 기도시간을 지키느라 천막을 친 장소가 하필 코브라가 득실거리는 선인장 울타리 옆이었고, 최근에는 뱀에 물려 7명이 죽기도 했으므로, 그날 밤 아이다는 등불이 껌뻑일 때마다 무시무시한 코브라가 들어오는 것만 같아 신경이 바짝 곤두섰다.

여행중에는 기분 좋은 일도 있었다. 어느 마을에 갔더니 타마린드 그늘 아래 흥겨운 잔치가 벌어졌다. 바닥을 깊이 파고 불을 피워 검은 솥을 걸어놓고, 커다란 바나나 잎에 산더미 같은 밥을 쌓아올리고 향 좋은 카레를 얹어서는 차가운 응유(굳힌 우유)와 뜨거운 향료에 적셔 먹었다. 하지만 후덥지근한 작은 진흙 건물에서 3시간 동안 예배를 드린 후에나 즐길 수 있는 식사였다. 설교를 맡은 존 선교사는 예배 후 무척 피곤했는지 갑자기 비틀거렸고 얼굴이 백지장처럼 하얘졌다.

아이다는 어머니가 가르쳐준 일을 감당하느라 바빴다. 세례식을 돕는 일이 가장 중대한 일이었다. 어린 아이들에게 항상 코코넛 기름을 발라놓는 덕에 미끈거리는 몸을 꼭 잡고 있기란 여간 힘든 일이 아니었다. 혹 남편이 실수로 놓치기라도 할까봐, 스커더 부인은 하얀 세례복을 만들어 세례식 전에 아이들에게 입혀주었다. 세례복을 제대로 입었는지 확인하는 일이 아이다가 맡은 임무였다.

하지만 어머니의 자리를 대신하기란 거의 불가능하다는 사실을 깨닫게 되었다. 어느 마을을 가든 사람들은 실망한 얼굴로 불만스럽다는 듯 물었다. "도라이 사니는 어디 계십니까?" "스커더 부인 안 오셨나요?" "그럼 우리 아기 이름은 누가 짓나요?"

아이다는 아담부터 베드로까지 알고 있는 성경 이름은 죄다 동원했지만, 매번 사람들은 만족하지 않은 듯 중얼거릴 뿐이었다. 스커더 부인 없이는 결정내리는 게 불가능해 보였다. 어느 현지인 전도자는 아들 이름을 멜기세덱으로 짓겠다며 완강히 나오기도 했다.

아이다와 딕시는 겨우 하루를 내어 시골길을 따라 멀찍이 산책을 나서게 되었다. 멋진 협죽도 덤불을 발견하고서는 품안 가득 꽃송이를 따 모았다. 그런 다음 휴가 나온 기분으로 두 사람 모두 모자 위에 활짝 핀 꽃을 꽂았다. 숙소 천막으로 들어가자 큰아버지 제리드가 무척 언짢은 표정을 지었다.

"모자 벗어라." 단호하지만 친절한 목소리로 딕시에게 말했다.

"우리는 새신자들 앞에서 거룩한 모습을 보이러 왔단다. 경박한 모습을 보이면 안 돼."

"예, 아버지." 딕시는 순순히 대답했다.

아이다는 화가 치민 나머지 큰아버지에 대해 겁이 없어졌다. 천막을 확 뛰쳐나가서는 손에 들고 있던 꽃다발에서 꽃송이를 죄다 꺾어 모자 위에 더덕더덕 붙였다. 모자 테두리랑 꼭지 부분이 거의 보이지 않을 정도로 붙여놓았다. 그런 다음 모자를 머리에 푹 둘러쓰고서는 반항적인 태도로 쑥 들어섰다. 그 모습을 본 아버지 존 선교사가 입을 실룩였지만, 아무 소리도 하지 않았다. 큰아버지는 그 모습을 보더니 얼굴이 점점 새빨개지는 게 당장이라도 노를 폭발할 것 같았다. 그런데 갑자기 머리를 뒤로 젖히더니 눈물이 날 때까지 배꼽을 잡고 웃었다.

"그럼 그렇지. 오빠 다섯에 막내딸이니. 여보게, 동생. 자네가 부럽지 않으이."

그날 밤 자기 침대 위에 누워 있던 아이다는 팔꿈치로 머리를 받치고서 조용히 누운 딕시의 얼굴을 바라보았다.

그리고 속삭이는 소리로 물었다. "언닌 항상 큰아버지가 말씀하시는 대로 행동하는 게 정말 좋아? 언니 혼자서 마음대로 하고 싶은 일은 없어?"

평온하던 딕시의 눈이 갑자기 반짝였다. 숨 쉬듯 대답했다. "있지."

아이다는 심장이 쿵쾅거렸다. 드디어 비밀을 찾아낸 거다. 어릴 적 우상이었던 언니는 행복하지 못했다. 언니에게도 꿈이 있었다. 아이다는 이런 저런 계획을 떠올리기 시작했다. 먼저 딕시는 아이다랑 함께 미국으로 돌아가야 한다. 함께 힘을 합한다면 언니의 꿈을 이룰 수 있지 않을까. 언니만한 미모라면 못할 것이 없다. 돈 많은 남편, 모험, 직업…?

대담한 자신의 질문에 스스로 놀라며 아이다가 캐물었다. "뭔데? 이 세상에서 제일 하고 싶은 일이 뭐야?"

반짝이던 눈빛은 확고한 눈빛으로 잠잠해졌다. 딕시는 떨리는 목소리로 속삭였다.

"내가 자유롭다면…." 아이다가 재촉했다.

"뭔데? 말해봐."

"여러 마을들 중에 가장 빈곤하고 지저분한 곳으로 들어가고 싶어. 거기서 사는 거지. 어쩜 이런 식으로 된 천막이 아닐까. 아니면 다른 마을 사람들처럼 진흙 벽돌집에서 살든지. 나는 무엇보다 여자들을 대상으로 일하고 싶어. 청결하게 하는 법이랑 바느질 법, 아이들 돌보는 법을 가르치면서 말이야. 그렇게 한 군데서 어느 정도 생활하면 다른 마을로 들어가서 똑같이 시작하는 거지. 그게 내가 세상에서 제일 하고 싶은 일이야!"

아이다는 말문이 막힌 채 멍하니 쳐다만 보았다.

이번 여행의 진짜 목표는 큰 힌두 축제가 열릴 예정인 서쪽의 큰 마을로 가는 것이었다. 마을에 가까워질수록 사람들은 늘어만

갔다. 진행 속도가 점차 떨어졌다. 그들이 탄 마차는 반디와 손수레, 릭샤(인도식 인력거—옮긴이), 자전거, 보행자들의 행렬에 묻혀버렸다. 찌는 듯한 열기와 사람과 동물의 뒤섞인 냄새 때문에 공기가 답답했고, 끓인 물소젖 버터와 찧어놓은 꽃과 향의 냄새는 더욱 강렬해졌다. 소란스런 행렬 뒤로 화려하게 금을 입힌 휘황찬란한 신상을 태운 마차가 선교사 일행의 바로 옆을 지나가는 바람에, 알싸한 재 냄새와 반쯤 벗은 힌두 신자들의 땀 냄새가 아이다의 코를 찔렀다.

잔뜩 호기심에 찼던 아이다는 기분 나쁜 예감을 느꼈다. 덜덜거리는 마차 소리와 북소리, 뭔가를 웅얼거리는 목소리에 왠지 모를 사악함이 느껴졌다. 수 세기는 지나온 것 같은 거대한 바퀴를 보니 이 길을 지나는 운 나쁜 외부인쯤은 쉽사리 뭉개버릴 것 같았다!

마을 중심부 묵직한 바위 언덕에 당당히 선 사원 앞에서 아버지와 큰아버지는 말씀을 전할 준비를 했다. 마차 뒤편에는 쪽복음지를 올려놓고, 마차 바퀴 대는 임시 설교단으로 삼았다. 큰아버지가 먼저 올라갔다. 말씀을 전할 때는 완전히 다른 사람이 되어, 매우 온화하고 예언적인 말을 했다. 남북 전쟁이 일어났을 당시, 선교회에서 제리드 선교사를 인도로 다시 파송할 수 없게 되자, 그를 통해 회심한 인도 사람들이 사랑하는 '영적 아버지' 제리드 선교사를 데리고 오기 위해 하루 6센트 남짓한 일급을 모아 거의 300달러나 되는 돈을 기부했다는 말은 누가 보든지 충분히 이해될만 했다.

얼마 되지 않아 사람들이 몰려들었다. 하지만 설교단 주위로 모인 사람들은 이방인이 들려주는 하나님 이야기가 듣고 싶어 단지 마술사나 뱀 부리는 사람을 구경하듯 호기심 때문에 몰려든 구경꾼들이 아니었다. 이 사람들은 자기의 구원을 간절히 열망하는 구도자들이었다. 수백 킬로미터를 걸어서 온 사람들도 많았다. 성스런 언덕의 12킬로미터 길이 희미한 빛으로 뒤덮이고 있었다. 십만여 명이나 되는 신도들이 외치는 소리와 소라 나팔을 부는 소리, 열광한 데바다시(딸을 사원에 무희로 바친다는 카스트의 한 계급—옮긴이)들의 빙빙 도는 춤 때문에 분위기는 더욱 숨 가쁘게 변했다. 위쪽 사원 앞마당에 걸린 큰 구리 솥 안의 끓어오르는 버터와 휘발성 액체처럼 사람들의 기분도 완전히 타올라, 불꽃만 튀어도 와르르 옮겨 붙을 기세였다.

아이다는 처음부터 밑바닥에 흐르는 적대적인 분위기를 감지했다. 머리를 밀고 붉은 분가루와 나무진을 바른 광신자들이 한데 모여 중얼거리며 한 귀퉁이로 몰려드는 모습을 불안하게 바라보았다.

갑자기 한 사람이 목소리를 높여 외쳤다. "고빈다! 고빈다!"

강신을 열망하는 목소리는 불꽃을 일으키기에 충분했다. 웅얼거리던 목소리는 한데 모은 외침으로 바뀌었다.

"고빈다! 고빈다! 고빈다!"

제리드 선교사는 차분하게 설교를 계속했다. 덕시는 침착하게 사람들 틈으로 다니며 복음서를 나누어주고 유창한 타밀어로 여자들과 이야기를 나누었고, 손수건으로 아이들의 콧물도 닦아주며, 사람들에게 피부병과 눈병에 좋은 약을 나누어주었다. 반면 아이다는 꼼짝 않고 마차 한 편에 기대어 서서 적대적인 분위기로 모인 저 사람들이 어떤 식으로 나올지 지켜보고 있었다.

이후의 시간은 악몽과도 같았다. 제리드 선교사가 말씀을 마치자, 존 선교사가 올라갔다. 방해는 계속되었고 사람들의 외침은 점점 커져 최고조에 이르렀으나, 존 선교사는 마치 틴디바남의 예배당에서 설교하듯이 침착했다. 도중에 멈추는 일 없이 낭랑한 목소리로 이들에게 전해주고자 했던 복음을 담대하게 전했다.

마침내 전도는 끝나고 마을 밖에 있는 천막으로 들어갔다. 물론 선교사 일행의 움직임을 흥미롭다는 듯 쳐다보는 사람들이 있기는 했지만 그런 대로 안전하게 머물 수 있었다. 그날 일어난 일로 굴욕감을 느낀 아이다는 여느 때보다도 사람들의 눈을 더욱 의식했다. 씻고 옷을 갈아입은 뒤에, 입을 꼭 다물고 저녁 식사를 했다. 하지만 저녁 기도 시간이 끝나고 불을 켜는 순간, 더 이상 조용히 있을 수가 없었다.

"분명히 이 마을에 더 있어선 안 돼요! 우린 이방인이고, 저 사람들은 우릴 원하지 않잖아요. 내일 아침 눈뜨자마자 집에 가면 안 되나요?"

큰아버지가 아이다를 쳐다보았다. 그리고 엄한 목소리로 물었다. "얘야, 네 이름이 뭐니?"

아이다가 대답했다. "제 이름 아시잖아요, 아이다요."

"아이다, 그리고 뭐지?"

"아이다 스커더죠."

"스커더라는 이름이 의미하는 바가 뭐냐?"

아이다는 스윽 웃음을 지었다.

그리고 재잘거리며 대답했다. "스커더(*Scudder*)라는 말은 '방패지기'라는 뜻의 라틴어 스쿠타리(*scutari*)에서 유래했거나, '바람을 가르고 질주한다'는 의미의 앵글로 색슨어인 스쿠다리(*scudari*)에서 유래한 말이죠. 두 경우 모두…"

제리드 선교사가 무뚝뚝한 목소리로 말을 막았다. "두 경우 모두 겁쟁이를 뜻하는 이름은 아니지. 방패지기는 자신의 방어무기를 등 뒤로 매는 법이 없다. 눈앞의 방해물을 향해 바람을 가르며 돌진하는 사람은 뒤돌아서지 않는 법이다." 그리고 동생 존 선교사 쪽을 쳐다보며 말했다. "존 스커더 1세의 손녀라면 우리 조상들 이야기를 알고 있을 테지."

"맞습니다, 형님." 존 스커더 2세가 황급히 대답했다. 두 눈은 재미있다는 듯 반짝였지만 목소리는 진지했다. "하지만 다시 이야기해준다고 나쁠 건 없겠지요."

제리드 선교사는 단호하게 명령했다. "그럼 들도록 해."

아이다는 잠자코 들었다. 제리드 큰아버지는 말을 잘했다. 그는 손동작과 더불어 사람들에 대한 이야기를 죽 이어갔다. 그 첫 번째가 아이다의 할아버지 존 스커더였다. 성공가도를 달리던 뉴욕의 외과의사였던 그는 1819년에 어느 돈 많은 환자를 방문했다가 응접실에서 소책자 하나를 발견했다. 《6억 영혼들의 권리》(*The Claims of Six Hundred Millions*)라는 소책자였다. 그 책을 읽으며 길길이 날뛰는 아버지의 반대를 무릅쓰고 미국 최초로 해외로 나가는 의료 선교사가 되겠다는 결심을 굳히게 되었다.

젊고 아름다운 그의 아내 해리어트 스커더는 두 살 난 아이를 데리고 기꺼이 남편을 따라 실론(스리랑카의 옛 이름—옮긴이)을 향해 6개월간의 항해를 감행했는데, 이후 캘커타에서 잠시 머무는 중 그 아이를 묻어야 했고, 또 18개월을 더 지내면서 아이 둘을 유산해야 했다. 그러면서도 세월이 지나면서 부인은 꿋꿋이 남편의 사역을 돕는 한편, 8남 2녀의 10명의 자녀를 양육했다.

큰아버지의 말을 들으면서 아이다는 할아버지의 여덟 아들에 대해 새로운 시각으로 보게 되었다. 한 명(신학교 다니던 중 사망)을 제외한 나머지는 모두 미국에서 교육을 마친 뒤 인도로 돌아와 아버지의 뒤를 따랐다. 그들이 헨리, 윌리엄, 죠셉, 에스겔, 제리드, 실라, 존이었다.

"우리 아버지는 말이나 마차도 없으셨다. 어떤 때는 가마를 타기도 하셨지만 주로 걸어서 다니셨지. 하지만 지속적으로 여행을 하셨다. 한 번은 닐기리스에 가셨다가 그곳을 지나 마이소르 지역의 숲에 들어가셨지. 그런데 사나운 짐승을 만나 구사일생으로 살아나셨어. 그리고 열병으로 앓아누우셨지. 어머니는 그 소식을 듣고 아들 하나와 함께 아버지를 찾아 나서셨다. 일꾼을 고용해 천막과 물자를 지닌 채 밀림을 뚫고 밤낮으로 여행을 하셨어. 그런데 그 일꾼들이 몰래 달아나버린 거야. 홀로 남겨진 어머니는 그날 밤 야생 코끼리 떼 지나가는 소리와 서서히 다가오는 호랑이들의 울음소리를 들었지. 그러다가 녀석들이 물러가버렸어. 다음 날 일꾼들은 돌아왔고, 어머니는 아버지를 찾아 다시 길을 떠나셨다. 그리고 숲속에서 어머니는 아버지를 찾아내 집으로 돌아오셨지. 아이다 스커더, 그 이야기 들어본 적이 있느냐?"

"네." 아이다는 큰아버지를 똑바로 쳐다보고 대답했다.

큰아버지 제리드는 아주 맹렬한 목소리로 말했다. "그런데 그런 존 스커더의 아들들과 손녀들이 그깐 몇몇 방해꾼들이 머리를 쳐들고 '고빈다' 라고 소리친다고 꼬리를 감추고 도망가야겠느냐?"

천막 안은 숨 막힐 듯 더웠다. 순간 아이다는 감옥에라도 갇힌 듯했다. 참지 못하겠다는 듯 소리를 치며 벌떡 일어난 뒤 땅거미 내린 밖으로 뛰어나가 깊이 숨을 내쉬었다. 해는 졌지만 아직 완전히 어두워지지는 않았다. 하늘과 맞닿은 날카롭고 황량한 언덕은 연한 자줏빛을 띠고 있었다. 동편에 작은 불빛이 희미한 노란빛 호를 그리더니 갑자기 반원이 되고, 나중에는 붉은 핏빛의 거대한 원으로 자라났다.

아이다는 순간 감격에 겨워 숨을 죽였다. 그리고 딕시 언니가 옆에 있는 걸 알고서는 큰소리로 물었다. "저게 뭐지?"

언니는 조용히 대답했다. "카티하이 티이팜. 불꽃 축제야."

수만 명의 순례객들이 이 광경을 보기 위해 이곳까지 찾아온 것이었다. 사원 마당에 있던 큰 솥에는 하루 종일 가져다 부어놓은 버터와 휘발성 장뇌가 넘칠 듯이 부글거렸고, 사람들은 어둠이 내리자마자 사원의 신성한 불에서 옮겨 온 횃불로 큰 솥에 불을 붙였다. 바로 그 순간, 동시에 불이라도 붙인 듯 사원 위 언덕을 따라 빛이 반짝이더니 이내 활활 타올랐다. 비록 멀리 떨어져 있었지만 두 사람은 수만 명이 고함치는 소리를 똑똑히 들을 수 있었다.

딕시가 조용히 말했다. "저 사람들은 신들이 언덕 꼭대기에 불을 붙였다고 믿는 거지. 그래서 매년 크리티가이 별이 하늘에 오르는 보름날이면 이리로 모여드는 거야. 불빛을 보는 것 자체가 구원이라고 생각하거든."

아이다는 마치 횃불이 여기저기 옮겨 붙듯이 언덕 꼭대기에 불꽃이 이는 모습을 숨죽이며 바라보았다. 언니랑 손을 잡았는데, 무척 차가웠다.

"정말 아름답다." 아이다가 속삭였다.

"정말 무시무시해!" 딕시가 전율하며 말했다.

아이다는 자신이 마치 둥그런 불길에 둘러싸인 듯한 느낌이 들었다. 그렇다. 불꽃은 아름답기도 하지만 무시무시하기도 했다. 인도라는 나라처럼 말이다. "고빈다! 고빈다!"를 외치는 이교도적인 열심과 기분 나쁘게 덜그럭거리는 바퀴의 불길함이 함께 맞물렸다. 여기 사람들에게 그것은 인간의 운명을 결정하는 냉혹

스커더 가 사람들. 뒷줄은 넬과 거트루드. 중간은 존, 소피아 부인, 존 선교사, 루이스.
앞줄은 월터, 아이다, 찰스, 코라, 해리.

한 업보와도 같았다.

그리고 아이다에게 그것은 자신들의 틀에 끼워 맞추려는 조부모와 부모, 큰아버지들, 사촌들의 힘처럼 느껴졌다! '그런 틀 속에 억지로 밀리지는 않을 거야. 물론 난 스커더 가문 사람이지만 어떤 방패를 들지, 무엇을 향해 달려 나갈지는 스스로 선택할 수 있잖아. 게다가 내 운명은 먼지투성이에다가 비와 불이 가득한 이 곳 인도는 절대 아니야!'

4 부르심

두 소녀가 목격한 카티하이 티이팜, 즉 불꽃의 향연은 남인도 지방의 고대 힌두교 배경 속에서 끊임없이 반복되는 다양한 종교 행사의 하나일 뿐이었다.

축제는 무수히 많았다. 가을에는 수백 개의 점토 등불을 켜놓는 디이파발리가 있었다. 봄에는 경박하고 상스런 행동을 하는 홀리(Holi) 축제가 벌어지는데, 이 날은 크리슈나 신의 업적을 노래하고 형형색색의 물을 서로에게 뿌리면서 마음껏 장난을 친다. 마르갈리(12~1월)의 불운한 날이 지나고 태양의 귀환을 축하하는 폰감 축제도 있다. 그 날에는 신과 여신의 형상을 들고 행렬을 벌이며 악령을 쫓기 위해 무시무시한 밤의 행사를 한다. 또한 엄청난 양의 말린 소똥을 쌓아놓고, 모든 사람이 호박꽃으로 머리

장식을 하며, 오래된 토기 그릇과 빗자루, 바구니는 모아서 깨뜨리고 태워버린 뒤 집집마다 새 토기 그릇과 옷을 준비한다. 그 외에도 수십 가지 축제가 더 있다.

그렇지만 이런 축제를 여는 목적을 그 기원에서 찾아보면, 단순히 신을 찬양하거나 감사하기 위한 것이 아니라 신의 노여움을 달래는 데 있다. 상당 부분이 선사 문화에 뿌리를 둔 것이다.

세계 최고(最古)의 종교인 힌두교는 관대한 종교 체계 안에, 정복자인 아리안 족속이 인도에 들여온 베다에 대한 순전한 숭배뿐 아니라, 이후 수 세기에 걸쳐 발달된 복잡한 철학 체계 및 아리안족의 침입 이전에 그 땅을 차지하고 있던 드라비다 종족의 종교적 신념과 관습까지를 포함하고 있다. 타밀어를 사용하는 남인도 힌두인들은 그 기원이 드라비다 종족으로, 그중 교육을 받은 소수는 힌두교의 철학을 이해하고 따르지만, 문맹자인 대부분의 사람들은 여전히 이 지역 고유의 오랜 관습에 얽매여 있었다.

이곳 사람들이 받들고 있는 힌두교 교리들을 살펴보자. 업보(Karma)란 현세의 행위에 따라 가차 없는 재판을 받으며, 이에 따라 내세의 운명이 결정된다는 개념이다. 덕(Dharma)이란 자신의 카스트에 따라 정해진 규칙과 관습과 전통에 따라야 할 의무를 말한다. 즉 윤회다. 이들은 위대한 삼위일체인 창조자 브라마와 이를 유지하는 신 비쉬누와 파괴자 시바를 섬긴다. 하지만 일상생활에서는 콜레라나 천연두, 열병, 전염병, 가축 질병, 흉작, 불임, 불 등 개인과 집단의 재난을 담당하는 고대 드라비다의 여신인 그라마 데바타스 혹은 마을의 잡신에 더욱 친숙한 편이다. 사람들은 마두라나 콘지베람에 있는 큰 사원은 일생에 한 번 순례하지만, 마을 길 옆에 있는 신상과 조그만 벽돌 사당, 마을 밖에 세워둔 돌무더기 등에는 매일 헌물을 바쳤다. 먼지가 풀썩이는 길옆에는 점토로 만든 거대한 말들을 세워놓는 공터가 있었다. 마을을 지키는 파수꾼인 이옌가르와 그의 남신(男神)이 밤에 마을을 지키며 탈 수 있도록 한 것이다.

무슬림들이 하루 5번 기도하는 것과 마찬가지로, 힌두 예식은 버터나 밥, 과일, 설탕, 향료, 장뇌, 꽃, 향신료 등을 바치고 여러 사당을 순회하며, 사제의 주문과 기도를 외우는 개인적인 행위이다. 사제 계급인 브라만 사람들은 주요 사원들을 통솔하고, 마을에 있는 사당을 관할하는 사제직인 푸자리스는 낮은 계급 사람들이 차지한다. 푸자리스들은 대부분 독실했지만 가끔은 협잡꾼들도 있었다. 고대 히브리인들과 마찬가지로 힌두인들에게 있어 종교는 삶의 모든 요소를 관할하는 것이었으므로 푸자리스들은 엄청난 권력을 쥐고 있었다. 날씨, 음식, 병, 출생, 죽음, 먹고 씻고 마시는 방법, 머리를 자르는 법, 이웃과 인사하는 법, 숨 쉬는 것과 같은 일에도 관여했다.

사람들이 어떤 식으로 힌두 의식을 행하는지 보려고 굳이 틴디바남을 벗어나 멀리까지 갈 필요는 없었다. 선교관에서 멀지 않은 곳에 드라비다의 일곱 여신상을 세워놓은 사당이 있었기 때문이다. 일곱 신상 모두 파괴의 여신 칼리를 표현한 것으로 각각 무서운 질병과 재난을 상징했다. 밤에 그곳을 지나다보면 신상들이 여러 제물과 화환으로 뒤덮인 모습이 보였다. 아침에 학교 가는 길에는 그 마을의 고위 카스트 힌두인들—법률가, 교사, 관리, 상인—이 큰 물통에서 몸을 씻는 의식을 행한 뒤 위대한 라마 신의 옛 충복이자 사람들이 제일 좋아하는 힌두신 중의 하위(下位) 신, 원숭이 왕 하누만을 섬기러 가는 모습도 종종 보였다. 힌두 사람들은 집 안마당 받침대 위에 신성한 툴시 나무를 심어놓았고, 그 맞은편에 있는 '신의 방'(*god room*)에는 가신(家神)들의 사진과 신상을 갖추고 놋이나 은으로 된 등잔을 놓아 계속 불이 타오르게 했다.

아이다는 철학적 힌두교와 대중적 힌두교에 대해 꽤 해박한 지식을 갖게 되었다. 힌두교 철학을 접하면서 무척이나 당황했고, 색상이나 겉치레에 치중된 미신적인 측면을 보고서 충격을 받기도 했다. 하지만 잠시 인도에 머무는 시간 동안에는 되도록 그런 부분과 마주치지 않기를 바랐다.

어느 날, 친구 애니 핸코크가 보낸 편지가 도착했다. 애니는 궁금한 것도 많았고, '어둠과 무지의 나라에 빛과 진리'를 전할 기회를 얻은 아이다를 부러워했다. 아이다는 당장에라도 자기 마음을 알려야겠다고 생각하고 이렇게 답장했다. "애니, 안녕. 네가 보낸 편지를 앞에 두고 지금 방에 앉아 있단다. 밤 깊은 시각이라 선교관이 조용하네. 팔리(도마뱀이란 뜻이야)가 벌레를 잡느라 벽을 쏘다니는 소리가 들릴 정도야. 지금 우리 아버지는 서재 겸 침실에서 일하고 계시고, 어머니는 (바라기는) 주무시고 계셔. 엄만 많이 좋아지셨으니까. 내가 여기 머물 시간도 거의 다 돼가는 것 같아."

순간 날카로운 눈으로 위를 쳐다보았다. 아이다는 인도에 있으면서 희미한 발걸음 소리에 얼굴 없는 눈이 흑암 속에서 자신을 쳐다보는 상상이 곧잘 떠올랐다. 그럴 때면 억지로라도 열성적이고 감성적이던 애니 핸코크를 떠올리려고 애썼다.

"너도 나처럼 선교사가 되고 싶다고 했지. 그런 말 하지 마! 나는 선교사도 아니고 앞으로도 절대 아닐 거니까. 하지만 너는 나랑은 달라. 애니, 너는 언제나 나보다 훨씬 영적이었잖니. 너라면 여길 정말로 좋아할 거야. 나는 네가 제나나스(집안에서 여자들이 거주하는 구역이란 뜻이야)를 찾아가서 주부들과 아기 엄마들을 방문하는 모습이 그려지는 걸. 어떤 여자들은 평생 그 안에서만 살아야 한대. 그리고 애니, 그 여인들은 너랑 나보다도 나이가 어리단다."

그때 베란다에서 헛기침 소리가 들렸다. 아이다는 그리 놀라지 않았다. 누군가 있다는 걸 일부러 알려준다는 뜻이니까. 사람들은 밤낮 할 것 없이 어느 때나 이곳을 찾아와 아버지에게 도움을 요청했다. 나선형 받침대에 등불을 걸어 들고 문쪽으로 가서 열어보았다.

거기에는 키가 크고 기품 있지만 얼굴에 수심이 가득한 한 젊은 인도 남자가 서 있었다. 그 마을에 사는 브라만 사람인지는 확실하지 않았지만, 옷 입은 모습만으로도 높은 사제 계급에 속한 사람임을 한눈에 알 수 있었다. 상의는 얼룩 하나 없는 순백색 바이슈티를 입었고, 하의는 세세하게 금색으로 주름을 잡은 안가바스트람을 입었으며, 어깨에는 힌두식의 '거듭났다'는 표시인 세 줄로 꼰 흰색 실을 걸쳤다. 단정하게 쓴 터번 아래로 보이는 까무잡잡하고 말쑥한 얼굴이 위급한 상황인듯 긴장한 모습이었다.

아이다가 물었다. "무슨 일입니까? 도와드릴 일이라도 있나요?"

너무도 긴장을 했는지 아이다에게 인사를 하는 그의 손이 바들바들 떨리고 있었다.

"아, 네. 암말(아가씨)!" 꽤 수준 있는 영어를 구사하는 그의 목소리 역시 떨렸다. "아가씨의 도움이 절실히 필요합니다. 14살밖에 안 되는 제 아내가 지금 아기를 낳다가 죽어가고 있습니다. 이발소집 산파가 왔지만 속수무책이고, 아내가 이대로 죽을 거라고만 말합니다. 제 아내는 정말 사랑스런 여잡니다! 아가씨는 미국에서 인도로 오셨다고 들었기에, 제 아내를 도와주실 수 있으리라 생각했습니다."

아이다는 안타까운 마음에 이렇게 말했다. "아! 죄송합니다. 제가 아니라 저희 아버지가 필요하신 것 같네요. 아버지가 의사랍니다. 바로 옆방에서 일하고 계세요. 자, 제가 불러드릴 게요."

길을 안내하려는 순간, 베란다로 가는 통로를 하얀 기둥 하나가 턱하니 막고 서 있는 걸 알았다. 수심이 가득하던 남자의 모습은 온데간데 없었다. 그 자리에는 거만하고 화가 잔뜩 난 브라만이 서 있었다.

"뭐라고! 내 아내를 돌봐달라고 낯선 남자를 집안으로 들이란 말입니까? 가족 외에 다른 남자는 아내 얼굴을 보아서는 안 되오. 지금 당신 제 정신입니까?"

아이다는 말을 더듬었다. "아, 아니요. 다, 당신 아내를 구하려면…."

젊은 남자가 대꾸했다. "낯선 남자가 아내 얼굴을 보느니, 차라리 죽는 게 낫소."

아이다는 그 남자를 보며 말했다. "지, 진심으로 하는 말은 아니죠?" 하지만 정말 그럴 생각이라는 것을 알 수 있었다. 아이다는 다시 한 번 시도했다. "제가 아버지랑 같이 갈게요. 아버지가 저한테 할 일을 말씀해주시면, 제가 그대로 하면 돼요. 아버지는 당신 아내를 만질 필요도 없다니까요."

남자는 아무 대답도 없이 몸을 홱 돌려 발걸음을 재촉했다.

아이다는 큰 소리로 불렀다. "잠깐만요! 가지 마세요. 부탁이에요!" 그 남자를 붙잡을 방법을 찾아야 했다. "다, 당신 아내가 젊고 예쁘다고 했죠. 아내가 지금 고통 받고 있어요. 어쩜 죽을지도 모르구요. 당신이 직접 그렇게 말했잖아요. 아닌가요? 걱정되지도 않나요?"

젊은 남자는 고개를 돌렸다. 아무런 대꾸도 하지 않았다. 등불 아래로 비치는 그 남자의 얼굴은 돌처럼 굳어 있었다. 하지만 다시 이쪽으로 몸을 돌리지 않았는가. 등불이 희미하게 열어지고 있었다. 아이다는 ㄱ형 구조의 베란다를 따라 모퉁이에 있는 아버지의 침실 겸 서재로 달려갔다. 급하지만 어머니를 깨우지 않으려고 낮은 목소리로 아버지에게 사정을 이야기하자, 아버지는 아이다와 함께 그 남자가 기다리는 곳으로 가서 그를 달래보았다. 하지만 소용이 없었다.

"그렇다면, 아가씨는 오지 않을 겁니까?" 돌처럼 딱딱한 얼굴을 뚫고 아이다를 바라보는 그의 눈은 고문이자 비난에 가까웠다.

아이다는 안타까운 듯 고개를 흔들었다. "가봐야 아무 소용이 없어요. 나는 아무 것도 모른답니다. 나는 이발소 산파보다 나은 게 없어요."

더 나을 게 없지, 아이다는 혼잣말을 덧붙였다. 아무리 비위생적이고 조잡하다고 해도, 전통 산파인 이발소 여자는 간단한 도구와 경험이라도 있지 않은가. 자신에게는 아무 것도 없었다.

아이다는 그 남자가 몸을 돌려 계단을 내려가 어둠 속으로 사라지는 모습을 물끄러미 바라보아야만 했다. 그리고 아버지를 쳐다보며 매섭게 물었다. "왜죠?"

"왜냐구요?"

아버지는 그의 어깨를 두드렸다. 그리고 부드러운 목소리로 말했다. "왜냐하면, 그게 규칙이고 관습이니까. 자신의 카스트 법에 위배가 되거든."

"관습? 규칙?" 숨이 막혔다.

"그래." 약간 놀란 듯 아버지가 말했다. "전에도 그 사실에 대해 잘 알고 있었잖니?"

사실이었다. 인도에 돌아온 이후, 카스트 제도에 대해 꽤나 분명히 알게 되었다. 이곳 사람들은 태어날 때부터 사회적 계급에 따라 엄격하게 구분되었다. 고대부터 있어온 제도였다. 예전에는 각자 자신의 직업을 고수하면서 경제적 안정을 유지하는 데 도움이 되었는지 몰라도 그 효과는 미미했고, 이제는 수세기 동안 파멸적인 악으로 작용해왔다. 본래의 네 계급은 사제, 전사, 상인, 노동자로 나뉘었는데, 갈수록 더욱 세분화되었고 각 계급은 자신만의 고유성을 고수했다. 그리고 그 많은 계급 아래로는, 태어날 때부터 가죽다루는 일, 세탁, 청소, 쓰레기 처리 등의 소위 더러운 직업을 맡은 불가촉천민 집단이 있어서 다른 계급과 완전히 분리되었다.

카스트에 속한 사람들은 다른 계급과의 결혼과 사회적 왕래, 하위 계급과 음식이나 물을 나누는 것이 법에 따라 금지되어 있었다. 특히 본래 사제 계급이었던 브라만들은 더 심했다. 카스트 제도가 힌두 여성을 낮은 계층으로 취급받게 한 직접적인 책임은 없다손 치더라도, 최소한 그것을 유지시키는 역할은 했다.

아이다가 늘 가엾게 여기던 사람은 불가촉천민보다는 브라만에 속한 여성들이었다. 어머니나 여성 전도자들과 함께 제나나스를 방문할 때마다 저 장막 뒤에서 남자들 앞에 굽신거리며 살아야 하는 여성들과 어머니들, 딸들을 보면 가슴이 아팠다. 그들은 평생 동안 안마당 밖을 나갈 수가 없었다. 행여나 담장이라도 뜯어 고치는 날이라면 모를까.

한 번은 아버지와 함께 고위 카스트 가정을 방문했었다. 아버지는 커튼의 조그만 구멍 사이로 내민 한 여성의 가냘픈 팔목을 잡고 맥박을 재며, 참을성 있게 진단하고 처방을 내렸다. 맥박을 잡고 모기 같은 대답 소리를 참고하는 것 외에는 달리 방도가 없었지만 최선을 다 했다.

"맞아요." 이제야 아이다는 시인했다. "알고 있었다고 치죠. 하지만…"

순간 이해가 되었다. 이전에도 그런 관습들은 늘 기이하고 때론 우스꽝스럽기까지 했지만, 사실 삶과 죽음의 문제는 아니지 않았는가.

아버지가 그를 위로했다. "저 친구는 아주 종교심이 깊은 사람이야. 그 점은 존중해주어야 한다."

"존중이라고요?" 아이다는 몸을 움츠리며 눈을 반짝였다. "자기 아내가 고통당하는 걸 그대로 내버려 두는 데도요? 아내는 이제 겨우 아이 티를 벗은 나이였다고요!"

아버지가 부드럽게 대답했다. "분명 그 사람은 자기 신념을 위해 희생했어. 우리랑 비교해볼 때 말이야. 내가 보기엔 그 사람은 정말 자기 아내를 사랑하는 것 같더구나. 자, 이제 네 방으로 돌아가렴. 지금까지 일은 다 잊어버리거라."

"잊어버리라구요?"

"그래. 나도 오래 전에 배운 교훈이란다. 잊어버리지 않고서는 이 고통과 절망의 땅에서 살아갈 수가 없었지. 네 힘으로 해결할 수 있는 일이 하나도 없다면, 잊어버리는 것이 지혜야."

아이다는 방으로 돌아갔다. 책상 위에 등잔을 올려놓았다. 물론 아버지 말씀이 옳았다. 할 수 있는 일이 아무 것도 없다면 잊어버리는 편이 나았다. 노란 등잔 빛이 주변을 따뜻한 온기로 채워주는 가운데, 아이다는 다시 펜을 들었다.

"…그리고 애니야, 그 여인들은 너랑 나보다도 나이가 어리단다."

아이다는 애니에게 자신이 왜 인도에서 살기 싫어하는지 왜 선교사가 되기 싫은지, 생각나는 모든 이유를 신경질적인 어조로 써나가기 시작했다. 여러 장을 채워나갔다.

다시금 계단을 밟는 소리가 나자 아이다는 벌떡 일어났고, 그 바람에 책상 위 회벽에서 꿈쩍 않고 있던 팔리(도마뱀) 녀석은 번개 같은 속도로 도망가더니, 쑥 삐져나온 지푸라기 처마 아래 좁다란 선반까지 쉬지 않고 내달았다.

아이다는 혹시나 하는 마음에 걸음이 빨라졌다. '그 젊은 브라만 남자가 마음을 바꾼 거야. 아버지를 데리러 돌아왔으니 이번에는 같이 가야 하겠지. 괜히 화내면서 어리석게 굴었네.' 시간을 아끼기 위해 문쪽으로 가면서 등불 싸개를 집어 들었다. 혹 밤에 추워질 상황을 대비하기 위해서였다. '혹 그 사람이 탈 것을 가져오지 않았다면, 아버지가 수술 가방을 싸시는 동안 달려가서 하인을 깨워야겠다. 아니면 직접 마구를 채워야겠다.'

"다시 오실 줄 알았어요." 어둠 속에 선 그 사람이 대답하기도 전에 아이다는 간절한 마음으로 말을 시작했다. "분명 그냥 가지 않으실 거라고…."

갑자기 말을 멈췄다. 등불을 비춰보지 않아도 그 젊은 브라만 남자가 아님이 분명했다. 그 사람이 아직 입도 뻥긋하지 않았지만 분명히 알 수 있었다.

"살람. 알라께서 평안을 주시길. 혹시 도와주실 수 있으시다면…." 주저하는 듯 소심한 목소리와 검은 얼굴이 단단히 단추를 채운 긴 코트와 하얀 문양의 모자 사이로 나타났다. 아이다는 거의 자동적으로 대답했다.

"물론이지요. 무엇을 도와드릴까요?"

그는 점잖게 말했다. "제 아내 때문인데요. 이미 자식들을 많이 낳아봤지만, 이번 막내 녀석은 도통 나오려고 하지 않습니다. 옆에서 도와주는 사람이라고는 무식하고 경험도 없는 여자뿐입니다. 아내가 죽을지도 몰라 두렵습니다. 이렇게 폐를 끼쳐서 죄송합니다."

아이다는 자신의 귀를 믿을 수가 없었다. 현실에선 불가능한, 무슨 소설에서나 나올 법한 우연의 일치였다. 그 남자는 등불이 비치는 문간으로 가까이 다가왔다. 이제야 그 사람의 모습이 보였다. 잿빛 수염이 달린 수척하고 수심이 가득한 얼굴이었다.

"여기에 의사가 있다는 말을 들었습니다." 그리고 머뭇거리며 말을 이었다. "미국에서 온 지 얼마 안 되는 분이라던데."

"아, 예!" 낙심했던 마음이 되살아났다. 하나님은 선하신 분이셨다. 14살 소녀를 살리지 못한 것을 만회할 기회를 주시는 것이다. 한 사람이 죽어야 한다면, 다른 한 사람은 살아야 하는 법이다. 이 남자는 무슬림이었다. 카스트의 법에는 얽매이지 않을 것이라고 생각했다.

"잠깐만요!" 아이다는 황급히 말하며 그 남자를 지나 베란다 쪽으로 달려갔다. 그리고 잠시 후 아버지와 함께 돌아온 아이다는 숨도 쉬지 않고 설명했다.

"우리 아버지십니다. 찾고 계시던 그 의사지요. 하지만 혹 원하시면 저도 같이 가서 돕도록 할게요."

"죄송합니다만… 우리 방식을 잘 모르시나 봅니다. 직계 가족의 남자들만 무슬림 여인의 숙소에 들어갈 수 있습니다. 제가 도움을 바랐던 사람은 남자가 아니라 바로 여자입니다." 미안함을 나타내면서도 목소리만은 단호했다. 아이다는 믿을 수 없다는 듯 뚫어지게 쳐다보았다.

"하지만 저는 도울 수가 없는 걸요. 이해 못하는 사람은 제가 아닌 것 같네요. 저는 심지어 간호사도 아니라니까요. 산파 일에 대해서는 모릅니다. 정말 하나두요. 할 수만 있다면 저도 돕고 싶어요."

무슬림 남자는 단호히 거절하며 돌아섰다. "그렇다면 제 아내는 죽을 수밖에 없습니다. 알라의 뜻이라면요."

그가 계단을 내려가 굽은 찻길의 어스름한 먼지 속으로 사라질 때까지 아이다는 우두커니 지켜보고 있었다. 출입문을 지나 조심스레 문을 닫자 삐걱이는 철제문 소리가 들렸다. 그러자 아이다는 아버지 얼굴 한번 쳐다보지 않고 그대로 방으로 들어가 문을 닫았다.

곧장 책상으로 가서 펜이 유리 잉크통 바닥에 닿을 정도로 힘있게 꾹 찍었다.

"애니. 이제 선교사가 되고 싶지 않은 이유가 뭔지 알겠지? 특히 인도에서 말이야. 너도 분명히 싫을 거야. 난 반드시 할 수 있는 한 빨리 집에 돌아갈 거야. 왜냐고? 여기 사람들은 도와주는 것조차 원하지 않는다니까. 아름답든 사랑하든 간에, 이 사람들은 자기 아내랑 자식을 그냥 죽도록 내버려두지. 어떤 여자들은 겨우 14살인데…."

버럭 화가 치밀었다. 그렇지만 고향에 대한 그리움 때문에 눈물이 떨어져 잉크가 번져버린다면, 아무리 글을 쓰려고 해도 소용없는 법. 뭐든 해야 했다. 벌떡 일어나 방을 가로질러 옷장으로 가서 문을 열고, 옷장이 텅텅 빌 때까지 옷을 죄다 꺼내서 툭툭 털어 침대에 늘어놓았다. 그런 다음엔 시멘트로 된 욕실의 욕조에 있던 걸레를 힘껏 짜서, 옷장 구석구석까지, 꼭대기부터 바닥까지 빽빽 닦아댔다. 이 나라에서는 옷 보관에 신경을 안 쓸래야 안 쓸 수가 없었다. 특히 2년 후에 고향으로 돌아가서도 옷을 제대로 입고 싶다면 말이다. 옷장에 걸면서 다시 한 번 털었다. 뉴욕에서 테일러 씨네 남자애들이랑 참석한 파티 때 입었던 녹색 비단 드레스, 천으로 둘둘 말아놓은 하얀 졸업식 드레스, 그리고 제일 좋아하는 갈색 캐시미어 옷. 모두 엄마가 골라주고 만들어 준 옷이었다. 그런 다음 어머니는 멀리 떠나셨다. 그때 나이가 겨우 14살이었는데….

14살. 아이다는 갑자기 남아 있는 드레스를 한 데 모아 옷장에 쑥 집어넣더니, 가만히 서서 14살 당시의 삶이 어떠했는지 기억해내려고 애를 썼다. 어머니가 떠났을 때가 14살이었고, 그때 아이다는 위층으로 뛰어가 엄마의 베개를 안고 밤새 울었다. 14살밖에 되지 않을 때는 작은 일에도 깊이 상처를 받는 법이지만, 한편으로는 더할 나위 없이 인생이 즐거울 때도 아닌가!

바로 그때 누군가 자기를 부르는 소리가 들렸다.

"암말?" 머뭇거리며 부르는 목소리였다.

무슨 기대감을 품을 생각도 못한 채 문간으로 다가섰다. '아까 그 사람들 중에 한 사람이라면, 고통스런 눈으로 부탁하던 그 젊고 키 큰 브라만 남자면 좋겠어. 예쁜 부인이 14살 밖에 안 된다고 했던 그 사람.' 아이다는 책상 위에 있던 등잔을 집어 들었다.

그 사람은 키 큰 브라만 남자도, 수심에 찬 무슬림 남자도 아니었다. 가만 보니 자신이 힌두 여학교에서 가르치는 한 학생의 아버지였다. 그는 무달리아르 카스트에서는 존경받는 사람이었다. 예전에 한 번 아이삭 부인과 함께 그의 아내를 만나러 간 적이 있었다. 수줍은 미소와 반짝이는 큰 눈을 가진 젊은 여성으로 자신과 같은 나이 또래로 보였다.

그의 얼굴을 보니 위급 상황임이 느껴져, 자기도 모르게 입에서 아이의 이름이 튀어나왔다. "칼마인가요? 아파서 그런 건가요? 무슨 일이라도 일어났나요?"

"아니오. 칼마가 아닙니다." 그는 조금은 과장된 영어를 구사하며 더듬거렸다. "근데, 문제가 심각해요. 심각합니다." 그는 애걸하는 눈빛으로 두 손을 모아 올렸다. "아가씨. 저희 집에 와주세요. 도움이 필요합니다."

아이다의 눈은 공포로 휘둥그래졌다. 입술은 바짝 말랐다. "호, 혹시 아내분께서…."

"맞습니다." 그는 놀랍다는 듯이 쳐다보았다. "아가씨가 어떻게 아셨습니까? 아내가 아픕니다. 심각하게 아픕니다." 그러더니 갑자기 베란다 바닥 위로 무릎을 꿇고 엎드려 두 손을 아이다의 발에 갖다 대고 빌었다. "제발 와주시기를 이렇게 빕니다. 오시지 않으면 제 아내가 죽습니다."

"제발… 그렇게 무릎 꿇지 마세요!" 아이다가 뒤로 확 물러나자 등불이 너울거렸다.

"아가씨, 오실 겁니까?"

"하지만… 제가 가도 아무런 소용이 없어요!" 그리고 똑같은 말을 나직이 되풀이했다. "저는 의사가 아니에요. 저희 아버지가 의사랍니다. 아버지를 불러올게요. 아버지가 함께 가실 거예요.

아주 뛰어난 의사시죠. 부인을 위해서 분명 조처를 취하실 수 있어요. 저희… 아버지를 불러주신다면….”

그가 자리에서 일어나기도 전에 어떤 대답이 나올지 이미 알고 있었다. 자신의 품위에 대해 모욕을 당한 것과 실망으로 인한 분노를 표출할 것이 뻔했다. 굳이 들어볼 필요도 없었다. 분명 충격을 받고 항의할 것이었다. 그런 말을 벌써 두 번이나 들었는데, 또 들어야 했다. 귀를 막지 않고는 잠자코 그래야 했다. 게다가 한 손으로 등불을 꼭 붙잡고 있으니 귀를 막을 수도 없었다.

“아가씨, 오실 거지요?” 그는 다시 한 번 부탁했다.

“죄송합니다.” 아이다는 자신의 목소리에 귀를 기울였다. 마치 멀리서 들려오듯 가늘고 아득한 목소리였다. “무슨 도움이 될 수만 있다면야 가겠어요. 하지만 저는 아무 도움이 못 된답니다. 이해하시겠어요?” 목소리가 점점 올라가가더니 히스테리적으로 반응했다. “제가 할 수 있는 일은 아무 것도, 정말 아무 것도 없다니까요!”

이번엔 아버지에게 말하지 않았다. 그 남자가 뒤돌아 가버린 뒤, 아이다는 방문을 꼭 걸어 잠그고, 책상 위에 등잔을 얹었다. 그런 다음, 아무런 생각할 틈을 주지 않으려 재빠른 동작으로 잠자리에 들 준비를 했다. 거칠게 100번 정도 머리를 빗어 내렸다. 욕실에 들어가자마자 습관적으로, 혹 길 잃은 뱀이나 전갈이 배수구로 들어오지 않았는지 확인했다. 목욕을 했다. 그리고 깃이 높고 주름장식이 있는 긴팔 잠옷을 입었다. 침대 시트 밑 공간으로 벌레나 애벌레, 도마뱀 같은 게 들어가지 않았는지 들쳐보았다. 훅 불어서 등을 껐다. 더듬더듬 침대로 돌아가 자리에 누웠다. 하지만 잠이 오지 않았다.

아버지 말씀이 떠올랐다 '잊어버리거라. 네 힘으로 해결할 수 있는 일이 하나도 없다면, 잊어버리는 것이 지혜야.'

'네 힘으로 할 수 있는 일이 없다면….'

잠도 안 오고 잔뜩 긴장한 채로 자리에 누웠으니, 처음에는 어둠과 고요밖에 느껴지지 않았다. 그러다 차츰 밤은 모양을 갖추더니 이윽고 향내와 소리도 났다. 네모난 창틀이 어스름하게 보이고, 풀썩이는 지붕에서는 사그락거리는 소리가 났고, 황벽나무 꽃의 향긋한 냄새와 타마린드의 알싸한 향이 뒤섞여 코를 스쳤다. 멀리 어디선가 쏙독새가 잠 못 이루고 울어대기 시작했다.

촉촉촉초르르르! 촉촉촉초르르르! 촉촉촉초르르르!

같은 일이 세 번씩이나 일어나다니 우스운 일이다. 심지어 새 울음소리마저! 유혹의 소리. 수탉의 울음소리.

한 소년은 이런 식으로 잠자리에서 뒤척이다가 한 음성을 듣게 된다. 사무엘은 세 번이나 자기 이름을 부르는 그 소리에 어떻게 반응해야 하는지 알고 있었다. 엘리 제사장이 당부했던 것이다. 사무엘은 어떤 반응을 해야 하는지 알았을 뿐만 아니라, 그렇게 반응하기를 원했다.

사무엘은 동요됨 없이 침대에 가만히 누워 음성을 기다리고 귀를 기울였다. 하지만 지금 여기엔 두 명의 아이다가 있다. 한 명은 떨리는 마음으로 그 음성을 알아듣고, 다른 한 명은 바짝 긴장한 채 온 몸으로 완강히 반항하고 있다. 밤이 깊어갈수록 그 둘은 격렬한 싸움을 벌였다.

"말도 안 돼! 요즘 세상에 하나님이 무슨 말씀을 하신다는 거야."

'아니라고? 눈이 있으면 한 번 보라구. 길가에서 죽어가는 어린이들을 말이야. 문 밖에서 사람들이 오는 소리는 안 들려?'

"하지만… 그건 자기네가 멍청해서 아내를 죽게 내버려두는 거지, 내 잘못이 아니야! 나랑은 상관이 없는 일이라구!"

'상관이 없다구? 그 사람들도 너처럼 인생을 사랑하는 여자들이야. 14살 밖에 안 된 사람도 있어….'

"그만해! 나쁜 일은 잊어버리는 게 낫다고 아버지도 말씀하셨잖아?"

'그건 해결할 방법이 없을 때를 말하는 거지.'

"나한테는 해결할 방법이 없잖아."

'없다고? 2킬로미터도 떨어지지 않은 곳에서 세 명의 여성들이 여자 의사를 찾으며 죽어가고 있어. 어쩜 수백만 명도 더 되는….'

"아냐, 아니라구. 나는 할 수 없어! 하나님이 직접 내게 말씀하시지 않는 이상, 할 수 없다구!"

'아이다 스커더, 아직도 이해 못하니? 지금 하나님이 너에게 직접 부탁하시는 거야.'

창밖에서 붉은 가슴 오색조가 "툭… 툭" 요란한 금속성 소리를 냈다. 벌써 밤이 새버린 것이다. 그 다음엔 까마귀가 울었고, 그리고 해가 뜨기도 전에 사람들의 소리가 들렸다. 마차 바퀴가 달그럭거리는 소리, "힌흐, 힌흐" 외치는 마부 목소리, 맨발로 사람들이 지나다니는 소리, 물통에서 물이 찰랑이는 소리. 그리고 처음에는 희미했지만 둥둥 북치는 소리가 점점 크게 들려왔다.

갑작스런 긴급 상황에 벌떡 일어난 아이다는 얼른 슬리퍼를 신고 겉옷을 걸친 다음, 문을 열고 베란다 밖으로 나갔다. 북소리는 타마린드 수풀을 지나 선교관 건너편 도로 왼쪽에서 들려왔다. 머뭇거릴 새도 없이 아이다는 그쪽을 향해 뛰어갔다.

선교관을 둘러싸고 있는 돌담에 기대고 앉아 저쪽에서 행렬이 오는 모습을 지켜보았다. 북소리에 맞춰 그녀의 심장도 쿵쾅거렸다. 낯선 광경은 아니었다. 힌두식 장례 행렬은 강변의 화장터로 가느라 항상 이 도로를 지나기 때문이었다. 하지만 아이다는 한 번도 본 적이 없는 것처럼 뚫어지게 바라보았다. 맨 앞의 흰 옷을 입은 사람은 북치는 사람들이었고, 그 뒤로 녹색 행렬이 보였다. 바나나 나무를 지고 가는 사람들이었다. 아이다는 버들로 만든 관을 덮은, 밝은 빛깔의 진홍색 천에 시선이 갔다. 그 뒤로 친척과 친구들, 곡하는 여자들이 몸을 들썩이며 우는 모습이 보였다. 행렬이 지나고 난 자리에는 희미한 북소리, 멀찍이서 곡하는 소리, 신부 옷처럼 선명하던 진홍빛 천의 잔상만이 남았다.

타마린드 수풀을 지나 집으로 돌아오다가, 하인이 지나가는 것을 보고 이름을 불렀다.

"쏘우리, 심부름 하나만 해줘요."

하인은 어스름한 미명 녘이라 깜짝 놀란듯 눈을 반짝이며 잠시 아이다를 쳐다보았다. 하지만 아주 잠시였다. 스커더 씨댁 막내딸은 종잡을 수 없다는 걸 오래 전부터 잘 알기 때문이었다. 아이다의 말을 들으면서 그는 인도인 특유의 독특한 머릿짓을 했다. 외국인에게는 '아니오' 처럼 보이지만 분명 '예' 라는 의미였다. 그는 브라만들이 사는 거리에 있는 그 사람 집을 잘 알았다. 그리고 칼마의 아버지인 스리 무달리아르가 사는 집도 익숙했다. 그리고 다른 집 역시 찾을 길이 있었다. 쏘우리가 찾아가서 물어보고 상황을 알아올 것이다.

아이다는 방으로 들어갔다. 태양이 떠오르자 금세 선교관은 활기를 띠었다. 아이들은 잡담하며 이 건물에서 저 건물로 바쁘게 다니고, 하인들은 분주하게 돌아다녔다. 아이다는 옷을 입고 머리를 빗으며 기다렸다. 쏘우리는 1시간도 채 안 되어 돌아왔지만 하루 종일을 기다린 느낌이었다. 질질끄는 신발소리에 문 밖으로 뛰어나갔다. 여느 때처럼 그는 애매모호한 표정이었다.

"부탁했던 일은 다 끝냈어요?"

"암마, 시키신 대로 다 했습니다."

"세 곳 모두 다 찾았어요?"

"찾았습니다, 아가씨."

"아프다던 세 명의 부인들은 어떻던가요?"

쏘우리가 대답했다. "죽었습니다."

아이다는 숨을 헐떡였다. "설마, 세 사람 모두 죽었다는 의미는 아니지요?"

"암마, 세 사람 모두요, 아가씨."

아이다는 문을 닫고 방으로 달려갔다. 조심스레 다듬고 말아 놓은 머리모양에 아랑곳하지 않고, 머리를 베개 깊숙이 파묻었다. 14살 때 엄마 베개에 얼굴을 파묻고 울었던 이후로, 이렇게 몸과 마음이 고통스럽기는 처음이었다.

문이 열렸다. 누군가 가벼운 걸음으로 들어오는 소리가 들렸다. 쏘우리의 딸 살로미였다.

"여기 아침 식사요, 아가씨."

"거기 둬, 살로미, 탁자 위에. 아님 아무데라도."

"아가씨, 어디 안 좋으세요?"

"아무 것도 아냐. 그냥 머리가 아파서. 엄마한테는 말하지 마."

"살로미가 도울 일이라도?" 걱정스런 목소리로 물었다.

"아니. 네 아버지한테 오늘 아침엔 내가 수업을 못하겠다고 말씀드려."

"예, 아가씨."

그 후로 몇 시간이 흘렀다. 사실 그들이 죽은 것은 자신과는 아무 상관도 없었다. 아이다는 그저 자기가 살던 대로 살아가면 그만이었다. 그녀는 비단과 벨벳과 형형색색의 옷을 입고 한껏 멋을 부렸다. 실컷 음악도 들어보았다. 사랑하는 이의 속삭임, 아이들의 목소리. 신나는 폴카 음악에 맞춰 춤도 추었다.

그러나 그런 음악 소리 위로 어떤 음성이 들려왔다. "네가 꿈꾸고 바라던 모든 것이 바로 여기 있다. 정말로 이것들을 포기할 것이냐?"

"싫어, 싫다구!" 베개에 얼굴을 묻고 크게 소리쳤다. "난 그렇게 할 순 없어. 그럴 순 없다구!"

공평하지 않았다. 인생이 이런 모습일 거라고는 생각지도 않았다. 죽음 역시 그랬다. 그런 죽음은 한 번으로 족하다고 생각했었는데, 오늘은 벌써 세 명이나 죽었다. 이곳 사람들은 죽을 때까지 평생을 매일 이런 식으로 살아야 하는 걸까? 충분히 손을 쓸 수 있는데도 여인들이 죽어가는 모습을 세 번이 아니라 수십 번이라도 봐야 하느냐는 말이다.

"아니야, 아니라구!" 이번에는 입 밖으로 큰 소리가 날 만큼 가슴 깊이 부르짖었다. "나, 난 정말 할 수 없다구요! 어떻게 그런 일을 나한테 바랄 수 있는 거죠?"

시간이 꽤 흘렀다.

마침내 침대에서 일어나 거울 앞으로 가 머리를 다듬었다. 욕실에 들어가 물을 붓고, 퉁퉁 부은 얼굴을 씻었다. 살로미가 아까 탁자에 놓아둔 커피는 차갑게 식어 있었다. 뒤집어진 그릇을 세우고 눅눅해진 토스트를 살펴본 다음, 땅딸막한 바나나 뭉치에 구름떼처럼 앉은 파리를 쫓았다.

애니 핸코크에게 쓴 편지는 미완성인 채로 아직 책상에 놓여 있었다. 편지를 들어 읽어본 다음, 서서히 잘게 찢어서 훅 날렸다. 그리곤 조각들이 이리저리 날려 책상과 의자와 바닥까지 떨어지는 모습을 지켜보았다.

'메사추세츠 언덕에 내리는 하얗고 깨끗한 눈 같아.'

또 다시 북소리가 들렸다. 처음엔 희미하다가 점점 커졌다.

'아니, 눈이 아니야. 하얀 꽃가루 같아. 꽃에서 떨어져 나와 흩어지고, 새로운 생명을 움돋게 하려고 죽어가는 꽃가루.'

허리를 굽혀 종이조각을 주워 모아 쓰레기통에 밀어 넣었다. 그리고 방을 지나 널찍이 비춰드는 햇살에 문을 활짝 열어놓고, 씩씩하게 베란다를 따라 걸어갔다. 아버지와 어머니는 침실 겸 서재에 함께 앉아 있었다.

아이다는 또박또박 큰 소리로 말했다. "나, 미국에 가서 의학 공부 할래요. 여기 다시 와서 인도 여성들을 도와주려구요."

부모님은 그 결정에 기뻐하며 찬성하셨고, 아이다는 당장에라도 배를 타고 집으로 돌아가 고된 훈련을 시작하고 싶었다. 하지만 아직 어머니는 온전히 사역에 뛰어들 수 없는 상태였고, 또 아이다가 단기 선교사로 약정한 시간도 남아 있었다. 해부학과 내과 전문의 과정에 지원하는 것보다 더욱 힘겨운, 인내의 훈련이 그녀를 기다리고 있었다.

1892년, 큰아버지 제리드와 가족들이 장기 휴가차 고향으로 들어가자, 존 선교사는 가족들을 데리고 마드라스 서부로 120킬로미터 떨어진 인구 4만의 벨로르로 옮겨갔다. 벨로르는 황량한 바위 언덕 가운데 세워진 그림 같은 고대 도시로, 중앙에 있는 거대한 석재 성채는 13세기 무렵에 봄마이 레디라는 힌두 왕이 건축했다. 이후에는 군사 지도자인 클리브, 질레스피의 업적과 무슬림 전제 군주인 티푸로 유명해졌다. 그 중심에는 우뚝 솟은 석재 사원이 있는데, 무슬림 침입자들이 그 안에서 소를 죽여 신성모독적인 행위를 하자, 힌두인들은 그 사원을 방치해버렸다. 사원의 벽에는 남인도에서 가장 아름다운 조각물이 있었다.

틴디바남과 비교할 때 벨로르에서의 생활은 훨씬 다채로웠다. 북 아르코트 행정구의 식민 정부가 위치해 있으므로, 벨로르에는 지방 장관, 재판관, 경찰 본부장을 포함하여 꽤 많은 영국인들이 거주한 상태였다. 상당한 사회활동을 벌이는 영국인 클럽도 있었다. 선교회는 주변 마을의 그리스도인 가정 출신 자녀들이 다수를 이루는 남학생 기숙학교뿐 아니라, 힌두 소녀들을 위한 주간 학교와 부어히(Voorhees) 대학의 전신인 남자 고등학교도 운영했다. 성채가 둘러 있는 우뚝 솟은 언덕 아래로 꼬불꼬불 연결된 좁은 거리와 골목에는 먼지와 질병과 가난에 찌든 삶이 가득했다. 북적이는 시장에는 앞이 뚫린 가게와 천막으로 지붕을 삼은 노점상들이 번쩍이는 놋쇠와 향신료, 금송화와 자스민으로 만든 화환, 화려한 색상의 직물, 손으로 가공한 은제품을 진열해 놓았다.

사회생활도 하고 즐길 거리가 많아서 좋기는 해도, 한 가지 목표에 매진한 이상, 이제 그 모든 즐거움은 아이다에게 부차적인 일이었다. 예전에 다섯 오빠들과 함께 뛰고 달리고 베개 던지며 놀던 천장 높은 이곳 방갈로 선교관으로 돌아온 다음부터는 여러 활동을 하며 조바심을 억누를 수 있었다. 할 일은 충분했다. 매일 학교 학생들을 먹일 쌀을 사고 나눠주는 일은 아이다와 어머니의 몫이었다. 그릇에 60번이나 가득 담아내야 하는 일이었다. 그리고 조랑말에게 먹일 곡식과 소 먹일 겨도 사야 했다. 큰 방갈로 건물은 늘 수리할 곳이 많았기 때문에 잘 관리해야 했다. 벽에 회칠을 하고, 딱딱한 바닥에 깔아 놓을 깔개를 만들거나, 천장에 달린 큰 펑커(칸막이 비슷한 큰 부채—옮긴이)에 장식을 달고, 기왓장을 손질하는 일 등이 필요했다.

틴디바남에서와 마찬가지로, 여기서도 아이다는 힌두 여학생을 위한 주간 학교를 맡았다. 예전에는 사촌 언니 덕시가 운영했던 일이었다. 주간 학교는 두 군데였는데, 한 곳은 93명, 다른 한 곳은 108명이 입학했다. 외국 종교의 영향을 받을지도 몰랐지만, 아들뿐 아니라 딸들에게도 최상의 교육을 받게 하려는 진보적인 힌두인들이 차츰 늘어간다는 것을 보여주는 일이었다. 이들 학교는 아이다가 벨로르에서 지내는 시간 동안 가장 기쁘게 감당했던 일 가운데 하나였다. 물론 가슴 아픈 사건도 있었다. 1892년 9월 9일 금요일은 그의 기억 속에 깊이 각인된 날이었다.

아이다가 좋아하는 브라만 학생 중 하나인 락슈미가 그날 오후 학교에 나타나지 않았지만, 아이다는 그다지 심각하게 생각하지 않았다. 하지만 다음 날 아침에도 아이 얼굴이 보이지 않았으므로 하인을 그 집에 보내 왜 결석했는지 알아보게 했다. 하인은 락슈미가 평소처럼 학교에 갔다는 소식을 전해왔다. 오후가 지나도록 아이의 행방을 찾을 수가 없자, 아이다와 아이의 부모는 극도로 흥분했다.

잠도 못자고 걱정하는 가운데 몇 날이 지났다. 부모들은 신들이 내린 형벌이라며 자책했다. 오빠들처럼 지식을 얻으라고 딸아이를 학교로 보낸 것이 첫 번째 잘못이고, 기독교 학교로 보낸 것이 두 번째 잘못이라는 것이었다. 더 이상 참을 수 없다고 생각하던 어느 날, 마침내 락슈미네 가족에게 엽서 한 장이 날아왔다.

"아이는 우물 속에 있소"라는 말과 그 장소가 나와 있었다.

이 일은 숨겨진 보물을 찾아다니던 몇몇 남자들의 소행임이 밝혀졌다. 그들은 계획이 성공하려면 인간을 희생 제물로 드려야 한다고 믿었다. 번영의 여신인 락슈미의 이름을 가진 아이만큼 이 계획에 적당한 사람이 누구였겠는가?

시체는 발견되었고, 세 명의 남성들이 범인으로 드러났다. 이 일이 있은 이후 얼마 동안은 학생들의 출석률이 저조했지만 아이다는 덤덤히 받아들였다.

한때는 선교관 우물에서 물을 긷는 황소를 보면서 깊은 유대감을 느끼기도 했다. (원근 각처에서 사람들이 그 소를 보러 왔다. 일반적으로는 두 마리의 황소가 앞으로 갔다 뒤로 움직이면서 물을 긷는 반면, 이 소는 둥글게 원을 그리면서 혼자 물을 긷기 때문이었다.) 아이다 역시 따분하게 쳇바퀴 돌듯 하루하루를 보냈는데, 잠시나마 머리를 식힐 곳을 찾을 수 있었다. 무더운 계절 동안 몇 주는 쿠누르의 언덕 마을에서 보냈고, 또 몇 주는 겨울 회의 장소로 쓰이는 개혁 교회 선교관사와 20킬로미터 떨어진 곳에 있는 아이다가 태어난 라니페트에서 보냈다. 그곳은 사촌 오빠인 의사 루 스커더가 머무는 곳이기도 했다.

루는 아이다와 비슷한 또래였다. 예전에 롱 아일랜드 사운드의 가족 휴가 장소인 셸터 아일랜드(Shelter Island)에서 여름을 보내는 동안, 아이다는 친오빠들의 장난도 모자라 사촌 오빠 루의 장난까지 참아내야 했다. 그러던 그가 어엿한 의사가 되어, 아이다와 해리가 오기 2년 전에 먼저 인도로 건너왔다. 아이다는 지금 아버지가 임시 병원으로 개조한 옛 라니페트 오두막에서 수술대를 앞에 두고 사촌과 함께 서 있다. 두려움과 탄복으로 지켜보다가, 소심하게 바들바들 떨면서 수술 도구를 오빠에게 건네주었다.

"내가 이 일 배울 수 있을 거 같아?" 속삭이듯 물었다.

불쑥 튀어나온 이마 아래로 날카로운 눈매를 가진 루 스커더는 찬찬히 아이다를 주시했다. 그러더니 갑자기 상처를 꿰매고 있던 파침기(봉합 중의 바늘을 잡는 도구—옮긴이)와 바늘을 와락 내밀었다. 그리고 무뚝뚝한 목소리로 명령했다. "자, 이거 갖고 마저 마무리 해봐."

"뭐야. 싫어, 오빠!" 아이다는 혼비백산해서 루를 흘겨보았다. 그런데 놀랍게도 손이 움직였다. 처음엔 어색했지만 차츰 자신감이 붙었다. 더 이상 수술 도구가 어색하지 않았고 마치 손의 일부가 된 듯이 손가락 끝처럼 예민해졌다. 꼼꼼히 집중해서 했다.

루 스커더는 잠자코 하는 모습을 지켜보았다. 조용히 한 마디를 했다. "잘 배울 거야."

5 준비가 진행되다

마침내 특별했던 수년의 시간들이 지나갔다. 아이다는 1894년에 아버지와 함께 휴가차 미국으로 향했다. 이듬해 여름에는 뉴욕에서 리전트 시험(고등학교 졸업 시험—옮긴이)을 치렀고, 1895년 가을 필라델피아의 여성 의과 대학교의 합격자 명단에서 자신의 이름을 발견했다.

미국 최초의 여성 의사인 엘리자베스 블랙웰이 필라델피아에서 자신을 받아줄 의과 대학을 찾다 실패한 지 벌써 50년의 세월이 지났지만, 아직도 여성이 의과 공부를 하려면 상당한 용기가 필요했다. 대중적으로 강한 반대의 분위기가 있었다. 아이다가 소속된 교회 선교회의 여성 사역자 후원회조차도 미혼의 여의사를 선교지에 보내는 문제에 대해 첨예한 의견 차이를 보였다. 결국 한 용감한 회원 덕분에 그들의 눈에서 편견의 비늘을 벗겨낼 수 있었다.

케이트 프렐링후이슨은 이렇게 주장했다. "아이다 스커더가 그 일에 부르심을 받았다고 생각한다면, 우리는 그에 합당한 교육을 받게 하고 파송해야 합니다. 그 시작으로 저는 10달러를 헌금하겠습니다." 당시 1년 학비가 가장 비싼 경우 141.5달러 정도였음을 고려해 볼 때, 그것은 적은 액수가 아니었다.

여성 의과 대학은 여의사를 양성하기 위해 시작된 개척 정신이 가득한 학교였다. 퀘이커 교도들이 설립했으며, 1850년 아치(Arch) 거리에 있는 한 건물 사글세방에서 8명의 학생들로 문을 열었다. 처음에는 엄청난 반대에 부딪혔다. 1858년에는 필라델피아 주 의료회에서 교수진들에게 의과 학생들과 졸업생들에 대한 모든 찬조와 원조를 중단하라는 권고를 내리기까지 했다.

하지만 학교는 살아남았고 성장했다. 1869년에 졸업한 첫 번째 의사 클라라 스웨인은 선교사가 되었고, 10년 후 안나 커글러가 스웨인 박사를 따라 인도로 갔다. 브라만 출신인 아나디바이 조쉬는 1880년대 초반에 건너와 힌두 여성으로서는 사상 최초로 의대 학위를 땄다. 아이다가 입학한 후인 1896년에는 학교가 더욱 성장하여 의학 박사 학위를 수여하는 4년제 학교로 인증을 받았고, 교직원 수는 55명에 이르렀으며 그중 40명이 여성이었다.

아이다는 적절한 시기에 입학을 했다. 그때는 세균학이라는 새로운 학문이 두드러지던 시기였다. 공중 보건, 위생, 예방 의학

등이 급속하게 중요한 분야로 떠올랐다. 새로운 형태의 의과 대학으로 발전하면서 학교는 체계적인 의학 지식을 가르쳤다. 그리고 재능 있고 진보적인 학장 클라라 마샬은 과학 분야와 임상 전문 분야의 확대 필요성을 충분히 인식하고 있었다.

하지만 학교 자체로는 한계가 있었다. 1880년에 학교와 연계된 여성 병원이 건립되어 매년 7천 명의 환자를 돌보았고, 1892년에는 도시 빈민지역에 지소를 열었지만, 임상 연구의 기회는 한정되어 있었다. 새로 시작된 미국 의학 협회의 요구 조항에 따르면, 의과 대학이 A등급으로 인정받으려면 일반 병원과 연계되어야 했다. 여성 의과 대학의 학생들은 필라델피아의 세 군데 병원에서 임상 수업을 받고 있었지만, 학교 자체적으로 일반 병원을 지어야 했던 것이다.

의욕은 높았지만 공부는 힘겨웠다. 노스필드에 있는 학교는 여학생들에게 라틴어와 영문학에 대해서는 충분히 가르쳤지만 화학과 물리학은 약했다. 다행히 아이다의 고민을 함께 나눌 친구들이 있었다. 에타 치(*Eta chi*)라고 불리던 여학생 모임에서 새로운 친구들인 넬, 레이첼, 쟈넷, 엘리자베스, 로잘리를 만나게 된 것이다.

아이다의 가족들도 뉴저지 주의 뉴브런즈윅 가까이에 살고 있었다. 존 선교사 부부 그리고 사역을 위해 공부하고 있던 세 아들, 찰스, 해리, 월터가 같이 지냈다. 미국에서의 첫 성탄절은 특히나 즐거웠다. 월터와 해리가 동시에 마가리트를 눈여겨보는 중이었고, 찰스는 스커더 가와 오랜 친분을 가진 뉴브런즈윅 가족의 딸인 밀리 제인웨이즈에게 고백도 못하고 끙끙 앓고만 있었다. 밀리 앞에서는 입도 뻥긋 못하는 찰스이지만 아이다 앞에서는 달랐다.

"사실대로 말해 주라, 말라깽이." 찰스는 '이쁜이, 망아지' 대신 새로운 별명을 부르며 간절히 부탁했다. "네가 만약 밀리처럼 예쁜 천사라면, 나한테 관심 있을 거 같니?"

아이다는 매끈하게 단장한 오빠의 호리호리한 몸을 향해 장난스럽게 손을 쿡 찔러 넣었지만 빗나가고 말았다. 겨우 오빠의 나비넥타이와 뒤집어진 콧수염 끝을 스쳐 지났다. "천만의 말씀이시군, 당나귀 귀!"

해리에게는 얼마 안 되는 돈이더라도 반지를 사라는 좀 더 실질적인 조언을 해주었다. 그리고 성탄절 전날에 마가리트와 약혼을 하게 되었다는 소식에 너무도 흥분했다. 하지만 마가리트가 자신과 오빠들의 무례한 장난에 내심 당황했으리라는 생각에, 조금은 미안한 마음이 들었다. 몇 달 후면 새 신부는 아버지와 해리 오빠를 따라 선교지에 가야할 텐데, 그 무시무시한 스커더 집안 사람들이 힘겨운 상황에 적응하라고 요구를 해댄다면, 마가리트는 인도에 대해 거부감을 느끼지 않을까!

1897년 가을에 부모님이 인도로 돌아가시기 직전, 함께 보낸 여름은 꿈이 완전히 성취되는 시간이었다. 가족들이 다 함께 모여 롱 아일랜드 사운드의 코네티컷 해변에서 몇 킬로미터 떨어진 셸터 아일랜드의 여름 별장에서 지냈다. 심지어 캘리포니아에 사는 큰 오빠 존도 휴가를 내서 왔고, 네브라스카 농장에서 일하는 루이스 오빠도 가족들을 데리고 왔다.

아이다는 셸터 아일랜드가 마음에 들었다. 금빛 나는 푸른색과 흰색의 바다를 마음껏 즐겼다. 그곳은 마음속 찌꺼기까지 싹 씻어주고, 굶주린 청춘에 한껏 생기를 채워주었다. 또한 가족의 하나됨을 상징하는 장소이기도 했다. 어린 시절에는 심지어 사소한 것에도 '스커더'(Scudder)란 이름처럼 'S'로 시작되는 별명을 붙였었다. 집은 '스커드허스트'로, 모터달린 작은 배는 '스커드'로, 노 젓는 배는 '스키두'와 '스쿠트'로 불렀다.

아이다는 매일같이 2킬로미터나 되는 거리를 헤엄쳤고, 열정적으로 테니스를 쳤으며, 바닷가에 나가 조개도 구워먹고, 오빠들이랑 배를 타고 나가 앞이 안보일 정도로 어두워질 때까지 뱃노래를 부르며 놀았고, 돌아와서는 모닥불을 피워놓고 둘러앉아 몇 시간이고 노래를 불렀다.

그해 여름은 뉴욕에서 산 새 옷을 입는 것 역시 큰 즐거움이었다. 시합을 구경하느라 하구 쪽으로 배를 타고 가던 날에 아이다는 새 옷을 입었다. 별장에서 몇 킬로미터 떨어진 마을에서 큰 잔치가 있었기 때문이었다. 갑판 후부의 사관실에서 놀다 만족이 안 되었는지, 후갑판에 앉아 머리를 빗으며 새로 산 신발을 자랑하느라고 불룩한 분홍치마 아래로 발을 쭉 내밀었다. 에나멜 가죽에 목은 낮고 뒷굽은 높은 신발은 아이다의 특별한 자부심이었다.

아이다는 생각에 잠겼다. 공부는 이제 겨우 반을 마쳤다. 올 9월에는 부모님과 같이 돌아가고 싶었다. 사촌 오빠 루 스커더의 요청에 따라 벌써 루이자 하트라는 캐나다 출신의 여의사가 라니페트로 떠났다. 그녀가 출국하기 전에 뉴욕에서 만났었는데, 비슷한 나이 또래에 미소 띤 입과 죽 뻗은 눈썹과 눈에서는 단호한 의지를 엿볼 수 있었다. 아이다는 그녀와 함께 인도에서 일하게 되기를 바랐다.

갑자기 배가 흔들렸다. "돛대다!" 누군가 소리를 질렀다. "거기 머리 숙여! 돛대 조심해!"

아이다가 겨우 제정신을 차리고 둘러보니 돛대가 자신을 향해 돌진해오고 있었다. 피하기에는 너무 늦었기에 두 팔을 들어 꽉 붙들었다. 그러자 몸이 공중으로 붕 들려 대롱거리는 느낌이 들었다. 아래를 내려다보니 멋쟁이 가죽 신발이 갑판 위에서 이리저리 흔들리고 있었다.

"누구 내 신발 좀 건져줘! 새 거란 말이야!" 머리를 거꾸로 곤두박기 직전까지 있는 힘을 다해 소리를 바락바락 질렀다. 영 숙녀답지 않은 모습이었지만 나중에 존 오빠는 지난 2년 간 우리 막내가 참 많이 발전했다는 편지를 캘리포니아에서 보내왔다.

그 해 성탄절이 우울했던 건 부모님과 해리와 새 신부 마가리트가 인도로 떠난 후의 빈자리 때문이기도 했지만, 그보다는 마가리트가 월터 오빠와 맺어지지 못한 이유가 더 컸다. 어떤 면에서 아이다는 다른 오빠들보다 월터 오빠가 더 가깝게 느껴졌다.

나이도 1년 차이 밖에 안 나고, 외모도 쌍둥이처럼 비슷했기 때문이었다. 한 번은 그 사실을 입증하려고 월터는 긴 뽀글머리 가발을 쓰고 함께 사진을 찍기도 했다. 오빠의 얼굴 속에 당황스러움과 고통이 묻어나는 것을 차마 지켜 볼 수가 없었다.

1898년, 여학생도 남학생과 동등한 입장으로 받아들여야 한다는 조건으로 150만 달러의 기부금이 코넬 의과 대학에 들어왔다는 소식에, 에타 치 모임 사람들 안에는 기쁨과 낙담의 분위기가 교차했다. 영웅적인 개척자 엘리자베스 블랙웰의 꿈이 마침내 실현된 것이었지만, 한편으로는 여학생들도 남학생들과 동등한 훈련을 받아야 한다는 의미였기 때문이다. 이는 자신들의 고유한 입지를 허무는 것이기도 했다. 필라델피아 여성 의과 대학교를 다니던 아이다와 절친한 친구 넬 바톨로뮤 그리고 다른 두 친구들은 뉴욕에 가면 더욱 뛰어난 훈련을 받을 수 있음을 알았고, 마지막 학년은 코넬 대학으로 편입하기로 했다.

아이다의 결정을 듣고 실망한 친구들도 있었다. 근처의 남성 의과 대학에 다니던 버치필드 밀리컨이 그 중 하나였다. 아이다의 소식을 들은 그의 얼굴에 월터 오빠에게서 보았던 당황스러움과 고통이 그대로 묻어나는 바람에, 난감하기도 하고 혼란스럽기도 했다.

"그럼… 만나기 힘들겠구나." 그가 더듬거리며 말했다. "내가 바란 건…."

"뉴욕은 멀지 않아." 아이다는 실은 그렇지 않으면서도 유쾌한 척 말했다. "가끔씩 날 찾아올 수 있을 거야."

아이다는 버치필드 밀리컨을 좋아했고, 그의 침착하고 정중한 태도와 남을 도우려는 꿈과 민감함, 바이올린과 피아노 건반을 마술처럼 연주해내는 음악적 능력이 맘에 들었다. 그러나 아이다는 다른 친구들과 마찬가지로 그에게도 온화하고 아낌없는 우정을 나누었을 뿐, 테일러 씨네 남자애들이나 다른 사람들보다 그를 더 사랑하는 것은 아니었다. 즉 자신이 그런 사랑에 빠졌다고 생각지는 않았다. 그가 부드럽게 대해주거나 열정적인 눈으로 바라볼 때면 얼굴이 붉어지기도 했지만, 자신의 마음을 확신할 수가 없었다.

하지만 여러 가지 변화가 밀려오는 터라 그런 낭만적인 사랑에 대해서는 걱정할 틈이 없었다. 찰스와 밀리는 그해 6월에 성대한 결혼식을 열었고, 월터는 신부 들러리였던 아이다의 친구 넬 바톨로뮤를 보더니 완전히 매료되어 버렸다. 분홍색 드레스가 넬의 뽀얀 피부와 검은 머리를 더욱 돋보이게 했다. 월터는 첫사랑에 실패한 이후 새로운 사람을 찾았다는 신호를 보내왔다.

"야, 말라깽이! 네 친구 너무 이쁜 걸!" 월터는 아이다의 새 비단 드레스에 침까지 튀겨가며 흥분했다. "세련된 도자기 같더라고! 그런 미인을 지금까지 어디다 숨겨둔 거야?"

아이다는 이상하다는 듯 쳐다보았다. "하지만… 오빠, 저번에도 본 적 있잖아!"

"그런 모습은 못 봤었지!"

아이다가 뉴욕으로 옮겨갔을 때, 적어도 두 사람은 펄쩍 뛸 듯이 기뻐했다. 스커더 가족의 오랜 친구이자 미혼 여성인 마이라 모패트와 캐더린 반 네스트는 아이다를 불러 웨스트 56번가에 있는 고급 저택에서 함께 머물게 했다. 여성 사역자 후원회에서 인도 사역담당 비서로 일하는 캐더린은 예전부터 아이다를 여동생처럼 생각했고, 마이라는 이미 풋풋한 청춘을 흘려보낸 순진하고 감상적인 노처녀인지라 아이다에게 아낌없는 애정을 베풀었다. 아이다는 두 명의 노처녀와 아이다의 수발을 드는 하녀 브리지트, 사고를 자주 내는 마부 리차드슨, 꼬불거리는 검은 털을 가진 개 피터, 고양이 삼보, '은그릇 빡빡 닦기'에만 재주가 있는 하녀 매기, 카나리아 두 마리로 구성된 독특한 가족들과 더불어 편안하게 지냈다.

코넬 대학 최초의 여자 의과대생이 되는 건 쉽지 않은 일이었다. 넬, 실비아, 마가리트와 아이다는 필라델피아에서 전학 온 용감한 여학생이란 이유로 온갖 비판과 야유의 대상이 되었다. 몇 년 뒤 학교 계간지에는 이런 글이 실렸다. "당시에는 이런 일이 예사였다. 남학생들은 여학생들이 교실이나 수술실에 들어올 때면 발을 쿵쿵 구르면서 키스를 날려댔다!" 하지만 대부분은 재미로 집적대는 것이었으므로 아이다는 그 잡지에 이렇게 투고했다. "수업 시간에 들어가 보면 '완벽한 신사'들이 수두룩하다."

비판과 야유는 크게 걱정할 일이 아니었다. 공부를 시작한 이후 처음으로 실패에 대한 처절한 공포를 느낀 것에 비하면 말이다. 이곳은 경쟁도 훨씬 치열했다. 앞으로 몇 년 안에 반드시 완수해야 실습 과제도 많았고, 동시에 학과 공부도 따라가야 했다.

또한 미국에서 실습을 하게 되면 열대성 질병을 전문적으로 공부할 만한 기회가 주어지지 않을 것 같아 걱정이 되었다. 나병, 말라리아, 콜레라, 전염병, 옴처럼 치명적이지 않은 병, 기니 벌레(발에 기생하여 종양 일으키는 벌레—옮긴이), 이질 등은 수업 시간이나 교과서에서 거의 언급되지 않는 질병이었다. 그런데 아이다가 수련을 받는 동안 흑사병으로 알려진 전염병은 남인도를 휩쓸었고, 그에 대한 새로운 치료법이 개발되어 의학 역사에 큰 변혁을 일으키고 있었다.

해프킨이라는 과학자는 콜레라 예방 백신을 개발하기 위해 파리에서 봄베이로 넘어왔다. 하지만 1896년에 갑작스레 발병한 페스트로, 그는 페스트 예방제 개발 쪽으로 눈을 돌리게 되었다. 그리하여 1897년에는, 1894년에 발견된 바실루스 페스티스(*Bacillus Pestis*)라는 병원균을 백신으로 만들면 동물의 면역성을 높이는 데 효과가 있음을 입증했다. 그리고 직접 자신과 다른 사람들에게 실험하면서 인간의 면역성 향상에도 효과가 있는 백신 개발에 성공했다. 동물 조직에서 만들어낸 백신이기 때문에 생명에 위험하지 않을까 하는 힌두인들의 편견을 극복하고자 정화된 버터를 이용한 매개물을 고안하기까지 했다.

아이다는 백신 개발에 대한 글을 무척 흥미 있게 읽었다. 벨로르에 전염병이 돌았을 때 아버지와 몇몇 다른 선교사들은 새로운 접종을 과감히 도입하지 않았는가. 어서 빨리 그러한 개척 사역에 합류하고픈 마음에 학교 공부가 마치자마자 미국에서 실습 기간을 보내지 않고 곧장 인도로 돌아가기로 마음먹었다. 열대 질병에 관해서라면 아버지보다 더 전문적인 가르침을 줄 사람이 과연 어디 있겠는가?

그렇지만 코넬에서의 임상 실습 과제는 인도에서의 사역을 준비하는 데에도 크게 도움이 되었다. 시내 중심가에 있는 산부인과 병원에서 보낸 2주는 무척 고되면서도 그만한 가치가 있었다.

아이다와 3명의 친구는 금요일 아침 병원에 도착해서, 병원의 규칙과 진료 과정, 진료 가방 안에 있는 내용물에 대해 간단한 설명을 들었다. 그런 다음 각자 6명의 환자 이름을 받아들고 방문 진찰을 나갔다. 3명의 남자와 4명의 여자로 구성된 7명의 수련생들이 길 모퉁이에 앉아 전차를 기다리다가, 터질듯이 채운 7개의 똑같은 가방을 들고 어기적거리는 모습에 아이다와 넬은 너무 웃겨서 웃음보가 터졌다.

하지만 그날 하루 중 웃는 시간은 그때가 마지막이었다. 지저분한 빈민 아파트의 어둡고 현기증 나는 계단을 오르내리고, 가난과 무관심으로 무기력해진 사람들을 보고 있자니, 온 몸에 있는 힘과 희망이 다 빠져나가는 듯했다. 8군데를 방문한 후에 아이다는 숙소로 돌아와 그대로 침대에 뻗어버렸다. 하지만 곧 다시 일어나야 했다. 나머지 시간은 방문 두 군데, 분만 한 번, 수차례의 산전 진찰로 빈틈없이 보냈다. 밤새 푹 자겠다는 생각에 일찍 잠자리에 들었다. 다른 세 친구들이 대기중이었으므로 안심이 되었다.

얼마 안 있어 사무실에서 넬을 부르는 호출이 왔다. 10분 후에 다시 호출이 오자 실비아가 나갔다. 다시 5분 후에는 마가리트가 호출되었다. 이번에는 아이다가 얼른 옷을 걸쳐 입고 커다란 진료 가방을 움켜쥐고 우당탕 계단을 내려갔다. 드디어 혼자서 진료를 보게 되었다는 기대감에 피로가 싹 가셨다. 분만 준비를 했다. 어려운 출산이었다. 애석하게도 의사 선생님이 도착했다. 하지만 선생님이 오신 덕에 산모가 오랜 산고를 성공적으로 끝낼 수 있어서 기뻤다.

아이다는 71번의 방문 진찰을 하고, 23번의 산전 검사를 했으며, 17번은 직접 분만을 시행하는 등 좋은 결과를 남겼다. 물론 수련 기간 동안 난산을 처리하는 실습을 해보지 못한 것은 안타까운 일이었다. 적어도 한 번쯤은 외과 수술용 집게를 사용해보고 싶었다. 하지만 인도에서 그런 위급 상황을 당했을 때 솜씨 좋은 아버지의 감독을 받게 될 것을 생각하니 조금 마음이 놓였다. 아이다는 56번가에 있는 집으로 돌아왔다. 오랜 시간 일한 것보다는 사람들의 참혹한 가난과 상황을 목격한 터라 더욱 기진맥진했고, 자신의 그런 연약한 모습에 더욱 조급해졌다. 뉴욕의 빈민들을 보며 눈물로 기진맥진 한다면, 인도에서는 과연 어떻게 하란 말인가?

임상 실습을 하느라 중요한 수업을 빼먹은 탓에 코넬에서의 마지막 몇 달 동안은 정말 힘겨웠다. 하지만 시험에 대한 중압감 때문에 미국에서 보내는 마지막 봄을 놓치고 싶진 않았다. 그 동안 자주 필라델피아에서 뉴욕으로 찾아왔던 버치필드 밀리컨은 5월 첫날에도 그녀를 찾아왔다. 아이다는 그날 몇 시간만이라도 모든 근심을 다 벗어버릴 수 있었다. 하지만 그녀는 곧 더 큰 근심거리를 만나게 된다.

두 사람은 아침에 베이 리지로 가서 찰스 오빠의 설교를 들었다. 찰스는 중요한 핵심을 강조할 때면 머리를 진지하게 흔들어댔다. 두 사람은 '잉꼬 부부'—마이라 모패트 아줌마가 그렇게 말했다—인 찰스, 밀리와 함께 식사를 했고, 오후에는 산책을 했으며, 저녁 식사 후에는 56번가 집으로 향했다. 그날 하루를 보내면서 그다지 힘든 건 없었지만, 늘 그렇듯 버치필드의 식사예절과 문법적인 실수 때문에 가끔씩 신경이 쓰였다. 그런 일에 반응하는 자신이 영 짜증스럽기도 했다. 버치필드가 마지막으로 공원 산책을 제안했을 때 아이다도 기꺼이 동의했다. 아이다는 센트럴 파크의 사계절이 모두 마음에 들었지만, 푸릇푸릇한 새 잎이 돋아나고 여기저기 라일락이 터질듯이 피어 있는 5월은 특히나 매력적이었다.

여기저기 돌아다니는 동안 버치필드는 자기 고향인 펜실베니아의 투스카로라 밸리와 언덕의 나무 그늘 아래 지은 어머니의 오두막, 골짜기를 뒤덮은 폭풍우와 찬란한 일몰 등에 대해 이야기했다. 아이다는 마치 시인처럼 읊는 그의 이야기에 열심히 귀를 기울였다. 그런데 갑자기 즐거운 분위기가 사그라져버렸다. 버치필드는 아이다를 사랑하는 자신의 감정을 쏟아놓았고, 늘 신선함을 주는 그녀가 없이는 홀로 인생을 살 수 없을 것 같다고 말했다.

처음에는 잠자코 듣고만 있었다. 청혼을 받은 건 그때가 처음은 아니었지만, 어떤 식으로 무슨 대답을 해야 하는지는 늘 애매했다. 결국 더듬거리며 설명했다. "나… 나는 우리가 어떤… 결정을 내리기 전에 서로를 좀 더 잘 알았으면 해."

그는 낙담한 듯 대답했다. 두 사람이 언제쯤에나 서로를 잘 알 수 있게 될까? 편지 쓰는 것만으로는 충분하지 않다. 아이다는 이번 가을에 인도로 떠날 계획을 짜느라 하루하루를 보내고, 그는 아직 공부하는 데 1년이나 더 남았기 때문에 선교지로 훌쩍 떠날 수도 없는 상황이다.

그는 침통한 목소리로 털어놓았다. "네가 이번 시험에 떨어져서 1년을 더 남아 있었으면 좋겠다고까지 생각했어. 그래선 안 된다는 걸 알지만 어쩔 도리가 없었어."

아이다는 이번 여름에 노스필드에서 열리는 선교 대회에 함께 참석하기로 했던 일이 생각나 한 시름 놓았다. 어쩌면 거기서 서로를 더욱 잘 알게 될지도 모른다. 버치필드는 아이다의 제안에 동의하기는 했지만 두 사람이 잘 알게 되기까지 얼마나 시간이 필요한 건지 궁금해 했다. 두 사람이 알게 된 지 벌써 1년 반이 되지 않았는가? 그가 아이다에게 사랑의 감정을 느끼고 그 감정이 지속될 거라고 생각한 지는 꽤 오래 되었다.

방으로 돌아온 아이다는 공부에 집중하려 애썼지만, 그가 남긴 말이 계속 머릿속을 맴돌았다. 결국 책을 내려놓고 펜과 종이를 꺼냈다. 그리고 재빨리 적어나갔다. "사랑하는 엄마께. 아, 엄마. 이곳에서는 어느 누구와도 속시원하게 얘기할 수가 없네요." 그런 다음 그날 있었던 이야기를 작은 것까지 세세하게 죄다 쏟아놓았다.

화요일에는 편지 끝에 추신을 덧붙였다. "밤이 되니 마음이 풀려요. 그 친구가 편지를 보냈어요. 그 앤 모든 걸 너무 당연하게 생각해요. 그 애가 나를 생각하는 것만큼 내가 그를 생각하고 있지 않다는 걸 이해시키려고 무지 노력을 했는데, 오늘 편지를 보니 전혀 이해한 것 같지 않아요. 엄마, 그 애가 좋긴 하지만… 내 마음을 정확히 잘 모르겠는데, 정말 잘 모르겠는데, 뭘 어떻게 할 수 있겠어요? 혹 내가 그 애를 좋아하지 않는다는 사실을 깨닫는다면 그냥 이대로 끌려가지는 말아야겠지요. 하지만 엄마, 언젠가는 나도 결혼하고 싶어요. 엄마를 사랑하듯 내 사랑을 쏟을 수 있는 자녀도 원하구요!"

설상가상으로 바로 그날, 5월 3일에 찰스 오빠가 편지를 보내왔다. 구혼자의 요청에 너무 허겁지겁 반대를 늘어놓지 말라는 내용이었다. 찰스는 버치필드 밀리컨을 좋아했고, '사랑스런 예쁜이 동생' 도 자기 부부처럼 행복하기를 간절히 소망했다.

걱정하던 시험 한 과목에서 떨어지는 바람에 적잖은 문제가 생겼다. 게다가 그해 여름에 들려온 첫 소식은 아이다가 반드시 결정을 내려야 한다는 사실을 상기시켰다. 넬과 월터가 약혼을 하게 된 것이다. 아이다는 후다닥 결혼식 계획을 짜고 들러리 옷을 결정했다. 그런데 '연중 회의'에 참석했을 때 만난 친절하고 자그만 몸집의 77세 퀘이커 교도 할머니가 공교롭게도 이런 질문을 던졌다.

"아, 그럼 아가씨는 인도로 돌아가게 되는 건가요? 남편이랑 함께 가나요?"

"아뇨." 아이다는 퉁명스레 대답했다.

아이다는 버치필드 밀리컨 외에는, 친한 친구들 중에 노스필드 선교 대회에 같이 갈 사람이 아무도 없다는 사실이 섭섭했다. 넬은 결혼식 준비로 너무 바빴다. 애니 핸코크는 선교회에서 재정 지원만 해준다면 그해 가을에 아이다와 함께 인도로 갈 계획이었으므로 되도록 가족들과 함께 시간을 보내기로 했다. 하지만 실망할 필요는 없었다. 버치필드가 유쾌하고 부담 없이 동행해주었기 때문이었다. 다만 협곡을 따라 산을 오르다가 부담스러운 일을 당한 적이 한 번 있었다. 노란 꽃 한 송이를 꺾어 아이다에게 건넨 것이다. 무심코 그 꽃을 머리에 꽂았더니, 그는 두 눈 가득 마음을 담은 채 아이다를 바라보았다.

그리고 부드럽게 말했다. "넌 항상 머리에 꽃을 꽂고 있어야겠는 걸. 꼭 공주가 서 있는 것 같아. 나의 공주님."

아이다는 깔깔 웃고서는 그대로 앞서 달려갔다. 편안한 친구 관계가 일시에 사라지지는 않을까 하는 염려가 들었다. 그가 이내 따라잡았을 때에는 분위기를 바꿔 그날 밤 강사에 대한 가벼운 이야기를 나누었다.

정말로 아이다가 결정을 내려야 할 순간은 이후 여름날에 찾아왔다.

젊은 스커더 가족들은 버치필드 밀리컨을 손님으로 맞아 함께 요트 여행을 떠나기로 계획했다. 사운드 부근을 돌고, 라슈몬트 요트 대회에 참가한 후, 헬 게이트를 지나 이스트 강으로 거슬러 올라가는 며칠 동안의 재미있는 여행이었다. 마지막 날에는 요트를 수리하고 정박할 그레이브젠드 만으로 향했다. 말로는 표현하지 않았지만 버치필드 밀리컨의 눈이 무언가를 묻고 있다는 생각이 퍼뜩 들자, 아이다는 더욱 곤란해졌고 혼란스러웠다. 밀리와 남자들이 취사실에서 점심 준비를 하는 동안, 아이다는 뭐든 붙잡을 게 있어서 다행이다 싶어 조종대를 꼭 쥐었다. 털털거리는 모터와 뜨거운 햇살의 흔들림에 맞춰 머리가 윙윙거렸다. 과연 앞으로 남은 몇 시간 동안 자신의 감정을 분석하는 게 가능할까? 하지만 반드시 해야 하는 일이었다. 갑자기 뒤에서 발자국 소리가 들리더니 누군가 아이다의 땋은 머리를 슬쩍 잡아당겼다. 현기증이 났다. 그가 즐겨하는 사소한 장난 가운데 하나지만 제일 짜증나는 행동이었다. 아이다는 눈을 번득이며 소리쳤다. "하지 마! 아직도 모르겠어? 나한테 손대지 마! 나, 난 그런 장난이 싫단 말야!"

그는 얼굴이 창백해졌고, 한 대 맞기라도 한 듯이 뒤로 물러났다. 미안해진 그는 다시는 그러지 않겠다며 조용히 아이다를 달랬다.

양심의 가책을 느낀 아이다는 이를 보상하려고 애썼다. 미안해해야 할 사람은 아이다였다. 모욕적으로 무례한 행동을 한 것에 대해 가책을 느꼈다. 일부러 그런 건 아니라고 알리고 싶었다. 하지만 의도적인 행동이었다는 건 둘 다 알고 있었다. 그리고 그 순간부터 질문하는 듯한 그의 눈빛이 사라졌다.

그레이브젠드에 요트를 정박시킨 뒤, 다 같이 베이 리지에 있는 찰스의 집으로 가서 묵었다. 저녁 식사 후에 버치필드 밀리컨은 밖으로 나가 베란다에 서 있는 아이다를 찾았다. 아이다는 너무도 참담하고 비참한 마음에 거의 울음보가 터지기 직전이었다. 땅거미가 어스름이 내리고, 버치필드는 그의 옆에 앉아 조용히 장래 계획을 이야기하기 시작했다. 얼마 동안은 그가 품었던 포부와 현실 사이에 엄청난 벽이 있는 듯이 보이겠지만 곧 이를 극복할 힘을 얻을 것이며, 그의 어머니가 도와주실 것이라는 이야기였다.

아이다는 숨이 막혔다. "너희 어머니가 날 비난하면 어떻게 하지?"

그는 결코 그런 일은 없을 거라며 안심시켰다. 그 동안 알고 지내오면서 아이다에게서 무슨 잘못된 점은 본 적이 없었다. 혹 있다면 단 하나, 너무 사랑스럽다는 거.

다음날 아침, 두 사람은 평소처럼 만났고, 그는 아이다를 뉴욕으로 가는 전차 정거장까지 데려다주었다. 평범한 이야기를 나누었다. 버치필드는 아이다가 차에 오르도록 도와준 다음, 악수를 했다. 함께 좋은 시간을 보낸 뒤 떨어져 있더라도 두 사람은 좋은 친구로 남아 있으리라. 아이다는 딱 한 번 고개를 돌려 그를 보았다. 그는 서서 전차를 계속 바라보고 있었다. 그리고 전차는 모퉁이를 돌았고, 그의 모습은 시야에서 사라졌다.

'의사 아이다 S. 스커더.' 아이다는 어머니가 편지 봉투에 비스듬한 글씨로 써놓은 이름을 한참 바라보았다. 한 가지 깨달음이 처음으로 뇌리를 스쳤다. 더 이상의 준비는 없다. 이미 사역은 시작된 거다. 편지를 뜯었다.

스커더 부인은 아이다가 시험을 통과하리라 확신했지만, 정말로 통과했다는 소식에 너무나도 기뻐했다. 졸업식에 참석할 수 있으면 좋을 텐데! 어머니와 아버지는 벨로르에 있는 방갈로에 머물고 있었다. 로빈이라는 새 조랑말도 생겼다. 아버지는 자전거를 구하셔서 선교 지부 이곳저곳을 여행하는 데 사용하고 계셨다. 어머니는 모세라는 소년을 새로 훈련시키고 있는데, 훗날 아이다의 사역에 유용할 것이다. 싹싹한 수선공인 반코바라이는 위층 베란다에서 천장에 달린 펑커를 수선하고 있었다.

근처 아르니라는 마을에 콜레라가 퍼졌는데, 어떤 여자가 병든 아이의 옷을 학교 학생들의 식수를 퍼오는 저수지에서 빤 것이 원인이었다.

어머니는 지금까지 타마린드로 조림과 처트니(카레에 치는 달콤시큼한 조미료—옮긴이)를 만드느라 바쁘셨다.

어머니는 아이다가 오면서, 칸이 따로 구분된 마차를 가져오길 바랐다. 건장한 남자가 앉을 수 있을 만큼 튼튼한 선반대가 달려 있어야 했다.

애니 핸코크도 아이다와 함께 인도로 올지 모른다는 소식에 너무나 놀랐다. 선교 위원회에서 충분한 돈을 모금할 수 있기를!

어머니는 의료 선교사인 루이자 하트가 최근에 당한 끔찍한 소식을 들었는지 물었다. 루이자는 무슬림인 운전수와 브라만 출신의 소년과 함께 24킬로미터 떨어진 어느 마을로 환자를 보러 갔다. 비도 부슬부슬 내리는 캄캄한 날이었다. 목적지를 반쯤 남겨두었을 때, 강도들의 습격을 받았다. 운전수와 소년은 루이자가 누구인지 왜 그곳까지 왔는지 강도들에게 설명했다. 강도들은 그 두 사람의 물건은 빼앗아갔지만, 루이자에게는 손끝 하나 대지 않았고 오히려 우산까지 되돌려주었다! 그 세 사람은 초롱불 하나 없이 비 오는 밤 거리에 서 있어야 했다. 아침이 되자 다시 길을 떠났다. 루이자는 환자를 돌본 뒤 잃은 것 하나 없이 무사히 돌아왔다. 지독한 감기에 걸린 것만 빼고.

또 한 번은 루이자가 어느 무슬림 여인을 수술한 적이 있는데, 여인의 집이 너무나도 어두워 제대로 볼 수가 없자, 하는 수 없이 집안 남자들에게 부탁해서 지붕으로 올라가 기왓장을 벗겨내기까지 한 일도 있었다!

아이다는 아련한 그리움으로 몸을 떨었다. 뉴욕의 가을바람이 눈앞을 스치고, 대서양의 알싸한 안개 내음이 코를 스쳤지만, 이미 온 몸과 마음은 그곳의 열기와 먼지 그리고 타마린드의 쌉싸름한 향에 심취해 있었다.

할 일이 있어 다행이었다. 사람들을 방문하고, 옷을 준비하고, 의료 기기를 구입했다. 여성 사역 후원회에서 인도 사역 비서로 일하는 캐더린 반 네스트의 허락을 얻어, 매사추세츠의 집에 있는 애니 핸코크에게 편지를 했다. 선교지에 보낼 돈을 선교회에서 구할 수 있으니 염려 말라는 내용이었다. 아이다는 11월 중반에 월터 오빠 부부와 벨로르에 부임할 다른 젊은 선교사 부부와 함께 배로 떠날 계획을 세웠다. 하지만 유럽을 돌며 신혼여행을 즐길 계획인 그들과는 별개로 곧장 인도로 갈 생각이었다.

그런데 지금 당장 해결해야 할 문제가 있었다. 선교회 간사인 코브 씨가 말했다. "루이자 하트 선교사가 보낸 편지가 있습니다. 벨로르에 여성 병원이 세워져야 한다는 군요."

"예, 맞아요!" 아이다의 푸른 눈이 반짝거렸다. "꼭 있어야 하고 말구요. 수천 명의 그곳 여성들이 간절히 원하고 기다리는 바예요!"

코브 씨는 기뻐 날뛰는 아이다를 예리한 눈매로 쳐다보았다.

"그리고 루이자 선교사는 병원 건립에 필요한 기금을 아이다 양이 모아주었으면 했습니다." 무뚝뚝한 말투였다.

갑자기 숨이 막혔다. "제가요? 병원 건립 기금을 제가 모아야 한다구요?"

"선교회에서는 이미 승인했습니다."

침을 꿀꺽 삼켰다. 현기증이 났다. 그러더니 서서히 머리가 지끈거렸다. "얼마나요?"

"글쎄요." 그는 머뭇거리며 대답했다. 곧장 핵심으로 들어가는 사람을 대하는 데 익숙하지 않았던 것이다. 참으로 정곡을 찌르는 질문이었다! "선교 위원회에서 생각하기로는…."

"5만 달러는 어때요?" 아이다가 제안했다.

이번에는 코브 씨가 숨이 막힐 차례였다. "오, 오만 달러…."

"좋은 건물 하나 지으려면 그 정도는 들지 않을까요?"

가까스로 평정을 되찾은 코브 씨는 재밌다는 듯 말했다. "허, 이런! 오만 달러라니!" 껄껄 웃었다. 그리고 친절하게 말했다. "루이자 하트 선교사의 요청에 따라 위원회에서 결정한 바는 아이다 양이 8천 달러를 모금하는 겁니다. 그 반만 모을 수 있어도 놀랍고 기쁜 일이지요. 노력만 기울인다면 여성 사역 후원회에서 도움을 얻을 수도 있습니다."

노력만 기울인다면! 선교 사무실을 떠나자마자 아이다의 머릿속에는 벌써 계획이 쫙 섰다. 바로 그날 아이다는 여성 사역 후원회 사람들과 그 문제로 함께 이야기를 나누었고, 명단을 짜서 그

가능성을 타진해보았다. 벨로르에 여성을 위한 병원을 세운다? 당연히 세워야 한다! 왜 나는 이전에 그런 생각을 못했을까?

며칠이 지나면서 처음에 품었던 낙천적인 확신은 애매한 낙관으로 바뀌었고, 이후 끈덕진 결심으로 변했다. 사람들은 참을성 있게 귀를 기울여주었고, 공감을 표시하기도 했지만 생사를 가르는 시급한 일이라는 사실을 이해하는 사람은 적었다. 그리고 이해하더라도 돈을 많이 내지는 않았다. 출항 일자는 점차 다가오는데 아직도 몇백 달러 밖에 모으지 못했다. 어느 토요일 저녁, 아이다는 낙심한 마음을 안고 56번가 집으로 돌아왔다.

"에고, 불쌍한 것!" 썩 어울리지는 않지만 맵시 있는 머리 모양을 한 마이라 모페트는 안타까운 듯 둥그런 얼굴을 찡그렸다. "내가 뭐든 해줄 수 있다면 좋을 텐데! 너도 알다시피 세금이 높기는 해도 나 혼자 감당하려고 애를 썼지 않니. 그런데 이번에 이 건물에만 세금이 6,500달러나 된다는 얘기를 오늘에서야 들었단다!"

아이다는 두둑한 그의 어깨를 쓰다듬으며 말했다. "마이라, 캐더린. 두 분 모두 이미 많은 일을 하셨잖아요."

"한 가지 좋은 생각이 있어." 캐더린 반 네스트가 제안했다. "협동 교회에 있는 우리 선교회에서 월요일 아침에 모임이 있는데, 선교회 대표인 테이버 부인이 그 근방에 살고 계셔. 그분한테 부탁하면 월요일 아침에 사람들 앞에서 모금에 대해 이야기할 수 있지 않을까?"

아이다는 얼른 새 블라우스를 입었다.

"테이버 부인이신가요?" 하녀의 안내를 받은 아이다는 상냥한 얼굴의 한 노부인에게 물었다. "저는 의사 아이다 스커더입니다. 아주 중요한 일로 이야기를 나누고 싶은데요."

"예, 그러시지요." 테이버 부인은 거실 한 구석에 앉아 책을 읽고 있는 한 노신사에게 아이다를 소개시켰다. "제 형부 셀이십니다. 우리가 옆에서 이야기해도 이해하실 거예요."

테이버 부인은 아이다를 바로 옆에 있는 서재로 데리고 들어갔고, 문을 열어두었다. 아이다는 필사적으로 부인에게 상황을 이해시켜야 했다. 그러지 못할 경우, 월요일 아침 모임에 사람들 앞에서 말한다고 해도 그리 좋은 결과를 얻지 못할 것이다.

아이다는 세 번씩이나 와달라는 요청을 받았던 그 날 밤, 여성 의사가 없다는 이유만으로 세 명의 젊은 아내들이 죽었던 이야기를 했다. 그리고 무슬림과 상위 카스트에 속한 힌두 여성들은 제나나스에 갇혀 모습을 드러내서는 안 되며, 장막이 드리워진 고샤 마차로만 움직일 수 있다는 이야기도 했다. 그리고 루이자 하트 선교사는 여성들이 와서 맘 놓고 치료받을 수 있는 병원이 없어서 어두운 집 안에서 수술해야 했으며, 숙련되지 않은 산파들이 조잡한 도구로 시술하는 가운데 아기들이 태어난다는 이야기를 했다. 온 마음을 다해 그렇게 했다.

테이버 부인은 이야기에 공감하면서 친절하게 귀를 기울여주었다. 아직은 서먹한 관계라 그런지 그가 아이다의 이야기를 정말로 중요하게 생각한다는 인상은 주지 않았지만, 월요일 아침 모임에 아이다를 기꺼이 초청할 것이지만, 분명한 약속은 할 수 없었다. 협동 교회 여성들은 이미 감당해야 할 일이 많았던 것이다. 하지만 몇백 달러 정도는 더 모을 가능성이 있었다.

서재를 나서는데 아까 그 노신사는 여전히 자리에 앉아 있었고, 책을 읽다 말고 올려다보더니 간단한 인사를 건넸다. "안녕히 가세요. 만나서 반가웠습니다."

'분명 백 달러 정도일 거야!' 아이다는 "한 바가지의 물이 코끼리의 목마름을 해소한다!"는 옛 인도 속담을 떠올렸다. 집에 돌아온 아이다는 마이라와 캐더린에게 실망한 자신의 모습을 보이지 않으려고 발끝으로 조용히 계단을 올라 방으로 들어갔다.

다음 날 아침, 평온하고 희망적인 표정을 지으려 애쓰면서 식사를 하던 중이었는데, 매기가 쟁반에 쪽지 하나를 가지고 왔다. 아이다는 쪽지를 슬쩍 펴서 읽어보더니 갑자기 얼굴을 찌푸리며 다시 읽었다.

"테이버 부인이니?" 걱정스러운 듯 손으로 커피잔을 만지작거리며 마이어가 물었다.

"아뇨. 부인의 형부 되는 셸 씨예요. 월요일 아침 모임에 가기 전에 나를 만나고 싶다네요."

마이라가 기쁜 듯 외쳤다. "기부하려나 보네!" 그 바람에 일요일에만 사용하는 마데이라 산 테이블보에 커피를 와락 쏟았다. "그 사람이라면 아마 못해도…." 마이라는 낙관적인 상상을 펼쳤다. "오백 달러나 천 달러는 기부하지 않을까! 아주 부자거든."

"하지만 주의할 게 있어요." 캐더린은 평소처럼 직설적인 상식을 덧붙였다. "기부를 하던 사람은 그분의 아내였죠. 그런데 이제 고인이 되었으니 나라면 한 푼도 바라지 않을 것 같은데요."

하지만 마이라는 꿋꿋이 밀고 나갔다. "아마 똑같을 걸. 특별한 뜻이 있을 거야. 근데, 아가. 내가 너라면 푸른색 캐시미어 옷을 입고 갈 텐데!"

아이다는 캐더린의 조언을 받아들여 그다지 큰 희망을 품지 않았다. 또한 마이라의 조언에 따라 새로 산 푸른색 캐시미어를 입었다.

하녀는 윗층 거실로 안내했고 그곳엔 셸 씨 혼자 있었는데, 이번에는 책을 읽는 대신 책상에서 종이철에 연필로 숫자를 쓰고 있었다. 심장이 덜컹 내려앉았다. 캐더린 말이 맞았다. 이 사람은 자신의 기부가 어떤 의미를 갖고 있는지 단돈 한 푼까지라도 정확하게 알려고 들 거다. 종이철에 그려진 숫자도 작고 간결해서 2센티미터도 채 차지하지 않는 듯했다.

그가 불쑥 이야기를 시작했다. "테이버 부인에게 한 이야기를 들으니 흥미롭더군요. 옆에서 살짝 들을 수밖에 없었습니다만. 좀 더 자세히 이야기해주면 좋겠군요."

아이다는 여러 질문에 정확하게 대답했지만 감정은 자제했다. 이 사람은 가슴보다는 머리에서 나오는 이야기를 받아들인다는 게 느껴졌기 때문이었다. 그녀는 이런 내용으로 얘기했다. 벨로르는 마드라스 서쪽으로 140킬로미터 정도 떨어진 곳에 있는 작

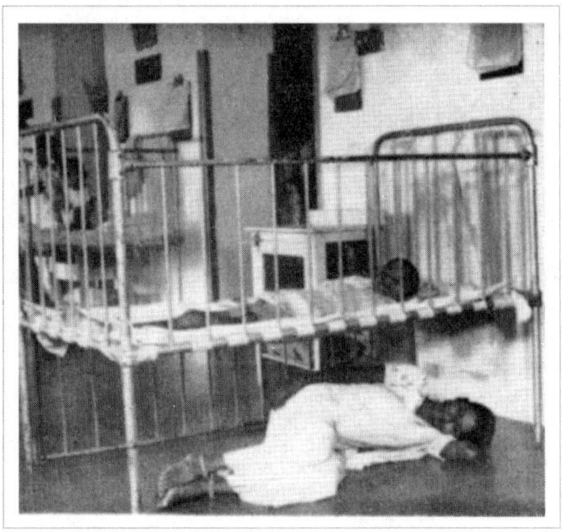

셸의 기부로 설립된 벨로르의 매리 테이버 셸 기념병원.
아픈 아이와 함께 머물고 있는 아이의 어머니.

은 도시며 인구는 약 4만 명이다. 주요 철도 상에 위치하고 있으며 북쪽으로 5킬로미터 떨어진 곳에 새로 만든 역사가 있다. 벨로르 근방의 바위산에서 깨진 돌을 무수히 구할 수 있지만, 남인도에서는 일반적으로 벽돌이나 시멘트로 건물을 만든다. 물론 노동력은 매우 싸다. 벨로르에 정부 병원이 있는 건 사실이다. 하지만—이 부분에서 처음으로 감정을 담아 이야기했다—여성만을 위한 병원이 필요하다. 힌두 여성들과 무슬림 여성들은 남자 의사나 환자가 있는 곳은 갈 수가 없기 때문이다….

셸 씨는 참지 못하고 말했다. "네, 네. 그건 이미 말씀하셨지요."

이번에는 아이다의 자격에 대한 질문이었다. 이제 막 의대를 졸업한 경험 없는 학생인 아이다는 자신이 병원을 운영할 만한 충분한 자격이 있다고 생각하는가?

아이다는 이 질문에 대해서 점잖게 반응했다. 물론 자신은 그런 자격을 갖고 있지 않다. 하지만 그렇게 되기를 기대하고 있다. 아버지는 수년 간의 인도 사역 경험을 지닌 능력 있는 의사다. 그래서 미국에서 실습 과정을 밟지 않고 아버지 밑에서 1년 간 일하기로 결정했다. 당장 돈이 충분히 모아진다면, 병원이 건립될 때쯤이면 어느 정도 의사로서 준비가 될 것이다. 그리고 아이다의 의대 성적이 궁금하다면, 누구든 원하는 사람은 자유롭게 알아볼 수 있다….

"이미 알아봤습니다." 그는 차분하게 말했다. 그러더니 갑자기 온화한 미소를 지었다. 앞에 있는 수표장을 집어 겉장을 넘긴 다음 손가락으로 편편하게 눌렀다. 그리고 단정하고 조그만 글씨로 무언가를 쓰기 시작했다. 아이다는 심장이 멈출 지경이었다.

"저는 사랑하는 아내, 매리 테이버 셀을 기념하기 위해 병원에 기부하기로 결정했습니다. 아내라면 아가씨가 하는 일을 이해하고 또 좋아했을 겁니다. 8천 달러를 요구하셨지요. 선행을 하던 제 아내를 기념하는 일인데 좋은 병원을 지어주길 바랍니다."

그는 수표를 북 찢어 건네주었다. 아이다는 뻣뻣하게 굳어버린 손가락으로 수표를 받아들었다. 얼마 동안은 숫자를 제대로 읽을 수가 없었다. 하지만 가만히 있어도 날카로운 북소리는 귓전을 비집고 들어오듯, 이내 그 숫자는 아이다의 눈에 명쾌히 들어왔다.

그 수표는 만 달러짜리였다.

이것만으로도 병원을 지을 수 있게 되었지만 이에 만족할 수가 없었다. 하나의 목표가 성취되었으므로, 즉시 다른 목표로 눈을 돌렸다.

월요일 아침 협동 교회의 여성 모임에는 참으로 기쁜 소식들이 많았다. 하지만 아이다는 사람들 앞에서 말할 순서가 되었을 때, 그저 모든 것이 감사하다는 말로만 끝내지 않았다. 벨로르에서 제나나스를 방문하는 사역을 맡을 선교사를 위해 헌금해 달라고 열정적으로 호소했다.

"그곳 여성들이 아플 때 그저 찾아가는 것만으로는 충분하지 않습니다. 수백 수천 명의 여성들이 평생 사랑과 우정에 굶주린 채 높은 담 안에 갇혀 있습니다. 노스필드 신학교에서 저와 함께 공부한 친구가 있습니다. 그 친구는 지금이라도 갈 준비가 되었고, 꼭 인도로 가서 그 사역을 하고 싶어 합니다. 오늘 아침 이곳에 있는 우리가 조금이라도 관심을 기울인다면…."

말하는 동안 맨 앞줄에서 검은 옷을 입고 검은 머리를 한 젊은 부인이 눈에 들어왔다. 그다지 눈에 띄는 외모는 아니었지만 좀 어울리지는 않아도 꽤 비싼 옷을 입고 있었다. 조그만 생쥐처럼 몸집은 작지만 두 눈이 밝게 빛나는 여인이었다. 아이다는 마치 식어버린 그 사람의 열정에 불을 붙일 듯이 자기가 자꾸 그쪽을 쳐다본다는 사실을 문득 깨달았다. 아이다가 앞에서 이야기하는 동안 그 검은 눈동자는 한 번도 아이다의 얼굴을 떠나지 않는 듯했다. 아이다는 말을 마치고 자리에 앉았다. 더 이상 도전을 줄 필요가 없으므로 그 여성에 대해서는 잊어버렸다.

모인 사람들은 아이다의 제의를 논의한 다음, 재정적 가능성이 생기는 즉시 고려하겠노라고 약속한 뒤 모임을 마쳤다. 모임이 마치자마자 사람들이 주변으로 몰려들었다. 감사와 존경을 표하고, 나중에 꼭 후원하겠다는 약속과 조그만 선물을 전해주는 이들도 있었다. 이들이 모두 떠난 뒤, 누군가 팔을 톡 건드리는 느낌이 들었다. 그 검은 머리에 검은 옷을 입었던 여인이었다.

마치 용서를 구하는 듯한 목소리로 말했다. "저는 거트루드 도드(Gertrude Dodd)라고 합니다. 제 언니 둘과 상의를 했는데요, 그 친구 분이 함께 가지 못한다면 정말 안타까운 일이라는 생각이 들었습니다. 화려한 옷과 좋은 음식에 취한 나머지 너무 이기적이고 게을러서 얼른 결정을 내리지 못했습니다. … 친구 분은 반드시 가셔야 합니다. 우리가 비용을 전부 부담하겠습니다. 친구 분에게 인도로 함께 가게 되었다고 말씀해 주세요."

아이다는 아무 말도 할 수가 없었다. 무슨 말을 해야 할지 갈팡질팡하는 동안, 그 여인은 수표를 내밀었다.

아이다는 반쯤 울다시피 하며 겨우 말을 이었다. "저, 정말 무슨 말을 해야 할지. 어떻게 감사를 해야 할지 어떻게 보답해야 할지 모르겠어요."

거트루드 도드는 멋들어진 검은 모자를 바로 세웠다. 그녀의 두 뺨이 불그레해졌는데, 밝게 빛나는 두 눈과 잘 어울렸다. 아이다의 젊은 패기와 아름다움을 금세 흡수해버린 듯했다.

여인은 아이다를 보며 말했다. "이미 하셨는걸요."

셸 씨는 시작한 일은 반드시 끝을 보는 사람이었다. 아내를 기리는 병원을 만들기 위해, 건물만 잘 지을 뿐 아니라 장비까지도 확실하게 준비하기 원했다. 셸 씨는 그날 당장 고급 마차에 아이다를 태우고 시내 중심가로 가서 마부와 말 두 마리를 구한 다음, 완벽한 선물을 위해 도구와 부속품까지 함께 골랐다. 그리고 상자에 넣어 이름까지 써 붙인 뒤, 곧장 부두로 옮겼다. 그리고 새

마차가 담긴 큰 상자와 함께 11월 22일에 출발하는 아이다의 배로 승선할 때까지 정박시켜 두었다.

6 아버지의 죽음

아이다와 애니 핸코크가 벨로르에 도착했을 때, 돌로 만든 옛 성채에서는 20세기의 첫 해를 기념하는 대포 소리가 울렸다. 두 사람은 출국 직전에 애니 부모님이 선물해주신 최신식 분홍 모직 정장을 벗어, 나방과 흰개미에게 좀먹지 않도록 단단히 봉한 가방 속에 옷을 집어넣으며 애석해했다.

"이럴 수가!" 애니는 따사로이 비치는 햇살을 맞으며 감탄했다. "세상에! 1월인데 스웨터도 없이 면 치마만 입다니!"

"4월까지만 기다려 봐." 아이다가 따끔하게 한 마디 했다. "멋들어진 목 장식이 꼭 찜질방 같이 느껴질 테니까. 하지만…" 아이다는 섬세하면서도 열정적인 그녀의 모습에 흐뭇해했다. "네가 실망하지 않아서 정말 기쁘다, 애니."

애니가 대답했다. “나를 필요로 하는 곳에 있어서 행복해. 특히 너랑 함께 있는 곳이라서 말이야.”

도착한 바로 그날, 애니는 복음 전도자인 매리 아이삭 헨리와 함께 제나나스를 방문하겠다고 고집했다. 애니는 어느 방문자들보다도 인도인들의 호기심을 훨씬 많이 받았다. 혼자 눈을 감았다 떴다 하는 인형을 가져간 것이다. 이렇듯 특별히 신경을 쓴 애니 덕분에, 사람들은 호기심으로 다가왔다가 이내 밝은 미소와 인사로 우리를 맞아주었다. 한 주가 채 지나기도 전에 애니는 말이 끄는 마차인 주트카의 갈대 지붕 아래서 많은 시간을 보냈다. 타밀어 몇 마디를 익힌 후, 그리스도인의 방문에 열려 있는 힌두인과 무슬림 가정 13곳 모두를 일일이 돌아다녔으며, 또한 교도소의 여성 수감소도 방문했다. 애니는 이렇게 벨로르에서의 사역을 시작하게 되었다. 그녀는 애정 어린 태도와 아주 고운 소프라노 목소리로 복음을 전하고 가르치고 상담했으며, 이후로 사반세기에 걸쳐 연약한 몸으로 헌신을 다해 사역했다.

아버지 존 선교사는 몸이 좋지 않았다. 정정하던 어깨가 굽고 야윈 모습을 보면서 아이다는 마음이 잡잡했다. 최근 아버지의 병은 종기가 나는 증상으로 발전했다. 아버지는 그 증세를 ‘욥의 친구들’(괴로움을 가중시킨다는 의미—옮긴이)이라 불렀다. 아이다는 상처를 싸맨 후 사촌 오빠 루와 함께 질병의 원인이 무엇인지 걱정스레 살폈다. 과학자 해프킨이 만든 새로운 전염병 백신 접종이 과연 효과를 볼 수 있을까?

"별 거 아니야." 아버지는 고집스럽게 말했다. 고통을 숨기려고 이를 악물면서 매일 아침 동트기 전에 일어나 몇 시간 동안 공부를 하신 뒤, 8시면 베란다 앞에 늘어서 있는 병자들에게 치료, 상담을 해주고 최선을 다해 위로해주는 일을 하셨다. 아이다가 옆에서 돕는 데도 정오가 될 때까지 진료는 계속 되었다. 그런 다음 아버지는 마지못해 두 시간 정도 낮잠을 청하신 후, 남은 시간 내내 환자들과 교우들의 집을 방문하고 학교를 지도하고 마을 전도자들을 만나고, 시장에서 전도지를 나누어주었다.

아이다는 아침에 찾아오는 환자들을 아버지 대신 기꺼이 봐줄 마음이 있었고, 또 사람들 대부분의 질병은 심각한 수준이 아니었지만, 속상하게도 환자들은 아이다의 능력에 대해서는 의심쩍은 눈초리였다.

아주 간단한 농양 수술이었는데, 그 사람은 정중히 거절했다. "아가씨 말고, 의사 선생님요."

"저도 의사랍니다." 아이다는 참을성 있게 설명했다.

"아가씨는 의사가 아니에요." 환자는 공손하지만 단호하게 아이다의 손을 뿌리치고서 고집스럽게 앉아 아버지를 기다렸다.

아버지는 이해한다는 듯 아이다를 안심시켰다. "시간이 걸릴 게다. 하지만 걱정 말아라. 얼마 안 있으면 할 일이 많을 거야. 그리고 너는 여자들을 도우러 오지 않았니. 그 사실을 잊지 말거라."

아이다는 버럭 화를 냈다. "무슨 여자들요? 어디서 그 사람들을 만나냐구요. 집집마다 찾아다니면서 문을 두드릴까요? 약장수처럼 시장 바닥에서 약을 나누어 줄까요?"

마침내 기회가 왔다.

"아가씨 선생님? 집에 계신 어머니가 아프십니다. 오실 수 있겠습니까?"

갈 수 있고말고! 소년 마부가 마차에 조랑말을 매는 동안, 아이다는 떨리는 손으로 새로 산 번쩍이는 진료 가방 속에 있는 내용물을 점검했다. 소년은 뒤편 선반대에 앉게 하고, 환자의 아들은 옆 자리에 태운 뒤 직접 마차를 몰았다. 선교관과 시내 중심가는 3킬로미터 거리 밖에 안 되지만 그렇게 멀게 느껴진 적은 처음이었다.

환자의 집은 시장과 성채 언덕 사이 좁은 길가에 있었다. 골목에 접어들자 갑자기 옆에 앉은 환자 아들이 완강한 태도로 진입을 막았다. 당황한 아이다는 말을 세웠다. 결국 타밀어와 영어와 손동작을 섞어가며 이야기한 후에야 상황이 이해되었다. 아이다가 데려온 소년 마부는 낮은 카스트 계급이었다. 그래서 이곳 상위 카스트가 사는 거리에 들어가면 안 되었다. 밖에서 마차를 지키고 있어야 했다. 아이다는 입을 열어 맹렬히 항의했지만, 상황이 시급하다는 생각에 그냥 순순히 따르기로 했다.

아이다는 그 남자를 따라 구불구불 뻗은 골목길만한 좁은 길을 걸어갔다. 길 한편은 하수구와 우글우글 모인 아담한 집들에 맞닿아 있었다. 그중에서 문에 육중한 조각 장식이 달린 한 집으로 들어갔다. 작고 컴컴한 방을 향해 문이 열려 있는 좁다란 안마당을 지나니 지붕 덮은 툇마루로 둘러싸인 넓고 확 트인 뜰이 나왔다.

그곳에 있던 여자들과 아이들은 아이다가 들어오는 것을 보더니, 가지고 놀던 인형도 팽개치고, 겨를 골라내던 쌀과 반쯤 찧다가 만 향신료와 돌절구도 그대로 놓고 맨발로 우르르 사라져버렸다. 이제 막 빨아서 걸쳐놓은 주황색 사리 한쪽 끝이 툇마루 지붕 위에서 나부꼈다. 단 한 명의 여인만이 기둥 뒤에 겁먹은 채 앉아 있었는데, 사리 끝으로 얼굴을 가리고 있었다. 그 남자는 여인에게 타밀어로 무뚝뚝하게 명령했고, 아이다는 앞으로 허리를 구부리며 두 손을 모으고 수줍게 '나마스카르' 하고 인사했다.

아이다는 여인을 따라 툇마루를 지나 어둡고 숨 막히는 안쪽 방으로 들어갔다. '환자는 가능한 밝은 빛과 공기에 노출시키면 안 된다'는 그들의 미신과 무지에 아이다는 다시 한 번 놀랐다. 걸걸한 숨소리와 신음 소리가 점점 또렷이 들려왔다. 자리 위에 누운 어스름한 사람 형상 옆에 무릎을 꿇고 앉았다. 손을 뻗어 움푹 들어간 볼과 뼈만 남은 이마를 만져보니 차가웠다. 이번엔 비쩍 마른 팔을 더듬어 손목을 잡았다. 손가락으로 실낱같이 겨우 뛰는 맥박을 만지는 순간 한숨이 나왔다. 이 노부인은 죽어가고 있었다.

함정에 빠진 듯한 느낌이었다. 가망이 없다는 걸 환자 가족들에게 알려야 한다. 실력 있는 의사라는 걸 입증하기도 전에 신망을 떨어뜨리려고 나를 부른 것일까? 물론 특별히 손을 쓸 수는 없을 테지만, 힌두 의사들이나 사제들, 약장수들도 있지 않은가. 이 여인이 죽는다면, 그날 밤 해가 지기도 전에 미국 여의사가 첫 번째 환자를 죽게 했다는 사실이 벨로르에 사는 모든 사람들에게 알려질 게 아닌가!

당장 그 집을 떠나야 한다는 충동을 느꼈다. 최소한 이 환자는 어떻게 손을 쓸 수도 없는 상황이라는 걸 알릴 수는 있지 않은가. 이런 생각이 드는 순간 손이 문고리로 갔다. 도망간다고? 대체 나는 어떻게 되먹은 의사인가? 이 어두운 방바닥에서 홀로 죽어가도록 저 노부인을 내버려둔단 말인가!

아이다는 자기를 불러온 남자를 발견하고는 그의 어머니가 죽어간다고 말했다. 아이다가 아니라 그 어떤 의사라도 어머니를 살릴 수 있는 방도는 없지만, 그가 자기 아내에게 말해서 아이다를 도와주고 그 지시를 따르도록 해준다면, 마지막 순간만이라도 어머니를 편안하고 행복하게 해드릴 수는 있다고 말했다.

남자의 얼굴에는 애통과 근심이 서렸을 뿐 다른 표정은 없었다. 그는 어머니를 사랑한다는 그 이유 하나 때문에 아이다를 불러온 것이다. 암마(예), 선생님이 원하는 건 무엇이든 하겠다고 했다. 그는 다른 여자들에게도 당부할 것이다.

놀랍게도 세 명의 며느리들이 노부인을 줍고 어두운 방에서 모시고 나와, 툇마루의 그늘 아래 자리를 깔고 눕혀드렸다. 그리고 흙으로 만든 병인 쿠자에 시원한 물을 담아 와서 바짝 마른 입술을 축여주었다(몸이 아플 때 절대 해서는 안 되는 행동이라고 그들은 알고 있었다). 아이다는 자신의 손수건을 대야에 넣고 꼭 짠 뒤 쇠약한 노부인의 몸을 부드럽게 닦아주었다.

노부인은 눈을 뜨고 아이다의 움직임을 하나하나 지켜보았다. 사람들의 두려움은 점차 수용적 태도로 바뀌어갔다. 다른 여인들도 두려움을 잊었다. 그중 한 사람은 궁금한 듯 다가와 낯선 금발 머리를 만져보았다. 부끄럼 많은 아이들은 기둥 뒤에서 몰래 지켜보다가 이제는 슬쩍 다가와 옷을 만져보았고, 심지어 하얀 소맷부리를 만지기까지 했다. 아이다는 그들이 차고 있는 은사슬과 발찌에 감탄하며 미소로 답했다.

수 시간이 지났다. 환자의 침상 옆에 앉아 죽음과 사투를 벌이는 한 여인의 고통을 완화시켜주려고 최선을 다하던 아이다는 온몸이 파김치가 되었다. 마침내 온 몸이 바들거려 더 이상 서 있을 수 없을 지경이 되었다. 순간 누군가 치마 끝을 잡아당기는 바람에 몸의 균형을 잃을 뻔 했다. 내려다보니 노부인이 초인적인 힘을 다해 일어나 옆으로 누운 뒤 조금씩 몸을 움직여 얼굴이 치맛자락에 닿을 만큼 다가온 것이었다.

"어머, 일라이, 안돼요!" 겁에 질린 아이다가 소리쳤다.

하지만 미처 말리기도 전에 노부인은 아이다의 발에 입을 맞추었다.

그리고 너무나 기력을 소진한 터라, 이내 최후를 맞이하고 말았다. 아이다는 사람들에게 죽음 너머에 대한 소망을 나누어 줄 수 있으면 얼마나 좋을까 안타까워하며, 조용히 부인의 두 눈을 감겨주었다. 매리 헨리가 있었다면 그 유창한 타밀어로 하나님의 무한한 사랑을 말해주었을 텐데!

다른 세 명의 여인들은 더 이상 그를 낯설어하지 않았다. 좁은 길을 지나 그를 배웅하면서도 꼭 다시 방문해달라고 부탁했다. 하지만 굽은 길을 따라 걸어가는 동안 날카로운 곡소리와 음울한 북소리가 들려왔다. 그러다 막다른 골목으로 들어온 걸 알고 황급히 발길을 돌렸다. 아이다의 실패를 알리는 소리가 그를 앞서 온 지역에 퍼지고 있었다.

감사하게도 얼마 지나지 않아 자신의 능력을 증명할 기회가 왔다. 아버지가 멀리 마을을 방문하는 동안에 응급 환자가 발생한 것이다. 도움을 구하러 온 남자는 아이다가 그의 집에 들어오는 것을 마지못해 허락했다. 그의 아버지인 환자를 보니 두 눈이 부종으로 완전히 부풀어 올라 뜰 수도 없는 지경이었다.

아이다는 다시 한 번 공포를 경험했다. 아버지가 얼른 오셔서 환자를 진단하는 일을 도와주셨으면 했다. 부종의 원인은 다양한 데다가, 인도의 경우는 서구 세계와는 그 원인이 다를 수도 있었다. 그러다가 아주 상식적인 생각이 스쳐갔다. 최소한 그녀는 고통을 완화시켜주는 일을 시작할 수 있었다. 퉁퉁 부은 눈꺼풀에 양쪽 엄지를 대고 눌러가며 마사지를 했는데, 처음엔 부드럽게 하다가 점차 강도를 세게 했다. 부종을 밀어내려는 시도였다. 얼마 후 환자는 눈을 뜰 수 있게 되었다.

그의 아들은 믿지 못하겠다는 듯 쳐다보더니 가족들에게 뛰어나가 그 소식을 알렸다.

"우와! 기적이 일어났다! 암말 선생님이 기적을 일으켰다! 뜨지도 못하던 눈을 뜨게 했다! 암말 선생은 마술사다!"

환자를 진단하고 치료를 한 뒤, 아이다는 멍한 상태로 집으로 향했다. 이번에는 성공의 소식이 먼저 도달했다. 사람들은 놀랍다는 듯 그녀를 바라보았고 정중하게 '나마스카르' 하고 인사를 하기도 했다. 슬쩍 웃음이 나왔다.

아버지의 건강은 좀처럼 나아지지 않았다. 강렬해지는 2월의 열기로, 아버지의 기력은 눈에 띄게 떨어지고 있었다. 가족들은 평소보다 일찍 코다이카날로 가기로 결정했다. 이곳은 남인도 선교사들이 일 년 중 가장 더운 기간 동안 머무는 곳으로, 팔라니 언덕에 위치한 여름 휴양소였다. 존 선교사는 선교 사역의 회계 일도 함께 맡고 있었으므로 거기서 회계 일도 함께 처리할 수 있었다.

아버지에 대한 걱정이 있었지만 그렇다 해서 가족 여행에 대한 아이다의 기쁨을 반감시킬 수는 없었다. 그들은 밤 10시에 출발하는 복잡한 마드라스 실론 정기 우편 열차를 탔고, 짐을 잔뜩 실은 인도인 두 가정과 더불어 좁고 무더운 기차칸에서 하룻밤을 보낸 뒤, 다음 날 아침 10시에 코다이 로드 역에 도착했다. 거기서부터는 바퀴 두 개 달린 우차를 타고 산자락 어귀까지 움직였다. 마지막 목적지까지는, 여자들은 드훌리라고 부르는 지붕과 덮개가 달린 가마를 탔고, 남자들은 말을 타거나 쿨리(하급 일꾼—옮긴이)들이 지고 가는 가마 비슷한 의자를 타고 올랐다. 존 선교사는 난생 처음으로 말이 아닌 의자를 타고 움직였는데, 무척이나 싫어했다.

아이다는 얼마 안 가다가 그냥 내렸다. 네 명의 쿨리들이 그의 무게를 지탱하는 것을 보며 너무나 미안했기 때문이었다. 더욱이 직접 산을 오르는 게 훨씬 즐거웠다. 쿨리들은 가파른 경사를 오르며 구성진 노래를 흥얼거렸다.

앞줄에 있는 이들이 "아흐 훈가이쿰!" 하고 부르면, 뒷줄에 있는 이들은 "아흐 호!" 하고 대답했다.

스커더 부인을 메고 가던 사람들이 노래했다. "그다지 무겁지 않네. 파테룸(조심해)"

"부드럽게 지고 가라, 파테룸,
맘씨 좋은 부인이니, 파테룸,
여기 다리 건너가자, 파테룸,
천천히 지고 가라, 파테룸,
조심스레 지고 가라, 파테룸,
신나게 노래하자, 파테룸!"

때론 그다지 격식을 차리지 않으며 즉흥적인 가사를 읊어대기도 했다. 사람들은 존 선교사가 타밀어를 전혀 모르리라 생각하며 노래를 불렀다. "아고, 진짜 무거운 가방이네! 호, 호!"

"코끼리가 들었을 거야. 호, 호!
정말 무게 많이 나가네, 호, 호!
의자를 확 뒤집어 버리자, 호, 호!
진흙탕에 푹 박아버리자, 호, 호!
자기 운명에 맡기는 거야, 호, 호!
안 돼, 그럼 막 화낼 거야, 호, 호!
맞아, 우릴 두들겨 팰 거야, 호, 호!
그럼 얼른 서둘러 가자, 호, 호!
팔짝 팔짝 뛰어서 가자, 호, 호!"

중간쯤 오자 셈바가누르로 가는 매우 가파른 갈지자 길이 나타났고, 가마꾼들은 잠시 멈춰 휴식을 취했다.

존 선교사는 유창한 타밀어로 가마꾼들에게 나지막히 말했다. "그래, 내가 코끼리만큼 무거운가요? 그래서 진흙탕에 박아버리고 싶다구요?"

처음에 가마꾼들은 두려운 듯 쳐다보았지만, 장난기 어린 그의 눈빛을 보고 겸연쩍게 씩 웃었다.

위로 올라갈수록 공기는 다행히도 시원해졌다. 식물군도 열대

야자수와 밀림에서 제비꽃과 양치류와 보라색 난초로 바뀌었다. 300미터 고원으로 올라온 그들은 장미와 유칼립투스 향내를 맡으며 스웨터를 꺼내 입었다.

두둑한 사례를 기대하며 가마꾼들이 노래했다.

"아흐, 산 토샴, 기분좋다!" 뒤쪽에서 대답이 들렸다. "아흐, 하, 호!"

아이다는 푸르른 호수와 높이 솟은 녹색의 전경이 펼쳐진 이곳 코다이야말로 지구상 어떤 곳보다도 천국에 가까우리라고 생각했다! 존 선교사 역시 그렇게 생각했고, 기적적으로 활력도 되찾았다. 고통스럽던 종기도 다 나았다. 선교사 휴양지인 쿠싱에 다른 휴양객들이 몰려오고, 여름 피서철이 최고조에 다다르기 전까지 존 선교사도 본래 모습을 거의 되찾았다.

아이다가 그리던 행복이 모두 성취되었다. 말을 타고 여행을 하고, 테니스 토너먼트 시합을 하고, 필라 암벽과 은빛 폭포로 나들이를 가고, 깎아지른 듯한 2천 미터 절벽 끝인 코커스 워크 길을 따라 저녁 산책을 했다. 해리와 월터까지 모두 그곳에서 함께 재밌는 시간을 보냈으므로, 마치 셸터 아일랜드에 와 있는 듯했다.

5월의 어느 날, 존 선교사가 타고 가던 자전거 앞바퀴가 돌에 부딪히는 바람에 존은 바닥에 떨어지고 말았다. 옆에 있던 아이다는 얼른 달려가 아버지를 부축했지만 그는 자기 힘으로 일어서지 못했다. 그는 딸을 향해 미소를 지으려 애쓰면서 중얼거렸다.

"미안… 흥을 깨버렸구나."

젊은 남자들은 얼른 들것을 가지고 와서 존 선교사를 방갈로로 옮겼고, 내닫이창이 달린 앞방 침대에 눕혔다. 그런 다음 방에 있는 것을 죄다 치운 후, 그곳에 함께 와 있던 사촌 루 스커더가 그를 진료했다. 어깨를 조심스레 빼서 겉옷을 벗기고, 깃이 빳빳한 흰 셔츠 단추를 풀러 살펴보던 루 스커더의 얼굴에 어두운 그림자가 스쳤다. 아이다는 그의 시선을 따라 아버지를 지켜보다가 충격을 받고 소리를 질렀다.

존 선교사가 눈을 떠서 희미한 목소리로 중얼거렸다. "겨드랑이… 임파선이야. 이렇게 된 지는… 좀 됐지. 팔 밑에 난 종기로 시작된 거야. 부풀어 오르다가… 가라앉고… 최근에 다시 나빠졌어. 아주 빠른 속도로…."

"왜죠?" 아이다는 바짝 마른 입술로 우물거리듯 물었다. "왜 우리한테 말씀 안 하셨어요?" 하지만 어떤 대답이 나올지 알고 있었다. 아버지는 늘 다른 사람을 먼저 생각하느라 자기 일에는 신경 쓰지 않으셨던 것이다. 그 와중에도 온전하게 남아 있던 네모난 안경 사이로 아이다를 바라보는 그의 눈이 반짝였다. "미안하다…." 목구멍의 울혈 때문에 말하기가 쉽지 않았다. "우리 막내… 이제 막 시작해서… 힘든데… 걱정 근심만 안겨주는구나. 심각하진 않을 거야…."

최대한 편안하게 해드린 후, 두 의사들은 급히 모여 회의를 했다. 루가 무뚝뚝하게 말했다.

"반드시 수술해야 해."

아이다는 숨이 막혔다. "어디서? 어떻게? 가장 가까운 마두라의 병원도 여기서 수십 킬로미터는 족히 가야 된다구. 아빤 일어나지도 못하시는데…."

루는 한 마디로 대답했다. "여기서 해야지. 최대한 빨리. 작은아버지껜 마지막 기회야."

아무 것도 없는 평원에서 필요한 도구를 구하는 데만 5일이 걸렸다. 다른 의사는 필요 없었다. 인도 최고의 의사 두 명이 이미 여기 코다이에 있지 않은가. 그러는 사이, 몸이 조금 나아진 존 스커더는 가지고 왔던 회계 일을 평소보다 더 열심히 처리했고, 식사도 식당에 나와서 하는 등, 마치 아무 일도 없었다는 듯이 모든 활동에 참여했다. 아무렇지도 않은 듯 행동하지만 분명 고통과 공포를 느낄 터인데, 그는 아무런 티를 내지 않았다. 할아버지인 존 스커더 1세는 자신의 발에 암이 자라는 것을 발견하고는 방에 들어가 하인의 도움을 받으며, 몇 번이나 졸도하면서도 자기 손으로 암을 잘라냈던 일도 있었다.

아이다도 그러한 스커더 가의 용기를 물려받았으면 싶었다. 막상 수술 당일보다 기다리는 5일 동안을 훨씬 고뇌하며 보냈다. 아이다는 어머니를 위로하고 확신에 섞인 말을 하며 여느 때처럼 아버지와 함께 장난치고 농담하다가도, 자리를 박차고 울면서 부모님의 품에 안기기도 했다. 한 편으로 의사답게 차분하고 효과적으로 대처했지만, 다른 한쪽에서는 어린아이처럼 겁에 잔뜩 질린 채 도망가려고 애썼다.

두 의사들은 준비한 수술대를 쿠싱의 앞쪽 베란다에 정렬했고, 최대한 빛을 확보하기 위해 정오 시간을 택했다. 루가 수술을 집도하고, 아이다가 옆에서 보조하기로 했다. 아이다와 넬과 월터는 방갈로 부엌에 있는 장작용 스토브와 현관에 있는 등유용 소형 스토브를 이용해 살균 소독을 했다. 큰 물주전자를 이용해 붕대와 수술용 천을 삶았고, 다시 오븐에 말렸다. 아이다는 루의 옆에서 마치 로봇처럼 그의 명령에 따라 움직였다. 끓는 물에서 수술 기구를 꺼내 멸균대에 놓았다가 루의 손에 건네주고, 끝나면 다시 받아서 내려놓고 하는 일을 반복했다.

실제로 일어난 일이 아닌 듯했다. 마치 악몽을 꾸는 것 같았다. 이제 꿈을 깨면 가슴을 쓸어내리면서 울고 웃게 될 것이다. 그리고 창가 옆에 앉아 책을 읽고 계시는 아버지에게 달려가, 함께 코커스 워크로 가서 일몰을 기다리자고 떼를 쓰리라. 함께 걸어가면서 아버지의 웃음소리를 듣게 되리라.

하지만 이건 꿈이 아니었다. 다시는 아버지의 웃음소리를 들을 수 없었다. 뛰어난 솜씨로 수술을 진행했지만, 이미 너무 늦었다. 악성 종양이 너무 광범위하게 퍼져 있었다. 환자가 급속도로 쇠약해지는 바람에 종양을 완전히 제거하는 것은 불가능했다. 서둘러 절개부분을 봉했다.

"이제 끝났어." 루는 냉엄한 목소리로 말했다.

존 선교사는 아주 잠깐 의식이 돌아오긴 했지만 극심한 고통으로 겨우 중얼거릴 뿐이었다. "오, 주님. 불 좀 꺼주세요." 그러더니 다시는 의식을 되찾지 못했다. 그들은 존 선교사를 창가 옆에 있는 그의 방으로 옮겨 침대에 뉘였고, 스커더 부인과 아들들과 딸은 옆에서 그를 지켰다. 다음 날, 그들은 코다이카날의 오래된 묘지에서 조용한 터를 하나 발견했고, 상록수 옆 양지바른 언덕에 그를 고이 안장했다.

사람들은 고인을 기리며 송덕문을 읊었다. "그분의 마음은 단호하면서도 넓어서 어떤 것도 다 품었습니다." … "그의 쾌활함, 인내, 넓은 포용력, 강력한 확신, 자기부인, 어느 것에도 매이지 않는 믿음" … "그분은 세 사람, 때론 다섯 사람 몫을 해내셨습니다."

존 선교사의 가장 절친한 동료였던 의사 존 위코프는 이렇게 썼다. "그에게서 굳이 흠을 찾아보라면, 자신의 몸을 돌보지 않고 혹사한 것이었다."

그의 아들 존이 쓴 글이 압권이었다. 전보를 통해 아버지의 부음을 들은 1900년 5월 31일에 그는 이 글을 썼다. "사랑해요 아버지. 그래요, 지금도 사랑합니다. 하늘에 계신 두 아버지를 사랑하는 건 나쁜 일이 아니겠지요? 나는 존 스커더 2세라는 내 이름이 자랑스럽습니다. 아버지를 그만큼 사랑하니까요. 나는 평생토록 2세로 남을 것입니다. 결코 1세인 아버지만큼은 살 수 없을 테니까요."

7 인도의 질병과 미신을 헤치며

아이다는 태엽이 빠져버린 시계 같았다. 앞으로 나아가야 할 목표가 딱 멎어버린 듯했다. 어머니와 애니 핸코크와 함께 벨로르에 있는 선교관으로 돌아온 뒤, 무거운 마음과 자신의 무능함을 안고서 미래를 헤쳐나가야 했다. 아버지의 도움 없이 어떻게 의료 사역을 지속할 수 있을까? 미국에서는 열대 질병에 대해 거의 배우지 못했다. 이곳에서 아버지의 가르침을 받으려고, 미국의 저명한 의사들 밑에서 1년 간 실습할 기회도 일부러 거절하고 왔는데…. 존 선교사의 죽음은 두 배의 상실감을 안겨주었다. 아버지를 잃었을 뿐 아니라, 유일한 인도자요 조언자를 잃어버렸기 때문이었다. 루 스커더는 20킬로미터나 떨어진 라니페트에 살고 있고, 넬은 월터와 함께 멀리 다른 선교지에 있으며, 루이스 하트는 새로 병원을 짓기 전까지는 벨로르에 합류할 수 없는 상황이었으므로, 아이다는 눈앞에 보이는 무시무시한 의학적 문제들을 도저히 해결할 수 없을 것 같았다.

며칠 동안은 문제를 회피한 채 중요한 결정들도 미뤄두었지만, 아이다의 괴로움을 잘 아는 어머니는 아무 말도 않고 기다려 주었다. 그러던 어느 날, 아이다는 베란다 아래층에 있는 2평짜리 방에 들어가 창문을 활짝 열더니, 씩씩하게 가구를 옮기기 시작했다.

"제 진료실이에요." 아주 간략히 설명했다.

존 스커더 부인이 부드럽게 물었다. "너무 방이 작지 않겠니? 책상이랑 캐비닛을 들여놓고 진료 도구랑 약품까지 두고 나면 환자들은 어디에 둘 거니?"

"내 방을 써도 돼." 애니가 말했다. 그녀는 아이다의 사역을 위해서라면 담요를 둘둘 말고서 차가운 베란다 돌바닥에서라도 자려고 할 사람이었다. 방은 그 정도면 충분했기에, 아이다는 활기찬 모습으로 두 사람을 안심시켰다. 환자들이 서서 기다릴 수 있는 베란다도 있고, 그늘진 쪽에 난 창문 틈으로 약을 나눠줄 수도 있다. 게다가, 병원 건물을 짓기 직전까지(이 말을 할 때는 목소리가 잠시 가라앉았다) 몇 달 정도만 혼자 일하는 게 아닌가. 그 날 아이다는 시내로 하인을 보내어 선교관에서 다시 환자를 받는다는 소식을 퍼뜨리게 했다.

그 작은 방도 처음엔 너무 널찍했다. 환자가 한 사람도 오지 않은 것이다! 아이다는 매일 아침 8시가 되면 창가로 가서 창문을 연 다음, 약품과 붕대 선반을 점검하고, 탁자에는 깨끗하고 하얀 천을 깔고 진료에 필요한 도구를 늘어놓은 뒤 기다렸다. 작은 방을 지나 베란다를 따라 걷다보면 초조함과 실망감 때문에 금방이라도 눈물을 흘릴 참이었다. 이 시간만 되면 아버지를 보러 줄지어 섰던 그 많은 사람들이 다 어디로 간 걸까? 아이다는 2달 동안 아버지와 일하면서 수십 명의 환자들을 진료하는 일을 도왔었다. 그 동안 단 한 사람도 아이다를 의사로 보아주지 않은 것일까?

그는 집사와 소년 마부를 불렀다.

"어떻게 된 거지? 사람들이 내가 여기 있는 걸 몰라요?"

두 사람 모두 진지하게 고개를 양 옆으로 끄덕거렸다. "물론 알죠. 아가씨."

"그런데 왜…?"

침묵만으로도 대답은 충분했다. 굳이 물어볼 필요가 있었을까? 남녀가 평등하다고 말하는 미국에서도 아직 여의사는 환영받지 못하는데, 인도 같은 나라에서 대체 무엇을 기대할 수 있으랴?

그러던 어느 날 아침, 화사한 빛깔의 마차가 진입로를 따라 들어왔다. 조랑말 갈기는 금송화로 맵시 있게 장식되어 있었다. 마부는 하인에게 말고삐를 던져준 뒤 마차에서 내려 뒤쪽으로 다가가 고사의 휘장을 들어올렸다. 숨을 죽인 채 창문 너머로 지켜보던 아이다는 한 여성이 그 안에서 나오는 것을 보았다. 주황빛 비단 사리를 입고 장신구를 치렁치렁 단 여인은 눈에 붕대를 감고 있었다. 아이다는 미끄러지듯 달려가 그를 맞았고, 속으로 이렇게 기도했다. '제발, 제가 고칠 수 있는 병이기를. 백내장같이 수술이 필요한 질병은 아니게 해주세요.'

"살람, 부인. 저는 의사입니다. 저를 만나러 오셨나요?" 문시(어학선생)랑 매일 공부를 하는 덕에, 아이다의 타밀어는 갈수록 명료해졌다. "자, 안쪽으로 오시면 도와드리겠습니다."

백내장은 아니었다. 심각한 결막염이었다. 아이다는 원인을 밝혀내기 위해 샅샅이 검사를 한 다음, 질산은 용액 몇 방울과 붕소 세척제를 염증부위에 넣었다.

그리고 간곡히 말했다. "내일도 꼭 오셔야 됩니다. 며칠 동안 계속 오셔야 돼요, 아님 제가 찾아가지요. 치료를 하지 않는다면 시력을 잃을 수도 있어요. 아시겠지요?"

확실히 해두기 위해 요리사의 아내인 살로미를 불러 다시금 반복해서 설명하도록 부탁했다. 여인은 다시 오기로 약속했지만, 아이다는 그날 하루 내내 혹 여인이 오지 않으면 어쩌나 걱정하면서, 어디 사는지 알아두지 못한 어리석음을 탓하며 고통스럽게 보냈다. 다음날 아침, 아이다는 새벽같이 일어나 8시가 될 때까지 진료실에서 환자 맞을 준비를 했다. 9시가 되자 뜨거운 열기에도 불구하고 그 여인은 다시 문 앞에 나타났다.

여인은 매일 매일 꾸준히 왔고, 시력을 잃을 뻔한 위험도 모두 지나갔다. 세 번째 방문 때는 안질로 고생하는 다른 여인도 함께 데려 왔는데, 비교적 치료하기 쉬운 병이었다. 2주 정도 지나자, 아침에 진료실을 열면 작은 무리의 사람들이 웅크리고 앉아 기다리고 있었다. 여름 끝자락쯤 되자, 여자를 비롯하여 남자 환자들까지 진료할 수 있었다.

사람들은 갖은 종류의 병을 안고 찾아왔다. 농양(고름집), 안질, 옴, 백선, 회충, 골절, 깊이 벤 상처, 화상을 비롯하여 치료하기 어려운 병들도 있었다. 아이다는 작은 진료실에서 농양을 째고, 부러진 뼈를 고정시키고, 작은 종양을 제거하는 등의 간단한 수술을 진행했다. 하루는 큰 농양이 생긴 한 아기의 어머니가 너무 겁을 먹는 바람에 아기를 안고 있게 할 수가 없어서, 살로미를 불러 도움을 청했다. 살로미가 진지한 얼굴로 미소를 지으며 부엌에서 나왔다. 그리고 아기의 고운 두 팔을 꼭 붙잡았다.

"아가씨, 이거 보이죠? 비누로 깨끗이 씻었어요. 이번엔 저한테 당부 안 하셔도 돼요."

살로미는 길고 힘센 손가락으로 믿음직스러울 만큼 부드럽게 아기를 꼭 붙잡았다. 농양에 붕대를 덧대고 아이 울음소리가 잦아지는 동안, 살로미는 아기를 가슴에 꼭 안고, 머리를 매만져주었다.

'안 됐어.' 아이다는 속으로 생각했다. '자기 배로 낳은 자식이 없으니!'

아이다가 아기보다도 더 바락바락 소리를 지르던 아기 엄마와 함께 있는 동안, 살로미는 창문 바깥쪽에 줄 서 있는 환자들과 이야기를 나눴다.

살로미가 아이다를 불렀다. "파르바티가 여기 와 있는데요. 아기가 안질을 앓고 있어서 약을 얻었으면 하네요. 제가 좀 줘도 될까요?"

고개를 돌린 아이다는 살로미가 큰 붕소 세척제 용기로 손을 뻗는 걸 보았다. "응, 맞아. 근데 그건 줄 어떻게 알았지?"

살로미가 대답했다. "알죠. 아가씨가 일하는 걸 지켜봤거든요."

순간 반짝하며 머릿속에 한 가지 생각이 떠올랐다. 그리고 조금 뒤에 살로미에게 물어보았다. "부엌일 그만하고, 여기서 나랑 같이 일하는 게 어떨까?"

"여기서 아가씨랑요? 하루 종일요?" 까무잡잡한 그의 얼굴에 광채가 돌았다.

아이다는 살로미 벤자민이 총명하기도 하고 배우려는 열심이 상당한 학생임을 알았다. 정규 교육은 제대로 받지 못했어도 타밀어를 읽고 쓸 줄 알았고, 영어도 어느 정도 말했으며, 일에 대한 흥미와 타고난 지능 덕에 일을 빨리 배웠다. 얼마 지나지 않아 살로미는 창문을 통해 환자들에게 약을 나누어 주었고, 상처를 깨끗이 닦고 붕대를 갈아주기도 했으며, 감염된 눈을 씻고 백선과 옴을 치료하는 연고를 발라주었다.

좁은 방이 가득 차자 바로 옆의 손님방까지 사용했는데, 1인용 침대 하나만으로는 장기치료를 요하는 환자를 받을 수 없으므로,

한정된 공간에는 점차 침대로 가득 차게 되었다. 아이다는 매일 아침 8시에 진료실에 가서 정오 무렵까지 환자를 본 다음, 마을 곳곳을 방문했다. 그의 명성이 널리 퍼질수록 할 일은 점점 늘어났다. 인구가 과밀한 여러 도시와 마을에는 무려 50만 명의 여성들이 있지만 여의사는 단 한 명이기 때문이었다. 1901년에는, 한 달 동안에만 177개의 힌두 가정과 무슬림 가정을 방문했다.

아이다가 치료하는 질병의 대다수는 학교에서 익히 들어왔던 것들이었다. 특히 인구는 많지만 위생 개념은 없고 영양은 부족한 인도에서는 결핵이 널리 퍼져 있었다. 매 1분 당 한 명꼴로 죽어간다고 했다. 결핵 환자를 위한 요양소가 없고, 결핵은 상당히 진행될 때까지는 드러나지 않기 때문에, 결핵의 폐해를 막을 방도가 없었다. 암 역시 널리 퍼져 있었는데, 특히 담배와 향신료, 라임, 빈랑 열매를 섞어 만든 판(pan)을 즐겨 씹으면서는 구강암이 만연했다. 완전히 녹아 없어질 때까지 며칠 동안, 심지어 몇 주 동안을 입 안에 붙여두면, 향긋한 입가심 향료가 위험한 자극제로 변질되면서 종종 악성 종양을 유발하기도 했다. 장티푸스는 예나 지금이나 위험했다. 성병도 꽤 많았다.

하지만 인도 땅에서는 그리 어렵지 않은 병조차 악화되는 경우가 많았다. 간단한 다리 궤양이 아주 힘겨운 수술거리가 되기도 했다. 만성적인 영양실조와 열악한 위생환경으로 피부 저항력이 약하기 때문이었다. 대부분의 시골 가정에서 비누는 꿈도 꾸지 못할 사치품이었다. 상처에 적절한 치료를 해주지 않기 때문에 감염이 되어 결국 무릎에서 발목까지 다리 전체에 만성 궤양이 생기는 것이었다. 소위 '열대 궤양'은 복합적인 박테리아 감염에 의한 것으로, 좀처럼 낫지 않고 고통스럽지만 감염 부위 전체를 절제해야 치료가 가능했다.

눈의 감염 역시 익숙한 병이긴 하지만 마치 새로운 질병처럼 몹시 악화되거나 다양한 증세로 나타났다. 이곳에서는 백내장과 노화가 그다지 연관이 없었다. 음식 섭취의 부족으로 인해 수정체가 점차 흐려져 결국 시력을 잃게 되므로, 어른이나 아이 가리지 않고 발생했다. '꽃 퍼짐'이라는 뜻인 푸 파데라(*poo-padera*, 백내장을 의미—옮긴이)는 인도인들의 실명율이 높은 주요 원인 중 하나였다. 통계에 따르면 줄잡아 50만 명의 사람들이 백내장으로 시력을 잃었다.

하지만 다른 원인도 있었다. '시골 안질'이라고 흔히 알려진 심각한 결막염은 지속적으로 발생했다. 다양한 박테리아로 인해 감염되는 질병으로서, 손가락이나 옷에 직접 닿을 때 옮기기도 하지만, 특히 6월에 첫 비가 내린 다음 파리가 나타나는 '눈 파리'(*eye fly*) 유행 철에 많이 옮았다. 여기에 감염된 사람들은 눈꺼풀에 달라붙는 작은 날파리 때문에 고생을 하는데, 한 마을의 아이들 전체가 안질을 앓는 경우도 있었다. 만성 질환이 되는 경우에는 조직이 파괴되어 결국 시력을 잃었다. 트라코마 역시 흔했는데, 특히 남인도 지역의 무슬림 여인들 사이에 많았다. 만성 감염이 되면 고통스러우리만큼 아프고 눈이 침침해지므로, 설파제(항균제—옮긴이)와 항생제를 사용해야 하는데, 초기 단계에서는 질산은 용액과 식염수로도 치료가 가능하다. 하지만 너무 진행된 경우에는 수술 외에 치료법이 없다. 심각한 영양실조가 실명의 원인이 되기도 했다. 필요한 영양소가 부족하게 되면 눈의 조직이 무척이나 약해지게 된다. 그리고 흰자위에 은빛 비늘이 덮이면서 눈은 광택을 잃으며 으스러지고, 결국 안구 전체가 빠지고 만다.

서구 의사들에게 가장 당황스러운 것은 역시 열대성 질병이었다. 나병이 그러했다. 역사 기록상 가장 오래된 질병이자, 성경 시대에는 사람의 죄악과 연관되었던 나병은 인도에서 가장 잔혹한 병이었으며, 최소한 백만 명이 고통 받고 있었다. 나병 환자들 중에는 동냥 그릇을 들고 거리를 돌아다니거나 기차간 옆과 기차역에 출몰하는 이들도 있었다. 또는 추방을 당하거나 사회적 낙인이 찍히는 것이 두려워서, 살갗에 반점이 생기고 딱딱하게 굳어지는 증상을 숨기거나, 정상적 생활을 할 수 없을 만큼 감각이 없는 손과 발도 드러내지 않으려 애쓰는 사람들도 있었다. 인도 전역에 몇 안 되는 나병 요양소에 격리되는 사람은 그나마 손에 꼽을 정도였다. 그런 사람들에게는 잘려나간 발과 절단된 손가락과 발가락을 싸매고 약을 발라주거나, 이에 동반되는 부차적인 질병에 대한 치료약을 주는 것 이외에 달리 방법이 없었다.

콜레라의 경우는 좀 더 근절시킬 희망이 있었다. 이제는 콜레라의 원인이 나선형의 박테리아이고 오염된 물과 음식으로 전염된다는 사실이 밝혀졌다. 마을의 식수원인 저수지에서 오염된 옷을 빨거나 분뇨로 거름을 준 밭에서 자란 야채를 먹으면서 전염되는 경우가 흔했다. 1893년에 해프킨 박사가 개발한 백신이 예방 주사로 활용되면서 감염율은 8분의 1로 감소했다. 하지만 백신은 치료가 아닌 예방이 목적이므로, 콜레라가 발병했을 때 환자들에게 치료 효과는 없는 게 사실이었다. 종교 순례와 종교 축제 속에서 사는 그들의 처지와, 신이 노해서 전염병이 생긴다는 대중적인 믿음과 사상을 고려할 때 질병이 근절되는 일은 전혀 가망이 없어보였다.

다행히 열대성 질병은 치료가 더 용이했다. 최소한 1,500만 명이 고통을 받고 있는 말라리아의 경우 염산 키니네를 사용하면 효과가 있었다. 박테리아 피부 감염 질환 중 가장 흔한 옴은 우기철에 더욱 유행하는데, 유황 연고를 3일 동안 바르고, 온 몸을 씻고 옷을 소독하면 확실한 반응이 왔다. 이질, 아메바성 질환, 간균 질환은 토근과 감홍을 쓰면 완화되었다.

하지만 이러한 치료법은 단지 일시적인 방편이었을 뿐, 병의 근본적인 원인을 해결하지는 못했다. 그리고 열심히 일을 하다가도 늘 마음을 답답하게 하는 일이 있었다. 인도의 평균 수명은 27세도 안 된다는 것과 태어나는 아기 4명 중 하나는 1년 안에 사망한다는 사실이었다.

그러나 아이다가 대항해야 한 가장 강력한 원수는 사람들의 질병이 아니었다. 고대의 미신과 엉터리 치료법 때문에 많은 사람들이 다치는 일이 늘 되풀이되고 있었던 것이다. 심지어는 아무런 약도 먹지 말아야 하는 축제 기간도 있었다. 환자를 만나러 갔다가 그냥 되돌아온 경우가 한두 번이 아니었다. 악한 영이 집에 나타난다고 믿었기 때문에 환자를 다른 곳으로 옮겨놓은 것이었다. 병세가 심각할수록 더욱 악한 영이 들어온 것이라 믿었다. 환자가 사망할 때까지 이집 저집으로 옮겨다니는 경우도 많았다.

안면 마비에 걸린 한 소녀의 집을 방문한 적이 있었는데, 가족들은 매일 비둘기를 죽여 그 피를 머리 위에 떨어뜨리는 식으로 치료를 했다. 또 한 번은 균이 들어가지 않게 주의해야 할 상처를 소독해주고 붕대를 준비하느라 잠시 고개를 돌렸다가 다시 돌아보니, 그 사이에 소위 '성스런 재'를 잔뜩 뿌려놓은 적도 있었다. 그 때문에 부패열이 생겨 환자가 거의 목숨을 잃을 뻔했다.

다른 한편으로, 인도 고유의 치유법 중에는 서구 의학보다도 더 오래된 경험에서 나온 건전한 방법도 많이 있었다. 내과의였던 차라카(Charaka)와 외과의였던 수스루타(Susruta)는 기원전 1,000년에 살았던 이들로, 현대의 과학적 발견과 놀랄 만큼 일치하는 이론을 제기했다. 사실상 모든 인도 의학의 뿌리인 두 사람의 의학은 고대 베다 경전에서 수집한 찬가를 모은 '아유르 베다'(Ayur Veda, 생명의 과학)에 기초를 두고 있다.

차라카는 그의 두툼한 의학 서적에서 섭식과 약제, 해독제, 의학 도구와 적용법, 깨끗함에 대한 강조, 청결 등 놀라울 정도로 전문적인 통합성을 보여주는 반면, 외과의인 수스루타는 외과용 메스, 란셋, 톱, 가위, 바늘과 같은 정밀한 도구를 익히 알고 있었을 뿐 아니라, 사지를 절단하고, 복부를 수술하고, 탈장을 막고, 심지어 찢어진 귓볼을 피부 이식으로 고치는 방법까지 잘 알고 있었다. 또한 약용 포도주를 마취제로 사용했고, 수술실에서는 손을 깨끗이 하고 물을 끓여서 사용했다.

이러한 수술법과 해부법은 기원전 600년에 불교가 일어나면서 단절되기는 했지만, 불교가 살생을 금하면서 인도 의학은 무료 병원과 각 주(州)에서 관리하는 약국, 의료 대학, 벌레와 쥐를 박멸하는 역병 관리, 출생과 사망 신고, 약초 재배의 확장 등으로 새로운 국면을 맞이하게 되었다. 또한 무슬림의 공격으로 힌두 의학이 급감했고, 미신적인 치료법은 더욱 많이 퍼졌다. 그렇지만 건전한 고대 치료법들도 여전히 다수 사용되고 있었다.

아이다는 가능한 경우라면 그러한 고유의 치료법을 권장했다. 회화 나무의 백색 수액을 자단 기름과 장뇌와 섞어 간지러움증 치료에 사용하거나, 타마린드 잎은 종기 치료용 습포제로 사용하고, 폰감 뿌리의 즙은 염증에 바르거나 양치용으로 사용하게 했다. 하지만 코브라에게 물리면 나병이 낫는다든가, 갈아놓은 유리와 고추와 참기름을 섞어 회반죽에 찧은 뒤 환자의 눈에 붙이면 열이 내린다는 식의 방법들을 듣고서는 경악과 분노를 감추지 못했다.

이런 문제들과 씨름을 하는 동안 가장 그리운 사람은 아버지였다. 아버지라면 그런 문제들을 미리 경고해주고 경험에서 우러나오는 해결책을 알려주었을 터인데. 지금 아이다는 낯선 풍습과 언어를 익히며 어물어물 최선책을 찾아가는 중이었다. 그것도 공부한 적도 없고 제대로 파악하기도 어려운 질병을 손보며, 해결할 지식과 기술도 없이 그저 순간적인 재치와 유머 감각만으로 상황을 맞닥뜨리면서 말이다.

그늘에 있어도 기온이 45도까지 올라가는 어느 여름날, 그런 상황이 찾아왔다.

"어떤 남자분이 밖에 계시는데요." 부드러운 검은 머리를 방안으로 쑥 들이밀며 부드러운 목소리로 살로미가 말했다. 아이다는 천장에 매단 펑커 아래서 헐떡거리며 방바닥에 축 늘어져 있었다. 침대는 너무 더웠던 것이다. 미안한 듯 살로미가 덧붙였다. "아주 급한 일이라는데요."

"아··· 안 돼!" 끙끙거리며 말했다. "그 사람한테 내가 못···." 아침 내내 진료실에서 일하고 여섯 가정이나 방문하고 왔으니 한 번쯤은 거절해도 되는 거 아닌가?

"그 사람한테 간다고 말해줘." 결국 순순히 결정을 내렸다.

발을 헛디디면서 우물쭈물 땀에 젖은 몸에 코르셋과 속옷과 속치마를 끼워 입고, 찡그린 얼굴로 고래수염 망사로 된 서구식 높은 깃을 억지로 잠근 다음, 새로 풀 먹인 발목까지 오는 긴팔 흰 드레스를 입었다. 문간에 가기도 전에 온몸이 흠뻑 젖었다.

베란다에서 기다리던 남자는 오래전 틴디바남에서 아이다를 찾아왔던 그 세 명의 남자 중 하나 같아 보였다.

점잖고도 확신에 찬 목소리로 남자가 말했다. "암말 선생님? 도와주세요. 어린 제 아내가 아이를 낳는 중이랍니다. 오실 거지요?"

"네? 그럼요!" 아이다는 왕진을 거절하지 않게 해주신 하나님께 열렬한 감사를 드렸다. 그의 이름을 듣고 보니 그가 교육을 잘 받은 고위 카스트 집안임을 알 수 있었다. 고위 카스트 중에는 법률가도 많았고 그들은 사회에서 지식층을 이루고 있었다. 직접 마차와 조랑말을 끌고 그 사람의 마차를 따르는 동안, 오븐처럼 찌는 듯한 더위도 아이다의 충만한 마음을 누그러뜨리지는 못했다. 그날 밤의 실패를 회복할 수 있는 기회가 왔는데 이깟 더위와 피로가 문제일까! 그리고 교육을 받은 집안이니 어떤 치료법이든 다 사용하도록 허락해줄 것이다!

널찍한 집 안마당으로 안내되자 한 노부가 그를 맞이했는데, 아이다는 그 모습을 보고 가슴이 철렁 내려앉았다. 그 할머니는 적어도 700살은 되 보였다! 하얀 미망인 복장을 하고 머리는 밀었으며, 구장 잎을 넣는 가죽 주머니를 차고, 누런 이를 하고 있는 모습이 마치 13세기의 봄마이 레디가 살아서 걸어 나오는 듯했다. 노부는 공손하지만 유쾌하지는 않은 듯 인사를 했다. 타밀어로 짤막하게 말했다. "어서 오게, 아가씨."

아이다는 안뜰과 안쪽 방과 조그만 별채를 지나 창문 하나 없는 지저분한 뒷방으로 들어갔다. 아이를 낳는 일은 정결하지 못한 일로 치부되었기에 이런 곳에서 이뤄지는 경우가 잦았다. 마치 용광로 속에 온 것처럼 무더웠다. 얼른 노부 옆을 지나, 거적 위에 누운 여인에게로 가서 무릎을 꿇고 앉았다.

조심스레 불렀다. "부인." 대답이 없었다. "부인!" 황급히 다시 불렀지만 아무런 움직임이 없었다. 가슴이 쿵 내려앉았다. 환자가 벌써 죽은 것일까? 손도 써보기도 전에 또 다시 장례 북소리가 울릴 것인가?

맥박을 재는데, 그 젊은 여인이 힘없이 손을 뻗어 아이다의 손을 잡더니 말라붙은 자신의 입술 쪽으로 가져갔다. 아이다는 조심스럽게 입술을 눌러 열어보았다. 혀가 심하게 부풀어 있었다. 아이다는 순간 비명을 질렀다. 문자 그대로 그 여인은 갈증으로 죽어가고 있었던 것이다! 자리에서 일어났다. 머리가 지끈거렸다. 발을 동동 구르면서 미신에 묶여 있는 이 사회를 마음껏 비난하고 싶었다. 이 불쌍한 사람에게 물 한 방울도 주지 않는 참담함이란! 하지만 대신 미소를 지으며 노부를 바라보았다.

"제 처방법은 인도식과는 좀 다르답니다." 할 수 있는 최선의 타밀어로 공손하게 말했다. "물이 없이는 안 됩니다. '투니' 요, 물." 멍하니 서 있는 노부를 향해 계속 물이란 단어를 되풀이해서 말했다. "이해하시겠어요?"

다행이도 마침내 노부는 알았다는 듯 좌우로 머리를 흔들더니 밖으로 나갔다. 그의 말을 이해했을 뿐 아니라 미신을 타파하기로 합의한 것이다! 노부는 조그만 놋그릇 하나를 들고 들어왔다. 그 안에는 극소량의 물이 들어 있었다. "일라이, 아니요! 좀 더, 많이 주세요." 아이다는 찬찬히 설명했다.

노부는 다시 밖으로 사라졌다. 이번엔 채 20그램도 안 되는 물을 가지고 들어왔다. 아이다가 간절히 부탁했다. "좀 더요. 아주 많이 필요하답니다. 아시겠어요?"

그녀를 바라보는 노부의 눈은 700년도 훨씬 더 된 듯 늙어보였다. 마치 나무와 돌에 숨어 있는 영들을 두려워하는 그들의 미신처럼. 더 이상은 한 방울의 물도 가져다주지 않을 것을 알았다. 아무 말 않고 방을 나가, 두 개의 안뜰을 지나 정문 옆방으로 들어갔다. 그곳에는 그 집 남자들이 앉아 있었고, 여인의 남편도 함께 있었다. 남자는 얼른 자리에서 일어났다. "선생님! 제 아내랑… 아이는…."

"아내 분은 지금 죽어가고 있어요." 무뚝뚝하게 말했다. "당신 집안에 있는 여자들이 마실 물 한 잔을 안 줘서 말이죠." 아이다는 영문을 모른 채 갸우뚱 거리는 방안의 남자들을 둘러보았다. 이 사람들에게는 영어로 말할 수 있었다. 그것도 가차 없이 까놓고 말이다. "당신네 남자들도 역시 두려운가요? 뭐가요? 우리 조상들이 지구는 평평하다고 믿었던 시대의 케케묵은 미신이 두려운 건가요? 아니잖아요. 당신네들은 교육을 받은 사람들인데, 지구가 평평하지 않은 건 여러분이 더 잘 아시잖아요. 그렇다면, 당신네들은 이 집안 여자들이 두려운 게 분명하군요." 아이다는 여인의 남편을 정면으로 바라보았다. "선택하세요. 미신을 죽일 건가요, 아내를 죽일 건가요?"

아이다가 숨을 멈추고 바르르 떠는 동안, 남자들은 충격을 받은 듯 조용했다. 본래는 이런 식으로 말하지 않고, 공손하게 부탁하거나 간청하려고 했는데! 젊은 남편은 조용히 물었다. "우리가 어떻게 하길 원하십니까?"

"이 집안 여자들에게 말씀하세요. 내가 달라는 만큼 물을 가져다 주라구요."

물이 왔다. 젊은 여인은 생명을 구했다. 아이도 태어났다. 다행히 인도에서 가련한 인생을 살 수밖에 없는 가련한 여자 아이가 아니라 남자아이가 태어났다. 그것도 아주 건강한 아이가 태어났으니 어리석은 전통을 멋지게 눌러버릴 수 있었다. 아이다는 밤공기를 맞으며 집으로 돌아왔다. 온도는 35도 정도로 떨어져 있었다.

아이다는 축축하게 더러워진 옷을 벗어 대야에 넣고 힘껏 짜면서 이를 악물고 이렇게 말했다. "물!" 하지만 그 목소리에는 승리의 기쁨이 담겨 있었다.

마침내 지루한 몇 달이 지나고 새 병원 건립 계획이 완성되자, 엄청난 폭풍우가 몰려오는 가운데 1901년 9월 7일, 모퉁이돌을 세우는 감격적인 순간이 왔다. 하지만 마냥 즐거워할 시간은 없었다. 이번 시기에 마지막으로 내리는 비였기 때문이었다. 이어서 갑자기 기근이 찾아와 최소한 51만 평방킬로미터의 지역을 휩쓸었다. 심지어 선교관사의 우물도 거의 말라버린 상태였다.

매일 아침 진료소 바깥에서 기다리는 환자들의 줄은 더욱 길어졌고, 얼굴은 더 핼쑥했으며, 그렇지 않아도 마른 몸들이 더욱 앙상해갔다. 바깥에서 쪼그리고 앉았던 사람들은 다시 일어나 창문 근처까지 기어올 힘마저 없었다. 선교관에서는 다시 구호소를 설치하여 얼마 되지 않는 죽이지만 가장 궁핍한 사람들에게 나누어주었다. 이제 어린 시절 그를 경악하게 했던 굶주린 아이들을 위한 대나무 막사는 더 이상 두렵지 않았다. 하지만 굶주린 입을 열고 손을 내미는 길가의 아이들을 볼 용기는 차마 나지 않았다.

수심에 잠길 여유도 없고, 동정을 느낄 시간도 부족했다. 기근은 굶주림일 뿐 아니라 질병이었다. 처절한 빈곤기가 계속되던 몇 달 동안은 진료실을 늘려야만 했다. 새 병원 건물이 완성되려면 아직 시간이 좀 더 필요했기 때문에 아이다는 선교관에 있는 조그만 진흙 벽돌 건물을 사용해야 했다. 입원환자를 수용할 침대를 6개 정도 놓을 수 있는 공간이었다. 그 기간 동안은 일정이 꽉 잡혀 있는 터라, 하루 일과를 기록할 엄두도 내지 못하고 하루하루 살아가기에 바빴다.

그렇지만 멀리 있는 친구들을 위해서라도 자신의 일상을 기록하기로 했다. 그가 잡은 날은 11월 말 어느 목요일이었고, 허둥지둥 기록한 글의 제목은 이렇게 정했다.

"〈하루의 일과〉"

"아직 날이 밝지 않았지만 달그럭거리는 바퀴소리에 나는 자리에서 일어납니다. 새로운 날이 밝았고 이제 날개를 뻗칠 때가 왔음을 말해주는 소리지요. 주섬주섬 옷을 입고 거의 준비가 마칠 무렵이면 초타(커피와 토스트)가 준비되었다며 누군가 문을 두드립니다. 식사를 마치고 새로운 하루를 시작할 준비가 되면 아침의 햇살이 하늘을 더욱 밝게 비춥니다. 인도인 조수, 살로미는 일찌감치 계단에서 나를 기다리고 있습니다.

아침은 멋진 광경으로 찬란히 빛납니다. 서쪽 하늘은 아름다운 분홍빛을 띠고, 동쪽 하늘은 녹아버린 황금 같아요. 새로운 하루가 나의 혈관 속으로 스며드는 것 같아서, 이 놀라운 자연을 만드신 하나님께 감사드린답니다.

아름다운 광경이 사라질 쯤이면, 시내로 향합니다. 급한 환자가 있을 때면 아주 길고 험난한 길이죠. 놋쇠 그릇, 토기 그릇을 이고 가는 여자들과 자기 몸보다 무거워 보이는 짐을 끙끙 메고 가는 어린 소녀들의 모습이 그림같이 펼쳐집니다. 수많은 소와 양떼가 목초지로 몰려갑니다. 까마귀 수백 마리가 무리 지어 아침 식사를 하고요. 먹이를 먹으러 수천 마리의 비둘기가 모여 앉아 있는 곡식 시장은 마치 베네치아 같습니다. 거리에는 걸인들이 몰려다니는데, 불쌍한 어린 아기들이 넝마조각도 걸치지 못하고 추위에 떨며 울고 있지요(올해는 이상하게도 기온이 낮아서 아침에는 영하로 떨어집니다). 쓰레기 더미를 모아놓고 불을 붙이는 이들도 있고, 쌀가루로 만든 빵인 오팜을 만드는 여인도 있어요.

사람들은 시장을 깨끗이 쓸고 가게 문을 엽니다. 판때기를 하나씩 한 쪽에 죽 늘어놓고 밤까지 앉아 있다는 의미죠. 그리고 그릇을 내와서 순서대로 진열합니다. 모스크를 지나면서 아침 기도 소리도 들립니다. 이제 목적지에 도착했습니다. 널찍하지만 어둡고 스산한 집인데, 철제 지붕 위에 난 조그만 구멍으로만 빛이 새어나옵니다. 여자들이 사는 방은 어둡지만, 남자들이 사는 위층 공간은 아래보다 시원하고 통풍도 잘 되지요.

이 집의 환자는 아리따운 소녀입니다. 지난 2년 동안 어깨 사이에 난 종기로 고생했는데, 그 중 하나는 결핵 때문에 생긴 거였죠. 치료를 마치자마자, 그곳에서 기다리고 있던 5~6명의 여자들이 나에게 와서 자기들 맥박을 재고, 문제가 뭔지 즉각 얘기해달라고 부탁했어요. 여자들의 맥박을 잴 때는 반드시 왼손을 잡아야하고, 남자들은 오른손을 잡아야 합니다. 만약 실수로 여자들의 왼팔이 아닌 오른 팔을 잡고 맥박을 재면, 사람들은 나를 완전한 무식쟁이로 생각합니다.

이 집에서 나와 시장이 있는 거리로 들어가서 오른쪽으로 틀면 좁은 골목 하나가 나옵니다. 여기서는 마차를 세워놓고 걸어야 하죠. 어떻게들 알았는지 '암말 선생' 이 온다는 걸 알고 수많은 사람들이 문가에 서서 쳐다봅니다. 어떤 이들은 미소를 짓지요. 또 어떤 이들은 얼굴을 내밀며 쳐다보고요. 이번에 방문한 곳은 무슬림 가정이고, 환자는 두 자녀를 키우는 젊은 여성입니다. 참 좋은 가정이에요. 단정하고 깨끗하고 기분 좋은 사람들이죠!

시내 다른 구역에 있는 3군데 가정을 더 방문합니다. 이제는 서둘러 집으로 돌아가야 합니다. 8시에 진료소 문을 열기 때문이지요. 살로미에게 마차 운전을 맡기고, 잠시 짬을 내어 의학회지를 읽습니다. 집에 도착하면 먼저 진료실에 들러 상황을 확인합니다.

사람들이 기다리고 있으니, 얼마 후면 진료소의 숨 가쁜 소용돌이 속에 휘말리게 되겠죠. 사람들 이름을 적고 병을 진단하고(하려고 노력하죠), 살로미의 도움을 받아 치료를 합니다. 너무 힘든 일이라 숙련된 보조가 절실히 필요합니다.

첫 환자는 이전에 손가락을 절단했던 할머니였습니다. 너무 심각한 상태라 거의 포기하다시피 했었는데, 그녀의 아들이 다시 한 번 시도해 달라고 간청했지요. 그래서 시도했는데 수술이 잘 되어 참 감사했어요. 다음 환자는 끔찍한 화상을 입은 아기였습니다. 그 다음에 온 노인을 치료하면서도 너무나도 안타까운 마음이 들었어요. 가시를 삼키는 바람에 현지인 의사를 찾아가 빼기는 했는데, 목구멍이 협착된 거예요. 처음에 왔을 때는 물 한 모금도 못 삼키고 나흘 동안 아무 것도 못 먹은 상태였죠. 이제는 계란 흰자위랑 우유를 조금씩 먹을 수 있게 되었어요. 그분이 내게 감사를 표했는데, 내 발 앞에 넙죽 엎드려 손으로 발을 만지고 입을 맞추는 것만큼은 한사코 만류했지요. 이제는 그런 감사를 안 받는 법을 잘 안답니다.

안질, 귀앓이, 피부병, 열병은 늘 흔한 병이지만, 매일 흥미로운 일들을 접합니다. 방에는 사람들이 너무 많고, 때로는 참기가 힘듭니다. 약은 어떻게, 언제, 얼마만큼 먹어야 하는지, 특별 식이요법을 해야 하는지 말아야 하는지에 대해서 일일이 반복해서 일러주어야 해요.

이번에는 가난한 시골 여인이 불치병에 걸린 어린 아이를 데려왔어요. 사람들한테서 내 이름도 듣고 내가 고쳐줄 거란 말도 들었다면서, 한쪽 팔로 아이를 안은 채 내 앞에 절을 하는 거예요. 첨엔 나를 '어머니' 라고 부르더니 이내 '신' 이라고 부르면서요. 아, 내가 할 수 있는 게 아무 것도 없다고 말해주는 것이 얼마나 힘들었던지!

그 다음엔 완전히 실명된 아이가 왔어요. 안질에 걸렸는데 제대로 돌보지 않은 거죠. 속수무책으로 남에게 기댈 수밖에 없는 불쌍한 사람들이라 얼마나 안타까운지 모릅니다! 가장 힘겨운 일은 그 사람들한테 너무 늦게 왔다고 말하는 것입니다.

아침이 되고 식사 종소리가 울리지만, 갈 수가 없네요. 누군가 문가로 와서 "선생님 오실 거지요?" 하는 걸 보니 식사는 물 건너 간 것이지요. 1시쯤 되자 겨우 식사할 준비가 되었는데, 다들 벌써 끝내고 흩어져버렸어요. 하지만 애니 핸코크가 옆에 와 앉아 내 이야기를 들어줍니다. 식사를 마친 후 사무실에 돌아와 몇 가지 검사를 했는데, 알고 보니 한 젊은 여성의 병명이 결핵이었어요. 정말 아니기를 바라고 또 바랐지만, 현미경을 보니 확실했어요. 기다리고 있는 남편에게 가서 아내가 얼마 살지 못할 거라고 말해야 했죠. "아, 어떻게 그냥 죽게 내버려둘 수 있겠습니까? 어린 자녀들이 넷이나 있는데요." 그가 한 말은 이게 다였습니다.

다시 3명의 환자가 있는 병실로 들어갑니다. 환하고 통풍도 잘 되는 예쁘장한 방입니다. 여기 오는 여자들은 모두 말하기를 이 방에 들어오기만 해도 좋아진다고 하네요. 방안 공기가 맑고 내부가 청결해서요. 환자들을 치료한 후 집에 돌아와서 잠시 쉬었습니다.

얼마 후 시내에서 방문 요청이 오는 바람에 다시 급하게 달려갔어요. 길이 좁은 구역이라 먼 길을 걸어야 했지요. 결핵으로 죽어가는 젊은 여성이었어요. 심하게 각혈하는 모습에 겁을 먹은 사람들이 '마지막 방법' 으로 나를 찾아온 거였어요. 언젠가 사람들도 나를 이해해줄 날이 오겠지요. 지금은 그저 인내로 기도할 뿐입니다.

겨우 시간에 맞춰 집에 돌아와 옷을 갈아입고 저녁식사를 했습니다. 오늘은 추수감사절이거든요. 친구들 몇몇이 찾아와 함께 감사절을 축하했습니다. 그리운 고향 얘기를 나누고 사랑하는 친구 가족들을 보고 싶다는 얘기를 했습니다. 그래도 하나님께 감사하냐구요? 물론이죠! 특히 나를 인도로 인도해주셔서 내가 사랑하는 여인들을 위해 일하게 해주신 것에 감사드린답니다.

[추신] 글의 앞부분을 쓴 지 벌써 2주가 지났네요. 끔찍한 화상을 당한 아이의 엄마는 그 후로도 몇 번 찾아왔고, 아이도 잘 지냈어요. 그런데 내가 피부이식을 제안하자 그 엄마는 다시는 찾아오지 않았어요. 인도 의사를 찾아가겠지요. 결핵을 앓던 여인은 세상을 떠났구요. 목이 협착되었던 그 노인은 내가 너무 치료를 잘한 덕인지 밥을 너무 많이 먹고 물을 너무 많이 마셨다가 넘어지는 바람에 그만 돌아가시고 말았어요. 좋은 분이었는데, 안타깝습니다."

1902년 4월에 버치필드 밀리컨에게서 편지가 왔다. 지난 몇 달 동안도 그러했듯 기대는 하지만 특별한 감정 없이 그냥 편지를 열었다. 무언가를 요구하지 않으면서도, 친절하고 소망으로 가득한 내용일 거라 생각하면서 말이다. 사실 그가 보내오는 편지는 그 동안 아이다에게 힘과 용기가 되었다.

"진정으로 친애하는 친구, 아이다에게. 이번엔 좀 안 좋은 소식을 전하게 되었어. 이 글 읽고 너무 불안해하지는 말았으면 해. 인도에 있는 환자들을 돌보는 것만으로도 신경을 많이 쓰고 있을 테니까. 하지만 너는 늘 나의 가장 좋은 친구였으니, 이 사실을 말해야 할 것 같군."

편지를 읽어나가는 동안, 호기심은 수심으로 변했다. 현명하지 못하게, 유행성 독감에 걸린 것을 그냥 내버려두었다가 만성 감염으로 발전해버린 것이었다. 그는 폐결핵과 싸우는 중이었고, 이러다 곧 죽는 게 아닌지 두려워하고 있었다.

감정을 분석하는 일 따위는 집어치우고, 얼른 자리에 앉아 답장을 썼다. 혹 너무 늦게 도착하는 건 아닌지 두려워하면서. 그런 다음 편지 내용을 다시 읽어보았는데, 위로와 격려가 몇 마디 있을 뿐 너무 짤막해서 자신의 감정이 하나도 전달되지 않았다. 근데 과연 내 자신의 감정은 무엇일까? 물론 다른 가까운 친구들에게처럼 깊은 관심과 공감을 느낀다. 하루에도 수십 차례 비슷한 문제로 자신을 찾아와 치료해 주기를 바라는 사람들을 향한 것과 같은 감정이다. 그게 다일까? 그 당시 내가 내 마음을 좀 더 잘 알았더라면 이런 일은 절대 일어나지 않았을 거라는 죄책감인가? 사랑인가? 알 수가 없었다. 지금 당장 도움이 절실한데도 버치필드는 너무 멀리 떨어져 있는 사람 같았다. 심지어 똑같은 질병으로 네 자녀들 남겨두고 떠나야 했던 그 인도 여인보다도 더 멀리 있는 것 같았다! 아이다는 서둘러 편지지를 봉투에 넣고 봉한 뒤, 하인을 시켜 우편으로 보내게 했다.

몇 주가 지났다. 뜨거운 열기와 일, 근심으로 다른 것을 생각할 틈이 없었다. 아이다는 모든 선교사들이 언어 공부 후에 치러야 하는 타밀어 시험에 응시했다. 기적적으로 통과했다. 감독관이었던 큰아버지 제리드가 칭찬의 편지를 보내기까지 했다!

"어려운 시험이었는데 훌륭하고 즐겁게 성심성의껏 마친 것을 축하한다. 시험 결과가 아주 훌륭하구나. 문법과 여러 부분을 잘 암기하느라 정말 열심히 공부한 것 같다." 완고한 큰아버지한테서 좀처럼 듣기 힘든 칭찬이었다!

이후 7월에 또 다른 편지가 도착했다. 아이다는 외국 우표가 붙어 있고 친숙한 글씨체가 적힌 편지 봉투를 가만히 서서 쳐다보았다. 마치 죽은 버치필드 밀리컨이 다시 살아온 것 같았다. 편지를 열어 읽는 동안 그의 부드럽고 다정하며 다소 짓궂은 목소리가 들리는 것 같았고, 미처 생각도 못한 감정적인 동요가 마음속에서 일어났다.

"사랑하는 친구에게. 난 아직 잘 지내고 있다. 5월 27일에 네 편지를 잘 받아보았어. 두 달 전 너한테 편지 쓸 때만큼은 죽음이 아직 가까이 온 것 같지는 않아. 그 이후로 조금은 나아진 것 같네. 하지만 네가 내 모습을 보지 않아서, 듣지 않아서 다행이야. 끔찍하고 심각한 기침 때문에 친구들한테 폐만 끼치지….

이 편지 읽고 네가 걱정하지 않았으면 좋겠다. 가끔 시간이 있을 때 날 생각해준다면, 절망하지 않을게. 너도 낙심하지 않을 거지? 나는 항상 널 생각하고 있어. 네가 바라는 모든 것이 이루어지길 바라면서 말이야."

네가 바라는 모든 것. 그게 과연 뭘까? 자신을 사랑하고 필요로 하는 좋은 남자를 향한 사랑인가? 사람들을 치료해 놓고도 기근에 굶어죽게 하는 병원인가? 몹시도 힘든 일에 시달리느라 몸을 씻을 기력도 없이 침대로 직행하는 이런 나날들인가? 너무 바빠서 이런 질문에 뚜렷한 대답을 내놓지 못한다는 사실에 오히려 안도감을 느꼈다.

이 조그만 2평짜리 방에다 진료소를 연 지도 벌써 2년이 지났다. 그 동안 아이다는 5천 명 이상의 환자를 돌보았다.

8 남인도 첫 여성 병원의 시작

매리 테이버 셸 기념 병원

개원식에 초대합니다.

9월 16일 화요일 오후 4시 정각에 시작됩니다.

바운 씨 부부께서도 참석하실 것을 기꺼이 약속하셨습니다.

아르코트 행정구

의학박사 아이다 S. 스커더 드림

벨로르

당시의 화려한 잔치 분위기는 50년이 지난 후에도 벨로르의 주민들이 세세하게 기억할 정도였다.

수백 명의 사람들이 밀려들었고, 화사한 빛의 사리와 터번이 함께 어우러진 살아 있는 화환들이 바닥과 기둥 곳곳을 수놓았다. 사람들은 참신한 건축양식으로 만든 붉은 벽돌 건물에 큰 소리로 찬사를 보냈고, 널찍한 안뜰과 주변보다 낮게 만들어진 정원에 탄복했으며, 깨끗한 철제 침대가 나란히 놓여 있는 모습에 놀랐고, 또한 유리 탁자와 소독기, 이동식 들것을 갖춘 빛나는 수술실을 보면서는 입을 열지 못했다.

사람들의 행렬은 병원 입구에서 시작해서 깃발을 꽂아놓은 행사용 천막 아래까지 이어졌으며, 정해진 시간이 되자 행정구 지방 장관의 아내가 리본 절단식을 거행했다. 아이다는 단상을 가득 메우는 주름장식이 달린 드레스를 입었고, 한 아름 꽃으로 장식된 널찍한 모자를 썼다. 인도 관리들은 이번 행사에 대해 경의를 표했다. 마드라스 대법원장인 디완 바하두르 수브라마니암과 행정구 사법관인 수브라마니안 반탈루도 그 자리에 참석했다. 벨로르의 무슬림 공동체에서도 인상적인 축제 의복과 터번을 두른 자치회 서기관, 칸 바하두르 모하메드 하비불라 사히브를 참석시켰다.

"무슬림의 고샤 여성들도 이번 병원 건립을 통하여 큰 혜택을 입을 것입니다." 의장은 영어로 멋지게 감사 연설을 했다. 다만 첫글자 S를 제대로 발음하지 못하는 게 흠이었다. "의사 에스커더(에스 스커더를 잘못 발음함) 양께서는 우리 사랑하는 벨로르 시민의 진정한 친구입니다."

승리의 날은 지나고, 이제 시들어버린 화환 더미와 사람들이 밟아버린 화단의 꽃과 이제 막 새로 지은 여성 병원 건물만이 아이다를 맞이했다. 병원 건물은 길 쪽으로 주랑 현관이 길게 돌출되어 있고, 움푹 들어간 정원을 중심으로 타원형 구조로 지어졌으며, 바깥쪽에는 지붕달린 베란다를 만들어 두었다. 병동은 두 구역으로 나뉘어졌는데, 한 구역은 무료로 치료받는 가난한 병자들을 위한 곳이었고, 다른 한 쪽은 조금이라도 돈을 낼 수 있는 카스트 사람들을 위한 병실이었고, 이와 더불어 부유한 환자들이 머물 수 있는 조그만 방 한두 개를 추가로 만들었다. 가구를 갖출 만한 충분한 공간과 넓은 베란다가 딸려 있고 침대 40개를 비치할 수 있는 병실을 만드는 것이 병원의 계획이지만 지금 당장은 30개가 채 되지 않았다.

그렇지만 새로 지어진 건물 구조에 감탄하거나 어머니와 함께 병원 건물 바로 옆에 새로 만든 2층짜리 선교관 방갈로를 만끽할 시간은 없었다. 심지어 2킬로미터도 채 떨어지지 않은 옛 선교관 건물에 남아 있는 친구 애니 핸코크를 볼 겨를도 없었다! 당장 개원식 다음 날인 9월 17일부터 건물 앞에 있는 작은 진찰실에서 환자를 받았다. 베란다가 연결된 주랑 현관 아래로 환자들이 길게 줄지어 있었고, 22일까지 지속적으로 입원 환자들을 받았다.

용수철과 매트리스가 달린 하얀 철제 침대와 그 옆에 흰 천으

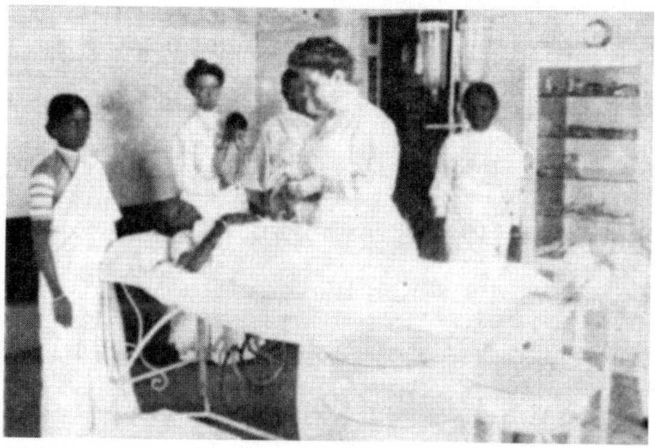

초창기, 셸 병원에서 진료하는 아이다 선교사

로 덮어둔 보관함은 초기에 병원을 찾은 환자들에게는 놀라움이자 경악의 대상이었다. 바닥에 자리를 깔고 자는 것에 익숙한 터라, 환자들은 침대를 위험하게 매달린 선반처럼 여겼고, 또한 실제로 바닥에서 천을 돌돌 말고 누워 있는 이들을 목격한 적도 많았다. 하지만 얼마 뒤 더 심각한 문제가 발생했다. 너무나 많은 수의 환자가 몰려오는 바람에 한 침대에 두 명의 여성이 누워야 한 것이다. 한 사람은 매트 위에, 다른 한 사람은 침대 아래 바닥에서 말이다!

더욱 낙심스러웠던 일은 새로 지은 병원을 혼자서 떠맡으며, 점점 늘어만 가는 일을 혼자 감당해야 했던 것이었다. 여성 병원 건립 계획을 맨 처음 생각해내고 이후 라니페트에서 이곳으로 옮겨오기로 했던 루이자 하트가 병으로 갑자기 미국으로 떠나버렸기 때문이었다. 수개월 동안 아이다의 유일한 조력자는 열의는 있으나 미숙하기만 한 살로미가 전부였다.

루이자가 출국한 지 얼마 되지 않은 어느 날, 아이다는 펄쩍거리며 병원에서 방갈로의 뒤편 베란다로 달려왔다. 그곳에서는 어머니가 하인들에게 줄 아침 음식거리를 준비하고 있었다.

아이다가 헐떡이며 말했다, "모… 못해요. 엄마, 난 못해요!"

"못하다니 뭘?" 어머니는 둥그런 갈대 바구니에 쌀을 담으면서 차분하게 물었다.

"종양이라구요." 겨우 숨을 돌린 아이다가 설명했다. "그것도 아주 지독한 복부 종양이에요. 그걸 내가 수술해야 된단 말이에요."

"다섯." 어머니는 커다란 토기 그릇에 쌀을 세어 담은 후 손가락으로 편편하게 다듬었다. "근데… 왜 안 된다는 거니? 수술이 필요한 환자라면 제대로 찾아온 거잖니?"

"하지만… 엄만 이해 못하세요! 이전에 했던 수술이랑은 다르니까요. 이번엔 아주 큰 수술이라구요."

"그래?" 어머니는 찬찬히 바라보며 말했다. "정말 그런가 보구나."

"학교를 졸업한 이후 한 번도 안 해본 수술이에요. 학교 다닐 때도 선생님들이랑 같이 몇 번 한 게 고작이었죠. 만일…." 푸른 그의 눈이 공포로 까맣게 질렸다. "내가 실수라도 한다면, 그 환자는 죽는단 말예요!"

여섯을 세면서 아이다의 말을 가로막은 스커더 부인은 이렇게 대답했다. "그 환자를 수술해 줄 만한 담력을 가진 여의사가 없어서 그 여인이 그냥 죽는다고 한 번 생각해 봐. 그거야말로 최악이 아니니?"

"…맞아요."

아이다는 조랑말이 묶여 있는 아소카 나무 옆으로 난 길을 따라 다시 병원으로 돌아갔다. 큰 팔미라 나무를 지나 S병동 옆문으로 들어간 다음, 타원형 뜰을 둘러싸고 있는 긴 베란다를 따라 걸었다. 평소와 같이 자신감을 갖고 걸어갔다. 맨 끝에 위치한 작은 수술실에 들어간 아이다는 번쩍이는 새 소독기 아래에 있는 석유등을 켰다. 차분한 손놀림으로 수술 기구와 탈지면, 약품, 클로로

포름(마취약)을 준비했다. 그리고 햇빛을 충분히 받기 위해서 유리 상판이 달린 탁자를 몇 센티미터 정도 옮겼다. 이후 살로미를 불러온 다음, 차분히 병실로 가서 환자에게 수술준비를 했다.

아주 힘겨운 자궁 적출 수술이었지만, 클로로포름을 단 두 번 사용해 보고 수술 기구조차 제대로 구분할 줄 모르는 보조 한 명을 데리고 시술을 했다. 다행스럽게도 성공적이었다. 성공하지 못했더라면 다시는 손에 메스를 쥘 엄두를 못 냈을지도 모른다.

한 해가 지나기 전에 아이다는 21번의 큰 수술을 했는데 모두 성공적이었고, 병원과 진료소 양쪽만 해도 428번의 작은 수술을 했다. 1902년 한 해 동안 그가 치료한 환자는 자그마치 12,359명이었다.

성공하지 못한 경우는 대부분 아예 시도조차 못한 수술이었다. 한 번은 몸집이 아주 작은 한 여성이 남편과 가족들에 의해 먼 곳에서 이곳으로 실려 왔었다. 자궁 외 임신이라 즉각 수술을 해야 생명을 살릴 수 있었다. 환자는 수술을 원했고 아이다에게 간절히 청했지만, 남편과 가족들은 수술을 거부했다.

"아, 암말 선생님. 살려주세요, 살려주세요." 여인은 눈물을 철철 흘리며 빌고 또 빌었다. "집에 애들이 다섯이나 있어요. 아주 어린 애들이에요. 제발 절 살려서 돌려보내주실 수 없나요?"

하지만 가족들은 단호했다. 분만을 할 때 더러운 모종삽을 쓰면서도 수술용 매스는 두려워하는 그들의 무지에 아이다는 분을 참지 못했지만, 흔들거리는 마차가 불쌍한 여인을 태우고 병원

문을 지나 죽음으로 끌어가는 모습을 어쩔 수 없이 지켜보아야만 했다.

그렇지만 두려움을 극복하는 사람들의 모습을 보며 만족했던 때도 있었다. 한 번은 태어날 적 모습 그대로 깡 벗은 채, 귀에 들어간 돌멩이를 빼달라며 찾아온 꼬마 소년이 있었다. 같이 놀던 녀석들이 장난삼아 귓속에다 큼직한 돌을 깊이 집어넣은 것이다.

"빼낼 때 많이 아플 거야." 아이다는 앙상한 아이의 어깨를 톡톡 두드리며 솔직하게 말했다. "하지만 넌 강한 애니까. 용감하게 잘 참을 거야."

정말로 그랬다. 큰 눈으로 아이다의 얼굴을 뚫어지게 보던 아이는 주춤거리지도 않고 고통을 잘 견뎌냈다. 다음 날 아이다는 누군가 자신의 옷을 슬쩍 잡아당기는 걸 느꼈다. 내려다보니 어제 그 아이가 다른 한 아이의 손을 잡고 서 있었다.

"얘 귀에도 돌이 있어요."

앙증맞은 새 환자는 겁을 먹었는지 아무 말도 없었다. 하지만 수술을 하는 동안 친구가 옆에 서서 계속 이렇게 말해 주었다. "겁내지 마. 선생님이 하나도 안 아프게 잘 해줄 거야."

수술이 끝나자 벌거숭이 두 아이들은 당당하게 방을 걸어 나가더니 시중들던 하인에게 기부함이 어디 있는지 물었고, 각자 기부함에 한 파이(6분의 1센트 정도의 가치) 씩 집어넣은 뒤 총총 사라져버렸다.

한 번은 큰 종기 때문에 무릎에서 발목뼈까지 다리가 퉁퉁 부은 상태로 먼 마을에서 찾아온 여인이 있었는데, 퉁퉁 부은 종기만큼이나 두려움이 많은 사람이었다. 아이다나 살로미가 가까이 다가가기만 해도 구석으로 들어가 소리를 박박 질러댔다. 마침내 겨우 여인을 수술대로 데려가 마취를 하고 종기를 절제하는데 성공했다. 여인은 기쁨과 안도감으로 가득했다. 며칠 후 한 무슬림 여인이 찾아왔는데, 그녀 역시 엄청난 두려움으로 바들바들 떨었다. 그 두 사람은 같은 병동에 머물렀다.

첫 번째 환자가 그를 달래며 말했다. "부인, 두려워하지 마세요. 암말 선생님은 우리 어머니시랍니다. 자녀에게 해를 주지 않아요." 그의 설득과 확신 덕택에, 아이다는 두 번째 환자를 쉽게 치료할 수 있었다.

기근은 끝이 났다. 1902년 가을 동안에는 지난 10년 간 본적이 없던 비가 쏟아내려 이 땅을 축복했다. 영국 왕 에드워드 7세의 대관식으로 인해 멀리 이곳 식민지까지 축제 분위기가 조성되었다. 영국 황실의 초청을 받은 지역 왕들과 연대가 화려한 위용을 갖추고 영국으로 출발하면서 축제 분위기는 한껏 무르익었다. 델리에서는 대관식과 더불어 신년을 축하하기 위해 화려한 거리 행렬을 하고, 영주들과 더불어 3만 7천 명의 기병대를 불러 모았다.

하지만 벨로르에서는 축제 분위기가 오래가지 못했다. 기근에 이어 더욱 끔찍한 흑사병이 뒤따랐던 것이다. 1903년 1월에는 이전의 질병보다 훨씬 강력한 임파선종 전염병이 남인도 전역을 휩쓸었다. 그리고 한 달도 되지 않아 1899년보다 더욱 가공할 만한 위력을 떨쳤다. 전염병은 마침내 북 아르코트 행정구에 이르렀고, 늘 그렇듯 끔찍한 모습으로 사람들을 강타했다. 전염병을 옮기는 벼룩 떼에 물린 쥐들이 여기저기 죽어 나뒹굴었다. 멀쩡하던 사람들이 갑자기 푹푹 쓰러졌다. 점점 말이 어눌해지고 몸에 종기가 올랐다. 그러다 하루 이틀이 지나면 고열과 전신쇠약으로 발전하여 결국 죽음에 이르렀다.

10년 전에는 사람들을 따로 수용소에 격리하고, 감염된 집을 불태우고, 죽은 쥐를 소거하는 등 갖은 수를 썼지만, 전염병의 위력은 전혀 수그러들지 않았다. 하지만 1894년에 파스퇴르의 문하생이 바실루스 페스티스(*Bacillus Pestis*)를 분리하는 데 성공한 이후로, 해프킨의 백신이 완성되었다. 그러므로 이제 정부와 의료 종사자들은 이 새로운 백신으로 전염병을 확실하게 잡을 준비에 착수했다.

하지만 이러한 정부의 노력은 오히려 공포감만 조성하고 말았다. 아르니, 라니페트, 틴디바남, 벨로르에서는 사람들이 보건 직원들과 괴상한 예방접종을 두려워한 나머지 집을 버리고 도망가는 일이 발생해서 그 피해가 전염병보다 더 컸다. 그곳 사람들에게 흑사병은 두렵기는 해도 익숙한 병이었다. 천연두와 콜레라와 마찬가지로 사람들은 죽음의 여신인 칼리의 화신, 마리 암말이 찾아오는 것이 흑사병이라고 생각했기 때문에, 속으로는 공포에 떨면서도 겉으로는 존중하는 마음으로 받아들였으며, 여신의 사당 앞에 모여 기도하고 제물을 바쳐야만 피할 수 있다고 여겼다. 하지만 그들에게 예방접종은 전혀 낯선 문제였다! 정부가 인도인들을 전멸할 구실로 예방접종을 사용하고 있고, 의사들은 그들을 처리하는 대가로 엄청난 돈을 받았다는 소문이 걷잡을 수 없이 퍼졌던 것이다.

하루 밤 사이에 병원은 텅텅 비었고, 낮에 물밀듯 찾아오던 외래환자도 가뭄에 콩 나듯했다. 예방접종에 대한 두려움 때문에 걸인들과 행상인들조차 코브라 굴 보듯 병원 문을 피해갔다.

하지만 아이다의 일은 줄어들지 않았다. 벨로르 자치회 의장인 젊은 선교사와 더불어 밤낮으로 여러 가정을 방문하여 위생상태를 강화하고 백신을 투여하는 일을 했다. 참으로 기진하고 보람조차 없는 일이었다. 사람들은 접종을 거부하거나, 보건 직원이 들어와 집안을 치우고 소독하는 일을 허용하지 않았다. 전염된 가족들을 이집 저집으로 옮기는 식으로 교묘하게 숨기는가 하면, 피난민들을 위해 외곽지역에 만들어 둔 움막과 오두막으로 옮겨가라는 말에 꿈쩍도 하지 않았다.

하루는 아이다와 동료가 지역 차지장의 집에 들어갔을 때였다. 평소 의료 법규 강화를 위해 그들과 함께 일하던 사람이었다. 그런데 그의 집이 텅텅 비어 있었다.

"가버렸어!" 놀란 동료가 소리를 질렀다.

"대체 어디로 간 거야? 왜 가버린 거냐구?" 아이다는 절망했다. "모든 사람들이 다 예방 접종을 맞아야 한다고 맨 처음 주장했던 사람이었잖아!"

비통한 듯 동료가 대답했다. "모든 사람들이 아니라 자기 집 식구였지. 그런데 전염병이 생기니까 짐을 죄다 싸들고 벨로르를 떠난 거야."

하루하루 사람들은 죽음이 강타한 도시를 떠나갔고, 텅텅 빈 거리에는 음울한 표정으로 저주를 퍼붓고 거칠게 덤벼대는 사람만이 몇몇 남아있을 뿐이었다. 가끔은 용감하게 백신을 맞겠다고 하거나 환자를 봐달라고 부탁하는 사람도 있었다. 백신을 거부하던 한 집에 들어가 보았더니, 이미 숨을 거둔 어머니와 죽어가는 아버지가 바닥에 누워 있었고, 이미 두 아들은 말을 못하고 제대로 걷지 못하고 고열이 나는 죽음의 증상이 나타난 상태였다. 아이다 일행은 할 수 있는 최선을 다한 후, 보건 직원들을 부른 다음 평소처럼 작업에 들어갔다. 직원들은 10센티미터 높이로 뛰어오르는 전염 벼룩에서 자신을 보호하기 위해 마스크를 끼고 목 높은 고무장화를 신은 채로 시체를 치웠고, 생존자들을 격리소로 이송했으며, 집 안에 있는 물건들은 치운 후 땅을 파서 불태웠고, 기왓장은 죄다 뜯어낸 뒤 살균제가 든 대형 물통과 휴대용 펌프를 이용하여 벽과 천정을 깨끗이 씻어냈다.

아이다는 전염병이 두렵지 않았다. 병원 구내와 뒤편 하인방에서 죽은 쥐 두 마리가 발견되는 바람에 그 곳을 비워야 했지만, 그렇다고 원래 하던 일들을 취소하지는 않았다. 밤낮 할 것 없이 일사분란하게 움직였고, 장례 행렬의 단조로운 음악과 귀신을 쫓으려고 요란하게 쳐대는 북소리를 따라 발걸음을 재촉했다.

전염병은 3주 동안 벨로르에서 하루에 평균 17명의 목숨을 앗아가며 절정에 달했고, 병이 완전히 퍼지기도 전에 400명이 사망했다. 4월까지 전염병은 인도의 다른 지역을 강타했고, 그 기세는 더욱 강렬해져 그 해를 지나 다음해까지 계속되어 백만 명의 희생자를 냈다.

아이다는 버치필드 밀리컨에게 보내는 편지에 전염병에 대해서는 언급하지 않았다. 혼자서, 그것도 엄청난 용기가 필요한 상황에서 그는 자신의 질병만으로도 감당하기 버거웠을 테니까. 그는 현재 남서부 지역, 텍사스와 뉴멕시코에 머무르면서 그저 하루를 살며 생명을 유지하기 위해 힘겹게 싸우고 있었다. 버치필드는 지난 3월에 왜 아이다가 편지를 쓰지 않는지 궁금해 하는 편지를 보냈다. 그는 언덕 위의 천막 안에서 생활하면서 병이 다시 도지기 전까지는 혼자 음식을 해먹었다. 지금은 인도인 여자를 고용하여 대신 음식준비와 청소를 맡게 했다. 버치필드는 조랑말을 끌고 사막 지역으로 오랜 여행을 떠나기도 했다. 그리고 아이다가 너무 일에 열중하느라 등산할 시간도 없다는 말에 그는 걱정을 했다.

아이다는 그 동안 미처 신경을 쓰지 못했다는 자책감에, 아주 긴 편지를 썼다. 전염병과 힘겨운 일에 대해서만 빼고 생각나는 모든 것에 대해 이야기했다. 강아지 지프가 얼마나 똑똑한 장난을 하는지, 병원 구내에 새로 만든 수영장이랑 목욕탕, 물소로 긷는 우물에 대해서, 그리고 영국인 클럽에서 주최하는 테니스 대회에서 이긴 이야기, 또 'M. T. 셸(Schell) 병원'을 '엠티 셸(Empty Shell, 빈 껍질) 병원'이라고 써 보낸 우스운 편지 이야기, 그리고 특히 최근 새로 온 조력자들 덕분에 일이 한결 수월해진 것에 대해 이야기했다.

새 조력자들에 대해서는 뭐라고 고마움을 표현해야 할지 모를 정도였다. 약사이자 잘 훈련된 병동 관리자인 그나남말 부인은 35세의 미망인으로, 교육을 잘 받은 3대째의 그리스도인이었다. 엄청난 열정과 지성을 가진 다재다능한 여인으로 병동 시설을 효율적으로 돌아볼 뿐 아니라 산파에서부터 병원 감독과 전도자 역할까지 멋지게 해냈다. 그녀는 아이다의 충직한 친구였으며, 이후 반세기 동안이나 아이다가 기댈 수 있었던 동역자였다.

또한 잘 훈련된 간호사인 그나나순드람이 있었다. 그녀는 아이다의 빈틈없는 기준에 잘 적응할 만큼 빠르게 자신을 적응해갔다. 그리고 병원 감독자로 일하는 반맹(半盲) 전도자, 매리 아이삭 헨리 부인이 있었고, 또 아이다에게서 간단한 간호 일을 훈련받은 몇몇 재능 있는 소녀들도 있었으며, 지속적인 조력자로 함께하는 어머니도 있었으므로, 아이다는 차츰 적절한 능력을 지닌 직원들을 갖추게 되었다.

그렇지만 일에 대한 중압감이 너무도 큰 나머지, 아이다는 이전보다도 더욱 바빠졌다. 1903년 여름의 가장 더운 두 달 동안은 어머니와 함께 산을 올랐는데, 병원 개원 후 처음 있는 일이었다. 멀리 떨어진 시골 지역에서도 환자들이 몰려왔다. 진료소를 찾는 사람들도 꾸준히 늘었다. 병원 회진을 하기도 전에, 수술을 집도하고 읍내에 있는 가정들을 방문하면서 150명 이상의 환자를 치료하는 날이 많았다. 찌는 듯한 무더위로 사람들이 뜸한 시간이 되어야 겨우 애니 핸코크와 함께 새로 만든 수영장에서 잠시 수영을 즐길 수 있었다(애니는 아이다와 함께 벨로르에 남기로 결정했다). 수영장은 진짜 수영을 즐길 수 있을 만큼 충분히 깊고 꽤 길었다.

하지만 아이다의 근무 시간은 24시간 지속되는 경우가 많았다. 다음 날 수술이 예정되어 있을 때는 반드시 전날 밤 내내 솜을 소독해야 했다. 다른 조력자들이 담당하는 일이긴 했지만 아이다는 밤에도 몇 번 씩이나 일어나서 석유등이 제대로 켜 있는지 살균기가 제대로 작동하는지를 점검했다. 처음 시작할 때부터 아이다는 간호사들과 조력자들에게 늘 무슨 일이 있으면 즉각 자기를 부르라고 가르쳤고, 매일 밤 그들은 그을음 나는 작은 등을 들고 찾아와 문을 두드렸다.

"암말 선생님?"

조심스레 두드리는 소리에 아이다는 즉시 자리에서 일어나 겉옷을 입고 따라갔다.

환자들은 암말 선생에게 '특별한 능력'이 있다는 믿음 때문에, 간호사들이 할 수 있는 일인데도 붕대를 덧대거나 간단한 치료까지도 아이다가 해주길 고집했다. 한 시간이고 기다리는 환자들을 보면서 아이다는 차마 거부할 수가 없었다.

하지만 그러한 자부심이 흔들린 적도 있었다. 8월 동안 넬과 어머니에게 일을 대신 맡기고 잠시 휴가를 다녀온 직후였다. 한 여성이 진료실로 들어오더니 아이다를 무시하듯 쳐다보고는 페리아 암말(나이든 부인)을 찾았다.

아이다는 웃으며 말했다. "지금은 안 계시지만, 곧 오실 겁니다. 제가 뭘 좀 도와드릴까요?"

환자는 다시 경멸하는 듯한 표정을 지었다. 그러더니 점잔을 빼며 대답했다. "나는 페리아 암말을 기다리겠어요. 어제 나를 치료해주었는데, 아주 좋아졌어요. 나는 그분을 기다릴 겁니다." 환자는 진료실 바깥 바닥에서 고집스럽게 웅크리고 앉아, 단호한 태도로 치료를 거부했다.

마침내 페리아 암말이 도착해서 재밌다는 듯 웃으며 친나 암말이 의사라고 설명하자, 그 여성은 수긍하면서 아주 친절한 태도로 아이다를 대했다. 하지만 아이다가 그녀에게 처방전을 주자, 그 여성은 끝끝내 스커더 부인이 처방전을 써줘야 한다며 우겼다.

1903년의 힘겨운 날들 중에서 9월 21일은 더욱 특별했다. 아이다는 어느 젊은 무슬림 여성의 여자 아기를 받았는데, 예쁘장한 모습이었으나 무척 허약한 상태였다. 아이다는 아이의 생명이 안전하다는 확신이 들 때까지 밤낮을 가리지 않고 아이를 돌보았다. 다른 가족들과 마찬가지로 여인의 어머니와 언니가 병실에 함께 머물면서 밥도 해주고 간호도 해주었다. 아이의 엄마는 시무룩한 태도로 아이를 탐탁지 않게 여겼다. 아기가 여자일 뿐만 아니라 불길한 날에 태어났기 때문이었다. 하지만 조금만 지나면 가족들이 아이를 받아들여 주리라고 아이다는 확신했다.

아이가 태어난 이후 어느 날, 진료실에서 환자들에 둘러싸여 진료를 하던 아이다는 문득 자기 입에서 이런 말이 불쑥 튀어나오는 걸 느꼈다. "지금 당장 가서 아이가 잘 있는지 살펴봐야 해!"

"무슨 소리야!" 자신의 상식 역시 동일한 목소리를 냈다. "무슨 문제가 생기면 간호사가 날 부를 텐데."

하지만 당장 가봐야 한다는 느낌이 강하게 들었다. 갑자기 벌떡 자리에서 일어난 아이다는 허겁지겁 진료실을 빠져나와 길게 서 있는 환자들 사이를 지나, 환자들이 머물고 있는 S병동으로 연결된 베란다를 따라갔다. 문 앞에 도착한 순간 자신이 바보처럼 느껴졌다. 살로미가 충실히 회진을 하며 환자들을 살펴보고 있었던 것이다. 그런데 안쪽 구석에 그 아기의 엄마가 고샤 휘장으로 가리고 누워 있는 침대가 매우 조용했다. 너무나도 조용했다. 말로는 설명할 수 없는 긴박감을 느낀 아이다는 즉시 방을 가로질러 뛰어갔다.

"안 돼! 안 된다구!" 아이다가 소리를 질렀다. 가로막아 서 있는 두 사람을 거칠게 밀어붙이고, 그들 중 하나가 붙잡고 있는 물건을 확 낚아챘다. 침대 위를 짓누르고 있던 베개를 옆으로 홱 내

팽개친 것이었다. 아기는 이미 얼굴이 퍼렇게 질려 있었다. 몇 초만 지났어도 질식사했을 상황이었다. 아이다는 아무 말 없이 황급히 조처를 취했고, 마침내 아이의 입에서 캑캑하는 숨소리가 들렸다. 그리고 이내 그 소리는 원기왕성한 울음소리로 바뀌었다.

아이를 가슴에 안은 아이다는 흐느껴 울고 있는 아이 엄마를 지나 옆의 나이든 두 여자를 노려보았다.

"당신들… 이 살인자들!" 아이다가 영어로 분을 폭발했기에 그들은 이해하지 못했다. "내가 당신들한테 어떻게 해줘야 되겠어!" 숨이 꽉 막혔다. 뒷부분은 타밀어로 노기를 띤 채 말했다. "당신들, 어떻게… 어떻게 이럴 수가 있어! 이렇게 사랑스런 아이를!"

아이 엄마의 언니는 공격적인 표정으로 쳐다보았다. 그러더니 넌더리가 난다는 듯 "흥!" 하고 중얼거렸다. "죽는 게 나아. 불길한 날에 태어났으니까. 죽는 것도 알라 신의 뜻이니까."

"뭐야?" 아이다가 강력하게 항의했다. "어떻게 그런 식으로 말할 수 있어!"

친정 어머니의 눈에 교활한 빛이 스쳤다. "애가 죽는 걸 바라지 않는단 말이지?" 그러더니 간교하게 말했다. "날라 투! 그거 잘 됐네! 당신이 데려가지 그래."

아이다는 깜짝 놀랐다. "내가! 이봐… 당신들 그래서는 안 돼…."

언니라는 여자가 갑자기 아량을 베푸는 척 미소를 지었다. "당

셸 병원 앞, 선교관에서 두 아이를 안은 스커더 선교사

신, 이 애 좋아하지? 애가 죽는 걸 바라지 않는다고? 날라 투! 이제 당신 거야."

아기 엄마는 눈을 들어 애원하듯 말했다. "제발. 제발, 아이를 데려가 주세요. 암말 선생님."

아이다는 입술을 꽉 깨물었다. 두 눈은 냉철하게 빛났다. 그러더니 불쑥 이렇게 내뱉었다. "좋아요. 내가 데려가죠."

안뜰을 지나 방갈로 쪽으로 들어가니 어머니가 뒤쪽 베란다에 앉아 계셨다. 아이다는 짤막하게 자초지종을 설명하며 아이를 어머니의 무릎 위에 놓았다.

"여기요! 이 애는 우리 아이예요." 이렇게 간단히 결론을 내리기는 했지만, 자신이 무슨 일을 저질렀는지 깨닫자 갑자기 자신감이 사라졌다. "근데… 아이한테 뭘 해줘야 하죠?"

소피아 스커더 부인은 평소처럼 침착한 태도로 아이를 가만히 바라보았다. 지금껏 살아오면서 놀랄 만한 일들이 많았어도 부인은 항상 침착하게 즉각 결정을 내리는 식으로 대처했었다.

여섯 자녀를 길러낸 노련함으로 아이를 얼러주면서 부인이 말했다. "아이한테 뭘 해주냐고? 제일 처음 할 일은 먹을 것을 주는 거고 그 다음은 이름을 붙여주는 거겠지. 어떤 이름을 붙일 건지 생각해봤니?"

"글쎄요… 안 해봤는데!" 안도감을 느낀 아이다는 재미있다는 듯 왈칵 웃음을 터뜨렸다. "그건 엄마가 할 일인 것 같은데요. 반경 80킬로미터 거리에 있는 아이들 이름은 죄다 엄마가 지었잖아요."

스커더 부인은 곰곰이 생각해보았다. "흠! 아이를 원하지 않는 것이든 아이를 키울 수 없는 것이든 어쨌든 생모가 포기한 상황이고, 어떤 면에서는 이 병원이 아이의 엄마니까…." 골똘히 생각에 잠겼다. "그래, 아기를 매리 테이버라고 부르자!"

매리 테이버는 몇 달 후 교회에서 유아세례를 받았다. 아기는 스커더 가의 세례복을 입었고, 세례식에는 인도에 머무는 스커더 가족들이 함께 참여했다. 세례식 동안에는 눈만 말똥거리던 아기는 식이 마칠 때쯤 되자 큰 소리로 오랫동안 깔깔거리며 웃었다. 아이는 후로도 멜렌이 주는 음식이나 입원해 있는 아기 엄마들의 젖을 먹으면서 행복한 아이로 잘 자라났다.

아이가 어느 정도 크자, 아이다는 여느 인도 엄마들처럼 아이를 허리에 받쳐 업고서 만나는 사람들한테마다 이렇게 말했다. "야누이아야 필라이!(제 아이예요!)" 아기가 아직 신생아 티를 못 벗었을 당시, 누군가 팔에 안긴 매리 테이버와 아이다의 사진을 찍어주었고, 아이다는 별 생각 없이 그 사진과 다른 사진 몇 장을 버치필드 밀리컨에게 보냈다.

그의 마지막 편지가 도착한 건 1904년 어느 날 오후였다. 막 수술실로 들어가려던 참에 하인이 편지를 들고 왔다. 눈을 크게 뜨고 믿지 못하겠다는 듯이 낯익은 글씨를 쳐다보았다. 몇 주 전에 버치필드 밀리컨이 죽었다는 전보를 받았는데, 여기 그의 손으로 직접 쓴 편지가 와 있는 것이었다. 봉투를 열면 그의 음성이 흘러나올 것만 같았다.

봉투를 뜯지 않았다. 흰 가운 주머니에 밀어 넣고 살로미와 다른 두 간호사가 기다리고 있는 수술실로 들어갔다. 길고 힘겨운 수술이었지만 평소처럼 완전히 몰두하여 꼼꼼하게 세세한 부분까지 손을 보았고, 끝나자마자 진료실로 들어갔다. 다른 때보다 조금 늦게 진료실에 도착했다.

오후에는 기다리는 환자들의 줄이 그리 길지 않았다. 3파이(0.5센트, 1파이는 12분의 1아나, 1아나는 16분의 1루피—옮긴이)를 받는 오전과는 달리 오후에는 8아나(16센트 정도)를 받기 때문이었다. 오전에는 외래 환자들에게 진료비 혹은 자기 이름과 진료 번호와 진료 일자를 기록한 종이를 진료비 함에 넣도록 했다. 오늘은 평소보다 훨씬 줄이 짧았다. 최근 들어 천민 출신의 나병 환자인 '스와미' (현자)가 자신에게 기적적인 치유의 능력이 있다면서 무지한 벨로르의 시민들을 모으고 있기 때문이었다.

오늘 찾아온 환자 중에, 수척하고 근심어린 얼굴을 한 젊은 여성이 있었다. 아이다는 그 사람을 만나려는 마음에 자기도 모르는 사이 진료를 서두르고 있음을 깨달았다. 물론 주머니 속에 있는 편지 때문이기도 했다.

마침내 그 여인의 차례가 오자, 그는 의자 옆에 무릎을 꿇고 앉았다. "엔나 암말? 엔나 순가티? 무슨 일이죠?"

여성은 둘둘 말아 놓은 남루한 덮개를 펼쳐 한 살 정도 된 아이를 보여주었는데, 그 자그만 다리에 엄청난 종기가 나 있는 것을 보고, 끔찍한 나머지 아이다는 뒤로 주춤했다.

"아요! 파붐! 세상에! 부인, 왜 좀 더 빨리 데려오지 않았어요? 이렇게 될 때까지 분명 고통이 엄청났을 텐데!"

"예, 선생님." 여인은 서글프게 말했다. "하지만, 더 빨리 데려올 수가 없었어요. 선생님. 도저히 그럴 용기가…."

"왜 그럴 수 없었다는 거죠?" 아이다는 거의 화를 내는 식으로 물었다. 부드럽게 물어보았더라면, 분명 눈물을 펑펑 흘렸을 터였다.

여인의 검은 눈은 애처우리만큼 간절했다. "왜냐하면, 사람들이 다들 말하길 아이의 다리에 신의 형상이 자라나는 거라서 내가 절대 만져서도 안 되고, 또 아무한테든지 손을 대게 해서는 안 된다고 했답니다."

아무 말 없이 아이다는 아이를 수술실로 데려갔고 종기 부분을 절제했다. 하지만 절개해보니 예상대로 뼈가 심하게 상한 터라 살아날 가망성이 없었다. 말 그대로 신이 그의 다리에 자기 모습을 새겨놓았던 것이다. 그 신의 이름은 무지요, 그의 형상은 죽음이었다.

진료소에서 일을 마치고 나니 5시가 넘었고, 여전히 편지를 읽을 만한 시간은 없었다. 병동에 있는 환자들을 방문해야 했다. 백내장을 앓고 있는 한 노부가 침대가 아닌 바닥에 누워 있었고, 그 딸이 침대 위에서 자고 있었다. 걱정도 되고 화가 난 간호사가 달려왔다. "이런! 또 여기 누웠네! 내가 누누이 말했는데…."

"괜찮아." 아이다는 미소를 띠며 말했다. "그냥 내버려 둬. 나라도 평생 바닥에서 생활했다면 저분처럼 높은 침대 위에서 자는 걸 무서워했을 거야."

아이다는 장티푸스 환자인 지바모니를 찾아가 축하해 주었다. 3주 동안 우유로 음식을 조절한 뒤 처음으로 밥과 카레 요리를 먹었기 때문이었다. 커다란 갈색 눈망울을 가진 작고 동그란 얼굴이 환하게 빛났다. 옆 침대에는 선천적 심장병으로 4년 간 고통 받은 작은 아이가 있었다. 아이다는 비쩍 마른 아이의 다리에 마사지를 해주며 느낌이 어떤지 부드럽게 물어보았다. 아이는 옅은 미소를 지어보이며 손을 머리에 댔다. 그리고 평소처럼 대답했다. "탈라이 노부, 머리가 아파요."

심장병과 극심한 부기(浮氣)로 극히 위험한 상태에 있는 환자 아르노미의 남편이 S병동 문 밖에서 환한 얼굴로 아이다를 기다리고 있었다. 그는 점술가를 찾아가 아내의 운명에 대해 상의했는데, 아내가 자기보다 10년이 많은 28년을 더 살 거라는 소리에, 그 이야기를 암말 선생님에게 말해주면 기뻐할 거라고 생각했다. 그리고 암말 선생님이 더욱 힘을 얻게 될 거라고 그는 확신했다.

아이다가 대답했다. "예, 정말 좋은 소식이네요. 말씀해주셔서 감사합니다." 뒤돌아 나왔다. 벌써 6시가 조금 넘었다. 이제 한 시간 정도 편지 읽을 시간을 낼 수 있을 것이다. 하지만 귀한 친구와 마지막으로 함께하는 건데 한 시간으론 부족하다.

아이다는 정원으로 가서 하인을 시켜 토기 물통에 물을 채우게 한 뒤, 수심이 가득한 눈으로 장미와 글로리오사, 히비스커스에 물을 주기 시작했다. 벌써 오늘 하루 두 번째로 주는 것이었다. 올 들어 홍수로 강이 터진 적이 있긴 하지만, 여름비가 오지 않는 바람에 곡식들이 말라비틀어지고 북동쪽에서 오는 몬순도 빨리 소강되어 버렸다. 그래서 강이 마르고 저수지도 비고 곡식도 말라버린 상황이었다.

"곡식이 말라죽는 판에 꽃이라니?" 하인들이 자신을 비난하리라는 것을 알 수 있었다.

하지만 상관하지 않았다. 주머니 속에 든 편지 때문이라도, 추함 속에서 아름다움을, 죽음에서 생명을 만들어내야 했다.

색이 변하는 로즈 히비스커스는 아침부터 순백색에서 진분홍색으로 바뀌었다. 가장 풍성하게 피어난 꽃송이가 부러진 줄기 위로 흔들리는 것을 보고 안타까운 나머지, 꽃을 꺾어 방갈로로 가져가서 물을 담은 접시에 얹은 뒤 방으로 들고 갔다.

드디어 저녁식사를 마치고 저녁 기도회를 한 뒤, 마지막으로 병원을 돌아보았다. 방으로 들어가 등을 켜고 문을 꼭 닫았다. 주머니에서 편지를 꺼내어 등불이 밝게 비취는 곳에 두었다. 바로 옆에는 활짝 피어난 히비스커스가 있었다. 아직 봉투를 뜯지 않았다. 대신 아이다는 자물쇠가 달린 조그만 상자에서 편지뭉치 한 다발을 꺼냈고, 이리 저리 뒤적이다가 다른 것보다 두툼한 봉투를 찾아 읽기 시작했다.

1년도 더 지난 편지였다.

“1903년 6월 8일. 사랑하는 나의 이쁜이, 네가 보낸 3통의 편지, 잘 읽었어. 아무도 방해하는 사람 없이 매일 마차를 타고 가면서 나의 그녀를 떠올리다보니 몇 가지 생각이 정리되더군. 하나는 내가 이전보다도 그녀를 더욱 사랑한다는 것과 앞으로도 그러할 거라는 것이었어. 하지만 4년 전 내가 그토록 듣고 싶어 하던 말이 그녀의 편지에 담겨 있기는 해도, 정확히 나의 질문에 대답해 주지 않는다는 생각이 들었어, 물론 내 마음은 그렇지 않지만. 나는 이렇게 생각해. 최선을 다했는데도 그녀의 사랑을 일깨우지 못했으면서, 왜 지금에야 그것을 바라느냐고 말이야.

그 여인은 무의식중에 이상적인 남성상을 마음속에 그려 놓았지. 그녀는 나를 마음의 중심에 두기는 했지만 상상속의 남자를 생각하고 있어. 그녀가 편지에 ‘내 마음은 이미 네게로 가 있어(사랑스러운 말인걸)’라고 썼을 때, 그건 아마 그 상상속의 남자에게 쓴 걸 거야. 그녀가 나에게 찾아와 내가 누군지 알게 된다면, 자신이 생각하는 상상속의 남자랑 너무 다르다는 걸 알고 무척 실망하겠지!

꿈에서 나를 보았다니! 좋은 꿈이었어? 나는 마음속으로 그녀를 여러 번이나 내 품에 안는 상상을 하지만 실제로는 단 한 번도 안아보지 못했어. 마음속으로는 그녀에게 입맞춤을 보내지만 실제로는 단 한 번도 못했고…. 함께 협곡을 오르며 이끼가 가득 낀 시냇가를 거닐다가 숙소로 돌아갔던 오후를 기억하느냐고 물었지? 그리고 마지막으로 함께 요트 여행을 하고, 밤에 이야기를 나누었던 때를 기억하느냐고 말이야. 여기 서부 지역에는 낙인이 찍힌 소들이 많아. 그녀는 내 마음에 새겨졌고, 함께했던 모든 순간이 어우러져 완전한 기억을 이루고 있지. 요트에서 있었던 사건도 기억하지만, 이미 오래 전에 용서했어. 여느 다른 낙인과 마찬가지로, 내 마음속에 새겨진 기억은 영원히 남아있을 거야."

아이다는 그 편지를 밀어두고 다른 편지를 꺼냈다. 1903년 7월 당시, 버치필드는 뉴멕시코의 호텔에서 지내고 있었다. 기력은 좀 생겼지만, 몸무게는 여전히 줄고 있었다.

8월에 보낸 편지에서는 자신의 꿈을 이야기했다. 아이다가 그의 집에 있었고 다른 가족들도 함께했다. 그는 기뻤다. 하지만 아이다의 눈을 보니 여전히 그의 질문을 피하는 것 같았다. 현실에서 아이다를 만나더라도 그럴 것이라는 사실을 그는 깨달았다. 버치필드는 아이다에게 건강을 당부했다. "언젠가 한 남자의 여인이 될 테니, 몸 조심해, 내 사랑."

10월, 그는 아이다가 보낸 보랏빛 편지지를 받고서 높은 산에 올랐다. 두 손에 꼭 쥔 편지에는 이런 내용이 담겨 있었다. "내가 순수하게 자매로서 그를 사랑한다고 전해 줘."

1월, 지난 세 달 동안 몸무게가 꾸준히 늘고 있었다.

이제 남은 편지는 두 통, 하나는 두껍고, 또 하나는 얇았다.

"1904년 3월 1일. 아름다운 나의 여인이 목이 파인 옷을 입고 있다니! 나는 그녀가 검은 옷을 입은 모습을 좋아하지 않는데. 금발 머리에 뽀얀 살결, 푸른 눈망울에는 검은색이 절대 어울리지 않아. 지금 어린 아이들을 돌보고 있는 건가? 참 복도 많은 아이들이네. 너와 함께 있으면서 네 얼굴을 한 번이라도 다시 볼 수 있다면, 너를 내 품에서 앗아가려는 지옥의 힘을 물리칠 수 있을 텐데!

다시 독감이 걸렸어. 혹 내가 낫더라도 과연 내게 뭐가 남아 있을지 의아할 때가 있지. 의과 졸업 시험도 떨어졌는데. 그냥 국가 보조금 받고 사는 인디언 여자랑 결혼할까 보다!

간밤에 너의 편지를 읽은 다음 혼자 나가서 산책을 했지. 내 마음은 3년 전으로 거슬러 올라, 집으로 돌아온 그녀를 만났어. 그녀가 다시 고향으로 돌아올 때, 과연 나는 다시 그녀를 볼 수 있을까? 높이 떠오르는 보름달을 향해 걸어갔어. 너도 간밤에 보름달은 보았니? 안녕, 내 사랑. 걱정하지 말아야 할 일로 걱정하는 일이 없도록 하나님께서 지켜주시길."

이제 얇은 단 하나의 편지가 남았다. 망설이다가 살짝 집어 들었다.

"지도에서 너 있는 곳을 찾아보다가 네가 정말 남쪽 끝에 있는 걸 보며 깜짝 놀랐어. 정말 덥겠지! 지난해에는 못 갔지만, 올해에는 꼭 휴가를 가길 바래…. 독감에 걸린 이후로 몸이 그다지 좋지 않아. 나를 진찰해 줄 사람이 없어…. 루이자 하트 선교사에게 꼭 전해줘. 그곳으로 다시 돌아가서 너를 도와주어야 한다고 내가 말하더라고 말이야."

아이다는 자리에 앉아 책상에 놓여 있는 두 가지 물건, 꽃과 뜯지 않은 편지를 뚫어지게 쳐다보았다. 삶과 죽음. 하나는 떠나고 다른 하나는 새로운 삶을 시작한다. 이 꽃도 살아 있는 듯 보이지만 실은 죽어가고 있는 것이다. 버치필드 밀리컨은 죽었지만, 다시 살아나고 있다. 아이다는 편지를 열었다.

1904년 8월 하순이었다. 막 진찰을 받았다. 의사들은 그의 상태가 매우 악화되었음을 알았다. 질병으로 인해 너무나도 지쳐 있었다. 이전과는 달리 삶에 대한 애착이 그다지 강하지 않았다.

"지금쯤에는 네가 벨로르를 떠나 휴가중이기를 바래. 너와 이곳 천막에서 생활하면서 들판도 달리고 한밤중에 달빛도 맞으며 함께 지내기를 얼마나 간절히 원했는지! 나무 열매처럼 얼굴이 발갛게 상기되고 두 눈은 생기로 반짝일 때까지 늘 밖에서 신나게 놀았을 텐데. 그리고 재미있는 농담으로 너를 웃겨주고, 네가 피곤할 때는 나무 아래 담요를 펴놓고 곤히 잠자도록 해주고, 다시 일어나면 함께 깔깔 웃어대고 말이야. 하지만, 아! 다 쓸데없는 상상이었어!

"가끔은 복잡한 일상에서 벗어나 세계를 품은 넓은 생각, 수세기를 넘어선 생각을 품어보길 바래. 하나님의 위대하심과 역사를 생각하면, 작은 어려움쯤은 사라져버릴 거야…. 이제, 내 사랑이여, 작별 인사를 할게. 하나님이 너를 축복하시고, 네가 강건하고 용감하고 넓은 마음을 품고 진실할 수 있게 지켜주시길. 사랑을 담아, 버치필드."

마침내, 그의 사망 소식을 들은 후 처음으로 아이다는 목 놓아 울었다.

9 바쁘고도 멋진 나날들

이후 2년 동안 병원은 남에게 의존해야 하는 아기에서 튼실한 어린이의 수준으로 자라났다. 병상도 18개가 더 늘어, 총 42개의 침대를 확보하게 되었다. 1904년에 루이자 하트 선교사는 휴가를 마치고 훈련된 간호사인 여동생 릴리안과 함께 돌아와 셀 병원에 합류했지만, 지속적으로 늘어만 가는 환자의 숫자로 더 많은 사역자들이 필요했다. 5명의 의사들이 있지만 그들 모두가 힘을 다 소진할 만큼 일이 많았다. 병원의 명성이 널리 알려지자, 8킬로미터, 16킬로미터, 80킬로미터나 떨어진 먼 마을에서도 여자들이 찾아오기 시작했다. 1906년은 전년에 비해 입원환자가 152명이나 늘었고, 수술도 189건이 늘었으며, 분만도 36건이나 늘었다. 1906년 가을까지, 총 입원 환자는 벌써 800명에 가까웠고, 외래 환자 치료도 거의 3만 건에 달했다.

간호직으로 일하는 사람의 수도 조금씩 늘어 간호사는 11명, 병동 관리자는 2명이 되었다. 아이다가 데려와 훈련시킨 젊은 인도 여성들과 더불어, 다른 병원이나 정부, 선교회에서 옮겨온 몇몇 훈련된 간호사들이 있었지만, 그중 몇몇은 부적합한 점이 많아 내보내기도 했다. 릴리안 하트가 수간호사로서 피곤한 중에서도 시간을 내어 간호 수업을 진행하기도 했지만, 지독한 열병과 간호사에 대한 그 지역의 독특한 인식과 싸우면서 늘 패배하곤 했다.

훈련생들은 대부분 고아원 출신이었는데, 맡은 일을 꼼꼼히 해내지 못하고 경험이 부족한 그들을 제대로 훈련하지 않고서는 간호사 양성이 힘든 상황이었다. 서구에서 하던 식으로 병원 규칙을 적용하는 일 역시 불가능했다. 환자들은 구장 잎 주스를 바닥과 벽에 뱉고 더러운 손을 벽과 침대보에 쓱 문질렀다. 침대 밖으로 나갈 때면 침대보를 두르고 맨발로 병원을 돌아다닌 뒤, 발을 닦는 건 생각도 못한 채 그냥 침대에 눕기 일쑤였다. 피부 껍데기와 쓰레기는 아무렇게나 병원 바닥에 던져버렸다. 환자 가족들의 경우, 환자에게 복잡한 카스트 규정식을 만들어주도록 함께 병원에서 생활하게 허용했는데, 잠자리와 취사도구 등으로 병원 진료에 방해가 되자, 한 명만 남아 환자를 돌보도록 규정을 바꾸었지만 지친 간호사가 잠시 자리 비우는 사이, 온갖 친지나 가족들이 죄다 밀어닥치는 일이 많았다.

간호 교육에 있어서 더욱 복잡한 문제가 됐던 것은 학생들이 전혀 위생 개념이 없이 자라났기 때문에 훈련이 힘들다는 점이었다. 살균 세척기를 준비하는 경우에도 온기를 점검하는 데 달랑 손 하나만 사용했다. 무엇을 할 때는 반드시 오른손을 사용해야 된다는 생각 때문에 수술실에서 두 손으로 수술 도구를 넘겨주는 것을 배우는 데만 수개월이 걸렸다. 심지어 병원 관리에 관한 아주 사소한 일을 설명하는 데만도 엄청난 시간이 소요되었다. 마치 청소하는 사람에게 물걸레는 이렇게 빗자루는 저렇게 사용하라고 일일이 말해주듯 말이다!

아이다는 의사가 혼자일 때는 아주 작은 문제조차도 무척 힘겹다는 것을 깨달았다. 특히 병원 회진과 방문 진료를 마친 뒤 아침 진료실에서만 무려 150명의 환자를 봐야 했다. 아침 7시가 되기 직전에야 겨우 병원 앞에 있는 진료실에 도착을 했는데, 사람들 눈에 띄지 않고 들어가기가 매우 힘들었다. 환자들이 에워싸고 옷을 잡아당기며 다들 동시에 말을 하기 시작했다.

"제대로 유지되려면 질서를 좀 지켜줘야 되는데!" 정말 간절히 원하는 바였다.

환자들에게 번호표를 발부하기도 했지만 순서와는 상관없는 때가 많았다. 76번 환자를 부르자 82번과 95번이 잽싸게 들어왔다. 그것도 각자 가족들 네댓 명을 주렁주렁 달고 말이다. 병원에 들어오기를 거부하고 고샤 마차 안에 그대로 앉아 있는 무슬림 환자의 경우에는 아이다가 직접 진료소 밖으로 찾아가야 했기 때문에 더욱 힘겨웠다. 밖으로 나가서, 환자의 남자 친척이 주변에 쳐다보는 남자들이 없도록 다 쫓아낼 때까지 마차 뒤에서 기다려야 했다. 휘장처럼 드리워진 천 아래로 고개를 비죽이 들이민 상태로 겨우 환자의 증상을 진단하고 치료할 수 있었는데, 겨우 웅크리고 앉을까 말까 한 어두운 공간에 두 명의 여성들이 앉아 있기도 했다. 아침에 많은 사람들이 한 번에 몰리기도 했는데, 50명 정도만 진료하고 나면 온몸이 욱신거렸다. 게다가 사람들은 한 번 물어보는 걸로 족하지 않고 꼭 다시 들어와 또 묻기도 하고 다시 반복해서 답하게 했다.

여자들은 늘 이런 말을 했다. "우리는 여잔데, 뭘 제대로 알고 기억하겠어요? 오셔서 우리 집 남자들한테 꼭 말씀해주셔야 돼요."

몸에 손을 대고 감사를 표하는 그들의 방식 역시 시간을 많이 잡아먹었다. 부유한 무슬림 여성들은 병원을 나설 때 자스민과 금송화로 만든 화한을 주렁주렁 달아주고, 손에는 사탕과 라임을 쥐어주었다. 아이다는 하인들을 시켜 화환을 작은 꽃다발로 만든 뒤 사탕, 과일과 함께 간호사와 환자들에게 나눠주게 했다. 그나남말 부인과 주로 병동에서 지내는 꼬마 매리 테이버는 그나남말 아줌마가 가루약을 포장하는 데 쓰도록 종이를 여러 조각으로 자르는 일에 흠뻑 빠졌고, 사람들에게 나눠주는 일을 돕기를 무척 좋아했다. 아이다 아줌마의 의자에 걸린 두 개의 가방에 손을 넣어 그 안에 있는 엽서와, 머리랑 손이 도자기로 만들어진 인형을 꺼내어 병동에 있는 아이들에게 나눠주는 것만큼 재미있는 일이 었다.

하지만 매일 맞닥뜨려야 하는 뿌리 깊은 사회적 문제에 비하면 그런 골칫거리는 아무 것도 아니었다. 조혼과 이른 출산, 악의는 없지만 무지한 산파들이 사용하는 무지막지한 방법들, 사원 창녀를 양산하는 데바다시 제도가 그런 것들이었다. 당시는 아직 무투 락슈미 레디 박사와 같이 열정적이고 지적인 힌두 개혁자들이 데바다시 제도에 반기를 들지 않은 20세기 초반이었다.

락슈미의 경우가 그러했다. 독실한 힌두 신자였던 그의 부모는 13살 밖에 안 된 딸을 사원의 무희로 바쳤고, 15살이 되던 해에 락슈미는 심한 질병 감염으로 인해 병원으로 실려 왔다. 하지만 품위와 사랑스러움을 갖춘 락슈미는 의사와 간호사들의 사랑을 흠뻑 받았다. 그는 오직 인간의 사랑을 바라시는 하나님에 대한 이야기를 듣고 감격한 나머지 기독교를 받아들였고, 더욱 쾌활하고 아름다워졌다. 아이다는 마드라스에 있는 법률 사무소로 찾아가 락슈미를 데리고 있을 가능성을 상의했지만, 뾰족한 방법이 없었다. 그녀가 미성년자이기 때문이었다.

어느 날 아침, 락슈미와 함께 병원을 회진하는데, 갑자기 그녀의 얼굴이 공포로 일그러지더니 아플 정도로 심하게 아이다의 팔을 꼭 붙잡았다.

락슈미가 속삭였다. "아, 선생님! 저기 성전에서 나온 여자가 있어요. 나를 다시 데려가려고 온 거에요. 제발, 저 여자 좀 막아주세요."

고개를 들어보니 한 늙은 여자가 서 있는데, 얼굴이 험상궂고 음흉했다. 그 여자는 사원의 무희들을 지키는 감시인이었고, 락슈미를 데려가려고 찾아온 것이었다. 법적으로 락슈미는 성인이 될 때까지 사원에 매인 몸이었다. 게다가 건강과 미모가 회복되었으니 더욱 값어치가 나가는 셈이었다. 그 여자가 락슈미를 양팔로 거머쥐고 병원 문을 나서는 순간은 아이다의 생애에서 가장 서글픈 순간 중 하나였다.

몇 달이 지나고, 아이다는 락슈미에게 연락을 해보려고 시도했지만 실패했다. 그런데 락슈미가 사는 사원 근방 촌락에서 한 여인이 병원을 찾아왔다. 다행히, 락슈미를 알고 있었다. 어느 날 축제기간에 사원에 갔었는데, 락슈미가 그 여인에게 다가가 아이다에게 소식을 전해달라고 부탁했던 것이다. 그녀는 여전히 그리스도인이었다. 그리고 더 이상 눈앞에서 자행되는 죄악을 참을 수 없다고 했다. 병원에 있는 사람들에게 작별을 고한 뒤 천국에서 다시 만나기를 바란다고 했다. 바로 그날 밤, 락슈미는 우물에 몸을 던졌다.

어린 소녀 엄마들과 만나는 경험은 항상 비극에 가까웠다. 인도 고대 경전인 마누 법전과 이후에 나온 고전인 푸라나의 법에 나와 있듯, 인도 여성들은 가족 중 남자 구성원들에 대해 완전하게 복종해야 했다. 남편은 아내에게 신이며, 여성은 아내로서의 임무를 잘 수행하느냐에 따라 구원을 얻는다. 여성들은 아주 어릴 때부터, 남편인 남신들에게 온전히 복속되는 것을 신성한 기쁨으로 여겼던 이상적인 아내들, 시타와 사비트리 이야기를 듣고 자라난다. 여자는 욕망도 없고 생각도 없이, 남편의 욕망과 생각에 무조건 엎드려야 했다. 남편의 이름을 부르는 것조차 허용되지 않았다. 여성이 존재하는 한 가지 이유는 남편에게 아들을 낳아주는 것이었다. 아들은 아버지가 후생에서 구원을 얻도록 제사를 지낼 사람이기 때문이었다. 아들을 낳지 못하는 것은 집에서 쫓겨나는 충분한 이유가 되었다. 일단 아들을 낳으면, 남편뿐 아니라 아들의 바람까지 충족시켜야 하는 노예가 되고, 이로 인해 아들들의 버릇이 나빠지는 경우가 흔했다. 남편이 죽으면 재혼할 수 없었고, 시어머니 밑에서 구박을 받는 위치로 전락했다. 여성이 살면서 자신의 권리를 주장할 수 있는 유일한 시기는 다른 여자들보다 오래 살면서 대가족의 여성들을 다스리는 안주인이 될 때뿐이었다. 그리고 마침내 자신의 위치를 확보하게 되는 순간, 지금껏 당해왔던 그대로 냉혹하게 군림했다.

이런 유형의 사회에서는 자연스럽게 조혼이 종교적인 의무로 간주되었다. 이 당시는 조혼을 금하고 그에 따른 폐해를 비난했던 간디의 조처가 있기 여러 해 전이었고, 또한 1930년 사르다 법으로 알려진 조혼 금지법이 발행되기 전이었으므로, 힌두 소녀들의 반 이상, 무슬림 소녀들의 3분의 1이 15세가 되기도 전에 결혼을 했다. 유대교를 포함한 대부분의 동방 종교들과 마찬가지로 무슬림 역시 아들 출산을 강조했다. 그리고 평균 수명이 27세 이

하인 점을 감안할 때, 15세가 되기 전에 결혼하는 것이 꼭 터무니 없는 일만은 아니었다. 어린이 결혼의 대다수가 약혼 상태에서 이뤄지는데, 약혼은 결혼식 자체만큼이나 법적 구속력이 있었고, 계약을 맺은 남자 쪽(어린 소년이거나, 성인, 나이든 남성도 있었다)이 사망할 경우, 어린 신부는 미망인의 지위로 전락했다. 조혼은 반드시 초야를 거쳐야 성사되는 것은 아니었고, 보통은 사춘기가 되자마자 결혼을 시켰다.

그런 이유를 잘 알았기에, 아이다는 고대의 관습을 함부로 비난할 수가 없었다. 대신 병동과 수술실에서 끊임없이 일하고, 매일 밤 수차례 호출을 받아 어린 아기 엄마들의 생명을 구하고 고통을 완화시켜주면서 활기차게 일에 전념했다.

그렇지만 무지한 산파들이 조산에 실패하고 환자가 고열로 고통을 받다가 온 몸은 절망적인 불구가 되어버린 상황에서야 마지막으로 아이다를 불렀으므로, 미처 손을 쓸 수 없는 경우가 많았다. 물론 산파들이 좋은 의도로 최선을 다한다는 건 아이다도 알았지만, 훈련되지 않은 산파들이 사용하는 기술 중에는 도저히 믿기지 않는 것도 있었다. 한 어린 소녀가 5-6일 동안 산고를 하는데, 소녀를 탁자 위에 눕혀놓고 배 위에 길쭉한 판자를 얹은 후, 분만을 촉진한다며 두 명의 산파들이 그 위에서 시소를 탔다! 또 다른 한 여성은 정상적인 방법으로 아이를 막 낳으려는 참이었는데, 하필 그때가 인도에서 말하는 '암흑의 시간'이 막 시작할 즈음이었다. 산파들이 고집을 부렸다. "애를 낳아서는 안 돼.

이 시간에 태어난 아이들은 재수가 없어. 어떻게 해서든 막아야 해." 그러더니 정말로 조처를 취했다. 애기 엄마의 발목을 줄로 묶고 다리를 긴 장대에 매단 채 한 시간을 그렇게 둔 것이다. 아이는 그 '암흑의 시간' 뿐 아니라 이후에도 태어나지 못했다. 그렇게 아이와 엄마 모두 죽음을 맞이했다.

하지만 이런 모든 관습은 잔인해서가 아니라 무지에서 일어난 결과였고, 오랜 세대의 경험을 전수받은 다수의 산파들은 뛰어난 기술을 갖고 있기도 했다. 산모를 집안의 가장 어두운 방 한 구석에 집어넣고, 더러운 손으로 산모의 몸을 여기저기 만지며, 아이를 낳은 뒤 3일 동안 물 한 방울 주지 않는 것, 태어난 아이를 지저분한 천에 싸는 것, 기름에 담군 후 돌돌 말아서 작은 점토 등불 심지에 태운 잎으로 잘라놓은 탯줄에 뜸을 뜨는 것은 모두 미신과 결합된 무지의 소산이었다. 아이다는 서구에서도 위생의 중요성을 발견한 것은 최근의 일임을 스스로에게 상기시켰다. 고대 인도 외과의였던 수스루타는 인도인의 조상들이 밀림의 미개 상태로 지낼 당시에도 수술 과정에서 청결해야 함을 주장하지 않았던가. 아이다의 아버지가 인도에서 의료 사역을 시작하던 무렵, 파스퇴르가 세균에 관한 여러 가지 발견을 했고, 그때까지 사람들은 세균에 대해 들어본 적도 없었던 것이다! 하지만 그런 사례들은 무척 비극적이고 값비싼 희생을 치른 무지였다.

그러한 문제로 엄청난 좌절을 느끼던 가운데, 1906년 10월 어느 날, 드디어 아이다의 분노가 폭발하고 말았다.

그 날 하루도 여느 날처럼 기분 좋게 시작되었다. 밤사이 환자를 돌보느라 거의 잠자리에 들지 못했지만, 평소처럼 5시에 일어나 얼른 옷을 입고, 종종거리며 따라오는 강아지 지프를 데리고, 꽃에 물을 주기 위해 방갈로 정원으로 급히 움직였다. 이번엔 양심의 가책 없이 물을 줄 수 있었다. 지난 우기 때 비가 충분히 내렸고, 가을 몬순으로 억수같은 비가 이미 꽤 쏟아졌기 때문이었다. 재잘 거리는 3살배기로 자라난 매리 테이버도 조그만 물뿌리개를 들고 쫓아왔다.

이때가 하루 중 아이다가 제일 좋아하는 시간이었다. 아직 해가 뜨지 않아서 마치 뉴잉글랜드의 봄 날씨처럼 선선한 기운이 느껴졌으므로, 몸에는 생기가 돋고 바쁜 하루를 보낼 힘이 솟는 듯했다. 매리 테이버의 손을 잡고 강아지를 부르면서, 병원 건물 가장 끝에 있는 문까지 달려갔다. 두 사람은 지프가 큰 쥐 한 마리를 쫓아 선인장 울타리로 들어가는 것을 도와주다가 붉은 가슴 오색조가 숨어 있는 걸 발견하기도 하고, 또 벼슬을 잔뜩 부풀리고 잰체하는 후투새를 보면서 감탄했다. 이런저런 즐거움에 흥얼거리며 아이다는 매리 테이버를 방에 데려가 머리에 밝은 색 리본을 묶어 주었다. "자, 됐다!" 아이다는 매리를 거울 앞에 세웠다. "네 모습이 어때?"

아이는 후투새처럼 머리를 가다듬으며 뽀롱뽀롱 소리를 냈다. 그리고 "예뻐!" 하고 속삭였다. 아이다는 얼굴을 찌푸리며 생각했다. "응석받이가 되었는걸!" 하지만 어머니의 잘못이 아니었다.

온화한 분이시지만 훈계는 엄격히 하시는 분이었다. 규칙을 어기면 반드시 벌을 주었다. 일례로, 한 번은 아들 루이스가 심심풀이로 빗물받이 통에다가 세례를 준다며 닭을 집어 넣어버린 일이 있었다. 아무 일 없을 거라 안심하며 즐기고 있는데, 갑자기 방갈로 한 모퉁이에서 어머니가 나타나더니 루이스를 집어 올리고서 발을 잡은 뒤 아무런 말 한마디 없이 불쑥 물속에 담가 버렸다.

아침 식사와 기도를 마친 후, 아이다는 아이를 데리고 병원으로 갔다. 길 옆 아소카 나무에 조랑말이 매여 있었다. 쌀겨가 든 가방을 목에 맨 조랑말은 아침마다 매리 테이버가 가져다주는 바나나에 기분이 좋은지 힝힝 거렸다. 아이다는 잠시 조랑말을 쓰다듬어 준 뒤 아이를 등에 업고 즐겁게 말했다. "돌리야, 얘는 매리야. 너 매리 테이버 알지?"

간밤에 줄곧 옆에서 돌봐주었던 환자를 살피러 곧장 올라갔다. 담당 간호사가 말했다. "아직 살아있긴 한데 무척 허약한 상태랍니다."

환자는 고열 때문에 3일된 아기와 함께 병원에 실려 온 자그만 젊은 여인이었다. 병원에서 엎어지면 코 닿을 곳에 집이 있지만 가족들은 분만을 위해 산파를 불러왔고, 열이 계속 오르는 바람에 겁을 먹고 데려왔다. 아이다는 여인을 살리기 위해 안간힘을 썼고, 어제 여인은 가족들에게 자기를 집에 데려가면 죽을지도 모른다고 말했다. 그리고 아이다를 옆으로 불러 제발 병원에 머물게 해달라고 간청했다. 당연히 승낙했다. 여인은 밤사이 원기를 회복했고, 아이다는 그가 살아날 가망성이 있기를 바라며 자정이 지나서야 집으로 돌아갔었다.

아이다는 열이 오른 여인의 이마를 만져보며 부드럽게 말했다. "살람, 좀 어때요?"

여인은 더듬거리며 아이다의 손을 잡았다. "선생님… 간밤에… 제가 죽을 거라 생각하셨죠?" 희미한 목소리로 말했다. "하지만 나는… 오늘까지 살 거란 걸 알았어요. 혹 죽는다면…." 그녀는 간절한 눈빛으로 말했다. "여기서 죽게 해주세요! 집에 보내지 마세요… 제발!"

아이다는 뜨거운 여인의 손을 꼭 잡고 안심시켰다. "여기에 머물게 할 거에요."

여인은 단호하게 말했다. "내가 혹 죽는다면… 선생님… 제 옆에… 있어주세요. 너무 아파요… 아이가 태어나기 전에… 여기 데려다 달라고 가족들에게 부탁했는데… 들어주지 않았어요. 이제 난 끝까지… 여기 있을래요. 약속해 주세요…."아이다는 미소를 지으며 대답했다. "약속할게요." 하지만 병실을 돌아 나오는 순간 미소가 사라졌다. 저 여인을 살리는 게 얼마나 쉬웠는데! 여기 모퉁이 하나만 돌면 되는 것을!

병동과 개인 병실 회진을 마친 뒤, 평소보다 이른 시간에 진료소에 들어갔지만, 12시가 되자 진료가 끝이 났다. 우기철에는 외래 환자가 그리 많지 않기 때문이었다. 하지만 아직 아침을 못 먹었다. 보통 시간이 없어 정오 녘에야 아침을 먹었다. 그때 아이다는 즉시 분만실로 호출을 받았다. 12~13살도 안 된 브라만 소녀인 그 환자를 보자마자 전날 느꼈던 무기력한 절망감이 갑자기 격렬한 분노로 터져 나왔다. 만신창이가 된 젊은 엄마의 몸을 3시간 동안 비장한 마음으로 치료했다. 결국 그 소녀는 살았지만 아이는 죽고 말았다.

어머니가 방갈로에서 아침 식사를 보냈지만 입맛이 떨어진 아이다는 곧장 오후 진료를 보러 갔다. 베란다에는 몇몇 브라만 여성들이 천한 카스트 계급과의 접촉을 멀찍이 피해 삼삼오오 모여 있었고, 아이다는 저항할 수 없는 갑작스런 충동을 억누르지 못한 나머지 그들을 향해 걸어갔다. 벌겋게 상기된 얼굴과 충혈된 눈으로 걸어오는 아이다를 본 여자들은 즉시 수다를 멈추고 조용해졌다.

전혀 생각지도 못한 말들이 입에서 쏟아져 나왔다. "이봐요, 자매들! 내 말 좀 들어보세요!"

아이다의 타밀어는 강렬하고 의미가 분명했다. 여자들은 두 눈을 둥그렇게 뜨면서, 12살 된 소녀의 온 몸이 만신창이가 되고 아기는 죽어버린 이야기에 귀를 기울였다.

아이다는 필사적으로 진지하게 말했다. "당신네 딸들 이야기입니다. 그 아이들에게 어떤 잘못을 저지르고 있는지 안 보이나요? 어떻게 아이들에게 그런 고통을 줄 수 있습니까!"

그러다 갑자기 자신의 무례함을 깨닫고 말을 멈추었다. 하지만 여자들은 화나지 않았다. 오히려 찬찬히 머리를 흔들며 그 말에 동의했다. "암마, 예! 잘못된 일이죠. 파붐, 안타까운 일이에요. 하지만, 차! 어떻게 하겠습니까?" 카스트 법은 조혼을 요구하고 있고, 벨로르 전역에 쌓여 있는 돌덩이만큼이나 흔들리지 않고 견고했다. 그 돌덩이는 원숭이 왕 하누만이 자신의 앞을 막는 마귀, 실론의 라반을 죽이기 위해 쌓아놓은 돌이었다. 아요! 늘 그래왔으니 앞으로도 그러할 수밖에 없다는 것이 그들의 생각이었다.

어떻게? 어떻게! 그 말은 아이다가 주사바늘을 꽂을 때나 환자의 눈과 상처를 닦을 때, 화상을 치료하고 옴에 약을 바를 때, 종기를 짤 때마다 북소리처럼 머릿속을 울렸다. 외부에서 온 의사와 간호사들은 그들을 구할 수 없었다. 인도 남자들도 그들을 구할 수 없다. 여인들 스스로 자신을 구해야 했다. 하지만 어떻게? 어떻게! 또 북이 울린다. 어린 소녀들을 운명에 몰아넣는 결혼식 북소리. 천연두와 전염병과 콜레라를 전해주는 잡신들에게 겁을 주어 쫓아내려는 제례식 북소리. 그리고 장례식 북소리.

살로미가 숨을 헐떡이며 말했다. "그 애기 엄마가 열이 아주 심해요."

아이다는 약속한대로 여인의 옆에 앉아서 손을 꼭 잡아주었다. 오랜 시간이 필요치 않았다. 무지와 무관심은 그 여인을 그냥 두지 않았다. 여인이 숨을 거두자 아이다는 두 눈을 감겨주고 손을 가지런히 모아주었다.

병실을 돌아 나오는 아이다의 푸른 눈망울에는 좌절감도 저항

감도 아닌 단호한 결심이 담겨 있었다. 방문 진료를 하고, 여성들이 찾을 수 있는 병원을 짓고, 병원 일에 필요한 몇몇 간호사들만 훈련시키면 모든 것이 충분할 줄로 생각했다. 그런데 그게 아니었다. 인도 여성들이 스스로를 돕도록 해야 했다. 간호학교를 시작해서 여러 마을로 간호사들을 파견한 후 사람들과 함께 살면서 그들이 더 나은 삶을 사는 모습을 보이도록 훈련해야 했다.

그렇다. 그녀가 직접 이 일에 뛰어들어야 했다. 그 한 해 동안 장거리 마을 진료를 두 번 정도 나갔다 왔다. 휴가를 마치고 돌아오면 수십 번이 아니라 수백 번은 마을 진료를 나가야 했다.

상식적으로는 불가능한 일이었다. 간호학교라고? 그렇다면 시설도 확충하고, 전임 강사도 구하고, 돈도 더 모으고, 간호직이 천대 받는 이 나라에서 확실한 교육 프로그램을 세워야 했다. 게다가 마을까지 어떻게 움직일 건가? 차도 필요하고, 의사도 필요하고, 그리고 지금껏 항상 부족했던 시간이 더욱 필요했다! 혼자서는 그 일을 해낼 수 없다.

하지만 자신이 할 수 있느냐 없느냐는 관건이 아니었다. 반드시 해야 했다.

모든 선교사들이 그러하듯, 미국에서 보낸 1년의 안식년 기간은 휴가가 아니었다. 여러 곳을 돌아다니며 강연을 하고, 사역에 필요한 사람을 구하며, 사람들에게 선교헌금을 하도록 도전하는 일까지 감당해야 했다. 새롭게 세운 두 가지 목표는 이번 모금의 성패에 달려 있었기에, 사람들 앞에 설 수 있는 기회란 기회는 죄다 활용했다. 따라서 병원을 방문하고 강의를 들으며 도서관에서 연구하고 뉴욕에서 대학원 과정 몇 가지를 밟으면서 부족한 의학 지식과 기술을 보강하려는 애초의 계획은 조금도 실행할 수 없었다.

하지만 그런 와중에서도 1907년 여름 한 달 동안은 네브라스카 농장에 있는 루 오빠네 집에서 가족들과 함께 휴가를 보냈다. 동부 지역에서 목회자로 섬기는 찰리와 밀리 부부도 합류했다. 존 오빠의 아내도 두 딸을 데리고 캘리포니아에 건너왔다. 역시 안식년 중이던 해리와 마가리트 부부도 네 자녀들을 데리고 합류했다. 우글우글 모인 가족들은 농장 마당에 천막을 쳤다. 다들 좋은 시간을 보냈지만, 분명 루의 아내인 새언니 코라는 일개 소대 규모인 가족들의 식사와 목욕과 빨래를 책임지느라 무척 힘들었을 것이다. 가족들에게 따끈한 목욕물을 제공하는 일은 사소한 임무가 아니었다. 특히 인도 하인들의 시중을 받으며 하루에 한 번 이상 목욕하는 사치를 누려왔던 사람들의 입맛을 맞추기란 더욱 힘들었을 것이다.

아이다는 다시 어린 시절로 돌아간 듯 신나게 지냈다. 요란스레 장난을 떨고 들판을 뛰어다니며 안장 없는 말을 타고 다니는 조카들을 보면서 다섯 오빠들과 자신의 옛 모습을 보았다. 그 중에는 말 궁둥이 끝에 매달려 노는 또 다른 아이다, 즉 루 오빠의 어린 딸, 아이다 벨르(Ida Belle)도 있었다. 자신과 똑같은 이름을 가진 수줍음 많고 행복한 7살 소녀인 금발의 아이다를 향한 아이다의 마음은 첫 아이에게 향한 어머니의 애정과 흡사했다. 둘은 아주 가까운 사이가 되었고, 아이다와 구분하기 위해 아이다 B.로 불리게 된 소녀는 아이다 고모에게 홀딱 반했다.

하지만 휴가는 짧았다. 강연, 오찬, 인터뷰 등 숨 가쁘게 바쁜 일정이 다시 시작되었다. 2월 12일 수요일에는 뉴욕 병원에서 세 달 과정으로 대학원 강의를 듣기 시작했다.

뉴욕에서는 검은 머리에 빛나는 눈을 가진 여인, 즉 몇 년 전 애니 핸코크의 인도 여행비를 헌금했던 그 아담한 여인과 함께 지냈다. 아이다와 인도에 대한 거트루드의 관심은 지난 몇 년 동안 꾸준히 서신 연락을 하면서 더욱 불타올랐고, 두 사람은 멀리 떨어져 있음에도 불구하고 절친한 사이가 되었다. 힘과 젊음과 미모를 지닌 아이다 스커더를 통해 12살 많은 거트루드가 성취감을 느끼는 것이 분명했다. 그녀는 마치 화려한 낙원을 나는 새 앞에서 은혜를 입고서 마냥 행복해 하는 작은 굴뚝새 같았고, 실제로 자신의 생명이 다하는 순간까지 사랑스런 아이다에게 있는 매력을 더욱 빛나게 한 사람이었다.

하지만 거트루드 도드에게는 아이다에게 없는 두 가지가 있었고, 거트루드는 자신의 우상인 아이다에게 두 가지 모두를 기꺼이 내놓았다. 하나는 뉴욕시 선교회와 여성 선교 위원회에서 수년 간 회계로 일하며 헌신했던 행정력이었고, 다른 하나는 재력이었다. 그녀는 뉴욕에서 토목업을 하는 부호의 막내딸이었던 것이다.

하루는 거트루드가 이렇게 말했다. "아이다가 사는 인도를 한 번 볼 수 있으면 좋을 텐데!"

"안 될 거 없잖아요." 아이다는 평소 때처럼 불쑥 아이디어를 제시했다. "우리 팀이 인도로 돌아갈 때 캐더린이랑 함께 가면 되잖아요? 재정적 여유도 되고, 또 두 사람 모두 선교회에서 맡은 일이 전 세계 선교 상황을 보는 것이고요."

거트루드에게 필요했던 건 누군가의 그런 번뜩이는 제안이었다. 그날이 지나기도 전에, 거트루드는 자기 친구와 여성 선교 후원회의 비서인 캐더린 반 네스트에게 당장 인도 행을 제안했다. 그리고 여행용 옷을 맞추고 여행사에 돈도 지불했다. 또한 아이다에게 보여주고 싶은 유럽의 흥미로운 장소를 죽 뽑아 일정을 잡기도 했다. 그리고 집에 오는 길에는 유명한 신인 바이올린 연주자인 프리츠 크라이슬러의 연주회 입장권 두 장을 사는 것도 잊지 않았다.

안식년 기간 동안 아이다의 매력에 흠뻑 빠져든 사람은 거트루드 도드만이 아니었다. 미국 동부의 여러 도시와 노스필드, 캐나다 등지를 돌면서 강연할 때마다 사람들이 몰려들었다. 사람들은 아이다의 아름다움과 생기발랄한 모습, 간절한 열정에 매료되었다. 아이다의 할아버지가 미국을 떠나 인도 첫 의료 선교사가 되었던 1819년 이후, 스커더 가에서 30명 이상의 선교사가 배출되어 모두 합하면 1,000년의 세월을 그 땅에서 섬기고 있다는 말에 사람들은 매우 놀랐고 깊은 관심을 보였다. 그리고 아이다의 이야기를 들으며 감동을 받았다.

아이다는 죽음을 맞이한 브라만 출신 어린 신부와 귀에 돌이 들어간 소년과 매리 테이버에 대한 이야기를 했다. 그리고 심한 파상풍으로 고생하는 여인을 치료하던 중, 필요한 혈청을 충분히 구하지 못해 여인을 살리지 못했던 이야기도 했다. 그리고 사원 무희였던 락슈미와 갈증으로 거의 죽음 직전에 갔던 여인, 어두운 골방에서 분만을 돕는 산파 이야기도 빼놓지 않았다. 또한 간호학교와 시골 진료 사업에 관한 두 가지 꿈을 나누면서, 아직은 불가능하지만 반드시 성취해야 하는 일이라고 강조했다.

청중들은 아이다의 말에 반응을 보였다. 조그만 간호학교를 시작할 수 있을 만한 헌금이 모였다. 그리고 뉴욕에서는 병원 수간호사이자 간호학교의 첫 교사로 섬기도록 선교회에서 임명한 델리아 하우튼을 만났다. 공인 간호사인 델리아는 아주 능력있고 용의주도하며, 믿음직하고 견실해 보였다.

아이다의 강연을 들었던 한 여성은 이런 편지를 썼다. "생각해 보니 참 신기하네요. 그 날 오후에 선교사님이 우리 교회에 와서 나눈 이야기를 딱 한 번 들었을 뿐인데도 이렇게 깊은 관심이 생기다니 말입니다. 사람들이 선교사님 목소리에 반했다는 얘기를 많이 합니다. 사실 저야말로 햇살이 들어오는 창문을 등지고 서서 말씀하시는 선교사님 모습에 완전히 반했습니다."

아이다에게 마음이 끌린 이 여인은 차를 사도록 1천 달러를 헌금했다.

1908년 11월, 스커더 부인, 아이다, 애니, 거트루드 도드, 캐더린 반 네스트, 델리아 하우튼 일행은 S. S. 세드릭 호를 타고 출항했다. 거트루드는 배 안에서 열심히 타밀어를 공부했고, 자신이 사랑하는 유럽을 아이다에게 보여줄 수 있다는 꿈에 부풀었다. 일행은 런던, 파리, 스위스 루체른, 밀라노, 베니스, 플로렌스, 로마, 나폴리를 방문했다.

하지만 사실 아이다는 그 멋진 풍경을 바라볼 때 내심 참기가 힘들었다. 베니스의 돌은 회반죽 없이 손으로 정확히 다듬어 만든 거대한 성곽이 있는 벨로르의 웅장한 바위를 어설프게 흉내 낸 듯 보였다. 잿빛 겨울 하늘을 배경으로 높이 솟은 예배당 첨탑은, 괴상한 신들의 형상을 새기긴 했어도 푸른 하늘을 더욱 밝게 빛내주는 벨로르의 사원 고푸람의 자연미와 견줄 수 없었다. 그리고 눈앞에 있는 개선문은 지구 반 바퀴나 떨어진 곳에 있는 나지막한 병원 건물로 들어가는 입구 같았다. 또한 고대 아피아 가도를 걷는 순간에는 온 피부가 비포장도로의 붉은 흙으로 뒤덮이는 듯했다. 귓가에는 북소리와 사원의 종소리가 어른거렸다. 소똥을 태우는 화덕 냄새도 아이다의 코를 간지럽혔다.

벨로르에 돌아오자마자, 아이다는 두 가지 계획을 즉각 실천에 옮기기 시작했다. 올해 말까지는 정규 간호학교를 시작하는 것이 불가능했지만, 아이다는 그 지역의 여러 기독교 학교에 편지를 보내고 몇 곳은 직접 방문하여 입학 지원자를 유치하고자 했다. 그리고 이미 구체적으로 실습 교육을 받은 조무사들을 위해 좀 더 엄격한 수업 일정을 짰다. 루이자 하트 선교사가 3월경에 휴가를 떠날 예정이었으므로, 아이다는 나중에 시간이 없을 것을 대비하여 미리 수업 프로그램을 세웠다. 델리아 하우튼은 언어 공부가 끝나는 대로 열과 성의를 다해 일할 것을 약속했다.

간호학교 지원자를 확보하는 문제는 생각보다 훨씬 힘겨웠다. 지성과 교육을 갖춘 학생들은 어린 나이에 결혼하거나 교사를 직업으로 선택했다. 유능한 조직과 민첩한 지도력, 진보적인 업적, 높은 학과 수준을 갖춘 전(全)인도 공인 간호사 연합이 발족되기 훨씬 전인 개척 단계였으므로, 간호사라는 직업은 제대로 교육받은 지적인 젊은 여성들에게는 적합하지 않다고 여겨졌다.

한 지원자의 아버지는 아이다에게 이런 편지를 썼다. "제 딸은 2학년 진급 시험에 세 번이나 떨어진 적이 있습니다. … 아주 뛰어난 간호사가 될 거라고 확신합니다."

하지만 지원서는 속속 도착했다. 감리교 학교에 다니는 여학생 두 명과, 감독교회 학교 학생 한 명과 더불어 영국-인도 혼혈인 학생 두 명이 벌써 학교에서 기숙하며 첫 수업을 기다리던 학생들과 합류했다.

차가 도착할 때까지는 마을 순회 진료 계획에 박차를 가할 수 없었지만, 자신이 없는 동안 루이자 하트 선교사가 개원한 진료소 두 곳을 방문하기로 일정을 세웠다. 한 곳은 37킬로미터 떨어진 구디야탐에 있고, 다른 한 곳은 해리 오빠가 있는 푼가누르에 있었다. 인도에 돌아온 지 얼마 되지 않은 어느 수요일 아침, 아이다는 큰 기대감을 안고 첫 번째 마을 순회 진료를 떠났다. 구디야탐은 수천 명의 힌두인과 무슬림이 사는 곳으로, 지난달에야 뒷방에 진료소가 딸린 조그만 예배당이 새로 헌당되었다.

간호사의 호출에 5시에 일어난 아이다는 아침 먹을 시간도 없이 장비를 갖추고 카트파디 철도역을 향해 마차를 끌고 6.5킬로미터를 달려갔다. 6시 30분이 되어서야 장비를 잔뜩 들고 조그만 열차 칸에 올랐다. 침구, 매트리스, 베개, 약과 붕대 상자, 여행용 가방, 점심 도시락, 병을 담은 상자, 물병 등 인도인 일가족이 수천 킬로미터를 순례하는 데 필요한 만큼의 분량이었다!

벨로르와 마찬가지로 구디야탐 역은 도심에서 몇 킬로미터 떨어져 있었으므로 주트카(마차)를 구해야 했다. 예배당 안에 있는 자그만 진료소에서 56명의 환자를 치료했는데, 그중 다수가 치료할 수 없는 암을 앓고 있었으므로 마음 깊이 안타까움과 관심이 일었다. 어떤 여성들은 눈앞에 아이다가 나타나기만 해도 겁을 먹고 굽신거렸다. 또 어떤 이들은 아이다가 앉은 의자 옆에 무릎을 꿇고 앉기도 했다.

급히 점심을 먹은 뒤에는 다시 주트카를 타고 무덥고 긴 산길을 지나 팔마네르로 향했다. 그곳에서는 큰아버지 제리드가 계셨고, 아이다는 여기서 하룻밤을 묵은 뒤 푼가누르로 갈 계획이었다. 주트카의 둥그런 갈대 지붕 아래 좁은 틈 사이로 짐을 잔뜩 쑤셔 넣은 터라, 제대로 앉아 있기도 힘들었다. 얼마 지나지 않아

정강이와 어깨뼈가 쑤셔왔고, 갑자기 온 몸이 공중으로 팔짝 뛰어오르는 바람에 약상자가 코를 짓누르기도 했다. 언덕길이 나오자 길은 더욱 험해졌고, 먼지가 자욱이 이는 통에 눈앞이 캄캄하고 목이 아팠다. 조랑말이 애쓰는 모습이 보기가 안쓰러워서 가파른 길에서는 마차에서 내려 걸어갔다.

마침내 팔마네르에 도착했을 때, 아이다는 너무나 늙고 야위어버린 큰아버지의 모습에 놀랐다. 큰아버지와 큰어머니 줄리아 부부가 인도에서 사역을 시작한지도 벌써 55년 가까이 되었다는 사실이 떠올랐다. 아름다운 사촌 언니 딕시는 여전히 성실하게 아버지의 사역을 돕고 있었는데, 마을 사역을 하고 싶었던 그녀의 꿈은 아직 실현되지 못했다. 함께 그 동안의 속 얘기를 죄다 털어놓은 뒤, 아이다는 고산 지대의 기분 좋은 서늘함을 만끽하며 깊이 잠들었다. 다음날 푼가누르까지의 32킬로미터 여행은 아주 편안했다.

아이다가 직접 훈련시킨 인도인 간호사가 그곳 작은 진료소의 책임을 맡았고, 아이다는 그 동안 간호사에게 많은 진보가 있었던 것을 보며 기뻐했다. 기다리고 있던 환자들을 진료하고 나자, 오빠 해리가 찾아와 그의 방갈로로 태워갔다. 다음 날 그곳을 떠나기에 앞서, 그 지역 라자(왕)가 사는 궁전을 방문하여 왕족의 한 여인을 치료했다. 간단한 수술이었고 여인도 조금 나아진 듯했으나, 좋은 결과가 나오지는 않았다. 얼마 지나지 않아 급속도로 병세가 나빠졌다. 여인의 목숨을 살릴 실낱같은 기회를 잡으려면 좀 더 큰 수술을 해야 한다는 것을 알았기 때문에, 아이다는 대담하게 그 기회를 취하기로 선택하고 수술을 집도했다. 염려했던 바가 현실이 되었다. 그날 오후 환자는 사망했다. 안타깝고 낙담한 아이다는 통곡하는 여인들 앞에 죽은 여인을 내어주었고, 그들이 화장용 장작더미를 준비하는 모습을 지켜보았다. 다행히 그들은 여인의 죽음을 놓고 아이다를 비난하지 않는 듯했다. 그건 그 여인의 카르마, 운명일 뿐이었다. 또한 왕에게는 다른 여자들이 많다는 사실 때문이기도 했으리라.

주트카를 타고 푼가누르를 떠나려는데 이상한 광경 하나가 눈에 들어왔다. 수백 명의 사람들과 수천 마리의 염소와 양떼가 뒤섞여 길가의 조그만 신당에 모여 있는 장면이었다. 호기심이 생긴 아이다는 마차를 세우고 군중 사이를 비집고 돌아다니다가, 텔레구 언어 사용 지역이지만 타밀어를 할 줄 아는 노인을 찾아냈다.

"옌나? 무슨 일인가요?"

노인은 친절하고 말도 많았다. 그가 설명하길, 동물을 데려와 천연두를 관장하는 여신에게 제사로 바친다는 것이었다. 모든 가정에서 적어도 양 한 마리를 바쳐야 했고, 그 양은 여신상 앞에 데려와 단칼에 목베임을 당했다. 양 머리는 제단 앞에 놓아두었는데, 코가 특정한 방향으로 틀어지면 재수가 있는 것이고, 반대쪽으로 틀어지면 재수가 나쁘다는 의미였다.

아이다는 메어지는 가슴을 안고 마차로 돌아왔다. 어린 아이였던 예수께서 예루살렘 성전을 처음 방문했을 때 받았을 충격이 이해가 되었다.

팔마네르에서 하룻밤을 더 보낸 뒤 구디야탐으로 내려갔다. 시원한 부엌에서 벽돌 굽는 화덕으로 내려가는 기분이었다. 하지만 이번에는 진료소에서 보낸 시간이 아주 짧게 느껴졌다. 거트루드 도드가 벨로르에서 기차로 이곳으로 건너와 도와주었기 때문이었다. 다음 날 밤에는 자기 방 침대에서 잘 수 있었지만, 꿈에서는 여전히 온 몸이 흔들거리고 울렁거렸다. 어느 쪽으로 몸을 틀던지 뼈가 닿는 부분이 쑤셔댔다. 그도 그럴 것이 며칠 동안 마차를 타고 160킬로미터를 여행했기 때문이었다.

루이자 하트 선교사가 3월에 휴가를 떠난 후, 평소대로 일정을 유지하기 위해 전력투구를 하느라, 아이다는 일기를 아주 간단하게 그것도 간간히 기록할 수밖에 없었다.

"3월 27일. 275달러에 새 말 래씨를 구입하다. 기분 좋게 탈 수 있는 말이다."

"4월 1일. 수술은 7번, 마취는 4번 했다. 직장암 수술. 눈 제거 수술. 소파 수술."

"4월 9일. 아, 얼마나 힘겹고 낙담되는 일이 많았는지! 고름 수술 몇 가지를 했는데, 제대로 소독이 되지 않았다. 진료소에서는 166건. 방문 진료 때 아주 심한 질병 치료. 턱뼈. 이를 뽑다. 죽어가는 사람."

"4월 10일. 새벽 1시에 외과 수술 1건. 구디야탐에 갔다. 겨우

2시간 잤다. 꽤 피곤하다."

"4월 17일. 새벽 3시 반에 일어남. 구디야탐에 갔는데, 거트루드가 나와 동행했다. 83명의 환자를 보았다. 래씨를 몰고 역에 감. 주트카로 병자를 싣고 돌아옴."

"5월 15일. 참으로 빡빡하다. 어떤 때는 환자들이 어떻게 그렇게 오래도록 기다릴 수 있는지 궁금하다. 오늘 누가 이렇게 말하는 소리를 들었다. '암말 선생님 바쁘신 거 안 보여? 시간 되는 대로 우리를 꼭 봐주실 거야.' 그리고 언젠가는 이런 말도 들었다. '우리 선생님한테 눈이 천 개고 손이 천 개라면 오히려 더 바빠지실 걸. 그나마 눈과 손이 두 개씩이니 다행으로 알고 차분히 선생님을 기다리자구.'"

"7월 30일. 푼가누르에 다시 가서 수술을 함. 병원에 있는 빈대들을 급습하다."

"9월 15일. 거트루드와 캐더린이 떠났다. 애니와 내가 빌루푸람까지 동행했다. 사랑하는 친구 거트루드가 떠나는 모습을 보니 마음이 끊어지는 듯했다. 지금껏 이렇게 외로움을 느낀 적이 없었던 것 같다."

IO 길가 진료소

"1909년 9월 23일. 오늘 새 차가 도착했다!"

유독 그 부분은 굵고 크게 썼다. 당연한 일이었다. 지난 십수년 동안 가장 큰 사건 중 하나였기 때문이다. 벨로르에 첫 번째 자동차가 모습을 드러내자, 사람들은 왕의 대관식보다도 훨씬 많은 관심을 보였다.

상자를 개봉한 아이다는 당혹스러운 눈으로 한참 쳐다보았다. 마드라스에서 즉시 기술자를 불러 차를 조립하도록 했다. 흘긋 차를 살펴보던 기술자는 차에 실린더가 하나밖에 없다며 안타까워했다. 아이다는 첫 시승을 하기 전까지는 그게 무슨 의미인지 몰랐다. 알고 보니 그 차는 프랑스제 소형 푸조로, 접이식 덮개가 달린 높은 차체에 바퀴는 철제 살 모양이었고, 좌석은 두 개였다.

운전대는 발판 위로 곧장 달려 있고, 엔진의 흔들림이 너무 심해서 운전사의 손이 마치 오한으로 바들바들 떠는 듯이 보였다.

첫 마을 진료를 나가던 날은 정말로 끝내주었다. 날은 무척이나 화창했다. 차가 너무 작아서 약 상자는 몇 개밖에 실을 수가 없었고, 가방도 모자라 바람막이 창가에도 온갖 종류의 가루약 상자를 실었다. 조그만 요오드 병들과 다른 약들은 긴 상자에 가지런히 정리했다. 코트 안에 흰 가운을 입고 긴 씌우개로 모자를 단단히 묶은 후, 아이다는 운전석 옆 자리에 앉았고, 살로미와 여성 전도자는 뒷자리에 앉았다. 기분 좋게 길을 달리는데, 차도 자신이 맡은 일을 눈치 챘는지 칙칙 즐거운 소리를 냈다. 마을을 지날 때 계속 빵빵 경적을 울리자, 자전거, 마차, 소, 반디, 걸어가던 사람들 할 것 없이 앞 다퉈 차를 피해 달아났다. 약삭빠른 운전사 후세인이 아이다보다 차의 기능에 대해서는 좀 더 잘 알고 있는지 몰라도, 상식은 조금 부족했던 것이다.

마을로 향하는 도로로 접어들 무렵 한 무리의 쿨리들이 앞 쪽에서 오고 있었는데, 차를 보자 어쩔 줄 몰라 하더니 갑자기 꽥 비명을 지르며 들판을 거슬러 달아나버렸다.

"악마가 온다! 악마가 와!" 사람들은 소리소리 질렀다.

아이다는 차를 세우고 뒤쫓아 가서 설명을 하려고 했다. 하지만 소용이 없었다. 그날은 그냥 걸어서 마을로 들어가야 했다. 하지만 두 번 정도 진료를 한 뒤로부터, 아이들은 자동차 보닛, 바퀴, 좌석, 덮개까지 파리처럼 몰려들었고, 아이다는 차를 조금씩

위. 초창기의 거리 진료 모습.
아래. 푸조를 타고 진료를 나선 아이다.

뜯어보려는 아이들의 호기심들을 자제시키느라 진땀을 뺐다. 결국 누군가 자동차 경적을 떼어들고 달아나버렸다.

"이런!" 아이다는 속상해서 후세인에게 말했다. "새로 구해야 되잖아요."

운전사는 진지하게 말했다. "하지만, 암말 선생님, 굳이 경적은 필요하지 않은 것 같은데요. 우리가 지나간다는 건 다 아는데 너무 요란하게 굴었던 것 같습니다."

얼마 후 아이다는 정기적으로 매주 수요일마다 구디야탐으로 진료를 나갔다. 카트파디 철도 위 구름다리를 지나는 것이 작은 진료차의 첫 번째 통과 관문이었다. 차는 반쯤 올라가다가 꼭 천식이라도 걸린 듯 쿨럭거렸고, 그런 다음 길게 헐떡거리다가 멈춰버렸다. 그렇지만 주변에는 풍부한 인적 자원이 있지 않은가. 마부들은 마차를 버려두고 달려왔고 농부들은 머리 위에 지고 있던 바구니를 던져놓고 달려왔으며, 길 가던 사람들도 쳐다보다가 달려와서 푸조 자동차를 끌고 다리를 건너는 일에 다들 하나가 되었다.

진료를 몇 번 다니고 나니 마을 사람들은 겁을 먹고 소리 지르며 달아나는 대신 길가에 줄지어 서서 구경도 하면서 점차 안정을 찾았으므로, 아이다는 마음 놓고 진료할 수 있었다. 짐승이 끌지 않는 신형 반디가 수요일마다 와서 약도 주고 아픈 사람을 돌봐주며 모든 사람을 사랑하시는 하나님 이야기도 해준다는 소식이 널리 퍼졌다. 약이 필요한 사람은 길가에 서 있다가 빈병만 내밀면 된다는 말도 퍼졌다.

이후 몇 주 동안은 우습기도 하고 가슴 아프기도 한 진풍경이 펼쳐졌다. 일련의 사람들이 길가에 죽 늘어서서 코코넛 껍질, 잉크병, 깡통 등잔, 꽃병, 술병 등 그릇이 될 만한 건 죄다 손에 들고 있었다. 길 곳곳이 일렬로 늘어선 빈병들로 가득했다. 계속 차를 세워야 했다. 진료에 관한 일기 내용이 처음에는 의기양양하게 시작되더니 점차 걱정스러움으로 바뀌었고, 결국은 필사적인 상태에 이르렀다.

"1909년 11월 3일. 7시에 구디야탐으로 출발. 차는 멋지게 잘 나갔고 엄청난 사람들이 몰려들었다. 아주 바빴다. 가는 길에 여러 곳에서 차를 세웠다. 집에 올 때는 내가 차를 몰았다."

"11월 10일. 차가 천천히 갔다. 마을 사람들이 약을 받으러 왔다. 어떤 사람들이 한 남자를 들것에 실어왔다. 밤늦게 도착. 153건."

"11월 24일. 꽉 찬 하루! 구디야탐에서 환자 122명, 가는 길에 108명을 보았고, 시간만 더 있었으면 더 많이 봤을 것이다. 사람들의 필요를 보면 마음이 너무 서글프다."

"12월 1일. 269건. 집에 8시 30분에 도착."

"12월 8일. 305건. 더 많은 환자를 볼 수 있었는데. 너무 늦게 도착하는 바람에 구디야탐에서는 86명밖에 못 봤다."

뭔가 해결책이 있어야 했다. 나무 그늘이나 마을 안에 임시 정차소를 만들어 매주 들르기로 결심했다. 임시 정차소에 도착해

보면 10명에서 50명의 사람들이 기다리고 있었다. 자동차 엔진이 툴툴거리는 소리와 경적이 울리는(이번에 새로 구입한 경적은 아주 단단히 묶어 두었다) 소리가 들리면 사람들은 일을 팽개쳐 두고 들판을 가로질러 달려왔다. 이질, 시각 장애, 옴, 절뚝발이, 종기, 부러진 뼈, 코와 귓속의 이물질, 코끼리 피부병, 나병, 종양 등 갖가지 질병을 가지고 찾아왔다. 사람들은 모두 친근했지만 종기를 찢는다든가 치료를 하는 자체를 거부하는 이들도 많았다.

처음에는 환자들이 어린아이처럼 무지했기 때문에 어려움이 많았다. 한 번은 귀에 쓰라고 면 솜을 주었는데, 그 환자는 먹어도 되느냐고 물었다.

"다시 더러워질 텐데, 뭣하러 손을 씻나요?" 거의 죽어가는 산모에게서 아이를 받아내기 위해 손을 씻는 아이다를 보면서 한 여인이 물어본 말이었다.

검은 콧김을 내뿜는 기계는 점차 '악마'에서 호기심의 대상으로 바뀌었다. 마을 사람들은 차와 차에 탄 사람들을 환대했다. 하루는 늦은 밤에 구디야탐에서 멀리 떨어진 한 마을을 지나는데, 몇몇 아이들이 차에 돌을 던졌다. 혹 나중에 닥칠 문제를 미리 막기 위해 이번 사건을 본보기로 삼아야겠다고 결심한 아이다는 차를 세우고 사람을 보내 경찰을 불렀다. 어김없이 사람들이 몰려들었다. 사람들이 모여 기다리던 중에 어둠 속에서 갑자기 누군가의 목소리가 들렸다.

"누가 차에 돌을 던졌어?" 담대히 외치는 소리였다. "매주 수요일마다 선생님이 차로 약을 실어 와서 아픈 사람들에게 나눠주는 걸 모르나? 파붐! 차에 돌을 던진 사람이 있다니 부끄러운 일이야!"

몇몇 마을에서는 차를 여전히 두려워 했다. 정해진 정차 지점에 사람들이 모여 궁금한 듯 기웃거렸지만 진료받기도 거절했고 치료받기는 더더욱 싫어했다. 어느 수요일, 마을 끄트머리에서 큰 보리수나무 아래의 한 정차소에 차를 세웠는데, 유독 안질을 앓는 어린 아이들이 많은 것을 보았다. 시력을 잃게 만드는 화농성 안염 때문이었는데, 널리 퍼져 있는 질병이었다. 그림 카드의 도움을 빌어 잘 설득하면서, 한 아이의 눈에 약 한 방울을 떨어뜨리는 데 성공했다. 하지만 약을 넣자마자 그 마을 이장이 달려와 손을 내저으며 막아섰고, 허리 감는 천으로 아이들을 마구 때렸으며, 아이다에게는 타밀어로 욕지기와 협박을 늘어놓았다. 실망한 아이다는 차로 돌아와 다음 목적지로 떠났다.

그날 밤 돌아오는 길에는 그곳 나무 아래에서 사람들이 모여 웅성거렸다. 희미한 등불이 반딧불처럼 빛나고 있었다. 어떤 남자가 미친 듯이 팔을 흔들며 차 앞으로 달려왔다. 그날 아침의 이장이었다. 이번엔 또 뭔가? 피곤한 하루를 보낸 뒤라, 더 이상은 욕지거리를 받아줄 수 없을 것 같았다.

"무슨 일입니까?" 아이다는 힘겹게 물어보았다.

이장은 미소를 짓더니 터번의 꼬리가 바닥에 닿을 만큼 고개를 숙였다. 암말 선생을 기쁘게 해 줄 소식을 전해주었다. 그날 아침 치료해주었던 아이가 상태가 좋아져서 마을의 다른 아이들까지 다 데려왔으니, 암말 선생님께서 자비를 베푸셔서 마법의 약물을 주신다면 감사하겠다는 말이었다.

아이다는 피곤도 잊은 채 아이들을 한 줄로 세운 다음, 기쁨에 넘쳐 30명이 넘는 아이들을 치료했다. 그 다음 주에도 보리수나무 아래에는 사람들이 모여들어 기다렸다. 아파서 걸을 수 없는 환자들은 들것에 실려 왔다. 이장 어른까지도 빈병을 들고 찾아왔다!

갖은 노력에도 불구하고 여전히 고집불통인 곳도 있었다. 구디야탐 가는 길에 있는 큰 마을이자 환자들도 많은 라테리 마을 바깥에 차를 세우고 그곳 여성들에게 다가가려고 노력했지만, 문전박대만 당했다. 높은 카스트 계급이라는 자존심 때문에 마을 사람들은 '오염된' 계급한테 도움받기를 거절한 것이었다. 하지만 여느 때처럼 라테리 마을에 차를 멈춘 어느 날, 감사하게도 많은 무리들이 다가오는 것이 보였다. 그러나 기쁨도 잠시, 아연실색할 일이 벌어졌다. 사람들이 고쳐달라고 데려온 건 병든 송아지였다!

아이다는 벌겋게 충혈된 짐승의 눈과 애절하게 부탁하는 주인의 눈을 번갈아 쳐다보았다. 어떤 면에서 마을 사람들에게는 사람보다 소가 더 중요했다. 소의 생사는 한 개인이 아닌 가족 전체의 생사가 달린 문제이기도 했다. 그런 만큼 사람들을 실망시킬 수는 없었다.

아이다는 짤막히 대답했다. "암마, 할 수 있는 한 해보죠."

송아지를 치료하는 건 사람과는 또 다른 일이었다. 가까이 다가갈 때마다 소는 두려운 듯 발을 구르고 난폭하게 굴었다. 결국 마을 사람 몇몇이 소를 바닥에 앉혔고, 아이다가 귀 속의 종양을 다 제거할 때까지 꼼짝 않고 소 위에 앉아 있었다. 수술 도구를 챙겨서 길을 나섰다. 존경심과 회의감이 뒤섞인 주민들의 시선을 받으며 아이다는 마을을 떠났다. 수술이 성공하도록 이렇게 간절히 기도해보기는 처음이었다.

그 다음 주, 떨리는 마음으로 라테리 마을에 다가갔다. 사람들이 기다리고 있었다. 손을 바들 떨리는 건 차의 엔진 때문만은 아니었다. 차가 딸꾹거리는 소리를 내며 멈추자 환한 미소로 바라보는 사람들의 얼굴이 보였다. 쌕쌕거리는 자동차 소리처럼 아이다도 안도의 한숨을 내쉬었다. 소는 완전히 회복되었다! 이후로 라테리 마을은 아이다의 의료 사역에 문을 '활짝' 열었다.

1910년대 중반, 순회 진료소인 '길가 진료소'는 실험 단계에서 본격적인 단계로 넘어가, 전격 가동에 들어갔다. 아이다는 아침 6시 30분쯤 차 한 가득 약상자와 도구를 싣고 출발했다. 짐이 꽉 차서 운전수와 아이다, 두 명의 보조들이 앉을 공간이 부족할 정도였다. 9.6킬로미터 정도 떨어진 곳이 첫 번째 정차지점이었고, 그곳에서는 5-60명 쯤 되는 사람들이 기다렸다. 보조원이 처방전과 기록 카드에 환자의 이름과 번호를 적어 넣고, 형편이 되는 사람들이 내는 약간의 진료비를 받고 나면, 아이다는 환자를 진찰하고 병명을 적은 뒤 적절한 치료를 해주었다. 그 동안 다른 보조원은 가루약을 나눠주고 잡다한 종류의 통에 물약을 부어주었고, 인내심을 가지고 거듭 또 거듭 복용법을 일러주었다. 가루약 묶음을 어떻게 열어서 복용하는지 꼭 시범을 보여주어야 했는데, 그렇지 않으면 종이까지 몽땅 삼켜버리기 때문이었다. 때론 운전사까지 일을 거들었다. 환자들을 일렬로 세우고, 연고와 약을 발라주고, 눈에 안약도 넣어주고, 종기를 째고 붕대를 대는 동안 움직이지 않도록 환자를 붙잡아주는 일을 도맡았다.

이번까지는 수요일마다 10군데를 들렀다. 아침에는 벨로르 근방 16킬로미터 반경의 모든 마을을 방문했고, 정오쯤에는 구디야탐에서 환자를 보고, 오후나 밤에 집으로 돌아가는 길에 나머지 마을을 돌아보았다. 물론 매주 비슷한 방식으로 환자를 보기는 했지만, 마치 바둑판 모양의 논밭에 다양한 곡식이 자라듯, 또 예기치 않게 태풍이 불어 닥치듯 매주 여러 가지 일들이 발생했다.

작은 망고 숲 근처로 환자를 보러 간 적이 있었다. 그 안에 우차인 반디가 서 있었고, 한 여인이 그 옆의 바닥에 누워 산고를 하는 중이었다. 여인은 그 마을 산파에게 혹사를 당하는 바람에 몸이 퉁퉁 부어 정상 분만을 할 수 없는 상태였다. 여인을 병원까지 데리고 갈 시간이 없었다. 아이다는 황급히 반디를 수술대로 바꾸었고, 여인을 그 위에 올려놓게 했다. 길가에 있던 여인들을 모아 잘 구슬린 뒤, 각자 사리를 넓게 펴서 보이지 않게 가리도록 했다. 소는 풀어놓았고, 여인의 남편은 앞쪽에서 흔들리지 않게 반디를 붙잡았다. 간호사가 아이다에게 수술 도구를 건네주는 동안, 운전사는 작은 석유난로에 물을 끓였고, 아이다는 아무 말 없이 심각한 얼굴로 수술에 집중했다. 결국 아이는 비록 사산아로 태어났지만, 아이의 엄마는 목숨을 건졌다.

이후 5월의 어느 수요일, 아직도 40도가 넘는 가운데 마지막 정차 장소에서 진료를 마치고 집으로 가는 어스름한 저녁 무렵, 꾸벅꾸벅 조는 우차 마부들의 긴 행렬 사이로 이리저리 빠져나가느라 머리가 흔들려 두통이 더욱 심해졌다. 하루 종일 환자를 보느라 완전히 지친 나머지 손가락 하나만 대도 툭 쓰러질 지경이었다. 한 남자가 들판을 가로질러 차 쪽으로 달려오며 손짓을 하는 모습에 아이다는 큰 소리로 신음했다, "아… 안 돼!" 하지만 그들은 당연히 차를 세웠다. 게으르고 무식한 후세인조차도 아이다의 말을 어떤 식으로 받아들여야 하는지 잘 알았다.

그 남자는 시력이 너무 약해서 혼자서는 좁은 길을 따라 수로를 열고 물을 흘려보낼 수가 없었다. 게다가 한쪽 손은 심각하게 감염되어 어깨 붕대로 매어놓은 상태였고, 팔부터 어깨까지 퉁퉁 부어 있었다. 고열 때문에 두 눈은 번쩍였고, 웅얼거리는 말소리는 반쯤 정신이 나간 듯했다. 선택의 여지가 없었다. 죽어가는 손을 살려내려면 즉시 행동에 착수해야 했다.

금세 밤이 찾아왔지만, 길가에 임시 수술대를 마련했다. 운전사 외에는 도와줄 사람이 없었다. 한 명 있던 조수는 그날 구디야탐에 남겨두고 왔기 때문이었다. 후세인은 맥박을 어떻게 잡는지

조차 모르는 사람이었다. 마취약을 어떻게 투여하는지 짤막하지만 철저하게 가르쳐준 뒤, 아이다는 수술도구를 석탄산으로 처리하고 등불 아래서 이제껏 한 번도 본 적 없는 끔찍하게 감염된 손을 수술하기 시작했다. 수술이 끝나고 손에 살균 붕대를 붙이고 나니, 그 남자는 다시 들판을 가로질러 바짝 마른 허연 논밭 너머로 비틀거리며 사라졌다. 과연 그 사람을 다시 볼 수 있을까? 아이다는 심각하게 고민했다. 하지만 다시 만났다! 손은 완전히 말짱하게 회복되었고, 그 사람은 감사의 뜻으로 병원에 쌀 한 가마니를 보내왔다.

길가 진료소에서는 꼭 이렇게 해야 한다고 정해진 일이 없었다. 매일 전혀 예기치 않은 일들이 발생했다. 두 눈이 꼭 붙어버린 한 어린 아이 사건도 그 중 하나였다.

한 아이의 두 눈이 철저히 들러붙어 있었다. 눈을 떠본 지가 벌써 며칠을 지나 몇 주를 넘어섰다. 아이는 '시골 안질'로 알려진 결막염으로 심각하게 고생을 했다. 아이다는 할 수 있는 모든 약을 사용하며 안질 치료를 위해 묵묵히 애썼다. 결국 가까스로 눈을 여는 데 성공했지만, 그 안에 아무 것도 없다는 사실만 알게 되었다.

아이다는 아이의 어머니를 쳐다보았다. "왜 더 빨리 오지 않았습니까?"

여자의 눈은 수십 년 묵은 피곤에 찌든 듯 멍했다. "아이를 데리고 사원까지 순례를 다녀왔어요." 그게 대답이었다.

"아이의 눈을 고쳐달라고 여신께 빌었어요. 사제께서 말씀하셨지요. '집에 가서 은세공자에게 부탁해서 은으로 눈을 만들어라. 그리고 이곳으로 가져와 여신께 바쳐라. 그러면 너의 기도를 들어주시리라.' 참 긴 여행이었지만 먼지와 열기 속에서도 집까지 돌아와 사제님이 시키는 대로 했어요. 돈이 참 많이 들어서, 가진 걸 모두 팔았지요. 우린 여신께 은으로 만든 눈을 바쳤어요. 하지만 아이의 눈은 나아지지 않았어요. 오히려 나빠질 뿐이었지요. 암말 선생님, 정말 더 이상 아무 것도 해주실 수 없는 건가요?"

아이다는 대답하지 않았다. 선의로 한 행동이었더라도 자신의 비참한 무지를 몰랐던 그 사제를 용서하는 일밖에는 아무 것도 할 수 없었다. 사제가 여전히 구약 시대에 살고 있다는 것은 그의 잘못이 아니었다. 구약에 보면 전염병과 종기를 가져온 히브리 신을 달래기 위해 금 종기 다섯 개와 금 쥐 다섯 개를 바친 이야기가 있지 않은가. 용서를 받아야 한다면 더 나은 방법을 알면서도 다른 형제들에게 알리지 않는 무심한 사람들의 몫이었다. 그리고 아이다 자신도 그들 중 하나였다.

아이다는 공허하게 패어버린 아이의 눈을 다시 닫고 로션을 발라주었다. 하지만 더 이상 견딜 수 없을 만큼 많은 눈물을 흘린 뒤에는 웃음이 찾아오는 법이다. 심각하게 머리가 말린 한 소년이 아이다의 손에 반 아나를 쥐어주었다. "암말 선생님, 제발요! 내 머리카락이 쭉 펴지고 윤이 나게 만드는 약 좀 주세요."

마침내 아이다의 두 가지 꿈이 성취되고 있었다. 그녀는 벨로르 근방의 약 50개 마을을 정기적으로 진료하고 있었고, 델리아 하우튼이 언어 학교를 마치고 돌아오면 새로 간호학교를 굳게 세울 것이었다. 1909년 말에는 15명의 소녀들이 훈련을 받았다. 아이다는 학생들 한 명 한 명과 지속적인 관계를 유지했고, 매주 몇 시간을 할애하여 생리학과 조산술을 가르쳤다.

눈에 띄게 발전하기는 했지만, 아직 만족할 때는 아니었다. 벨로르에서 차로 오갈 수 있는 수천 개의 마을이 아직 남아 있고, 병원과 푼가누르, 구디야탐의 진료소에서 일할 간호사들을 훈련시키고는 있지만, 자신의 소망에 비하면 너무나 모자라는 상황이었다. 그리고 특히 의사들! 대체 다들 어디에 있는 것일까? 선교위원회에서는 선교 기금이 충분히 모이면 의사들을 보내겠다고 약속했었다. 하지만 루이자 하트는 다시 안식년으로 집에 가 있고, 병원에서는 아이다 혼자 일하고 있었다. 사실 한두 명이나 대여섯 명을 보내줘도 충분하지는 않을 터였다. 절대로!

아이다는 의학 잡지를 읽었다. "머지않아, 미국은 인구 600명당 한 명의 의사를 갖게 된다."

인도는 인구 만 명당 한 명도 채 안 되는데!

절대 충분하지 않다. 이 말이 시계추처럼 머릿속을 왔다 갔다 했다. 모든 것들이 움직이면서 각기 리듬에 맞춰 울려댔다. 이리저리 펑커가 움직이는 소리, 빨래하는 사람이 쿵쿵거리며 페달을 밟는 소리, 이른 아침 관개 수로 바퀴가 삐걱거리는 소리, 늦은 오후 드문드문 테니스 공 치는 소리 등이 하루 종일 멈추질 않았다.

"10월 4일, 월요일. 포충낭 수술. 엄청난 크기. 모든 것이 잘 됨. 심각하고 안타까운 분만 건. 겨우 13세 소녀. 사망함."

"10월 7일. 밤중에 호출 받음. 병원 일이 바빠 2시가 될 때까지 아침을 못 먹음. 4시 반에 회진."

"11월 23일. 총독인 아서 로레이 경이 이곳 방문. 얼마나 허겁지겁 바쁘게 다녔는지!"

"12월 14일. 룻츠미가 조산했다. 6시에 호출을 받았다. 큰 진료소. 세 번 방문 진료 후 클럽에 가서 테니스 토너먼트 경기 끝냄. 우리가 이겼음. 폼비 부인 댁에서 저녁 식사. 정장 파티."

"3월 15일. 병원에 도착하자마자 분만 건 발생. 산모는 질이 없음. 산도를 넓히고 아이를 꺼냄. 가냘픈 13세 소녀에게 질 누관 수술."

"5월 15일, 일요일. 힘겨운 날. 병원에서 브라만 소녀 사망. 도심에서 심각한 외과 수술. 아기는 사망. 아기 엄마는 독약을 달라고 애걸함. 무더운 날씨 41.6도."

설상가상으로 1910년은 여러 해 동안 지속될 심각한 가뭄이 시작되는 때였다. 사람들은 겨우겨우 하루를 연명했고, 하루 식사는 생존을 위한 최소량으로 줄었다. 사람들은 평균적으로 하루 걸러 한 끼를 먹었다. 가장 가난한 사람들은 굶주린 배를 달래려고 나뭇잎을 먹다가 이후에는 잡초까지 먹었다. 매주 길가 진료소로 나오는 사람들은 더욱 굶주렸고, 질병은 더욱 창궐했다. 그

해에는 병원의 유일한 의사인 아이다 혼자서 1,048명의 입원 환자를 치료했고, 14,684건의 외래 환자를 받았다.

늘 변덕스러웠던 푸조 차는 결국 완전히 고장이 나는 바람에, 구디야탐까지 기차와 마차를 이용하는 수 밖에 없었다. 길가 진료소 10곳마다 사람들이 모여 있을 것을 생각하면 마음이 찢어지는 것 같았다. 때로 기차가 정차역에 멈추면, 창문가로 누군가 쓱 나타나 안타까운 표정으로 간청했다.

"우리를 잊으셨습니까?" 애절한 목소리로 물으며 가벼운 비난을 던지기도 했다. "다시는 안 오실 겁니까? 안 오신 이후로부터 많은 사람이 죽었습니다."

하루는 한 남자가 오한과 발열에 먹는 약을 산다며 4아나(10센트 정도)를 가져왔다. 오한과 발열은 말라리아의 증세였다. 다른 질병도 많이 오고 가지만, 인도 인구 중 최소 반수 가량은 지속적인 말라리아로 고생했다. 지금 당장은 약이 없으므로, 구디야탐에서 돌아가는 길에 가져오겠다고 약속했다.

"저한테 혹 던져라도 주실 수 있다면 기다리겠습니다." 남자는 희망을 품고 말했다.

그날 밤 기차가 전속력으로 기차역을 지나갈 때, 아이다는 혼자서 우두커니 기다리는 그 남자를 향해 염산키니네 약 한 다발을 힘껏 던졌다.

병원에서는 수술의 규모가 커지고 그 기술도 한결 좋아졌다. 현재 18명의 간호사와 4명의 병동 관리자가 수련 중이었다. 생리학, 해부학, 간호법, 붕대법과 마사지법, 산과학 수업을 받았는데, 그중 세 과목은 아이다가 직접 강의했다.

매리 테이버 셸 병원은 상대적으로 더욱 좁아졌다. 베란다가 빽빽하게 들어차고, 입원 환자들이 병상 아래까지 들어차는 날들이 많았다. 진료소에는 하루 평균 100명의 환자가 찾아왔지만, 때로는 그 수가 169명에 이르기도 했다. 아이다는 병원 규모를 늘리기 위해 선교 위원회에 3천 달러를 부탁해보기로 했다. 하지만 느릿느릿 기어가는 선교위원회에 비해 아이다의 꿈은 한참 높이 있었다. 인도에서 필요한 것은 병원 증축이 아닌 새로운 병원 건물이었다! 희망하는 모금 액수 역시 3천 달러 정도가 아니라, 최소 5만 달러는 되어야 했다! 그리고 가장 무모하고 불가능한 그의 꿈은 단지 새로운 병원 건물뿐만이 아니었다. 바로 의과 대학이 필요했다!

무더운 여름을 피해 몇 주 간의 짧은 휴가를 즐기러 코다이카날에 가 있는 동안에도 번뜩이는 새로운 생각은 멈추지 않았다. 그토록 좋아하는 운동 경기에 참여하는 동안에도 머릿속은 늘 딴 생각으로 복잡했다.

13명의 선교사들이 쿠싱의 선교사 숙소에서 일주일에 세 번 모임을 가지면서 함께 말을 타기도 했다. 이제 40세를 넘긴 아이다에 비해 대부분의 선교사들은 나이가 어렸지만, 선교사들 중에 가장 원기왕성한 사람은 아이다였다. 가장 빨리 말을 달렸고, 가파른 길도 거침없었으며, 높은 골짜기도 올라갔다. 속도감은 떨어졌지만 특히 높은 곳을 잘 올라갔다. 지칠 줄 모르는 아이다의 도전 정신 덕에 다른 선교사들까지 덩달아 뛰어다녔다.

사역에 대한 걱정에서 벗어날 만큼 재미있는 활동이 여럿 있었다. 영국인과 미국인들이 팀을 나누어 벌이는 테니스와 배드민턴 경기, 사탕 따먹기, 실버 캐스캐이드 폭포와 패어리 폴스 폭포로 소풍가기, 필라 록스 바위산 아래에 있는 동굴 탐험하기, 이른 아침 뉴트럴 새들 봉우리로 여행하기, 이후 코다이 고원 어느 곳에서나 보이는 원뿔형 봉우리 페루말 피크로 8킬로미터 등반하기, 안개에 가려버리는 오전 10시 이전에 꼭대기까지 먼저 올라가기…. "페루말에 올라가지 않는 사람은 바보다. 그리고 그곳에 두 번씩이나 올라가는 사람도 바보다"는 말이 있었다. 아이다는 두 번째 바보 쪽이었다. 꼭대기까지 몇 번이고 올라갔다.

하루는 새로 온 선교사 부인인 라비나 호네거와 몇몇 사람들과 함께 레버링 스트림 시내를 따라 산을 내려가며 오랜 시간 도보 여행을 했다. 해발 2천여 미터의 코다이 날씨는 상쾌했으므로, 함께 간 여자들은 모두 빨간색 플란넬 속치마를 입었다. 낮은 지대로 내려갈수록 날씨는 무더워졌으므로, 가렵고 땀나고 더위에 지친 나머지 더 이상 참을 수 없을 지경이 되었다.

"어떻게 하죠?" 맑은 새소리 같은 목소리로 라비나가 물었다.

그들이 할 수 있는 일은 단 한 가지. 남자들은 멀리 앞서 보내버리고, 거추장스러운 옷가지는 죄다 벗어버린 후, 화려한 붉은 속치마만 걸치고서 넉살 좋게 걸어가는 것이었다.

신나게 운동을 즐기는 가운데서도 아이다의 생각은 한 곳에 고정되어 있었다. 휴가가 하루하루 지날수록, 의과 대학을 세워야겠다는 간절하고도 구체적인 열망이 더욱 강해졌다. 초교파 의료 선교사 모임인 '코다이카날 의료 선교사 대회'에 참석한 아이다는 결국 더 이상 답답함을 참을 수 없었다. 거기서 폭탄선언을 한 것이다.

간단하게 선교 보고를 마친 아이다가 대담하게 선언했다. "남인도에 초교파 연합 여성 의과대학을 세우는 것에 여기 모인 모든 분들이 찬성하실 줄로 압니다. 그렇다면 지금 당장 계획을 세울 것을 제안하는 바입니다."

아이다의 폭탄선언에 사람들은 깜짝 놀란 듯 반대 사격을 가했다. 심지어 사촌 오빠인 루 스커더까지도 그 일에는 회의적이었다.

"불가능합니다!"

"젊은 친구, 그 일에 얼마나 많은 돈이 드는지 아나?"

"인도 여자들에게 의학을 가르친다구요? 100년 안에는 안 되는 일입니다!"

"우리 선교회에서는 돈을 모을 수 없습니다. 초교파 연합 사역이란 말조차 못 꺼낼 걸요!"

"교단 선교회에서 찬성하지 않을 겁니다."

"남인도에 이미 남성 의과 대학이 7개나 되지 않습니까!"

"정부에서 허가하지 않을 겁니다!" "물론 되기만 한다면야 좋은 일이죠! 하지만…."

그런 와중에서도 아이다를 열렬히 지지하는 두 명의 여성이 있었다. 한 명은 필라델피아 여성 의과 대학을 졸업한 안나 쿠글러(Dr. Anna Kugler)로, 단돈 200달러를 들고 마드라스로 건너와 군투르 루터 교회 병원을 지었으며, 본인도 오랜 세월 동안 의과 대학을 꿈꿔온 사람이었다. 다른 한 명은 스코틀랜드 자유교회 소속인 맥패일(Dr. McPhail)로 매우 열정적인 지지를 보였다. 그들은 의과 대학 프로젝트를 검토해보도록 위원회의 허락을 받는 데 성공했다.

위원회는 1912년 여름에 다시 코다이카날에 모였지만, 아이다는 함께하지 못했다. 대신 일할 사람이 없었기 때문에 다른 사람들은 휴가를 즐기는 동안, 벨로르에 남아 있어야 한 것이다. 아이다는 그리 개의치 않았다. 무릎을 다친 상태였으므로 승마도 등산도 테니스 경기도 그림의 떡이었고, 그렇다면 코다이카날에 가봤자 그야말로 고문인 셈이기 때문이었다. 하지만 그가 던진 불꽃은 쿠글러와 맥패일의 우호적인 보고로 인해 확 타오르게 되었다. 의료 선교 대회에 모인 남자들조차도 남인도에 연합 여성 의과 대학을 세워야 한다고 입을 모았다. 이제 남은 일은 장소를 선정하고, 완고한 식민 정부의 허가와 도움을 얻어 최소 선교회 네 곳에 그 사실을 알리고 모금을 하는 일이 필요했다. 대학 세우는 일까지는 찬성했어도 위원회의 남성들은 여전히 그 계획을 불가능한 일로 보았던 반면, 위원회 회원들의 찬성표를 얻는 일 자체에 오랜 시간이 걸릴 것으로 걱정했던 여성들은 오히려 그 계획에 낙관적이었다.

아이다는 신이 났다. 예전부터 학교를 세우기에 이상적이라 생각하고 마음으로 생각해둔 곳이 있었다. 벨로르 중심부에서 남쪽으로 6킬로미터 정도 떨어진 아르니 가(街) 근방으로, 바위 언덕에 둘러싸여 있으며 미사용중인 25만 평의 땅이었다. 그 언덕 가운데 가장 높고 장엄한 곳이 '신들이 거하는 곳' 이란 의미를 담은 히말라야 산맥의 카일라사 산이었다. 아이다는 마음속으로 그 지역 바위를 깨어 편편한 돌로 건물을 짓는 모습을 구상했고, 지금은 무성한 잡초와 목초와 선인장 울타리뿐이지만 곧 그 주변으로 멋진 정원이 들어설 모습을 꿈꾸었다.

이후 몇 달 동안 어머니는 계속 잔소리를 해댔다. "왜 지금 있는 것에 만족하지 못하는 거니? 이미 병원은 세웠잖아. 지금 너는 너무 많은 일을 하고 있어. 그럭저럭 잘 진행되도록 그냥 내버려두면 안 되는 거냐?"

"그럭저럭 잘 진행되지 않기 때문이죠." 아이다는 단호하게 대답했다.

1913년, 아이다가 갑자기 앓아눕는 바람에 위원회가 1년 일찍 미국으로 안식년을 떠날 것을 권고하면서 문제가 발생했다. 그렇지만 지금 당장은 인도를 떠나는 것이 불가능했다. 이제 막 의과대학이 조심스레 태동되는 시기였다. 아이다의 지속적이고 끈질

긴 조처가 없이는 성공할 수 없었다. 벨로르 외에 뱅갈로르, 마이소르, 굴투르, 넬로르, 마두라, 마드라스 등 다른 도시도 학교 부지로 거론되는 중이었다. 아이다의 열렬한 노력 없이는 벨로르가 선정되기 힘겨운 상황이었다. 아이다는 3달 동안 코다이에서 체류하는 것으로 타협을 보았다.

이번에는 고원 위 꼭대기 마을에서 5킬로미터쯤 떨어진 산장, 레스탈리그로 갔다. 억지로 떠난 휴가이기에 재미있게 함께 즐길 사람들도 없고, 승마 파티도 테니스 경기도 없었다. 거의 생전 처음으로 경험하는 고독과 한적함이었다.

산길을 따라 강아지를 데리고 멀리 산책을 나섰다. 평소처럼 열심히 걷지 않고 천천히 걸으면서 서늘하고 신선한 공기를 마음껏 음미했다. 밤에는 담요를 덮는 사치를 누리면서 문간방에 누웠다. 피곤에 지쳐 곯아떨어지는 대신 적당한 노곤함을 느끼며 잠이 들었다. 평소에는 새벽에 잠이 깨거나 조금 더 일찍 자리에서 일어나, 십자성이 가물거리는 모습을 보았다. 하지만 이번엔 서두르는 일 없이 평온하게 잠에서 깼다. 한 번은 등불이 다 꺼질 때까지 벼랑 끝에 담요를 둘러 감고 앉아, 전갈자리 별이 동쪽 언덕 위에서 화려한 꼬리를 번쩍이고, 처녀자리 별이 가지 달린 촛대처럼 밝게 빛나는 모습을 바라보았다.

그러다가 버치필드 밀리컨의 마지막 편지에 있던 글귀가 떠올랐다. "가끔은 복잡한 일상에서 벗어나 세계를 품은 넓은 생각, 수 세기를 넘어선 생각을 품어보길 바래."

깊이 생각에 잠기자, 온 몸과 영혼의 긴장이 풀어졌다. 자신이 가장 좋아하는 찬송에 맞춰 몸을 찬찬히 움직였다.

"내 맘의 주여 소망 되소서
주 없이 모든 일 헛되어라
밤이나 낮이나 주님 생각
잘 때나 깰 때 함께 하소서"
(찬송가 533장)

중요하지 않은 모든 것을 다 포기했다고 생각하는 순간에도, 아주 인간적이고 물질적인 새로운 갈망에 사로잡힌 느낌이 들었다. 레스탈리그 위 고원의 뾰족한 봉우리를 오를 때마다 더욱 불이 붙었다.

꼭대기에 서 있으면 온 세상이 내 손 안에 있는 느낌이었다. 맑은 날에는 2천 미터 고지 아래로, 65킬로미터 떨어진 곳에 있는 마두라 사원의 고푸람 탑들이 보였다. 왼편에는 아이다보다 더 높지도 더 낮지도 않은 페루말 봉우리가 있었다. 오른편에는 멀리 산등성이가 누워 있는 사람 모습처럼 보였다. 마치 느보 산의 모세가 수염을 늘어뜨리고 평온하게 손을 깍지 낀 모습 같았다. 가장 아름다운 창조물들이 아이다의 품에 한 아름 안겨 있었다. 언덕 꼭대기, 힐탑. 그곳은 아이다가 그 동안 꾸어 온 모든 꿈과 오르내렸던 모든 산을 나타내는 상징이 되었다. 반드시 품에 넣어야 했다.

레스탈리그의 소유자이자 정부 관리인 로건 씨에게 물어보았다. 그곳 힐탑 땅은 코다이카날 자치 정부의 소유라고 했다. 지금은 아니더라도 언젠가는 팔 땅이라고 했다. 그의 대답이 애매한지라 확신할 수는 없었다. 혹 그 땅을 원한다면 기다려야 했다. 하지만 그 땅을 판다고 하더라도 그 값은 분명 엄청날 것이라고 로건 씨가 당부했다. 그곳은 주변 경관이 가장 잘 보이는 지점이므로, 돈 많은 왕들이 사려고 들 것이 뻔했다.

건강이 회복되었으므로 벨로르로 돌아갔지만, 마음이 가라앉기는커녕 더욱 안절부절 했다. 하루하루가 지날수록 힐탑 땅을 사고 싶다는 열망은 더욱 확고해졌다. 인도 여성들을 훈련시킬 의과 대학을 세우고 싶다는 열망만큼이나 강렬하게 그 땅을 사고 싶은 마음이 생겼다.

II 여성 의과 대학의 첫 삽을 뜨다

1913년 후반, 두 명의 부인과 두 명의 아가씨로 이루어진 미국인 관광객이 남인도를 여행하고 있었다. 기차가 역으로 들어오고, 차장이 잠겨 있는 그들의 열차 칸 문을 두드린 때는 새벽 3시였다.

차장은 날카롭게 소리쳤다. "카트파디! 카트파디!"

두 부인 중, 좀 더 활발한 성격의 루시 피보디(Lucy Peabody)는 벌써 짐을 다 챙겼다. 빗장을 열고 타고난 통솔력으로 침착하게 혼란스런 바깥 상황을 살펴보았다. 그리고 공손하면서도 끈질기게 짐꾼을 불렀다. "쿨리! 쿨리!"

최근에 웰즐리 여대와 바사 대학을 졸업한 두 젊은 아가씨들은 널찍한 치마를 입은 채로 쇠줄 하나로 지탱하고 있는 높이 매달린 좁다란 선반에서 겨우 내려와, 옷도 제대로 걸치지 않은 짐꾼들로 붐비는 객실을 빠져나갔다. 이 땅에 도착한 지 10일 남짓 되었지만 여전히 눈이 휘둥그레질 기이한 일들이 많았기에, 두 사람은 과일과 사탕, 찬 음료, 차, 커피가 담긴 좌판을 들고 열차를 따라 이리저리 뛰어다니며 큰 소리로 외치는 행상인들을 뚫어지게 바라보며 서 있었다. 열차 차장들과 경찰들은 단정한 반바지와 주름장식 터번을 두르고 있었다. 짐꾼들은 커다란 짐을 지고, 가냘픈 목 위로 바구니를 져 날랐다. 황갈색 사람들이 마치 나방처럼 떼를 지어 복잡한 삼등칸 열차를 오갔다. 그러다 갑자기 열차가 출발하자 사람들과 북적거리던 분위기는 온데간데없이 사라졌다. 가만 보니 네 사람만 마치 황야 한 가운데 있듯 어둑한 기차역에 서 있었다.

그때 어두움을 뚫고 점잖게 차려입은 키 큰 사람이 나타났다. "살람!" 그 사람은 품위 있게 인사했다. "아이다 스커더 선생께서 보낸 사람입니다. 이리로 오시죠."

네 사람은 감사한 마음으로 긴 흰 치마에 터번을 두른 그 사람을 따라, 그들을 기다리고 있는 마차로 다가갔다. 적막하고 텅 빈 길을 따라 몇 킬로미터를 달렸다. 초승달이 신비로운 형상으로 고요히 길을 비추고 있었다. 굳게 닫힌 상점과 조각이 장식된 문을 지나 오른 쪽으로 꺾어 들어가자, 달빛 아래 녹색으로 어슴푸레 비치는 외호(外濠)와 회색 성벽이 나타났다.

젊은 아가씨 중 하나가 궁금한 듯 이렇게 물었다. "근데, 우리가 왜 여기 온 거죠? 일정이 빡빡하잖아요. 그리고 벨로르라는 곳은 예정에도 없었구요."

초초한 듯 피보디 부인은 대답했다. "없었지. 하지만 스커더 선생이 편지를 써서 하도 오라고 성화를 하는 터라! 그리 오래 머물진 않을 거야. 내일 아침 일찍 우리는 마드라스로 가서 우리 할 일을 할 거니까."

마차는 멋지게 만들어진 대문을 지나 덜그럭거리며 굽은 길을 올랐다. 활짝 열린 문에서 빛이 새어나와 그들을 비추었다. 연홍색으로 빛나는 포인세티아 꽃 옆으로 한 여인이 손에 등불을 들고 있는 모습이 보였다. 부드러운 흰색 긴 드레스를 입은 여인의 머리는 희미한 금색을 띄고 있는데 나이보다 일찍 하얗게 샌 듯했다. 여인은 푸른 눈망울로 활기찬 인사를 던지고 있었다.

"어서 오세요. 정말 피곤하시죠! 방을 준비해 두었답니다. 오늘 밤엔 아무 말도 하지 말고 그냥 쉬세요. 아침에 초타 하즈리, '간단한 아침 식사'를 할 때 다시 보도록 하죠."

처음 보는 사람이 아니라 오랜 친구나 친척들을 대하듯 친근했다.

두 아가씨 중에 웰즐리 졸업생이 침대 매트 아래로 모기장을 걷어내면서 바사 졸업생에게 속삭였다. "저분은 내가 지금껏 본 사람들 중에 가장 아름다운 것 같아."

다음날 아침, 주인과 손님들이 식탁에 앉았다. 아이다 스커더와 루시 피보디는 커피, 토스트, 바나나로 된 '조촐한 아침 식사'

를 사이에 두고 마주 앉았는데, 두 사람 모두 서로가 무척이나 흡사하다는 것을 직감적으로 알아챘다. 생기 넘치는 푸른 눈, 큰 몸집, 민첩한 동작 등 신체적으로도 유사할 뿐 아니라, 성격도 비슷했다. 두 사람 다 센티미터가 아닌 킬로미터 단위로 움직이는 사람들이었다. 일단 가까운 산꼭대기는 절대 목표로 삼지 않을 뿐 아니라, 목표를 달성하기까지는 한 치의 양보도 모르는 것까지 비슷했다.

아이다는 앞의 저 여인이야말로 자신의 목표를 함께 이룰 수 있는 핵심적인 인물이 아닐까 하는 생각에 신이 났다. 하지만 피보디 부인은 벨로르나 인도 여성을 위한 의과 교육에는 특별한 관심이 없었다. 최근 네덜란드에서 열린 국제 선교 협의회에 유일한 미국 여성 대표로 참석했던 피보디 부인은 친구인 헬렌 배럿 몽고메리 부인과 그의 두 딸과 함께 인도에 왔는데, 방문 목적은 기독교 연합 여성 예술 학교를 마드라스에 설립할 수 있는지 그 적합성을 조사하는 일이었다. 본래 영국에서 제안한 발상이었지만 영국과 미국 양쪽 여성 위원회에서 후원을 받은 상태였다. 그렇다면 남인도에 여성 연합 예술 대학이 설립되는데, 연합 의과 대학은 세우지 말란 법이 있겠는가? 이 여인에게 반드시 자신의 비전을 납득시켜야 한다는 생각이 퍼뜩 스치고 지나갔다. 하지만 빈틈없는 이 여인의 눈과 오만한 턱의 각도 하며, 단호하게 꾹 다문 입술을 보니, 마술이라도 걸어야 할 참이었다. 시간도 얼마 남아 있지 않았다.

아이다는 미소를 지으며 식탁에 기댔다. “오늘 아침에는 구경을 나가기에 너무 피곤하지 않으실까 생각되네요. 어차피 제가 하는 일을 지켜보는 게 그다지 재미있을 것 같지도 않고요.”

바사 졸업생이 간절한 듯 말을 막아섰다. “우리도 보고 싶어요.”

웰즐리 졸업생도 열망하듯 말했다. “사람들 사는 집안이라도 구경할 수 있다면 좋겠어요. 이런 그림 같은 마을에는 어떤 사람이 사는지도 보고 싶어요!”

아이다가 말했다. “흠, 그렇지 않아도 오늘 아침 몇 군데를 방문해야 한답니다. 그리고 마을도 가봐야 되고요. 함께 가실 마음만 있다면….”

세 사람의 얼굴이 밝아졌다. 나머지 한 사람의 푸른 눈은 냉담했고, 입술도 꽉 다문 상태였다. “피보디 부인은 쉬시는 게 나을 것 같네요. 내일은 일정이 바쁘시니까요.”

“그래, 루시. 정말 피곤해 보이네.” 친구가 걱정해주었다.

원정대 대장은 발끈했다. “너희 세 사람이 간다면, 나도 갈 수 있어.” 그리고는 상냥하게 아이다에게 말했다. “함께 가면 좋을 것 같아요. 스커더 선생님.”

미리 방문객을 염두에 두고 계획한 여행이 아니었다. 아이다는 평소 그대로 일정을 잡았다. 다만 이번에는 네 명의 손님들 덕에 작은 차가 꽉 들어차므로 운전수와 간호사는 그냥 집에 두고 길을 나섰다. 그 날은 벨로르 끝의 작은 마을을 방문하는 날이었다. 병원 회진을 돌고 진료소 일을 시작하기 전에는 늘 몇몇 방문 진료 요청이 있었다.

일행은 마을을 방문했다.

웰즐리 졸업생은 차 뒤로 올라타며 눈물을 지었다. "믿을 수가 없어! 창문도 없는 흙집에서, 그것도 변변한 가구 하나 없는 흙바닥에서 생활을 하다니. 집기라고 해봐야 끈으로 만든 해먹에 바구니에 조리용 솥 몇 개가 전부잖아! 왜 저 사람들은 아무 것도 없이 살아야 하는 걸까!"

바사 졸업생이 지혜롭게 맞섰다. "아니야, 가진 게 없긴 왜 없어? 친절하고 유쾌하게 살아가잖아."

웰즐리 졸업생이 여전히 낙담한 채로 물었다. "인도 사람들 대부분이 저런 마을에서 사는 게 정말 사실인가요?"

아이다가 대답했다. "그래요. 저런 마을이 70만 개 이상 된답니다."

"모두 저 사람들처럼 생활하나요?"

"아니죠. 대부분은 저와 같은 의사를 본 적도 없답니다."

피보디 부인은 아무 말이 없었다.

일행은 도심의 두 가정을 방문했는데, 한 곳은 높은 힌두 계급 구역에, 다른 한 곳은 안락한 무슬림 구역에 있었다. 무슬림 가정은 애니 핸코크가 교사로서 정기적으로 방문하는 가정 중 하나였다. 집안의 여자들이 일행을 열렬히 맞이했고, 차와 과일, 과자 등을 대접했다. 비단 바지와 긴 블라우스, 스카프, 보석으로 아름답게 치장한 주인들의 멋진 모습에 방문객들은 완전히 매료되었다. 특히 16세 된 그 집 며느리는 참으로 아름다웠다.

시어머니는 자랑스러운 듯 며느리에게 말했다. "네가 외운 시를 낭송해 드리렴."

소녀는 수줍지만 분명한 발음으로 시편 121편을 영어로 낭송했다.

"내가 산을 향하여 눈을 들리라…."

피보디 부인은 완전히 푹 빠져들었다. "정말 아름다워요!" 감탄하며 말했다. "여러분이 사는 벨로르 시를 둘러 싼 바위산의 모습이 떠오르지 않나요?"

소녀는 천천히 고개를 좌우로 저었다. 이유는 간단했다. "저는 한 번도 본 적이 없으니까요."

차로 돌아온 손님들은 충격에서 헤어나지 못한 듯 한동안 아무 말이 없었다.

마침내 바사 졸업생이 목이 메어 말했다. "참 사랑스런 여자들인데, 너무 불쌍해! 일평생을 저 좁은 마당이랑 곰팡내 나는 방에서 살아야 한다니! 믿을 수가 없어요."

그리고 감정을 억누르며 말했다. "그리고 열병에 걸린 힌두 소녀 말이에요. 살 수 있을 거라고 생각하세요?"

"그러길 바라죠." 아이다가 말했다.

"근데… 혹시 그 소녀를 방문해 주는 의사가 없었다면 과연 저 사람들이 어떻게 했을까요? 시내에 있는 정부 설립 병원으로 데려갔을까요?"

아이다가 대답했다. "데려가지 않았을 거예요. 정부 병원에는 남자 의사들 밖에 없으니까요. 높은 계급의 힌두인들이나 무슬림 여자들은 그런 곳에 가서 남자에게 몸을 보인다는 건 생각조차 못한답니다."

바사 졸업생은 신중하게 물었다. "인도에는 분명 여자들 수가 많을 거 같은데요. 대체 몇 명 쯤 되지요, 선생님?"

아이다는 이 젊은 친구들이 계속 제대로 된 질문을 던져주길 기도하면서 대답했다. "1억 5천 만 명 정도 되죠."

이제 제대로 된 질문이 나왔다. "그럼 여성 의사들은 몇 명이나 되나요?"

"약 150명 쯤 되지요. 그 중에 50명은 지금 안식년 중이구요."

"그렇다면… 인도 여성들을 의사로 훈련시키면 되지 않나요?"

바로 그거야, 기특한 녀석! 아이다는 조심스레 단어를 선택했다. "북부에 있는 루디아나에 기독 학교가 하나 있는데, 거기서 여성들에게 의학을 가르치고 있어요. 하지만 여기서 1,600여 킬로미터나 떨어진 곳이죠. 게다가 인도 부모들은, 그들이 비록 신실한 그리스도인 부모들이라 해도 자기 딸을 기후나 언어나 인종도 다른 곳에 보내기를 꺼린답니다. 물론 여기 남부에서도 그런 학교를 시작해야 한다는 생각을 가진 사람들이 있어요. 사실, 여러 교파들이 모인 연합 위원회에서 지금 그 안건을 놓고 고심하는 중이랍니다."

몽고메리 부인이 탄성을 질렀다. "정말 멋진 생각이네요! 미국과 영국 기독 여성들이 뒤에서 든든히 후원하는 여성 연합 의과대학이라! 이봐, 루시, 정말 멋진 생각이지 않아?"

"그래, 좋네." 피보디 부인은 아무런 열의 없이 냉냉하게 대답했다.

아이다는 심장이 멎는 듯했다. 자신의 잘못이었다. 먼저 계획을 끄집어내는 게 아니었다. 피보디 부인은 앞에서 이끄는 사람이지 뒤에서 따라가는 사람이 아니었다. 공중이든 땅이든 건물을 세우더라도 남의 청사진을 그대로 따르는 사람이 아니었다.

진료소 일에 쫓기느라 방문객들에 대해서는 거의 잊고 있었다. 정오쯤 식사를 하는데, 피보디 부인은 벌써 다음 일정을 세우는 중이었다. 기차 시간을 물으면서, 미안하게 되었지만 다음 날 아침 일찍 떠나야 될 것 같다고 말했다. 그날따라 수술과 오후 진료가 평소보다 길어지는 바람에, 아이다는 병원에서 곧바로 방갈로로 갔다. 그날 벨로르의 힌두 여성들과 무슬림 여성들을 초대해서 미국 방문객들을 만나도록 했다. 용감한 몇몇 사람들만 초대에 응할 것이라 생각했는데, 깜짝 놀랐다. 형형색색의 비단 사리들이 줄지어 모여들었다. 가냘픈 여인들의 목과 손목, 발목, 눈썹, 코에는 값비싼 보석들이 주렁주렁 달려 있었다. 아이다는 평소처럼 우아한 자태로 손님들 사이를 다니며 편안하게 해주었고, 수줍은 여인들의 타밀어를 일행들에게 영어로 통역해주면서 높은 계급 여인들은 음식 대접을 부끄럽게 여기지 않는다고 말해주었다.

애니 핸코크가 부드런 목소리로 피보디 부인에게 설명하는 소리가 들렸다. "몇 년 전만 해도 이런 일은 불가능했답니다. 13년 전에 처음 이곳에 왔을 때, 이분들은 우리가 집에 들어오는 것조차 반기지 않았지요. 지금의 모습은 이곳 병원이 벨로르 사람들에게 어떤 일을 했는지 보여주는 증거랍니다."

피보디 부인은 공손히 말을 받았다. "그렇군요."

아이다는 하던 일을 계속했다. 손님들이 탄 마지막 주트카가 정문을 통과하고 나니 온 몸에 힘이 쑥 빠져버리는 느낌이었다. 하지만 아직도 한 가지 일이 남아 있었다. 아이다는 유쾌한 얼굴로 손님들에게 제안했다. "시 외곽에 멋진 골짜기가 있답니다. 꼭 보셔야 할 곳이에요."

다시 일행은 좁은 차 안으로 모여들었다. 아가씨들은 들떠 있었고 몽고메리 부인은 공손히 수락했지만, 피보디 부인은 침묵으로 거절했다. 아이다는 생각했다. '피보디 부인은 이미 예술 대학 장소를 물색중이겠지. 돌도 다듬고 벽도 세우고 말이야. 하지만 오늘 내 장소를 둘러보지 않고서는 아무데도 못 갈 걸.'

일행은 먼지가 풀썩이는 길을 따라 남쪽으로 달렸다. 토라파디의 작은 마을을 거쳐, 육중한 문과 붉은 흙벽으로 만든 교도소를 지나, 여기저기 흩어진 거대한 돌덩이 사이로 난 인적 없는 자갈길에 접어들었다. 그 옆으로 꼭대기에 세 그루의 팔미라 야자나무가 있는 경사진 돌산이 있었는데, 차는 거기서 피식거리며 멈췄다.

아이다가 물었다. "더 올라가 보시겠어요?"

몽고메리 부인이 기분 좋게 대답했다. "좋지요."

피보디 부인은 먼지 때문에 숨이 막히는 듯했다. 하지만 꾹 참으며 말했다. "이미 멀리 왔어요. 나는 끝낼 수 없는 건 아예 시작하지 않는 사람입니다."

젊은 친구들은 앞서 오르도록 놔두고, 아이다는 길을 인도했다. 이미 몸은 지칠 대로 지쳤지만, 새로운 활력이 충전되었다. 이미 가파른 바위산을 저만치 높이 올라간 젊은 친구들이 부러웠다. 한 염소 치는 목동이 날카로운 바위 꼭대기를 맨발로 이리저리 뛰어다니다가 조심스레 그들을 바라보고 있었다. 3분의 1 지점쯤 되는 편편한 바위에 도달하자, 더 이상 올라갈 엄두가 나지 않았다. 손님들은 헉헉거리고 있었다.

아이다는 골짜기를 끌어안을 듯 양팔을 활짝 폈다. "저기에요! 25만 평이나 되는 주인 없는 땅이죠! 염소랑 까마귀, 문조, 소, 원숭이들만 뛰어다니는 곳이에요. 물론 하나님의 땅이기도 하구요!"

몽고메리 부인은 황량한 벌판 너머 바둑판 같이 펼쳐진 푸른 논밭이 자주색 언덕으로 사라져가는 모습을 굽어보며 정중히 말했다. "아름다와요."

피보디 부인이 불쑥 질문을 던졌다. "저 아래보이는 황량한 갈색 들판을 말하는 겁니까? 25만 평이라고 하셨나요? 흠! 실상 불모지나 다름 없군요.”

이 여인이 자신의 비전에 공감하리라 기대한 적은 없었지만, 아이다는 왠지 암담한 실망감이 들었다. 문득 더 이상은 참을 수 없다는 생각이 들었다. 어떻게 해서든 이 두 사람에게 자신의 비전을 보여주어야만 했다. 적막한 불모지가 푸른색으로 뒤덮이고, 미모사와 분홍색, 노란색 계수나무가 심긴 모습. 베란다와 아치형 현관으로 둘러싸인 긴 석재 건물. 흰 사리를 입고 분주히 뛰어가는 학생들의 모습. 바로 그 모습을 보여주어야만 했다. 아이다는 입을 열었다.

“물이요.” 피보디 부인이 깐깐하게 물었다. “물이 어쨌다고요?”

아이다는 피보디 부인을 멍하게 바라보았다. “물입니다. … 아시겠지만, 물이 없으면 아무 소용이 없지요. 사막보다 나을 게 없어요. 이곳 25만 평 땅에 물을 끌어올 방법이 있을까요? 있을 것 같아요. 가까운 마을 사람들과 이야기를 해봤는데, 근방에 샘이 있다고 하더라고요.”

“그렇다면 좋은 수가 있어요!” 갑자기 루시 피보디 부인의 푸른 두 눈이 달아오르더니 생기가 돌았다. 피보디 부인은 갈피를 못 잡고 당황스러워하는 아이다를 쳐다보며 강하게 말했다. “오늘 하루 종일 그 문제에 관해 고심했었는데, 이제야 해결책이 떠올랐군요. 오늘 아침에 이야기했던 의과 대학에 관한 겁니다.”

"네?" 아이다는 숨을 죽인 채 속삭였다.

"그 일을 시작해야 할 분은 바로 스커더 선생이십니다. 학교 건물을 지으실 겁니다. 바로 이곳에 말입니다."

"하지만…." 아이다는 더더욱 당황했다. 이 사람은 10분 전에 함께 언덕을 올랐던 그 냉담한 이방인이 아니었던가!

"아니라는 말은 마세요. 말씀하신 것처럼 난관이 많습니다만, 혼자 그 일을 감당하실 필요가 없습니다. 미국과 영국에 있는 수백 명의 여성들에게 알리도록 하겠습니다. 천 명이 넘는 분들이지요. 오늘 여기서 목격한 대로, 인도 여성들의 필요를 이해시키기만 한다면, 우리를 실망시키지는 않을 겁니다. 우리가 함께 힘을 모은다면 산이라도 옮길 수 있을 것 같은데요, 스커더 선생님!"

아이다는 길게 한숨을 쉬었다. 기운 태양 아래 금빛으로 빛나는 황량한 갈색 들판 위에 벌써 하얀 지붕과 정원이 세워지고 어린 학생들의 활기가 가득한 것 같았다. 약속의 땅을 내려다보는 모세가 된 느낌이었다.

아이다가 대답했다. "네. 함께 산을 옮길 수 있으리라 믿습니다." 들판 너머 푸른색 논밭을 지나 주홍빛 하늘을 등지고 솟아오른 카일라사의 뚜렷한 봉우리로 눈길을 옮겼다. 그리고 더욱 확신 있는 한 마디를 덧붙였다. "아님, 차라리 저 산에 오르는 건 어떨까요."

손님들을 통해 미래의 밝은 소망을 밝히긴 했지만, 그들이 출발한 이후로 아이다는 냉혹한 현실에 억지로라도 적응해야 했다. 대학은 한참 후에나 이루어질 꿈이었다. 지금 당장 시급한 일은 병원의 공간을 늘이는 일이었고 매우 절실한 상황이었다. 교단 선교회로는 힘이 부족했다. 오히려 예산을 삭감하라는 것이 당시의 정책이었기 때문이다. 병원의 유지비용조차 제대로 후원받지 못하는 때도 간간이 있었다. 환자들에게 병원비를 받기 힘든 것 역시 재정 문제를 가중시켰다. 물론 매우 가난한 환자들에게는 거의 무상으로 치료해주었다. 문제는 가진 자들이 의무를 이행하지 않는 것이었다.

"비용은 염려 마십시오, 얼마든 다 내겠습니다." 부유한 어느 환자의 가족들은 병원에 도착하자마자 고상한척 장담했다. 하지만 비용을 지불할 때가 되자 얘기가 달라졌다. 친척들까지 수두룩하게 대동했던 그 환자는 방갈로로 찾아와 슬금슬금 웃으며 커다란 장미 화환과 라임 열매와 과자를 주더니 절을 하고 감사를 연발하다가, 달랑 5루피를 던져놓고 갔다. 실제 비용은 최소 40루피였다. 혹 아이다가 항의를 했다면 가족들은 아까운 듯 몇 루피 더 던져놓고는 자신들이 매우 관대하다고 착각했을 것이다. 이런 식으로 연간 3만 명분의 식사가 무상으로 제공되었다.

낙담되는 사건은 또 있었다. 구디야탐 진료소가 전염병 때문에 문을 닫아야 했던 것이다. 벨로르에서는 병원에 반대하는 분위기가 고조되면서 몇 주 동안 병실이 텅텅 비기도 했다. 하지만 다시 병원에 대한 신뢰가 회복되자 병동과 베란다와 침대 밑까지 환자가 차고 넘쳐, 다시금 사람들의 엄청난 이동이 시작되었다.

"이해할 수가 없다니까요!" 스코틀랜드 출신의 열정적인 젊은 의사 릴리안 쿠크가 텅 빈 병동을 기막힌 듯 바라보며 말했다. "어제까진 꽉 찼다가, 오늘은…."

아이다가 깔깔 웃었다. "축제일이 시작되었거든. 항상 일어나는 일이야. 심각한 환자조차도 집에 가겠다고 고집을 피우지. 축제가 끝나야 다시 돌아올 거야." 그리고 서글픈 듯 덧붙였다. "더 악화된 상태로 말이지."

릴리안 쿠크는 이제 막 인도에 온 신참으로, 오자마자 훈련도 받지 않은 인도 의사인 바이트얀에게 시술받은 환자를 치료했다가 무척이나 진땀을 뺐었다. 한 번은 너무도 분개한 나머지 집에 보내려고 편지를 썼다가 그 편지를 아이다에게 보여준 적이 있었다.

"15살 된 어린 기혼 소녀가 바이트얀 예닐곱 명한테 시술을 받은 후에 우리 병원을 찾아왔습니다. 열이 높은 지라 사경을 헤매고 있었지요. 우리는 소녀를 살리려고 안간힘을 썼지만, 그 친척들은 다시 숨 막히는 좁은 방으로 소녀를 데려가겠다고 고집을 피웠습니다! 간호사를 딸려 보냈지만, 바이트얀들은 간호사를 도로 돌려보냈습니다. 그 죽어가는 소녀를 그 사람이 어떻게 치료했는지 아세요? 양팔을 천으로 둘둘 묶어놓고서 주문을 외는 게 다였어요!"

아이다는 편지를 읽으며 미소를 지었다. 인도에도 무연탄과 기름으로 습포제를 만들어 출혈 상처를 치료하는 등의 긍정적인 치료법이 있다는 걸 알면 이 젊은 친구는 무슨 말을 할까? 서양에서 지혈법을 시행하게 된 것은 그다지 오랜 일이 아니란 사실을 떠올렸다.

마음은 안절부절 못했어도, 일은 눈에 띄게 진척되었다. 진료소는 언제나 하루 평균 100명씩 꽉 찼다. 현재 병원에는 간호사가 18명이 있는데, 그 중 2명이 인도인이었고, 나중에 온 사람들 중 네 명은 자격증이 있는 사람들이었다. 오래된 사람들 중에 3명은 성공적으로 2년제 간호학교 시험에 통과했고, 이후 아이다가 주관하는 산파 수업에 등록했다. 1913년 한 해 동안, 아이다가 배출한 간호사들은 도심과 주변 마을에서 500건의 방문 진료를 했다.

결국 선교 위원회에서는 다음 안식년 동안 4개의 추가 병동 건립을 위해 모금을 해도 된다는 허락을 내렸고, 병원 증축 모금액을 2천 달러로 결정했다! 병동 네 개를 짓는데, 겨우 2천 달러라니! 의과 대학을 시작하려면 150개 침대를 구비한 병동을 만들어야 되므로, 최소한 5만 달러는 들었다. 대학교 수준의 학교를 시작하려면 학생 한 명당 최소 3개의 강의용 침상이 필요하다고 정부에서 요구하기 때문이었다. 그렇다면 비용이 얼마가 들던지 셸 병원의 증축 정도로는 충분하지 않다는 것이 더욱 분명해졌다. 피보디 부인의 방문으로, 조급하던 마음이 구체적인 행동으로 옮겨가게 되었다. 불굴의 용기로 반드시 새 병원 건물을 짓겠다는 거대한 임무를 목표로 삼았다.

아이다는 마드라스 주의 식민 정부에 도움을 요청했다. 안 된다는 대답이었다. 정부는 그런 일에 재정을 후원하지 않는다는 방침이었다. 학교는 되지만 병원은 안 되었다. 아이다는 끝까지 포기하지 않았다. 정확한 사실과 정보를 기록하여 설득력 있게 만들었다. 진료 사역을 하는 벨로르 주변의 수백 개 마을의 이름을 기록하고, 이미 치료를 받은 수천 명의 여성들의 이름을 적고, 의료 혜택이 필요한 마드라스 주 내의 수백만 명에 대한 내용을 나열했다. 또한 간호직은 사무관과 변호사만큼이나 중요한 직업이라고 성토했다. 건강한 몸은 건강한 마음만큼이나 중요하다고 말이다. 결국 아이다가 이겼다. 정부는 아이다가 나머지 3분의 2를 모금한다는 판단 하에 총 금액의 3분의 1인 2만 달러를 지원하기로 합의했다. 그 말은 미국에서 안식년을 보내는 동안 적어도 4만 달러는 모금해야 한다는 의미였다!

아이다는 선교회의 총무에게 편지를 썼다. "제발, 제가 모금할 수 있도록 허락해 주시기 바랍니다. 지금 생각으론 가까운 장래에 총액의 3분의 2 정도를 모금할 것 같습니다(간절한 소망으로 '가까운 장래에'라는 말을 사용했습니다). … 분명 나머지 금액을 모금할 수 있으리라 보며, 선교회에서도 저를 믿어주시고, 미리 인도로 전보를 보내어 정부의 제의를 받아주시기 바랍니다."

교단에서 세운 벨로르의 부어히 대학 학장은 그녀의 오랜 친구로, 재정을 묶고 있는 선교회에 강한 압력을 행사했다. 언제나 충실한 캐더린 반 네스트는 여성 선교 위원회의 위원으로서 사람들을 강하게 설득하며 이런 기회를 놓쳐서는 안 된다고 단호히 주장했다. 1914년 3월, 선교회는 병원 건물을 위한 새 부지를 사기로 결정했지만, 늘 그렇듯이 아이다가 바라는 만큼에는 미치지 못했다. 그렇다고 아이다의 꿈이 실현되지 못하는 것은 아니고, 단지 지연되는 것뿐이라고 위원회에서 그를 안심시켰다. 미국에 있는 동안 누군가 엄청난 금액을 헌금한다면 위원회에서도 기꺼이 허용할 것이 분명했다.

150개 대신 100개. 아직도 갈 길이 멀었다! 하지만 적어도 정부의 제의에 따르도록 허락을 받지 않았는가.

5월 27일, 4개 교단 연합의 남인도 선교사회 모임에서 위원회는 다음과 같이 권고했다. 벨로르에 세울 여성 의과 학교는 현재의 병원과 연계되어야 하며, 아이다 스커더가 학교 교장을 맡을 것, 그리고 아이다는 위원회 대표 자격으로 영국과 미국에서 학교 건립 모금운동을 할 것.

아이다는 기쁨을 감출 길이 없었다. 미국에 있는 사람들도 인도에 있는 사람들만큼 아이다의 꿈이 현실로 드러나는 데 열정을 다해 준다면 좋으련만. 병원에서 일하면서 월급으로 5루피를 받는 힌두인 사환 튠감마가 한 예였다. 튠감마는 수개월 동안 3루피로 생활하면서 나머지 2루피는 아껴두었다. 노후를 대비해 모아두는 거라고 다들 생각했다. 어느 날 그 여인은 그 동안 모아둔 69루피(약 20달러, 아이다가 생활하던 때에 따라 환율에 조금씩의 차이가 있음. 시대에 따라 1루피가 0.3~0.2달러의 가치를 지님. 달러 가

치도 당시를 기준으로 함—편집자)를 몽땅 아이다에게 가져왔다. 얼굴 가득 기쁨을 담고 말했다. "새로 지을 병원을 위해서요. 펌프를 사는 데 보태고 싶어요!"

1914년 7월, 아이다는 부푼 희망을 안고 고향으로 향했다. 미국에 도착하기 전, 세르비아의 어느 도시에서 오스트리아 대공이 암살당하면서, 유럽 전체에 전쟁의 화염이 타올랐다.

12 선한 영향력

아이다가 미국에서 선교 모금을 했던 1914년에서 1915년 사이는 유럽에서 전쟁이 발발한 시기였으므로, 모금 결과가 무척이나 실망스러웠다. 11월에서 4월까지 도시, 마을, 시골, 크고 작은 모임 가릴 것 없이 지속적으로 찾아가 강연을 했다. 통쾌한 달변으로 인도 시골 지역의 상황과 새로운 병원 건물의 필요성, 여성 의사를 훈련시켜야 하는 이유에 대해 설명했다. 그리고 때로는 어린 산모들이 겪는 고통이나 지식 없이 아기를 받는 산파들 이야기가 유럽에서 들려오는 끔찍한 소식과 더불어 힘겨루기를 하기도 했다.

하지만 인도는 벨기에와 비교할 때 너무 먼 나라로 인식되었고, 의도하지는 않았지만 무지함의 폐해가 전쟁의 폐해보다도 양심을 더욱 마비시켰다. 사람들의 눈은 전쟁에 휩싸인 유럽으로만 고정되어 있었기에 더 멀리까지 보지 못했다. 사람들은 전쟁 기금과 전시 공채(公債)와 같이 시급한 필요에만 지갑을 더듬었다. 몇 달이 지나면서 실망은 공포로 바뀌었다. 루시 피보디, 캐더린 반 네스트, 절친한 친구 거트루드 도드와 같은 충직한 친구들의 도움이 없었더라면 아이다는 실망감을 억누르지 못했을 것이다.

자신감이 바닥을 치던 어느 날, 아이다는 어머니와 함께 거트루드가 사는 아파트를 찾아갔다.

함께 이야기를 나누는 동안 아이다는 뉴욕 항구가 내려다보이는 창가에 서 있었다. 활기차게 연기를 내뿜는 작은 예인선이 큰 배를 움직여보려고 애를 써보지만 거대한 증기선은 심한 물살에도 미동조차 하지 않는 모습이었다.

아이다는 비아냥거리듯 말했다. "저것 봐요! 꼭 우릴 보는 것 같네! 저 증기선은 병원이랑 의과 대학이고, 우리는 있는 힘을 다해 잡아당겨도 꿈쩍 않는 예인선 꼴이잖아."

"잠깐, 서서 좀 봐!" 거트루드가 재빨리 끼어들었다. 다들 가만히 서서 영원히 움직이지 않을 것 같았던 증기선을 지켜보았다. "봐! 움직이잖아!"

아이다의 심장이 쿵쿵거렸다. 근육은 긴장했다. 분명, 증기선은 아주 천천히 움직이고 있었다. 곧 배는 장엄하게 상류로 거슬러 올라가고, 작은 예인선은 승리의 연기를 내뿜을 것이었다.

아이다는 이후로 다시는 용기를 잃지 않았다. 오히려 연달아

하루에도 3-4번이나 강연을 하면서 활동을 배로 늘렸다. 그리고 아주 천천히 조금씩 재정이 들어왔다. 바랐던 4만 달러 대신 1만 달러도 채 되지 않는 돈이었지만, 적어도 인도로 돌아가 새로운 병원을 시작할 수 있었다.

만족스러웠던 것은 그뿐만이 아니었다. 개혁 교회 소속의 뛰어난 지도자이자 친구인 윌리엄 밴크로프트 힐과 그의 아내가 포드 차를 헌물한 것이다. 그리고 무엇보다도 몇 달 후, 거트루드가 인도로 따라 들어올 계획을 세웠다. 이번에는 단기 방문이 아니라 남은 일평생을 함께하기 위해서였다. 거트루드는 자신이 오랜 세월 관심과 성의를 다해 섬겨왔던 선교 사업과 그 어느 누구보다도 존경하는 한 사람을 위해 자신의 부와 재능을 사용하는 것이 최선이라는 결정을 내렸다.

거대 기업인 아메리칸 라이너의 선박인 루시타니아가 최근 지뢰에 맞아 침몰하는 사건이 있었지만, 1915년 가을, 아이다는 지뢰 천지인 대서양과 지중해를 지나 인도로 돌아가는 길을 마다하지 않았다. 사람 목숨을 구하는 일이 급선무인 지구의 반대편 끝으로 돌아가는 날을 늦출 수는 없었다.

또 다시 아이다에게는 일인다역의 빡빡한 일정이 시작되었다. 마치 울퉁불퉁한 지평선 가득 펼쳐진 논밭처럼 말이다. 갈고, 심고, 경작하고, 거두고, 타작하고, 키질하는 일들이 한꺼번에 줄지어 닥쳐오는 느낌이랄까. 혼자서 만들고 세우느라 안간힘을 써야 했다. 아이다는 무릎까지 진흙에 빠져버린 말라빠진 소에 나무

쟁기를 달고서 밀고 당기는 농부와도 같았다. 몸을 구부려 연둣빛 모판에서 모를 옮겨 심고 잡초를 뽑는 여인들. 익은 벼를 작은 낫으로 베고, 타작마당 가득 벼를 늘어놓고 소를 몰아 도리깨질하고, 누렇게 익은 벼를 바람에 키질하는 여러 남녀의 모습들과 비슷했다. 단 하나 그들과 다른 모습이 있다면, 수고로 얻은 결과를 머리에 이고 의기양양하게 집으로 돌아오는 만족감을 얻지 못하는 것이었다.

1916년 1월, 여성 의료 학교 건립을 맡은 초교파 선교회인 남인도 의료 선교사회에서 선임한 건축 위원회가 벨로르로 와서, 도심에서 6.5킬로미터 떨어진 25만 평의 부지를 조사했다. 감사하게도 그 부지는 연합 의과 대학에 적합한 곳으로 판정됐다. 건축에 뛰어난 재능을 가진 개혁 교회 소속의 한 선교사가 즉각 설계도면 작성에 착수했다. 같은 달, 마드라스 총독과 그의 부인이 비슷한 목적으로 방문하여 전폭적인 지지를 보냈다.

"설계도, 정부 허가, 부지 선정, 이제 모든 게 다 갖춰졌어요!" 아이다는 즐거운 듯 어머니에게 알렸다.

"건물 짓는 데 드는 백만 달러만 빼고 말이다." 어머니가 조심스레 상기시켰다.

"꼭 채워질 거예요." 아이다는 확신 있는 목소리로 어머니를 안심시켰다.

그러나 자신감만으로 안절부절한 마음을 달래기는 역부족이었다. 그렇다, 채워질 것이다. 반드시 채워져야 한다. 하지만 언제인가? 전쟁은 여전히 계속되었다. 미국에서 모금 운동에 박차를 가하며 고군분투하고 있는 피보디 부인은 약간의 진척 상황을 알려왔다. 영국에서는 현재 모금이 전연 불가능한 상태였다. 그 외에도 여러 어려움이 있었다.

캐더린 반 네스트가 걱정스러운 내용의 편지를 보내왔다. "선교회의 여러 사람들이 초교파 병원 건립을 반대하고 있고, 게다가 병원을 학교로 돌린다는 말에는 더욱 반대하고 있어. 피보디 부인이 앞장서서 사람들의 동의를 얻어냈지. 혹 피보디 부인이 생각만큼 빈틈없이 일을 진행하지 못하면 어떡하나 걱정이 되기도 해."

이곳 인도에서는 안나 쿠글러가 군투르에서 비슷한 난관에 봉착했다. 그녀가 소속된 교파의 남자들이 여성을 위한 연합 의과 대학에 찬성하지 않았던 것이다. 자신들이 루터파 교회 소속이니 루터파 교회 일만 하는 것이 사명이라고 했다. 안나 쿠글러는 격렬히 반대하며 이렇게 논쟁했다. "루터파 의사들을 훈련시켜서 루터파 신자들의 맹장만 골라 수술하는 루터파 의과 대학을 지으란 말입니까?"

최근 여러 마리의 쥐와 다람쥐의 사체가 발견되면서 전염병에 대한 우려가 커진 이후, 예방접종을 하고 살균 소독 작업을 했는데, 주사를 꽂으면서 아이다는 버럭 화를 냈다. "사람들이라는 게! 어쩜 저리도 밴댕이 속일까! 우리가 지금 개혁파 세균이나 감리교 벌레나 침례교 쥐들이랑 싸우고 있는 거냐고!"

어린이들조차도 그 남자들에 비해 훨씬 열정적이었다. 어느 선교사의 네 살배기 아들이 학교 설립 얘기가 오간다는 말을 듣고 이렇게 기도했다고 했다. "하나님. 우리 원숭이가 아픈데 나을 수 있도록 축복해주세요. 그리고 백만 달러를 보내주셔서 여성 의과 대학을 지을 수 있게 해주세요. 예수님 이름으로 기도합니다, 아멘."

다행히도 마냥 기다리지 않고도 시도할 수 있는 일이 있었다. 도심에 설치한 진료소 개원을 위해 준비할 일이 많았던 것이다. 3월이 되자, 아이다는 맥패일 선교사와 함께 북쪽 루디아나에 있는 여성 선교 의료 학교를 방문했고, 델리에 있는 정부 여성 의료 학교를 방문했다. 그리고 달빛 아래에서 타지마할을 구경했다. 너무나 아름다운 건축물을 보니 더욱 열정이 타올랐다. '하지만 무덤으로 사용되다니 너무 아깝군 그래!'

병원에서 함께 돕는 몇몇 의사가 있기는 했지만, 아이다의 하루 일정은 시간을 훌쩍 넘기기 일쑤였다. "약도 좋아요. 기브스를 해도 좋아요. 종양을 제거하느라 뭐든 하셔도 좋아요. 하지만 수술만은 안 됩니다!" 이렇게 두려워하며 애걸하는 환자들이 있기는 했지만, 수술 건은 꾸준히 늘어났다.

아이다는 일기 구석구석을 외과 수술의 기록으로 꾸준히 채워갔다.

"1916년 1월 26일. 손가락 절단 수술, 유방 종양 절개, 육종 제거…."

"4월 3일. 바쁘지만 즐거운 날이기도 하다. 오전에는 D.&C.(자궁 확장 및 소파 수술)를, 이후에는 R.V.F.(*Rift Valley fever* · 리프트 밸리 열, 감염성 강한 바이러스성 질환)와 복부 종양을 수술했다. 위코프 선교사 댁에서 성대한 저녁식사…."

"5월 16일. 28킬로그램이나 되는 딱딱한 복부 종양을 수술하다. 환자는 겨우 6시간 30분 생존. 너무 실망스러웠다."

"8월 21일. 아, 주사위는 던져졌고, 우리는 카트파디 기차역 주트카 대기소 근방에 진료소용으로 조그만 땅을 구입했다."

"10월 28일. 데이비드의 다리 연장 수술에 착수함. 마취약이 잘 안 들었다. 수술대에서 거의 죽음 직전까지 감. 하루 종일 의식 불명. 사망."

"12월 12일. 거트루드와 콜롬보 방문을 마치고 오는 임원단을 맞이하기 위해 빌루푸람으로 가다. 임원단은 녹스 부인, 캐더린 올코트, 캠프 양 그리고 … 아, 거트루드가 왔다는 기쁨에 거의 숨이 막힐 지경이었다!"

거트루드 도드는 일주일 만에 셸 병원 살림을 꾸려가는 데 중추적인 역할을 해냈고, 다들 그 동안 거트루드 없이 어떻게 지내왔나 싶을 정도였다. 3월이 다 되도록 가구가 도착하지 않았지만, 즉시 자기 집처럼 잘 적응했고, 방갈로 2층에 있는 자기 방에 사무실을 만들어서, 병원과 방갈로 회계 업무를 맡았다. 거트루드는 일군을 고용해서 멋지게 솟은 개방형 침실 베란다를 만들었는데, 아이다는 방갈로 한쪽 끝에 세운 그 건물을 '카일라사' 라고 이름 붙였다. 그리고 그 동안 병원으로 차츰 모여들었던 빈곤 아동들을 받아들일 작은 가족을 만들었다. 아이다는 집 없이 거리를 떠도는 아이들을 그냥 돌려보내고 싶지 않았다. 이제 15명의 아이들이 그들을 돌봐주는 간호사들과 함께 병원 베란다에서 기숙하며 지내게 되었다. 거트루드의 효과적인 감독 하에, 아이들은 훈육도 받고 잠잘 숙소도 얻었다. 거트루드는 부엌과 병동, 진료소 등 필요한 어느 곳에서든 도움의 손을 뻗었고, 아이다에게는 친절한 멘토와 절친한 친구이자 개인 비서로서의 역할도 감당했다.

거투르드는 매주 아이다와 함께 구디야탐 길가 진료 사역에 나섰다. 새로운 T형 모델의 포드 차가 예전의 푸조보다 그다지 큰 것은 아니었지만, 변덕스럽게 말썽을 피우지는 않았다. 포드는 첫 해 동안만 11,000킬로미터 이상을 뛰었다.

차체가 높은 개방형 차는 수요일 아침마다 순례 여행을 떠나는 3등석 기차칸처럼 사람과 짐으로 가득 찼다. 아이다와 운전사(아이다가 운전할 때는 발판에 앉아서 갔다), 거트루드 도드(가위, 붕대, 연필을 담은 가방을 안았다), 병동 관리자인 그나남말 부인, 형형색색 그림 카드를 담은 가방을 든 인도인 전도자의 아내 코넬리우스 부인, 큰 상자(약, 연고, 수술 도구, 살균 붕대를 담았다).

요즘은 구디야탐을 오갈 때 많으면 14번을 멈춰 섰다. 정차 장소에 다가가면 사람들이 줄지어 서 있는 모습이 마치 마을 장터인 샨디가 들어선 듯했다. 아이다가 경적을 울리면 그 외의 다른 사람들도 달려왔다. 소 모는 사람들은 머리에 끈을 둘러메고 찾아오고, 밭에서 일하던 일꾼들과 지저분한 고사리 손에 꽃을 꺾어든 아이들도 다가왔다.

사람들은 유일하게 아는 영어 단어로 소리쳤다. "선생님! 선생님!"(Sir! Sir!)

아이다가 꽃을 좋아한다는 소식은 벨로르에서 구디야탐까지 알려졌다. 꽃다발이 깨끗하고 시들지 않았으면, 뒤편에 타밀어로 성경 구절이 적힌 그림 카드로 바꿔주었다. 집으로 돌아가는 길에는 두 손 가득 꽃을 한 아름 안고 차로 달려드는 아이들에게 에워싸일 때가 많았다. 아이들이 너무 많을 때는 어쩔 수 없이 차를 세우지 말도록 명령했다. 두 번 정도 명령을 지키지 못한 때가 있었는데, 한 번은 아이들이 협죽도와 계수나무 꽃을 길게 엮어 차도 위로 늘여놓았을 때였다. 그리고 두 번째는 너무 어두워 처음엔 아무 것도 볼 수가 없었던 적이었다.

"왜 차를 멈춘 거지?" 날카롭게 묻기 시작했다. 그러다가 부드럽게 '아하!' 하고 숨을 내쉬었다. 길 가에서 분홍빛 장미 한 송이를 들고 서 있는 아이를 가까스로 알아본 것이었다.

길가 진료소에 차를 세울 때마다 지난주에 병세가 심각했던 사람들을 자세히 진찰했고, 경과가 좋은 사람들을 보면서 안도하기도 했다. 처음에는 부자와 높은 신분의 사람들이 길 한 편에 서면, 가난한 사람들과 천민들은 다른 편에 서곤 했지만, 얼마 지나지 않아, 자기 차례를 기다리느라 높은 카스트 사람들이나 불가촉천민이나 할 것 없이 나란히 줄을 섰다. 안질, 백선, 회충, 옴, 만성 궤양, 나병 등 일반적인 치료가 필요한 사람들만 해도 하루 500명이 넘었고, 화상, 접골, 종양 절제와 접합 등의 간단한 수술도 10여 건이 넘었다. 마취가 필요한 경우에는 환자를 구디야탐으로 데려가 진료소에서 수술을 한 뒤, 밤에 돌아오는 길에 다시 태워다주었다.

한 마을 사람은 경이로운 듯 이렇게 말했다. "선생님은 비슈누 신이 현현한 화신이심에 분명합니다."

이때를 놓칠 세라 코넬리우스 부인은 이렇게 질문했다. "정말 그렇게 생각하세요? 이 세상에서 선한 일을 하는 화신이 있다는 얘기를 들어보셨나요?"

그 사람은 한참 생각하더니 이렇게 인정했다. "아요! 아닙니다."

"그렇다면 암말 선생님은 화신보다 더 나은 존재가 아닐까요?"

"암마! 예." 놀라움은 더욱 증폭되었다.

"하지만… 왜요? 그분이 왜 이런 일을 하시는 건가요?"

코넬리우스 부인이 조심스레 설명했다. "그분의 마음 안에 계시는 하나님 때문이에요. 사랑의 하나님이시라서 사람들을 돌보도록 하시는 거지요."

그 사람은 부인의 답변에 흡족해 했다.

길가 진료소가 아닌 곳에서 차를 세워달라고 하는 사람들이 종종 있었다. 한 번은 썩은 이로 고생하는 한 여자 환자가 차를 세웠다. 이미 약속 시간에 늦은 터라 아이다는 자세히 살펴볼 시간이 없었다. "하지만 다시 올 테니까 여기 서 계세요"하고 기분 좋게 말했다. 돌아오는 길은 훨씬 지체되었고, 9시가 돼서야 그 곳을 지나는데, 누군가 흐릿한 불빛을 비추는 것을 보았다. "아, 맞다!" 아이다는 그제서야 그 여인을 기억하고, 급제동을 걸었다. "완전히 잊고 있었네!"

아이다는 수술 도구를 꺼냈다. 구디야탐에 간호사를 두고 왔고, 그 날은 대신 벨로르에 거주하는 어느 선교사의 어린 딸을 데려오는 길이었다. 아이다는 힘찬 목소리로 소녀에게 명령했다. "거기 솜뭉치 좀 가져다줄래? 그리고 요오드 용액에 푹 담구렴."

소녀는 익숙하지 않은 손이지만 간절한 마음으로 아이다의 명령에 따랐다. 운전수는 운전석에 앉아 적절한 각도로 등불을 밝히고, 아이다는 환자의 상태를 진단한 뒤, 충치를 쑥 잡아 빼고서 솜으로 빠진 부위를 막았다. 그리고 놀란 환자에게는 간단한 설명을 해주면서 다시 입안을 확인했고, 그 이후에는 한 번도 멈추지 않고 집까지 직행했다.

한 번은 중간 지점에서 누군가 손을 흔드는데, 거의 세우지 못하고 지나칠 뻔했다. 가장 무더운 5월이었다. 희끄무레 누런 하늘에서 쉬지 않고 태양 광선이 내리쬐고 있었다. 먼지가 공기를 자욱하게 메우는 바람에 얼굴까지 희뿌옇게 변했다. 나무에서는 오래된 잎들이 이리저리 흩날렸고, 용감히 봉오리를 뚫고 나온 어린 잎사귀들도 열기에 축 처진 듯했다. 숨 한 번 내쉬기가 힘들 정도였다. 까마귀들마저 거의 소리를 내지 않았다.

구디야탐에 도착하기 직전 마지막 정차 지점에 들린 때는 1시가 지나서였다. 피곤한 듯 자리에 앉은 아이다는 운전사에게 말했다. "셀밤. 이제 다신 멈추지 말아요. 다들 너무 지쳤고, 너무 더워서 참기가 힘들 지경이니까요."

모든 사람들, 심지어 호탕한 거트루드 도드마저도 다행이라는 듯 끙끙 신음소리를 냈다.

6킬로미터쯤 갔을 때 길가에서 어떤 여자와 남자가 아이를 안고서 서 있는 모습이 보였다. 차가 가까이 다가오자 그 남자는 길가로 뛰어들어 세워달라는 신호를 보냈다.

아이다가 말했다. "안돼요! 도저히 불가능해요. 더위 때문에 죽을 지경이에요. 셀밤, 밤까지 기다리면 반드시 진료해주겠다고 말해요."

운전수는 그대로 지나치면서 큰 소리로 그 남자에게 알렸다. 하지만 옆을 지나치면서 그 사람들을 자세히 살펴본 아이다는 갑자기 "멈춰요!" 하고 말했다. "저 사람들도 그렇지만 특히 아이가 너무 아파 보이는군요. 다시 돌아가요."

다시금 차 안 여기저기서 괴로운 듯 끙끙대는 소리가 들렸다. 하지만 아이다를 따르는 편이 낫다는 걸 다들 알고 있었다. 셀밤은 머뭇거리면서 망연자실하게 쭈그리고 앉아 있는 남자와 여자

쪽으로 차를 후진시켰다.

피곤하고 귀찮은 듯 운전사가 물었다. "옌나? 무슨 일입니까?"

두 사람의 얼굴은 딱하리만큼 간절하게 빛났다. 남자의 입에서 애원하는 말이 쏟아져 나왔다.

"아, 암말 선생님, 돌아오셨군요! 얼마나 기쁜지. 우린 수 킬로미터나 걸어왔답니다! 지난주에도 왔었는데 그냥 지나가버리셔서, 오늘은 아침 일찍부터 기다리느라 배가 무척 고팠습니다. 4시 이후로 아무 것도 못 먹었거든요. 하지만 선생님이 그냥 지나가실까봐 두려워서 다른 데로 갈 엄두도 못냈습니다. 그런데 그냥 지나치셨을 때는 너무도 비참했어요. 하지만 다시 오셨으니 선생님의 신께서 복을 내려주시길 바랍니다."

눈물이 두 뺨을 흘러내렸다. 그 아버지는 나병환자였다. 어머니는 맹인이었다. 여인이 안고 있는 아이를 보니 초점 없는 눈에 희끄무레한 하늘만 비치고 있었다.

그 여인은 간절히 부탁했다. "제 아기입니다, 선생님. 벌써 여러 아이들을 잃었답니다. 여덟이 죽고, 딸 하나를 제외하고는 겨우 이 아이 하나만 남았습니다."

아이다는 차에서 내려 기진해 있는 작은 아이를 받았다. 아이의 몸은 불덩이 같이 뜨거웠고, 자그만 두 손은 두 눈을 꼭 감싸쥔 상태였다. 조심스레 손을 치우고 눈꺼풀을 눌러 올렸다. 아무 말도 할 수 없었다. 한동안 적막을 깨던 까마귀의 울음소리조차 멈췄다. 치켜 뜬 여인의 초점 없는 눈이 노란 광택을 잃고 서서히 흙빛으로 변해갔다.

여인이 간청했다. "암말, 선생님. 왜 우리 아들 녀석에 대해 아무 말도 없으신 건가요?"

아이다는 마른 입술에 침을 적셨다. 까슬한 모래가 씹혔다. "미안합니다." 친절하게 말하는 대신 일부러 차갑고 메마른 목소리로 말했다. 다시 무슨 말을 하려고 입을 열었다가 그냥 다물었다. 비단으로 만든 칼집이라고 칼날이 무디겠는가?

그 여인은 무슨 의미인지 이해했다. 이런 식으로 말을 마무리 짓는 것은 인도인들의 방식이었다. "눈이 먼 건가요? 가망이 없나요? 선생님이 아무 일도 해주실 수 없나요? 아, 불쌍한 내 아기! 어떻게 나처럼 눈이 멀 수 있을까!" 여인은 두 손으로 머리를 잡고서 차 옆에 주저앉아 목 놓아 울었다.

아이다는 그들에게 위로가 될까 하여 이런저런 치료를 해줄 뿐이었다. 상자를 열어 아이의 눈을 깨끗이 닦아 치료했고, 뜨거운 몸은 기름을 발라 문질러주었다. 기구를 소독한 뒤 나병이 걸린 남자의 무감각한 발에 난 종기를 절제하고, 만신창이가 된 발과 종기 상처를 깨끗한 붕대로 감아주었다. 그렇지만 눈이 먼 아기를 무릎에 얹고 바닥에 쭈그리고 앉아 목 놓아 우는 여인을 위해서는 해줄 것이 아무 것도 없었다.

갑자기 여인이 울음을 그치더니 머리를 들었다. "선생님. 만약 우리가 지난주에 선생님을 만났다면 아이의 눈을 고쳐줄 수 있으셨나요?"

아이다는 당황한 나머지 숨을 멈칫했다. 아이가 일주일만 빨리 왔더라도 눈이 멀지 않았을 거라고 어떻게 말할 수 있겠는가? 그렇게 말할 필요가 없었다. 여인의 초점 잃은 눈은 아이다의 침묵을 간파했다.

다시 여인은 아이를 굽어보았다. 그리고 눈물도 마른 채 체념에 빠져 중얼거렸다. "신은 내게 너무 가혹하시군. 나는 분명 엄청난 죄인일 거야."

또 한 번은 밤늦은 시간에 집으로 돌아가는데 몇몇 남자들이 길로 뛰어 들어와 차를 멈추려 했다. "급해요! 급합니다!" 팔을 흔들며 마구 소리쳤다.

하지만 운전사 셀밤은 그냥 지나쳐버렸다. 장마철 폭우가 쏟아진 다음이라, 벨로르에서 멀리 떨어진 진창길에서 그것도 늦은 밤에 오도 가도 못하게 되면 큰일이었다.

그는 뒤돌아 사람들을 향해 소리쳤다. "집으로 돌아가는 길에는 멈추지 않소!"

하지만 이번에도 어쩔 수 없이 세워야 했다. 전조등 불빛에 비친 남자들의 얼굴에 수심이 가득한 것을 아이다가 보았기 때문이었다. "저 사람들이 급하다고 했잖아요. 세워요, 셀밤. 다시 돌아갑시다."

운전사는 아무 소리 없이 차를 돌렸다. 남자들이 차 옆으로 뛰어왔다.

그리고 설명했다. "저 앞쪽에 물이 넘쳤어요. 혹 암말 선생님이 소 없는 반디를 타고 가시다가 진창길에 빠지시기라도 할까봐 걱정이 돼서요. 그래서 반디를 밀어드리려고 몇 시간 동안 여기서 기다렸습니다!"

인도인들을 돕기 위해 여성 의사들을 훈련시키려는 아이다의 꿈이 성취되려면 아직 먼 것 같기는 했어도, 사실은 이미 그 일을 시작한 셈이었다. 아이다의 모범을 보면서 많은 젊은 여성들이 그녀를 닮고자 도전을 받았기 때문이었다. 그 중 한 사람이 폴린 제퍼리라는 20대 중반의 여성이었다. 그녀는 코다이카날에서 여름휴가를 보내던 중 영국팀과 미국팀의 테니스 시합을 보다가 새로운 도전을 받게 되었다.

"어드밴티지!" 어수선한 소음을 뚫고 심판이 큰 소리로 외쳤다. 다시 그 여성은 코트 선으로 당당히 걸어 나왔다. 공은 그물 위로 날아가 정확히 라인 중간에 꽂혔고, 한 번 튀지도 않고 그대로 굴러갔다. 상대편 선수가 뒤늦게 뛰어갔다가 놓치고 어리둥절한 얼굴로 서 있었다. 심판조차도 상황을 미처 파악하지 못한 순간이었다. "게임, 세트, 미국 팀 승!" 심판의 선언이 있자, 구경하던 사람들은 일제히 큰 소리로 환호했다.

"저 여자분 너무 멋지지 않아요?" 폴린 제퍼리는 흰 옷 입은 그 여성이 그물 쪽으로 가서 동료를 격려하고 상대편 선수를 위로한 후, 덤덤하게 승리의 축하를 받는 모습을 가만히 지켜보았다. 코다이카날 모임에 처음 참석한 사람이 물었다. "저분 누구시지요?"

폴린은 마치 그 사람이 모나리자가 누군지 물어보기라도 한 듯 의아하게 쳐다보았다. "아니, 아이다 스커더 선교사님을 모르신단 말인가요?"

"아, 저분이 그분이군요! 와, 정말 테니스에서는 당할 사람이 없네요."

"테니스뿐만이 아니랍니다."

폴린 제퍼리는 마두라에서 사역하는 선교사의 딸로서, 현재 남인도 한 도시의 미션 고등학교에서 교사로 일하고 있었다. 인도에서 자라난 폴린은 넋을 빼고 아이다의 모습을 열심히 지켜보았다. 그녀의 머리는 태양빛을 받아 은빛이 아니라 금빛으로 빛났고, 흰색 경기복의 부풀린 소매와 너풀거리는 치마는 테니스장에서 단연 돋보였다. 폴린은 자신이 놓쳐버린 기회를 못내 아쉬워하며 아이다를 바라보았다. 경영학 대신에 아버지 말씀을 따라 과학과 의학을 공부했더라면!

여름 모임이 끝나고 그 다음 주에 마두라의 여학생 고등학교 기숙사에서 고열로 심하게 아픈 한 학생을 속수무책으로 돌보는 동안에 그녀의 후회는 더욱 막급해졌다. 다음 날 일요일 밤, 급히 학생의 집으로 달려간 폴린은 막 집을 나서려는 서구인 의사를 만났다.

"안부(Anbu)는 좀 어떤가요?" 근심어린 얼굴로 물었다.

"내일 아침까지 살기 힘듭니다." 의사는 말 안장에 올라타며 무뚝뚝하게 대답했다.

혼비백산한 폴린은 탄식했다. "내일 아침까지 살지 못한다니!"

"네." 의사는 단호했다. "가족들이 내가 시키는 대로 하지 않았더군요."

폴린은 가족들이 간과했던 처방법을 기록하고 꼭 그대로 따르겠다고 약속했다. 그리고 간절히 물었다. "혹 심해지면 밤중이라도 선생님을 불러도 되나요?"

"아뇨, 소용없을 겁니다. 더 이상 회생의 기회는 없어요."

폴린은 학생이 40도나 되는 고열로 혼수상태에 빠진 것을 알고서, 살아날 가망이 없어 보이는 그 아이에게 의사가 처방해준 대로 즉시 차가운 팩을 얹었다. 마침내 폴린은 염려되는 마음을 주체할 수가 없어 쿠싱에 있는 아이다를 찾아갔다. 아이다는 함께 염려하면서도, 폴린이 염려했던 대로 직업적 예의 때문에 어떻게 할 수가 없다고 생각했다.

"분명 의사가 자기를 부르지 말라고 했단 말이지?" 근심어린 목소리로 아이다가 물었다.

폴린은 눈물을 흘리며 대답했다. "절대로 부를 필요가 없다구요."

"그래 알겠어. 아마 최근에 그런 심각한 환자를 받은 적이 없나보군. 쉽사리 포기할 만하지. 분명 그분도 최선을 다했을 거야. 혹시 머피 용액을 사용했는지 알고 있나?" 아이다는 가끔씩 사용하던 치료법을 설명하기 시작했다.

"아… 아닌 것 같은데요. 아뇨, 분명히 안 썼어요." 아이다의 파란 눈을 보며 폴린은 희망을 느꼈다. "오… 오실 거죠?"

희망은 사라졌다. 아이다는 올 수가 없었다. 폴린도 그 이유를 분명히 알았다. 하지만 처방법을 가르쳐주겠다고 했다. 환자에게 어떤 해도 끼치지 않을 치료법이었다.

폴린은 서둘러 학생에게로 돌아갔다. 어색한 손놀림이지만 쓰라린 마음으로 처방법을 따르기 시작했다. 가족들은 필요한 도구를 가지고 오고, 폴린은 직접 장작불 아궁이에서 물주전자를 들어 나르는데, 아이다와 거트루드 도드가 조용히 방으로 들어왔다. "내가 맡을게."

거트루드가 폴린에게 속삭였다. "꼭 와야 된다고 해서."

몇 시간이 지나고 폴린은 자리에서 일어나 눈물과 땀을 닦았다. 애써 피곤함을 지웠다. 아이다를 돌아보니 그녀의 눈은 승리의 빛으로 환하게 빛나고 있었다. "선생님이 살리셨군요!" 감탄의 목소리로 말했다. "죽은 줄로만 알았는데, 선생님이 다시 살리셨어요. 아, 나도 의사가 될 수 있으면 좋으련만!"

아이다가 손을 씻으며 조용히 물었다. "안 될 것 없잖아?" 폴린의 두 눈에 강렬한 빛이 돌더니 이내 사라졌다. 말도 안 된다는 듯 웃었다. 지금 의학을 공부한다고?

아이다는 차분히 말했다. "내가 의학 공부를 시작했을 땐 너보다 나이가 많았단다."

"선생님이시니까요!" 이번에는 정말로 우습다는 듯 웃어댔다.

하지만 자신은 의사가 될 만한 사람이 아니었다. 어머니를 포함해서 여러 사람들이 그렇게 말했다. 그러니 그런 건 꿈도 꿀 필요가 없다. 그저 일개 학교 선생에 불과할 뿐! 그때는 더 이상 아무 말도 안 했지만, 오랜 세월 짓눌려 있고 소망해왔던 갈망이 불같이 일어났다.

하루는 고원 끝머리의 좁은 길인 코커스 워크 아래 비탈길에서 시무룩하게 앉아 있는데, 저 골짜기 아래 푸른 숲 속에서 메뚜기의 날카로운 울음소리가 끊이지 않고 들려왔다. 저 위에서 누군가의 목소리가 들렸다. "폴린, 이리 올라와 봐!" 폴린은 기쁘게 아이다에게로 올라갔다. 아이다는 일요일 아침에 건강을 위해 어머니를 모시고 코커스 워크를 산책중이었다.

그들은 쿠싱으로 돌아가 거트루드를 만났다.

아이다가 말했다. "폴린, 재정만 충분하다면 미국으로 돌아가 의학 공부를 할 수 있는 건가?"

폴린은 심장이 마구 뛰었다. 간신히 물어보았다, "언제 말인가요?"

"지금, 당장 말이야. 내 친구 거트루드가 너를 보낼 마음이 있다는데."

"그… 그 말은…."

"필요한 비용을 다 대준다는 거지. 어때? 가겠어?"

폴린은 입술이 바짝 말랐다. "아… 안 돼요. 지금은요. 3년 약정으로 온 걸요. 그렇게 하겠다고 약속했어요. 이… 이해해 주시면 좋겠어요."

폴린은 무작정 쿠싱에서 나와 조그만 호수 주변을 돌아다녔다. 몇 달이 지나면서, 낙심은 포기하는 마음으로 바뀌었고, 이후에는 안도감으로 바뀌었다. 아주 가끔씩은 거트루드의 관대한 제안을 받아들일 만한 운 좋은 사람은 누구일지 궁금하기도 했다. 인도 소녀이길 바랐다.

그렇지만 의료 학교를 세우려는 아이다의 계획을 진척시키는 데 자신도 나름의 기여를 할 수 있지 않겠는가. 무슨 일을 도울 수 있을지 알아보려고 폴린은 벨로르를 방문했다.

폴린은 여느 방문객들과 마찬가지로 수요일 마을 진료에 동행하여 일을 도왔다. "폴린, 여기 와서 아이 머리카락 좀 잘라줘, 그래야 두피에 있는 상처를 제대로 치료할 수 있으니까." … "여기에 새로 온 환자들 이름 좀 적어줘." … "종기를 째는 동안 면 솜 좀 준비해 줘." …

"여기 핀셋이 있어. 환자 이 좀 뽑아줄래?" 폴린은 자신감과 당혹감을 동시에 느끼며 핀셋을 받아들었다. 하지만 알고 보니 환자의 입 속에 있는 이는 거의 다 빠진 채로 덜렁거리며 가느다란 뿌리 하나로 지탱하고 있는 상태였다.

구디야탐에 도착한 것은 오후 2시가 넘어서였다. 모여든 무리 중에는 새를 잡아 연명하는 극빈자인 집시들도 있었는데, 제대로 먹지 못해 앙상한 두 아이를 데려왔다. 아이다는 아이들을 자세히 살펴본 후 벨로르에 있는 병원에 데려가기로 했다. 하지만 무슨 수로? 결국 약상자를 모두 내려놓고 두 아이와 어머니와 더불어 총 9명을 차에 태웠다. 폴린은 뒷자석의 그나남말 부인과 거트루드 사이에 끼어 앉아, 불쌍하리만큼 바싹 마른 아이 중에 한 명을 무릎 위에 태우고, 다른 아이는 무릎 사이에 앉혔다. 지금처럼 불편한 적도 없었지만, 지금처럼 행복한 적도 없었다.

어느 날 아침, 아이다와 함께 수술실에서 한 시간을 보낸 뒤, 폴린은 윗층 사무실에 앉아 있는 거트루드 도드를 만나러 갔다. 폴린은 정신이 없는 듯 한숨을 쉬며 말했다. "맙소사! 옆에서 수술하는 모습을 지켜보는 것만으로도 손끝이 얼얼하네요!"

편지를 정리하다 말고 고개를 치켜 든 거트루드는 생각에 잠긴 듯한 밝은 눈으로 그를 바라보았다. 그리고 조용히 말했다. "폴린, 내 제안은 여전히 유효하단다."

폴린은 의심쩍은 눈으로 쳐다보았다. "그… 그게 어떤 말인지…."

"너만 원한다면, 의학 공부에 필요한 돈을 대준다는 제안 말이야. 하지만, 결정을 내려야 할 사람은 바로 너야."

폴린은 결정을 내렸다. 3년 동안 교사로 일하는 기간이 끝나자마자 미국으로 건너간 것이다. 의학 공부를 위한 사전 지식이 없었으므로, 계절 학기를 들으며 집중 예과 과정을 밟았고, 거의 서른이 다된 나이에도 불구하고 그해 가을, 예일 의과 대학에 들어가 5년 간 교육을 받았다. 아이다의 발자취를 따라 의사로 준비하기 위해서였다. 건강도 좋지 않았고, 공부는 무척 힘겨웠다. 그냥 포기해버릴까 하고 생각한 적도 있었다. 안과가 인도 사역에 중요하기 때문에 전공으로 선택했는데, 훨씬 엄격하고 집중적인 훈련이 필요했다.

하지만 목표를 성취하기 위해서는 그 어떤 대가도 아깝지 않았다. 벨로르로 돌아가 테니스의 여왕인 아이다 선교사와 함께 일하면서, 그들이 사랑하는 그 땅의 여성들에게 새로운 삶을 줄 수 있다면 이 정도의 고난은 충분히 감당할 수 있었다.

13 작은 아이다들

아이다는 마냥 기다리다보면 무슨 일이든 일어난다는 말을 절대 믿지 않았다. 무엇을 새로 시작하는 최선의 방법은 직접 발을 내딛는 것이었다. 그 동안의 경험으로도 이 사실을 충분히 증명했다. 그래서 1918년 어느 날 마드라스 주의 영국 의학부의 수장인 브리슨의 사무실을 찾아갔다.

브리슨은 건너편 책상에 앉아 이렇게 말했다. "그렇다면, 아이다 선생께서는 여성을 위한 의과 대학을 시작할 준비가 사실상 되었다고 생각하시오?"

아이다가 조심스레 정정했다. "의과 대학이 아니라 의학부 학교(medical school)입니다. 아직 종합 대학 수준까지 바랄 수 없다는 건 저희도 알고 있습니다. 물론 최대한 빨리 필요한 수준을 갖추길 바라지만 말입니다. 현재 우리가 요청하는 바는 인도 여성들을 정부 인가 의료진으로 훈련시킬 수 있는 기회를 달라는 것입니다. 즉, 정식 의료 행위를 할 수 있는 의사 면허(LMP) 학위 말이지요."

브리슨은 이런 말에 경탄하면서도 회의가 섞인 반응으로 아이다를 주시했다.

"아직 건물도 없지 않소?"

"세울 거예요." 아이다는 확신 있게 말했다. "잠시 동안은 병원 근처의 건물을 빌려서 진행할 생각입니다."

"지금 당장 손에 돈 한 푼도 없이…."

"지금 모금중입니다. 네 개 교단의 여성들이 미국에서 지속적으로 모금 운동을 벌이고 있어요. 전쟁이 끝나면 영국에서도 분명 모금 운동을 벌일 수 있을 거구요."

"게다가 교수진과 교직원도…."

아이다는 자리에 꼿꼿이 앉아 말을 이었다. "첫해 입학한 학생들에게는 제가 직접 과목들을 가르칠 수 있도록 자격을 갖춘 상태입니다. 해부학에서는 간호사 한 명이 도와줄 예정이구요. 물리학과 화학은 벨로르에 있는 우리 선교부 설립 학교인 부어히 대학에서 배울 겁니다. 그 이듬해부터는 교직원을 더욱 늘릴 수 있습니다."

"건물도 없고, 돈도 없고, 교직원도 없다니!" 브리슨은 놀라움을 감추지 못했다. "그런데도 지금 당장 인도 여성을 위한 의과부 학교를 시작하도록 허락해 달라니. 영웅심 때문인지 모르겠소만, 내겐 너무 터무니없는 소리인 것 같소!"

아이다가 반박했다. "지금 당장 절실하고 필요한 일인데 무슨 영웅심이 있을까요. 전혀 터무니없는 일도 아니구요. 인도에 여성 의사가 필요하다는 것은 부장께서 더 잘 아시지 않습니까!"

그의 눈에서는 웃음이 사라지고 대신 감탄의 빛이 돌았다. "아이다 선생, 정말 선생의 용기는 칭찬해주고 싶소. 호탕함이라고 말해주는 편이 나을 듯하오. 하지만…." 다시 회의적인 기색을 띠었다. "인도 여자들에게 의료 교육을 하다니! 선생도 알잖소. 간호사로 지원하도록 설득하기도 힘들다는 사실 말이오. 혹 자원하는 사람이 몇 명 있다고 해도 어떤 험난한 일을 당할지 알고나 있소? 7개 의학부에서 교육받은 남학생들과 동등하게 자격 시험을 치러야 하는데 말이오!"

"여자들은 남자들과 경쟁할 만한 머리가 없다고 생각하십니까?" 아이다는 차갑게 물었다.

그는 답답하다는 듯 웃으며 상기시켰다. "우린 지금 인도 여자들에 대해 이야기하고 있소."

"인도 남자들의 태도가 그렇지요." 아이다는 반박했다. 그리고 이내 장난스럽게 푸른 눈을 반짝이며 말했다. "각하, 혹시 이런 이야기 들어보셨습니까? 인도에서는 손님에게 양의 뇌로 만든 저녁 식사를 대접한다는 이야기인데요."

브리슨이 대답했다. "아니, 못 들어본 것 같소."

"한 번은 이상하게도 그냥 양고기 음식을 가져왔더랍니다. 안주인이 부엌에 들어가서 요리사에게 물었죠. '왜 뇌로 만든 음식을 가져오지 않았나?' 요리사가 대답했죠, '이 양은 암컷이라 뇌가 없답니다.'"

사람 좋은 브리슨은 껄껄 웃었다. "좋소, 선생이 이겼소. 우리가 할 수 있는 일을 말해드리리다." 다시 흥미를 가득 담은 눈빛으로 돌아왔다. "3장의 지원서만 오더라도 선생은 운이 좋은 거요. 하지만 최대한 6장의 지원서가 온다면 즉각 학교를 시작해도 좋소. 정부의 허가를 받은 셈이니까."

아이다는 의기양양하게 사무실을 나섰다. 마음이 급한지라 벨로르에 돌아간 후에 일련의 필요한 절차를 준비하기까지 기다릴 수가 없었다. 기차가 벨로르에 도착하기도 전에, 아이다는 인쇄에 필요한 안내지 작업을 끝마쳤다.

〈여성 의학부 학교〉

1918년 7월, 연합 선교사 의과 대학 위원회 후원으로, 남인도 북 아르코트 행정구의 벨로르에서 여성 의과부 학교를 시작합니다.

이번에는 약사와 외과 보조의 과정만 개설합니다. 전쟁이 종료되고 새 건물이 완성되면, 대학 수준으로 확대할 예정입니다.

입학 요건 : 뛰어난 영어 구사력. 특히 성품이 중요함. 18세 이상.

장학금 혜택도 있습니다. 우리 학교는 카스트나 종교에 관계없이 모든 사람에게 열려 있습니다.

첫 해에는 22명으로 제한하겠으며, 입학 원서는 지체 없이 다음의 주소로 보내주시면 됩니다.

북 아르코트 행정구,
매리 테이버 셸 병원,
의학박사 아이다 스커더.

마드라스 주에 있는 모든 기독 학교와 정부 설립 학교에 안내서를 발송했지만 아이다는 만족스럽지 않았다. 직접 여러 학교를 방문했고, 편지도 쓰고, 지원 가능성이 있는 학생들과 개인 면담도 수차례 했다.

인도 남부 끝 티네벨리에 있는 감리교회 소속의 사라 터커 대학을 찾아가 학생들에게 열정적인 호소를 하는데, 많은 학생들 속에서 수줍지만 밝은 눈망울로 자신을 응시하는 한 여학생이 눈에 띄었다.

교장은 고개를 끄덕이며 말했다. "여기 선생께서 크게 점수를 주실 만한 학생들이 있습니다. 가장 뛰어난 학생들이죠."

앞으로 나온 다른 학생들과 이야기하는 동안에도, 아이다는 살짝 그 소녀를 쳐다보았다. 마침내 그 학생이 웃으며 다가왔다. "계속 선생님을 바라보고 있었어요." 그리고 다짜고짜 본론으로 들어갔다. "선생님은 좋은 의사를 양성하실 분 같아요."

"정말 그렇게 생각하니?" 소녀는 부끄러웠는지 당황했다.

아이다는 소녀의 딴딴한 손을 잡았다. "좋았어. 힘도 좋고, 손가락도 길고. 긴장하지도 않는군. 흔들림 없이 오랫동안 잘 서 있기도 하고. 이름이 뭐니, 얘야."

"에벤에셀이요."

"성 말고 이름 말이야."

소녀는 얼굴이 발개졌고, 다시 수줍어하며 말했다. "에벤에셀이 이름이에요. 에벤에셀 그나나무투요"

바보같긴! 아이다는 자책했다. 에벤에셀이 꼭 남자 이름이여야 할 이유가 있나? 혹 남자이름이라고 해도, 인도에는 남신(男神) 이름인 크리슈나, 가네샤, 가루다라는 이름을 가진 여자들이 많은데. 에벤에셀이란 이름의 여자가 없으리란 법이 있나?

아이다는 온화한 웃음을 지으며 말했다. "예쁜 이름인걸. '도움의 돌' 이란 뜻이니 의사로서도 좋은 이름이고. 하지만 에비라고 부르도록 하지, 실례가 안 된다면 말야. 에비, 의사가 되고 싶지 않니?"

"잘 모르겠어요." 미지에 대한 두려움 때문인지 똑 부러진 소녀의 밝은 눈빛이 사그러들었다. "제가 할 수 있을지 확신이 없는걸요."

아이다는 확신이 있었다. 한 달에 19루피(7달러 정도)를 버는 가난한 전도자인 아버지를 둔 에비 그나나무투에게 장학금도 줄 수 있었다. 아이다는 사라 터커 대학을 떠나기 전에 에비를 설득했다. 그래서 다소 자기 의지와 다른 면도 있지만 자신의 가장 큰 꿈은 의사가 되는 것이라는 확답을 얻었다. "아이다와 같은 의사가 되는 것"이라는 표현이 더 정확할 것이다. 의학에 대한 공포감이 엄습하는 바람에 두렵기는 했지만 운명에 맡기기로 했다. 브리슨이 앞서 아이다에게 이렇게 주의를 준 게 생각났다. "지원서가 3장, 혹 6장 정도만 들어오더라도 실망하지는 마시오."

하지만 지원서는 무려 69장이나 되었다! 그러나 아이다의 선택 기준은 무척 높았기 때문에, 18명의 학생들만 입학이 허용되었고, 그 중 한 명은 학교가 시작되기 전에 탈락시켰다.

에비 그나나무투도 남은 17명 중에 포함되었다. 사실 가장 처음 도착한 사람이 에비였다. 마드라스에 있는 연합 여성 기독 학교 학생이던 그녀의 언니가 벨로르까지 에비를 데려다준 뒤, 7월 개강을 며칠 앞두고 벨로르를 떠났다. 의학에 대한 공포가 갑자기 피와 살에 대한 공포심으로 다가오면서 소름이 확 끼쳤다. 심지어 에비의 우상인 아이다의 열렬한 환영조차도 수줍은 소녀의 음울한 향수병을 쫓아버리지 못했다. 에비는 코코넛 야자나무 아래에 서서 엉엉 울었다.

아이다는 마치 요정 할머니가 나타나 위로하듯 친절하게 말했다. "나랑 같이 가자꾸나. 분만하는 장면을 보여줄게."

에비는 바들바들 떨었지만 고분고분 따라갔다. 분만하는 모습은 생각했던 것보다 훨씬 끔찍했다. 에비는 고통으로 부르짖는 사람 소리에 움찔하더니 피를 보고는 얼굴이 하얗게 질려버렸다.

그날 밤 언니에게 편지를 썼다. "날 데려가지 않으면 죽고 말 거야."

아이다는 에비를 설득해 다른 환자를 보러가자고 했다. 그런데 그 환자는 도중에 사망했다. 거의 초죽음 상태가 된 에비는 겨우 힘을 내어, 제발 자기 좀 데려가라는 편지를 보냈다. 내키지는 않았지만, 이번에는 언니가 동생을 데려갈 채비를 하고 벨로르까지 128킬로미터를 달려왔다.

아이다는 단호하게 말했다. "아니. 가면 안 돼."

이후 시간이 흐르며, 심각한 상황에 있는 환자의 목숨을 앞에 두고 아이다는 에비에게 동일한 말을 했다. "우린 한번 물면 놓지 않는 불독들이거든. 그냥 가게 내버려두면 안 돼."

학교가 열리기 전까지 실랑이는 계속됐다. 에비는 셸 병원의 간호사 숙소에서 그나남말 부인과 살로미와 함께 살았지만, 대부분의 시간은 아이다와 거트루드와 함께 보냈다. 그래서 1918년 문을 연 여성 의과부 학교의 첫 학생 17명 가운데 가장 소망 없이 당혹스러워하던 소녀, 에벤에젤 그나나무투는 결국 학교에 남았다.

이런 막대한 계획을 추진한 첫 해는 그다지 순조롭지 않았다. 유럽에서는 전쟁이 심화되었다. 인도 전역의 음식과 의류 가격은 1878년 대기근 당시의 물가보다 높았다. 7-8월과 10월 말에는 비마저 오지 않았다. 콜레라가 유행하더니, 곧바로 전에 없던 심한 독감이 퍼졌다.

정말로 유래를 찾기 힘든 독감이었다. 수백만 명의 시골 사람들은 자기들이 독감의 출처를 잘 안다고 생각했다. 천연두, 콜레라, 전염병과 마찬가지로 여신의 방문으로 발생하는 병이라고 확신한 것이다. 지금껏 알려지지 않았고 이름조차 모르지만, 죽음의 여신이 현현한 칼리아탈과 마리암말처럼, 성심성의껏 달래주어야 할 새로운 여신임이 분명했다. 오래된 바구니, 쓰레기통, 넝마조각을 마을 바깥 나무 위에다 널어놓으면, 여신이 이를 보고서 그 마을을 방문하지 않을 거라 생각했다. 어떤 곳에서는 조그만 마차를 만들고 나무 신상을 만들어 세운 뒤 마을 밖으로 끌고나가 여신에게 바칠 선물과 그릇 바구니를 놓아두었다. 신성한 원을 그리기도 하고, 자신들의 카스트 표시를 문에다 그려놓기도 했다.

전염병에 맞서 8월 동안 총회 집회를 연 그리스도인들 역시 전염병이 잡히기를 기도했다. 그리고 기차, 우마차, 마차를 타거나 걸어서 카트파디까지 몰려든 그들은 장막절 축제를 지킨 고대 유대인들처럼 5일간 장막에서 생활했다. 하지만 힌두인들의 주문도 그리스도인의 기도도 모두 효과가 없었다. 이름 모를 여신의 방문이든, 유럽의 전장에서 생겨난 병원균이 침투한 것이든, 전염병은 계속 번져갔다.

병원도 예외가 아니었다. 죽음은 병원 이곳저곳을 파고들었다. 동시에 16명의 간호사들이 병에 걸려 그 중 6명이 사망했다. 맹인 전도자 매리 아이삭 헨리도 희생자 중 하나였으며, 병원 고

아들 중 가장 사랑스러웠던 '작은 매리' 역시 그 중 하나였다. 두 명의 매리는 토요일 아침에 함께 묻혔다. 그 한 주 동안 실려 온 수십 명의 환자들은 병세가 너무도 심각하여 어떤 치료법도 소용이 없었다.

아끼던 인도인 수간호사 그나나순드람이 죽음을 맞이하자 아이다의 마음은 너무도 쓰라렸다. 성실하고 재빠르며 늘 제대로 된 약과 도구를 준비하던 그녀는 아이다와 더불어 12년을 수술실에서 일했고, 몸은 약했어도 열정과 활력이 넘쳤었다.

죽어가던 그는 오히려 아이다를 위로했다.

미소를 지으며 말했다. "선생님, 천국에 제 집이 준비되었어요. 하지만 여기 수술실에서 선생님을 도우며 지내는 편이 더 좋은데…."

사람들은 아픈 가슴을 부여안고, 두 명의 매리가 묻힌 바로 옆에 그나나순드람을 묻었다.

이러한 불확실과 긴장스런 분위기 속에서 아이다가 그토록 소망하던 꿈이 잉태되었다. 여성 연합 선교 의학부 학교가 마드라스 총독의 선언으로 8월 12일 이른 아침, 공식적으로 문을 연 것이다. 중요 인사들과 많은 축하객들이 모였다. 아이다는 벨로르 역사상 가장 감동적인 한 장짜리 기념사를 읽은 뒤 총독에게 선사했다. 60×90센티미터 크기로 그림처럼 아름답게 장식된 글이었고, 다음과 같은 헌사가 있었다.

"인도 제국의 최고 사령관이신

친애하는 펜틀랜드 경께 바칩니다."

아이다는 기념사에서 학교 연혁을 약술했고, 특유의 달변으로 학교의 필요성과 구체적인 건축 계획, 이미 확보된 자금을 설명하면서 정부와 개인 후원자들에게 그 꿈이 현실이 될 수 있도록 도와달라고 요청했다.

그런데 그러한 학교 설립에 가장 큰돈을 기부한 사람은 다름 아닌 브리슨 사령관이었다. 그는 열정적으로 선포했다. "백문이 불여일견입니다." 그리고 희망과 설렘 가득한 17명의 신입생들에게 다음과 같이 말했다. "나는 여러분 스스로가 자신이 얼마나 중요한 사람들인지를 제대로 알고 있는지 모르겠습니다. 앞으로 50년이 지나도 이후 세대의 학생들은 본 학교의 첫 입학식에 참석한 여러분을 기억할 것입니다. 어느 누구도 여러분과 그 영광을 나눌 수 없습니다."

아이다는 학생들의 기숙 시설을 위해 예전에 영국 정부 관리들이 사용하던 건물인 '오피서 라인'의 방갈로를 빌렸다. 셸 병원의 시설 일부와 아이다의 방갈로 방 몇 개는 교실로 사용하고 빌린 건물 뒷방은 해부실로 사용하기로 했다. 과학 수업은 근처의 부어히 대학에서 들었다. 부족한 교수진, 비좁은 공간, 턱없이 부족한 시설을 비롯하여, 학생들이 성격적으로 서로 맞지 않아 어려움이 많았다. 학생들의 언어, 문화적 배경이 다양할 뿐 아니라, 종교 역시 가톨릭, 시리아 기독교, 힌두, 개신교 등으로 다양했기 때문이었다. 학교가 문을 연 날부터 아이다는 17명의 젊은 의학도들과 거의 붙어있다시피 했다. "열 꼬마 인디안" 노래처럼 학생 수는 점차 줄어갔다. 한 학생은 병으로 떠나고, 또 다른 학생은 결혼을 했다. 세 번째 학생은 그냥 자퇴해버렸다. 하지만 아이다는 남은 14명의 학생에게 모든 힘과 관심을 죄다 기울였다. 아이다와 학생들의 관계는 구루(영적 지도자)와 추종자들과도 같았다. 그들은 아이다의 작품이요, 연주요, 기쁨이요, 절망이요, 잠에서 깨는 순간부터 걱정 근심의 대상이었고, 산소 같은 존재였다.

아이다는 보통 새벽 3시에 일어나 그날 하루의 강의를 준비했다. 첫해에는 과학 과목을 제외하고 역사, 생리학, 해부학 등 거의 모든 강의를 도맡았다. 특히 아이다가 공부할 당시의 해부학 지식은 급격히 사라지거나 바뀐 것이 많았기 때문에 해부학 강의를 위해서는 3만 개나 되는 용어를 습득해야 했다. 그렇다고 병원 일과 평소 하던 일을 단축할 수는 없었기 때문에 낮 동안에는 강의를 준비할 시간이 전혀 없었다. 그래서 한밤중에 공부해야 했다. 수업은 아침 8시부터 10시까지 진행되었다. 10시나 10시 반이면 학생들을 무더기로 이끌고 병원으로 향했다. 학생들은 아이다와 함께 회진하면서 병에 대한 진단과 치료에 대한 설명을 들었고, 진료소에서 보조로 도우면서 수술을 지켜보기도 했다. 모든 환자들이 생생한 본보기였고, 외과 수술은 교육적인 모험이었다.

"애들아, 이것 좀 봐!" 학생들은 처음으로 백내장 수술을 지켜보았고, 환자의 눈에서 제거한 흐릿한 수정체를 서로 돌려가며 자세히 살펴보았다. 아이다가 설명했다. "많은 이들이 눈에 우유가 끼었다고들 생각하지. 어떤 사람들은 유동체가 뇌에서 눈으로 흘러내려갔다고 믿기도 해. 우리가 사용하는 '백내장'(cataract)이란 단어도 그런 생각에서 기인했지. 이리들 와봐! 마침 기회가 되었으니 사람들에게 보여주자구."

아이다는 학생들을 이끌고 병동을 다니면서 원하는 환자들에게 보여주었고, 식이요법으로는 백내장의 예방만이 가능하며 반드시 믿을 만한 의사의 시술을 받아야 나을 수 있다고 당부했다. 그리고 지저분한 바늘로 수정체를 제거하는 비전문가, 무슬림 '쿠처'에게 수술을 받은 후에 어떤 무시무시한 결과가 생겼는지를 그림으로 설명했다. 고대 인도 외과의인 수스루타 시절에야 뛰어난 의술 기법이었는지 몰라도, 살균 수술을 하는 현대에는 분명한 범죄행위였다. 흐릿한 수정체를 제거하면 당장은 시야가 밝아지겠지만, 감염으로 인해 끔찍한 고통을 겪을 뿐 아니라 영영 시력을 잃을 수도 있었다.

때로는 너무나도 극적인 형태의 실물 수업을 하기도 했다. 한번은 무려 33킬로그램에 달하는 종양을 시각 자료로 보여주기까지 했다!

실습이 최고의 학습법이기에, 아이다의 학생들은 직접 시도해

보면서 배웠다. "타이, 여기 손가락에 붕대 좀 감아." … "다남마, 심한 화상을 입은 아이를 너한테 맡길게. 조심스럽게 한 단계씩 진행하는 걸 잊지 마. 먼저 살균 식염수를…." "카나감, 이 아이한테 유황 연고로 옴 치료 좀 해줘. 아이 엄마한테 3일 동안 연고를 바른 다음에 물로 씻으라고 말해 줘. 적어도 5번은 반복해서 일러줘야 해." … "나바마니, 이 여자를 살펴봐. 종양의 기미가 있는지 보고 나한테 말해줘." … "에비. 나랑 같이 마을에 가자. 네 도움이 필요해."

아이다가 기대했던 대로, 에비 그나나무투는 피와 시체에 대한 공포심을 이겨내고 가장 촉망받는 학생이 되었다. 에비의 지적 열망은 만족할 줄 몰랐고, 지칠 줄 모르는 정력은 아이다와 똑같았다. 인체의 뼈에 대한 두려움도 어느 정도 잊은 에비는 견본용 뼈의 매력에 흠뻑 도취한 나머지 좀 더 자세히 살펴보고 싶은 욕심에 친구들 몰래 숨겨와 베개 밑에 감추어두기도 했다. 매주 보는 시험에 최소한 90점 이상은 받아야 한다는 기대감에, 에비는 완벽을 추구하며 조금의 모자람도 허용하지 않았다. 수술실에서는 강렬한 열정으로 아주 세심한 부분까지 관찰했다.

하루는 간단한 유방 종기 수술을 하는데, 아이다가 이렇게 말했다. "에비, 여기 칼을 잡아 봐."

에비는 두려움에 눈을 휘둥그레 떴다. "하지만…."

아이다는 냉철한 목소리로 지시했다. "깊이 절제해야 해. 그래야 고름이 밖으로 나오거든. 걱정하지 마. 내가 여기 있으니까."

아드레날린이 솟아나듯 잠잠한 확신이 에비의 온 몸에서 솟아올랐다. 에비는 안정된 손놀림으로 칼을 들고 수술 부위를 깊숙이 절개했다.

뛰어난 재능과 능력의 소유자인 아이다였지만 때론 상황에 따라, 모든 것을 아는 척 하기도 했다. 한 번은 심각한 피부병을 앓은 아이가 진료소를 찾았다.

아이다는 즉시 학생들에게 말했다. "무슨 병인지 진단해 봐." 학생들은 전혀 모르겠다고 고백했다.

"모른다고! 그럼 지금 당장 가서 알아 봐." 학생들이 밖으로 나간 뒤, 아이다는 동료 의사에게 물었다. "이게 무슨 병이야?"

첫 입학생들은 힘겹게 공부했다. 인체 해부는 벨로르 교도소에서 가끔씩 나오는 시체를 가지고 연습했다. 의학 책도 한두 권에 불과했고, 현미경도 하나, 인체 뼈도 하나였다. 하지만 아이다는 인체의 뼈에 여러 장치를 부착하여 시각적으로 활용했다. 동맥은 빨간 리본으로, 핏줄은 푸른색으로, 신경은 노란색으로 표시했고, 끈을 잡아당기면 근육이 움직이게 만들었다. 그리고 하얀 빛 천으로 피부를 만들어 붙였다. 학생들은 차례대로 나름의 의상 재료를 사용해 기발한 옷을 만들어 입힌 후, 교직원 숙소에 놓아두기도 했다.

아이다는 학생들의 흥미를 유발시켰다. 빡빡한 일정이지만 아이다는 학생들과 함께했고, 보통 학생들보다 몇 발자국이나 앞서 나갔다. 그래서 학생들은 늘 아이다와 보조를 맞추기 위해 뛰어다니다시피 했다. 학생들은 그때나 이후에나 아이다의 마음에 들 만큼 재빠르지 못했다. 한 번은 카말라라는 똑똑한 학생을 불러오게 했는데, 급히 서둘렀는데도 길이 워낙 멀어서 도착하는 데 한참이 걸렸다.

아이다는 따끔하게 야단쳤다. "기어왔니?" 이후로도 이 표현은 학생들 사이에서 농담처럼 사용됐다. "너 기어왔냐?"

아이다는 매일 오후 5시부터 6시까지 야외 운동을 하도록 했고, 학생들과 함께 배드민턴과 농구를 즐겼다. 이후에는 학생들을 차 안에 두 줄로 앉히고 범퍼와 보닛 위까지도 가득 태운 채 드라이브를 즐기거나 소풍을 나갔다. 학교 대표 가수인 제시 아시르바탐이 흥겹게 선창했다, "걱정을 모두 벗어 버리고서, 스마일 스마일 스마일." 아이다는 파티에 초대를 받을 때에도 학생들 없이 혼자 가는 일은 드물었다. 14명 학생 전부를 초대하지 않으면 참석하지 않았다. 그리고 매주 수요일마다 학생들을 데리고 구디야탐에 갔고, 망고 숲 아래서 점심을 나누어 먹었다.

학생들을 먹이는 일은 가장 큰 골칫거리였다. 기독교인, 힌두인, 무슬림 학생들이 함께 생활하고, 카스트와 나름의 종교적 관습이 남아 있는지라 그들 모두를 만족시키는 일은 엄청난 과업이었다. 결국 학생들을 세 집단—채식주의자, 고기주의자, 달걀주의자—으로 구분했다.

학생들을 훈련시키는 문제도 만만치 않았다. 시골 출신이라 그런지, 식탁 예절이 엉망인 학생들이 많았다. 음식이 마음에 들지 않으면 창밖으로 던져버리기 일쑤였다. 시간 엄수에 대한 관념도 부족했다. 옷을 잘 입는 데도 무관심했다. 아이다는 나름의 방식으로 문제를 다뤘다. 식탁 예절이 엉망이라며 질책하기보다는 학생들 숙소로 가서 함께 먹었고, 네 개 무리로 나누어 자신이 사는 방갈로로 식사하러 오도록 초청하기도 했다. 거기서 매력만점 아이다와 우아한 스커더 부인, 타의 추종을 불허하는 거트루드의 멋진 식탁 예절을 보면서, 학생들은 서양식 냅킨과 칼과 포크를 제대로 사용하는 법을 금세 익혔다.

학생 하나가 수업에 늦었을 때는 아침인사를 하지 않는 것으로 벌을 주었다. 그게 다였다.

학생들이 최선을 다해 아주 긴 내용을 암기해야 했던 시간은 화요일 성경 공부 시간이었다. 그 해를 비롯하여 이후 사반세기를 지내면서 아이다는 '바울의 생애'라는 성경 공부 과정을 가르쳤다. 바울은 그녀가 제일 좋아하는 성경인물이었다. 전체를 다 훑어보는 데는 4년이 걸렸고, 시작할 때마다 새로웠다. 월요일 아침 예배 때는 고린도전서 13장을 읽는 것이 예식처럼 되기도 했다. 성경 공부 시간은 영적인 공급을 주는 동시에 교제하는 시간이 되었다. 아이다는 늘 자신의 눈 색깔과 어울리는 푸른 색 옷을 입었다. 물론 푸른색과 은색의 조화를 이룬 당찬 아이다가 바로 앞에 있어서 학생들은 바울에게 있던 불굴의 정신을 제대로 읽기 힘들었겠지만, 화요일의 성경 공부 시간은 진실로 영적인 체험을 하는 시간이었다.

아이다는 학생들에게 교사 그 이상이었다. 개인적인 문제를 상의하기 위해 일요일 아침 '카일라사'를 오르는 이들에게는 이해심 많은 언니로 다가왔다. 어머니가 돌아가시고 막막한 심정으로 돌아온 에비는 아이다가 더욱 친밀하게 느껴졌다.

아이다는 이렇게 위로했다. "어머니가 없다는 생각은 하지 마라. 오늘부터 내가 네 어머니니까."

아이다는 시간과 힘을 다해, 기꺼이 줄 수 있는 만큼 모두 학생들에게 쏟아 붓기를 바랐다. 하지만 때로 실망스러운 경우도 있었다. 한 번은 여느 때처럼 아침 수업을 시작하려는데, 학생들이 주저하면서 그 날은 공휴일이니 하루만 쉴 수 없겠냐고 물었다. 강의 준비를 위해 새벽 2시까지 깨어 있었던 아이다는 화를 내며 공책을 퍽 닫아버렸다.

그리고 노발대발 소리쳤다. "공휴일이라니! 생각하는 게 그것밖에 안 되나! 좋아. 휴일을 지키도록 하지. 오늘 뿐만 아니라 앞으로 계속 말이야!"

문을 쾅 닫고 나가버리자 학생들은 당황해서 어쩔 줄을 몰랐다. 학생들은 밀린 공부를 하느라 하루 쉬기를 바란 것뿐이었다. 학생들은 아이다가 제일 좋아하는 꽃으로 큰 부케 송이를 만들어 찾아가 용서를 빌고 상황을 설명했다. 이미 자신이 한 일을 후회하고 있던 아이다는 두 팔을 벌려 학생들을 맞이했다. 그날 수업은 오후에 이루어졌고, 이후엔 차와 케이크를 먹으며 공휴일을 맘껏 즐겼다.

4년 과정을 마치면 의사 면허(LMP) 학위를 받기 전에 종합 고사를 보는 것이 당연하지만, 영국 교육 체제를 따르려면 매년 학기말마다 배운 내용을 가지고 시험을 보아야 했다. 이 시험은 마드라스 주 전체를 관할하는 마드라스 의학부 주관으로 치러지기에 만만치가 않았다. 1년 수업이 거의 끝나가고 시험 때가 다가오자, 아이다는 더욱 전전긍긍했다. 생각해보면 얼마나 뻔뻔한 철면피였나! 겨우 책 몇 권과 현미경 하나, 견본용 뼈대 하나 달랑 들고 학교를 시작하다니! 아, 브리슨 각하 말이 맞았다! 수세기 동안 이어오는 여성 천시 사상 속에 살아온 순박한 몇몇 학생들을 데리고 정부 설립 학교에서 충분한 교육을 받은 이들과 경쟁하는 것이 도대체 가능하기나 할까! 하지만 아이다는 확신에 찬 듯 밝은 얼굴 뒤로 자신의 두려움을 감추었다.

학생들을 모두 기차에 태워 시험을 치르게 될 마드라스 의학부 학교로 향하는 길에, 아이다는 밝은 목소리로 말했다. "걱정하지 마. 우리가 매주 치르는 쪽지 시험보다 더 어렵지 않을 거니까. 다들 여러분이 최선을 다하기만을 바라고 있어요."

학생들은 그 말에 속지 않았다. 아이다에게 있어서 '최선'이란 90점 이상을 의미했다. 학생들은 두려운 마음에 입을 꽉 다물고 딱딱한 의자에 앉아 서로 흘끔 쳐다보기만 했다. 그럴 법도 했다! 영국 제도 하에서 시험이란 교육의 생사를 가르는 문제였다.

시험관이었던 아이다는 학교 홀에서 브리슨 각하를 만났다.

"아, 스커더 선생! 첫 번째 입학생들을 이곳에 데리고 오셨소?"

"예." 아이다는 밝게 웃음 지었다.

걱정스런 마음에 브리슨의 얼굴에는 그늘이 졌다. "선생, 이번 첫 시험에서 혹 학생들 중 하나라도 통과하지 못한다고 해서 실망하지는 말기 바라오."

아이다는 암담한 목소리로 물었다. "하나라도요?"

"그렇더라도 놀랄 일은 아닐 거요. 선생도 알다시피 어려운 시험이니까. 아주 소수의 남성들만이 시험에 통과하지. 일반적으로 우린 젊은 친구한테서 많은 걸 기대하지 않소. 특히 여자들한테는 더욱 그렇소. 하지만 언제든 다시 도전할 수 있소. 어떤 일이 생기더라도 포기하지 않겠다고 내게 약속하시오."

"약속하지요." 아이다는 머리를 똑바로 들고 길을 갔다. 하지만 마음은 신발 밑창만큼이나 바닥으로 푹 쳐져 있었다.

힘겨운 날들이 지났다. 소녀들은 숙소인 마드라스 선교 방갈로에서 입을 꾹 다물고 앉아 결과를 기다렸다. 여러 남학교 학생들의 공개된 명단을 보며 낙심하고 있었다. 겨우 20퍼센트, 즉 5명 중 하나만이 통과했다!

속이 상한 14명의 소녀들은 통탄했다. "그래 우린 여자니까!"

사려 깊은 브리슨 각하의 쪽지를 통해, 아이다는 결과 발표 이전에 이미 상황을 알고 있었다. 대학에서 선교 방갈로까지의 거리가 너무도 길게 느껴졌다. 테니스 코트나 경주장이었다면 최고 속력을 내면서 달렸을 텐데. 마침내 도착한 아이다는 학생들이 기다리고 있는 문간에 서서 외쳤다. 학생들은 빛나는 그의 얼굴을 보며 어떤 말이 나올지 감을 잡았다.

"얘들아!" 아이다는 두 팔을 활짝 벌리며 말했다. "너희가 해냈어! 너희들 전부 통과했단다. 그 중 네 사람은 최상급이야. 그리고 그거 아니? 우리 학교가 마드라스 주 전체 의학부 학교 중에서 최고 성적이란다!"

학생들은 환호성을 지르며 아이다를 향해 달려갔다. 에비, 크루팜마, 제시렛, 리지, 나바마니, 루시, 다남마, 엘리자베스, 세실리아, 소피, 타이, 카나감, 안나, 사람마, 이렇게 모두가 서로 축하의 포옹을 나누며 하나가 되었다.

이후 브리슨을 다시 만났을 때, 그는 의아하다는 듯 머리를 살래살래 흔들며 조심스레 말했다. "근데, 선생. 혹 선생네 학생들이 너무 수준이 높아서 우리 남자들이 따라가기 힘든 건 아닌지 모르겠소."

아이다는 잠자코 미소만 지었다.

14 훈장

1920년. 모든 것이 최고를 달린 해였다.

인도는 최고 기온, 최고 물가, 고조된 감정으로 끓어올랐다. 당시 세계를 휩쓸었던 '자유'와 '민주주의'라는 말이 인도의 모든 지식층들 사이에서 오르내렸다. 그리고 왜소한 체격의 간디가 사탸그라하로 알려진 비폭력 혁명 운동을 일으켰다. 이 운동은 대영 제국의 기초를 흔들기 위한 목적으로 비협조라는 단순한 방식을 사용했다.

간디는 남아프리카에 거주하는 인도인들의 권리를 되찾는 빛나는 승리를 거둔 뒤 1915년에 인도로 돌아왔고, 민족주의자들은 그를 독립투사로 받들었다. 하지만 간디는 국가의 자유보다는 사회적 자유에 관심이 더 많았다. 그리고 국가 독립보다는 국가

통치자의 질적인 면모에 더 큰 관심을 갖고 있었다. 누가 다스리든, 인구의 80퍼센트가 무지와 질병과 가난 속에 살고 있다면 진정으로 자유할 수 없다는 것이 그의 주장이었다. 그러므로 그의 최대 목표는 농촌의 부흥이었다. 각 개인이 기초 교육을 받고, 자급할 수 있는 경제력을 갖추며, 모든 사람이 동등한 자격을 갖는 개인의 기본적 자유가 보장되면, 국가의 독립은 이내 따라오는 것이라고 믿었다.

간디는 1915년 이후 몇 년 동안은 여느 민족주의자들처럼 국가의 자유를 완전한 독립이 아닌 자치권 정도로만 여겼다. 그래서 영국 정부에 충실했던 그는 1918년에 전쟁이 일어난 영국으로 참전할 사람들을 모으러 다녔고, 전쟁이 끝나면 자치권을 인정하는 개방적인 정책을 취하겠다는 약속을 받아냈다. 극단적인 민족주의자들은 그의 온건한 목표에 반대했고, 엄격한 힌두인들도 카스트 제도를 타파하자는 그의 주장에 반대했지만, 그의 인기는 너무나 높았으므로 반대의 목소리는 잦아들었다. 인도 정치 세력 중 가장 활동적이었던 무슬림 연맹과 인도 국민 회의파 양 진영 모두 온건 개혁을 펼치는 간디의 계획에 찬성했다.

하지만 전쟁이 끝난 후, 간디는 깊은 환멸을 느꼈다. 1919년의 롤래트 법안은 자치권에 대한 모든 희망을 무참히 밟아버렸을 뿐 아니라 전쟁 전에 논의된 기본적 시민권에 대한 소망마저 무산시켰다. 이에 반대한 간디는 사람들에게 남아프리카에서 성공을 거두었던 비협조의 방법을 쓰자고 호소하며, 모든 영국 정부 기관에 대항하여 동맹 휴업이나 일반적 파업 운동을 하자고 주장했다. 그렇지만 안타깝게도 인도인들은 아직 그런 식의 체계적 행동을 취할 준비가 되어 있지 않았다. 펀자브 주 암리차르에서 평화적인 데모를 벌이고 있는 인도인들을 영국군들이 대량 학살하면서 여러 지방에서 폭력 사태가 최고조에 이르렀다. 1919년 4월에 일어난 대학살을 계기로 간디의 정책 방향은 180도 수정되었다. 영국은 지방 정부 내에서 인도인들에게 권한을 강화하는 내용의 '몬터규-쳄스퍼드 개혁'을 실시하여 법안을 수정하고자 했지만, 간디는 힌두인과 무슬림을 하나로 묶는 반(反) 영국적 분위기를 따랐다.

간디는 남아프리카에서 받은 두 개 훈장을 인도 총독에게 되돌려주며 이런 글을 썼다. "자신의 악덕을 감추기 위해 사악한 일만 일삼는 정부에 대해서는 더 이상 존경심도 애정도 없다."

1920년, 마하트마라는 칭호를 얻은 간디는 비폭력, 비협조라는 자신의 교의를 설파하기 위해 인도 여러 곳을 여행했다. 수세기 동안 악덕 지주들의 압제를 받았던 농촌의 소작농들은 농민반란을 일으키며 북 인도 전역을 행진했다. 그들과 함께 여행했던 부유한 젊은 변호사 자와할랄 네루는 인도인들의 가난을 보며 마음 깊이 충격을 받았다. 독립을 향한 오랜 투쟁에 있어서 전환점이 되는 시기였다.

아이다는 영국인이든 인도인이든 정치에 관해서는 그다지 관심이 없었다. 간디가 가장 중요하게 여긴 것처럼, 근본적인 자유를 갖출 수 있는 건강한 인도인을 만들어내는 데 여념이 없었다.

그 해는 아이다에게도 최고의 해였다. 최고의 희망, 최고의 모험, 그리고 우연히도 영국 식민 정부가 수여하는 최고의 명예상을 수여받게 되었다. 아이다는 인도의 왕과 황제의 봉인이 양각으로 움푹 찍힌 봉투를 열면서 놀랍다는 듯 중얼거렸다. "카이사르 이 힌드(Kaisar-i-Hind) 훈장이라고! 이… 이걸 나한테 주겠다니!"

델리의 무굴 황제의 이름이었던 '카이사르 이 힌드.' '인도의 황제'라는 의미의 이 명칭은 1876년에 빅토리아 여왕에게 붙여졌다! 그리고 1900년 이후부터는 인도에서 공공복지를 위해 일하는 사람에게 주는 최고 훈장의 명칭이 되었다.

거트루드는 반짝이는 눈을 깜빡이며 말했다. "내 생각에는 시기적으로 볼 때 이미 오래 전에 받아야 했어. 루이자 하트 선교사한테는 주고 너한테는 주지 않는 걸 보면서 정말 이해가 안 됐었지."

아이다가 대답했다. "루이자 선교사가 받을 만하죠. 제가 안식년 간 사이 1907년에 전염병이 돌았을 때, 정부를 도와서 열심히 일했잖아요."

봉투를 자세히 살펴보던 거트루드는 마지못해 동의했다. "어찌되었든, 루이자 선교사는 2등급 훈장을 받았지만, 너한테는 일등 금색 훈장을 주었군."

훈장 수여식이 있던 날 밤, 엄청난 폭우가 쏟아졌지만 800여 명의 사람들이 참석했다. 참으로 장엄한 예식이었다. 마드라스의 총독 관저에서 온 총독 윌링던 경과 그의 아내가 붉은 옷을 입은 경기병들 사이로 입장하여 단상에 올랐다. 수상식에서는 일반인과 군인들을 비롯해 많은 훈장이 수여되었지만 일등 금장을 받은 사람은 아이다와 다른 두 사람 뿐이었다.

단상까지 엄숙한 행진을 하여 축사를 듣고 세 번씩이나 절을 하면서 단상을 내려오는 복잡한 수상식이 끝난 이후에도, 아이다는 이런 영광스러운 상이 자기에게 주어졌다는 사실을 도저히 믿을 수가 없었다. 하지만 며칠 전 벨로르의 새 부지에서 의사용 방갈로와 간호사용 숙소에 대한 평면도를 계획하고 조촐한 기공식을 했을 때 느꼈던 성취감과는 비교할 수가 없었다.

1920년 4월 어느 날. 아이다는 병원을 나와 후덥지근한 길을 따라 첫 입학생들이 머무는 숙소인 오피서 라인 방갈로로 향했다. 그 사이 건물 두 채를 더 빌렸지만, 학교는 여전히 장소가 협소했다.

학기가 거의 마칠 무렵이었으므로 잠시 여유를 즐길 수 있었다. 두 학년 모두 학기말 시험에 응시했다. 시험에 떨어진 사람도 몇몇 있었지만, 이 학교 학생들의 성적이 여전히 마드라스 주에서 최고였다. 두 번째 해에는 89명이 원서를 넣었고 그 중 25명이 입학했으며, 한 해를 마치고 나니 두 학년 합해 학생 수는 총 38명이 되었다.

병원은 어느 때보다도 북적였다. 정부에서는 학생 한 명당 3개의 침상을 확보하도록 요구했는데, 베란다에만 침상이 60개 이상 들어차는 때도 많았다!

셀 병원은 연합 의학부에게 있어 없어서는 안 될 곳이었다. 그리고 학교는 7개 교단에서 후원하는 프로젝트였다. 그 말은 다른 교단 사람도 교직원으로 받을 수 있다는 의미였다. 그래서 연합 자유 교회의 맥패일 선교사와 미국 침례교단의 키너먼 선교사가 합류했다. 또한 캐나다 침례 교단의 두 자매인 제시 핀들래이와 엘리자베스 핀들래이가 이미 벨로르로 향하고 있었다.

그리고 미국에서는 피보디 부인과 여러 개신교단에 속한 피보디의 동료들이 기금 마련을 위해 애쓰고 있었다. 벨로르뿐 아니라 동양 여러 지역에 세울 7개 여자 대학을 위한 기금이었다. 피보디와 함께 일하는 수백 명의 위원회 회장들은 로라 스펠만 록펠러 기념 재단에 백만 달러를 요청한 이후 그 결과를 숨죽이며 기다리고 있었다. 승리와 실망의 소식이 국제 우편으로 전해졌다.

피보디 부인의 편지가 막 도착했다. "프로비던스(Providence)의 한 교회에서 수술실 마련을 위해 만 달러를 헌금했습니다." 그리고 필브라운이라는 이름의 남성은 딸의 결혼 축의금 만 달러를 간호사 숙소 마련을 위해 헌금했다. 매사추세츠 주에 사는 엘렌 코울이라는 은퇴 노인은 도심에 진료소를 건립하는 데 필요한 비용을 헌금했다. 아이다는 기쁨과 흥분을 감출 수가 없었다. 직접 미국으로 가고 싶은 마음이 간절했다.

아이다는 학생 숙소를 지나 선교관의 작은 뒤채로 이어진 길을 따라 걸음을 재촉했다. 작은 안뜰로 채 들어서기도 전에 그를 열렬히 반기는 20명의 어린 아이들 목소리가 들렸다.

"엄마다! 엄마 오셨다!"

반갑게 달려드는 아이들 틈새로 간신히 뒤채 베란다에 올라간 아이다는 웃으면서 의자에 앉았다.

"반투파룽글레, 우리 이쁜 녀석들! 이리 와서 내가 뭘 가져왔나 보렴." 아이다는 들고 온 바구니 덮개를 열고서 향기롭게 잘 익은 망고를 꺼내어 쭉 뻗은 아이들의 손에 얹어주었다. "여기, 마나 거. 에스더 것도… 파드마티… 타나바키암… 데바데센…." 아이다는 고개를 들어 점하나 없이 깨끗한 흰 사리를 입고 문간에 서 있는 인도 여인을 쳐다보았다. "에녹 부인, 오늘은 애들이 말을 잘 들었나요?"

그녀는 찬찬히 웃음 지었다. "마냥 천사 같진 않았죠. 애들이 말을 잘 안들 땐 자리에 앉혀서 노래를 시켰답니다."

모퉁이 석판 집에서 아이들 목욕을 책임지고 있는 간호사 역시 고충을 털어놓았다. 그래도 아이다는 안도의 한숨을 쉬었다. 마침내 '입양한' 아이들이 머물 집이 생긴 것이다. 방 두 개, 부엌 하나, 넓은 베란다, 뛰놀 만한 나무 그늘, 금잔화가 활짝 핀 마당이 갖추어진 작은 뒤채 건물이었다. 시끄럽게 떠들면서 사람들을 귀찮게 한다는 꾸중을 듣거나 조용히 하란 소리는 더 이상 들지 않아도 되었다.

독감 때문에 고아가 된 마나가 검은 두 눈을 크게 뜨고 가까이 다가와 아이다의 희끗한 금발 머리를 신기한 듯 쳐다보았다. 그리고 수줍은 듯 물어보았다. "이거 진짜 머리에요? 만져 봐도 돼요?"

아이다는 웃으며 마나를 무릎에 앉혔고, 작은 고사리 손이 보드란 머리칼 사이에 폭 싸이도록 허리를 굽혀주었다. 다른 아이들도 그렇게 만져보고 싶어 했다.

매리 테이버, 그리고 사촌인 루 스커더가 데려왔던 알비노 병에 걸린 소녀 케지아를 시작으로 아이들은 하나씩 늘어 지금은 6개월부터 16살에 이르는 23명의 아이들이 살고 있었다. 아이다는 사랑스러운 눈길로 아이들을 바라보면서 그 애들이 여기까지 오게 된 사건들을 떠올렸다.

마을 진료를 나갔다가 엄마 없이 버려져 있기에 이곳에 데려온 두 아기들. 태어나자마자 덤불에 버려졌다가 목동이 아이 울음소리를 듣고 발견하여 경찰에 신고한 후, 구디야탐으로 보내진 파드마티. 어머니가 병원에서 폐결핵으로 사망하는 바람에 남겨진 에스더 타암마, 교도소에서 태어났다가 엄마들이 죽는 바람에 애니 핸코크가 이곳으로 데려온 아이들도 있었다. 사랑이 가득 찬 아이다의 눈이 건강하고 활기 넘치는 조그만 소년에게로 머물렀다. 어느 날 밤 저녁 식사를 하고 있는데, 누군가 높은 목소리로 노래하는 소리가 들렸다. 밖에 나가보니 네 살쯤 되는 발가벗은 남자 아이가 경찰의 손을 꼭 잡고 있었다. 물론 그 아이도 아이다가 맡았다.

아이다는 안타까웠다. "집만 좀 더 넓으면, 23명이 아니라 50명 정도는 데리고 있을 텐데!"

아이다는 문제의 해결책을 곰곰이 생각하며, 4월의 열기 속에 천천히 방갈로로 발걸음을 옮겼다. 마드라스 기숙학교에서 이제 막 돌아온 매리 테이버가 그녀를 맞이했다. 매리는 미소 짓는 눈과 부드럽게 땋아 내린 빛나는 머리채를 가진 어여쁜 소녀가 되었다. 함께 방갈로까지 걸어갔다가, 매리는 저녁 식사를 하러 간호사 숙소로 갔다. 부분적으로는 서구식 교육을 받으며 자라났지만, 고기나 감자보다는 쌀과 카레를 더 좋아했다.

식사 후 푸딩을 먹다가 스커더 부인이 침착한 목소리로 이야기를 꺼냈다. "그나남말 부인이 오늘 나한테 와서 상의를 하더구나. 봄베이 출신의 어느 기독교인 인도 여자분이 우리 병원에 입원했는데, 지난 주일날 교회에 왔었다더라."

푸딩이 아이다의 입맛에 맞는지 살펴보던 거트루드가 말했다. "어떤 여자분인지 알아요. 남편이 영국 국교회 목사죠. 지적이고 세련된 분이더군요."

아이다는 반은 흘려듣고 있었다. 나풀거리는 펑커가 시원하게 해주기는커녕 용광로 같은 열기만 더해주는 것 같았다. 열기와 더불어 휙휙거리는 움직임이 오히려 역효과만 냈다. 아이다는 겨우겨우 숟가락을 입에 넣으며 중얼거렸다. "푸딩이 좋네요. 맛있고 시원하고."

거트루드는 기쁜 듯 미소를 지었다. "망고 커스터드야. 우물 속에 넣어 두었었지. 식사하기 직전에 꺼내 오게 했어."

스커더 부인이 조용히 말을 이었다. "근데 그 여자분이 교회에서 매리 테이버를 보았다는 거야. 마음에 들었나봐. 그래서 매리랑 그 집 아들의 결혼을 주선해주면 좋겠다고 그나남말 부인한테 부탁했나보더라."

갑자기 확 정신이 들었다. 입속에 들어 있는 푸딩이랑 말이 뒤섞여 숨이 턱 막혔다. "결혼이라구요? 매리 테이버가? 뭐 그런 여자가 다 있어요? 우리가 조혼을 반대한다는 걸 모른데요?"

스커더 부인은 싱글거리며 웃었다. "내가 약혼한다고 할 때 너희 할머니가 하신 말이랑 똑같구나! 얘야, 네가 '아이' 라고 말하는 매리는 지금 16살이야. 결혼식을 하기 전에 17살이 될 거고 말이야. 미국에서도 17살 정도면 그리 빠른 나이는 아니잖니. 그리고 여긴 미국이 아니라 인도란다."

기가 막힐 노릇이었다. 그날 밤, 아이다는 거울에 비친 자기모습을 보다가 문득 자기가 쉰이 다 되었다는 사실을 떠올렸다. 물론 그 나이로 보이지도 않았고, 그런 식으로 행동하지도 않았다. 부드러운 피부에는 주름살도 없었다. 하얗게 번쩍이는 머리도 나이든 표시가 아니라 젊음의 상징처럼 보였다. 산을 오르는 데는 십대들 뺨칠 정도로 능숙했고, 테니스 시합에서는 누구도 상대가 되지 않았다. 하지만 벌써 버치필드 밀리컨이 세상을 뜬 지 15년이 흘렀다. 그리고 아기였던 매리 테이버는 약혼을 준비하는 상황이었다.

하지만 사랑도 없이 얼굴도 모르는 남자한테 시집을 가다니! 그렇게 내버려둘 수는 없었다. 그렇지만 결혼에 있어서 서구식이 동양의 방식보다 낫다고 말할 수 있겠는가? 직접 결혼 상대자를 고를 수 있는 권리가 정말로 사랑과 성공을 가져다주는 것인가?

다음 날 아이다는 그나남말 부인과 함께 오랫동안 이야기를 나누었다. 그런 다음 한 번 만나보고 싶다는 편지를 저쪽 부모에게 보냈고, 또한 봄베이에 있는 사역자에게 그 청년과 가족에 대한 구체적인 정보를 묻는 편지를 보냈다. 매리 테이버가 동양식으로 결혼을 해야 한다면, 아이다와 스커더 부인도 최고의 남편감을 찾아 성대한 결혼식을 베풀어주고 싶었다.

몇 달이 지나고 마침내 양쪽의 만남이 성사되었다.

"자, 됐다! 네 모습이 어때?"

몇 년 전에도 매리의 머리를 리본으로 묶어준 뒤 거울을 보여주면서 똑같은 질문을 했었다. 겨우 어제 일처럼 느껴졌다. 매리 테이버는 번쩍이는 머리를 쓰다듬고 빳빳하게 주름잡힌 하얀 사리를 매만지며 찬찬히 자기 모습을 살펴보았다.

"예뻐요." 그때랑 똑같은 대답이었지만 이번엔 허영심이 아닌 수수한 만족감이 묻어났다. 어머니가 참 잘 키우셨다. 매리 테이버는 더 이상 응석받이가 아니었다. 정숙하고 성숙한 16세 소녀가 된 것이다. 갑자기 옛날 생각이 나서 아이다는 입을 질끈 다물었다.

"음… 너한테 해줄 말이 있단다. 나는 네 마음이 어떤지 잘 모르겠어. 하지만 그나남말 부인은 이게 옳은 일이라고 생각하셨단다."

"네?" 매리 테이버는 침착하게 말했다.

"너를 만나려고 아래에서 기다리는 청년이 있는데. 부모랑 친척들 몇 명이랑 함께 봄베이에서 찾아왔어. 할머니와 나는 이전에 그 청년을 만나보았고, 마음에 들더라. 늠름하고 건장한 친구지." 자신의 말에 화들짝 놀란 아이다가 혼자 생각했다, '맙소사! 내가 지금 뭘 하고 있는 거야! 무슨 송아지 파는 선전을 하는 것도 아니고!'

매리는 조용하게 말했다. "네, 알아요. 그나나만티가 얘기해줬어요."

아이다는 다행이다 싶어 깊이 한숨을 쉬었다. 아이의 팔을 꼭 감싸 안고서 말했다. "얘야, 원하지 않으면 결혼할 필요는 없단다. 우리는 네가 행복하길 바랄 뿐이야. 얼굴도 본적이 없는 사람과 약혼하는 것이 우리한테는 정말 낯설구나!"

"그래도 오늘 얼굴을 볼 거라고 말씀하셨잖아요." 매리 테이버가 천진난만하게 말했다.

"그래, 네 말이 맞네. 내가 참 바보 같지!" 아이다는 즉시 즐겁게 미소를 지으며 식탁 접시에 꽂힌 두 겹의 분홍 히비스커스 꽃을 꺾어 매리의 땋은 머리 위에 꽂아주었다. 그리고 다정하게 말했다. "그 청년이 널 좋아할 거야. 그렇지 않고는 못 배기지. 하지만 애야, 혹 그 청년이 마음에 안 들거든 나한테 말하겠다고 약속해야 해."

매리 테이버는 진지하게 대답했다. "약속할게요."

두 사람은 청년과 부모가 스커더 부인과 거트루드와 함께 차를 마시고 있는 거실로 내려갔다. 두 청춘남녀는 소개를 받고 형식적인 몇 마디를 주고받은 뒤, 찻잔 뒤로 수줍게 서로를 눈여겨보았다. 그 청년에게서 나쁜 점은 찾아볼 수 없었다. 친절하고 지적인 검은 눈을 가진 그 청년은 정직하고 열정도 있어 보이는 괜찮은 사람이었다. 하지만 그다지 마음에 썩 들지 않았다. 매리 테이버는 웃음이 많은 아이였지만, 그 청년은 자리에 앉아 있는 내내 미소 한 번 짓지 않았다.

손님들이 가고 난 뒤 매리에게 물었다. "그 청년 마음에 들던?"

그다지 감정이 묻어나지 않는 대답이었다. 일단은 좋아한다고 했다. 좋은 사람 같다면서. 허나 매리는 남자에 대해서는 잘 몰랐다. 어른들의 판단에 맡기겠다고 했다. 어른들은 매리에게 최선의 것이 무엇인지 알기 때문이라면서 말이다.

이틀 후, 양가는 저녁 6시 정각에 높은 현관 지붕 밑 베란다에 모였다. 신랑의 가족들은 5개의 큰 쟁반을 가져왔는데, 한 곳에는 과일이, 또 한 곳에는 코코넛이, 또 하나에는 구장나무 잎과 열매가, 다른 하나에는 꽃 화환이, 나머지 하나에는 약혼반지와 사리, 블라우스, 향수가 담겨 있었다. 전통에 따르면 선물을 줄 때 5나 7같은 홀수로 주어야 했고, 13은 절대 허용되지 않았다. 선물 중에는 17개의 금화가 달린 목걸이도 있었다.

인도인 목회자인 사이먼 코넬리우스 목사도 손님으로 초대되었다. 찬송가 몇 곡을 부른 다음, 그가 자리에서 일어났다. 그리고 위엄 있는 목소리로 말했다. "우리는 매리 테이버와 바나바 찰스 게스트 세바스찬의 약혼을 선언하기 위해 이 자리에 모였습니다."

그리고 창세기에 나오는 이삭과 리브가 이야기를 함께 읽은 후, 다시 코넬리우스 목사의 말이 이어졌다. "이삭이 리브가에게 선물을 가져왔듯이, 여기 신부에게 선물이 전달되었습니다."

매리 테이버는 자리에서 일어났다. 신랑의 누나, 여동생들이 5개의 쟁반을 코넬리우스 목사에게 가져오자, 그가 축사했다. 여자 형제들은 매리를 스커더 부인의 침실로 데려가 새로운 사리를 입힌 뒤 다시 자리로 데려왔다. 사람들은 함께 기도를 한 뒤, 정식 만찬을 나누었다. 약혼은 그렇게 마무리되었다.

이후 3주 동안 교회에서 결혼 예고(결혼 이의의 유무를 묻는 일—옮긴이)를 했다. 그나남말 부인은 서구인인 그들에게 인도식의 기독교 결혼식 순서를 조심스레 지도했다. 신랑 식구들이 묵을 집은 근처에 잡아두었다. 마지막 주일 예배 후에는 '할머니'인 스커더 부인이 매리 테이버를 마차에 태워 미리 잡아둔 숙소로 데려갔다. 신부는 그곳에서 신랑과 그 가족들과 보내게 되어 있었다. 만남이 그다지 화기애애하지는 않았다. 신랑은 너무 과묵했고, 신부는 너무 수줍음이 많아 남편을 쳐다보지도 못했다. 신랑은 언어가 다른 지방 출신이라 타밀어는 하나도 몰랐으므로, 두 사람은 영어로 몇 마디 대화를 주고받았는데, 다행히 둘 다 영어 구사력이 좋았다.

한 주 후 성대한 결혼식이 열렸다. 1월에 열리는 연중 모임을 위해 벨로르에 모여 있던 그 지역 선교사들이 모두 찾아왔으므로 예배당은 가득 찼다. 긴 드레스 치마와 치렁치렁한 사리로 식장은 만원이었다. 꽃으로 장식한 서양식 모자와 금빛 장식을 한 사리와 터번이 서로 아름다움을 견주는 듯했다. 전혀 모르는 낯선 사람을 향해 단상으로 나아가는 겁에 질린 자그마한 신부의 모습은 동양과 서양이 하나로 만나는 모습을 여실히 보여주고 있었다. 신랑이 선물한 금을 매단 무거운 결혼식 사리 속으로 높은 목에 긴 레이스 소매가 달린 빳빳한 블라우스의 선이 나타나보였다. 그리고 그 위에는 오렌지 꽃 화환과 흰색 베일이 어색한 조화를 이루고 있었다.

우울한 표정으로 웃음기 하나 없는 신부의 모습을 보면서 아이다는 후회가 막심했다. '맙소사! 대체 우리가 무슨 짓을 한 걸까! 우리가 왜 그런 짓을 한 걸까?'

손님을 맞이하는 두 사람은 화환으로 반쯤 묻힌 채 화려하게 장식된 의자에 나란히 앉아 있었는데, 단상 위 발치에는 선물이 그득하게 쌓여 있었다. 매리 테이버는 선물 상자를 열면서 답례로 웃음을 보였지만, 평소와 같은 발랄함은 찾아볼 수 없었다. 이후 노래하고 기도하고 축하 말씀이 줄을 잇는 동안에도 신부와 신랑은 말은커녕 얼굴 한 번 제대로 쳐다보지 않았다. 두 사람을 쳐다보는 아이다의 마음에는 근심만 커갔다.

식사를 준비하는 데 있어 동양과 서양의 차이는 더욱 컸다. 서구인들을 위해서는 접시와 칼, 포크가 차려진 식탁이 준비되었고, 인도인 손님들을 위해서는 잔디밭에 깔린 자리 위에 커다란 바나나잎 접시가 준비되었다. 정해진 때가 되자 매리 테이버는 여느 전통적인 힌두 아내들처럼 묵묵히 복종하는 태도로 남편의 뒤를 따라 안뜰 뒤편의 조그만 방으로 들어갔다. 여전히 마음이 답답한 아이다는 두 사람의 모습을 계속 지켜보았다. 고분고분한 겉모습 뒤에 숨겨진 매리 테이버의 감정을 알았기에 걱정은 더욱 커져만 갔다.

처음으로 남편과 단 둘이 남겨진 매리 테이버는 두려움 때문에 말이 제대로 나오지 않았다. 신랑은 엄청나게 둘러쓴 화환과 예복의 부피 때문인지 아주 육중하고 무서워보였다. 눈을 들어 얼굴을 쳐다볼 엄두조차 내지 못했다. 떨리는 손으로 베일을 벗은 매리는 머리 위를 덮은 하얀 사리 끝을 잡아당겼다. 너무 무거워서 사리를 뒤로 잡아 내리는 동안 손으로 턱 아래를 붙잡고 있어야 할 정도였다. 매리 테이버는 자신이 마치 부르카 휘장 뒤에 힘없이 구부정하게 들어앉은 무슬림 여인이나 높은 카스트 힌두 여자가 된 느낌이었다.

지난 17년 동안 이런 순간을 준비하지는 못했다. 할머니도 뭔가를 말씀하시고 그나나만티 부인도 뭔가를 말해주었지만 두 사람의 조언은 서로 일치하지 않았다. "아가, 네 모습 그대로 행동하렴." … "서구인들이 뭐라고 말하든, 여자란 남편 뒤에서 자기 자리만 지키면 되는 거야."

신랑도 겉옷을 벗고 어찌할 바를 몰라 잠시 주저주저 하다가, 신부에게 옷을 쑥 내밀었다.

그리고 딱딱하게 말했다. "자, 여기. 제대로 걸어놔 봐요."

부탁하는 말인지 명령하는 말인지 헷갈렸다. 수줍음이 호기심으로 바뀐 매리 테이버는 눈을 들고 뭘 해야 하는 건지 살펴보았다. 하지만 신랑은 아무런 신호도 보내지 않았다. 겉옷을 받아들고는 가만히 서 있는 매리의 모습에 신랑은 오히려 당황했다. 남자의 겉옷을 들기는 처음이었다. 근데 대체 이걸로 뭘 하라는 걸까? 사리처럼 납작하게 접히지도 않고, 양끝과 소매를 맞춰 접는 블라우스나 여성용 자켓도 아닌데. 결국 매리 테이버는 엄지와 검지 손가락으로 조심스레 옷을 집어 들고 방 저편으로 가서 의자 위에 툭 떨어뜨렸다.

"아니, 아니, 그렇게 하면 안 되지! 제대로 놔둬야 해요. 봐요, 가르쳐 줄 테니."

매리 테이버는 입술을 꼭 다물고 남편이 옷을 집어 든 다음 조심스레 주름을 펴고서 의자 허리 받침 위에다 걸쳐 두는 모습을 지켜보았다. 고개를 치켜들자 사리가 머리 아래로 스르르 내려와 가려진 얼굴이 드러났지만, 매리는 다시 끌어올리지 않았다. 더 이상 두려울 것이 없었다. 버럭 화가 난 것이었다.

큰 소리로 말했다. "날라 투! 잘 됐네요! 내가 하는 방식이 마음에 안 든다면 다음부턴 직접 하지 그래요!"

깜짝 놀란 청년이 뒤로 돌아서자 옷은 주르르 흘러 바닥에 툭 떨어졌다. 그는 가만히 서서 마치 처음 본다는 듯 매리를 쳐다보았고, 호기심이 가득한 매리는 스스럼없이 그의 늠름한 어깨와 강인한 모습을 바라보았다. 마침내 신랑의 눈이 반짝이더니 딱딱한 입가에 미소가 번졌다. 그러자 매리 테이버 세바스찬은 몸을 구부려 남편의 옷을 주웠고, 주부다운 능숙한 솜씨로 옷을 탁탁 털어 주름을 편 뒤 의자 위에 걸어두었다.

두 사람은 앞뒤로 차례로 걸어 나오는 대신 옆으로 나란히 걸어 나와 손님들을 맞이했다. 아이다는 놀라움과 안도감으로 그 모습을 지켜보았다. 매리의 얼굴은 더 이상 우울하지 않았다. 장난기 어린 쾌활함이 다시금 눈가에 살아났다. 두 사람은 나란히 손을 잡고 서서 서구식 웨딩 케이크를 잘랐는데, 두 사람은 더 이상 서로가 어색하지 않은 듯했다. 남편과 아내에게는 두 사람만의 은밀한 기쁨이 있다는 것이 결코 틀린 말은 아니었다.

15 2백만 달러의 기적

벨로르 정부 병원의 인도 의료국의 레지던트 의사인 페이튼 대령은 힘겨운 하루를 보내는 중이었다. 병원이 환자로 넘쳐났던 것이다. 결국 의사로서의 능력을 시험하는 어려운 환자를 만나게 되었다. 제대로 진단하기도 힘겨웠고, 보조 없이는 수술하기도 어려운 상황이었다.

그는 사람을 보냈다. "가서 아이다 스커더 선생을 모셔오게." 아이다는 언제나 그렇듯이 기꺼이 즉각적으로 달려왔고, 40도가 넘는 나무 그늘 아래서 환자를 보는 일이 즐거운 듯 활기차고 힘이 넘쳐 보였다.

페이튼은 스코틀랜드 사람 특유의 짤막한 말로 사과했다. "귀찮게 해서 죄송합니다. 손도 부족하고, 아주 심각한 환자라서요.

멸치 떼처럼 사람이 몰려들었지요. 정말 끔찍한 하루였습니다."

아이다는 공감한다는 듯 미소를 지었다. "그렇지요. 저도 오늘 하루를 그렇게 보냈답니다."

아이다는 페이튼이 내린 진단이 맞다고 확인했고, 두 사람은 긴장감 없이 함께 수술을 마쳤다. 페이튼은 아이다와 함께 수술하는 것을 좋아했다. 자신은 비록 명석한 외과의는 아니었지만, 그녀를 보면 사람의 조직을 민첩하고 꼼꼼하게 다루는 솜씨가 있었다.

아주 섬세한 아이다의 손놀림을 지켜보던 페이튼은 이렇게 생각했다. "정말 놀라와. 마치 새롭게 창조하는 것 같군."

바쁜 오전 진료 중에 아이다를 불러낸 것이 미안했던 페이튼은 그날 오후 긴급한 수술을 도와달라고 사람을 보낸 아이다에게 오히려 기쁘기까지 했다. 수술은 성공적으로 끝났고, 함께 일을 해냈다는 성취감을 안고 페이튼은 병원으로 돌아갔다. 남은 하루도 무척이나 힘겨웠다. 밤 10시쯤 되자 오전에 수술을 받았던 환자의 상태가 좋아졌고, 페이튼은 피곤한 몸을 이끌고 회진을 마쳤다.

그는 안타까운 마음이 들었다. '불쌍한 아이다 선생! 분명 너무 지쳐서 반쯤 쓰러졌을 거야. 아까 그 환자는 어떻게 되었는지 궁금한 걸.'

피곤하기는 했지만 그는 마차를 불러 아이다를 만나기 위해 셸 병원으로 향했다. 방갈로 입구에 도착해보니 근처 정원에서 희미한 불빛이 보이길래 이렇게 생각했다. '참 안 됐어. 분명 저기서 무릎 꿇고 기도하는 중일 거야. 혼자 있을 수 있는 유일한 장소가 바로 저긴가 보군.'

그는 무릎을 꿇고 있는 사람이 형상이 보이는 곳까지 잠잠히 들어갔다. 아이다 선생이 맞았다. 하지만 기도하는 중은 아니었다. 그는 순간 멈춰 서서 대체 뭘 하고 있는지 가만히 쳐다보았다. 아이다는 땅을 파던 중이었다. 이럴 수가, 정말 끔찍한 하루였나 보지? 이 밤에 약간 맛이 간 게 아닐까….

"저… 도와 드릴 거라도…." 그는 중얼거렸다.

"어머, 웬일이세요?" 아이다는 명랑한 목소리로 인사했다. "이렇게 찾아오시다니! 오늘 수술했던 두 환자 모두 상태가 좋아졌다는 소식에 너무 기뻐서 어쩔 줄 모르겠더라구요. 그래서 함께 축하하려고 친구들을 불렀지요. 그런데 오늘 하루 종일 금련화 나무를 이대로 방치해두었던 게 이제 생각난 거예요. 너무 미안해서 땅에 다 심어 놓으려구요. 다른 사람들은 하루 종일 일이 힘들어 너무 피곤해 하길래."

아이다는 손을 탁탁 털면서 몸을 일으켰다가, 등불을 집어 올리느라 다시 몸을 구부렸다. 그녀의 푸른 두 눈은 불빛 속에서 더욱 열정적으로 타올랐다. 이른 아침의 상쾌한 모습 그대로인 것을 보고 페이튼은 너무나 놀랐다.

아이다는 유쾌하게 말했다. "들어오시죠. 친구들과 커피도 마시고 음악도 좀 더 들을 참이랍니다. 오늘 하루 많이 피곤하셨죠?"

정말 엄청난 에너지가 필요한 일이었다. 현재 아이다는 병원을 운영하고, 일주일에 두 번 마을 진료를 나갔으며, 의학부를 3년째 이끄는 중이었는데, 이번 해에 입학할 학생을 포함하여 네 학년 모두 65명의 학생들이 있었다.

예전에 비해 돕는 사람들이 더 많아진 것도 사실이었다. 뛰어난 병원 운영진 중에는 캐나다에서 온 제시 핀들레이와 엘리자베스 핀들레이가 있었는데, 제시는 키가 크고 기품이 있으며 유능했고, 엘리자베스는 보드란 머리에 푸른 눈을 가진 가냘프고 예쁘장한 전형적인 여성이었다. 특히 제시는 도착한 즉시 한 달이 지나기도 전에 아이다에게 큰 힘이 되었으므로, 아이다는 제시 없이 지금껏 어떻게 꾸려왔나 싶을 정도였다. 독일 태생의 미국 내과의인 안나 데겐링도 새로 왔다. 안나는 경쾌한 웃음과 신랄한 말솜씨가 일품이었고, 수도꼭지에서 떨어지는 소리도 잡아낼 만큼 뛰어난 청력에, 유능한 대학 회계원으로 오랫동안 일했던 독일인 특유의 검소함을 지닌 여성이었다.

아이다는 이들의 도움이 절실했다. 병원과 학교일 이외에도 건축 일로 골머리를 앓고 있었으며, 수만 킬로미터 떨어진 미국에서 행해지는 기금 마련도 힘겹기는 마찬가지였다.

기금 모금은 지난 어느 때보다도 절실한 형편이었다. 정부에서 병원 확장으로 제공한 기금은 벌써 다 쓴 상태였다. 긴급한 도움이 필요했다. 마드라스 주 총독인 윌링던 경이 벨로르를 방문했을 때, 아이다는 단독 면담 기회를 가지려 백방으로 노력을 기울였지만 성공하지 못했다. 지방 장관의 집으로 초대를 받게 되자, 아이다는 어떤 수를 써서라도 총독에게 다가가기로 결심했다. 그런데 총독이 먼저 아이다를 불러 옆에 앉게 하는 것에 무척이나 놀랐다. 아이다는 기회를 십분 활용했다. 몇 년이 지났지만 그의 열정과 개인적인 호감은 여전히 효력을 발휘했다. 마드라스 총독관저에서 손님을 맞이하던 윌링던 경은 아이다를 초대했을 뿐 아니라 아이다가 인사를 건넸을 때 기다리는 사람들을 세워둔 채로 얼마 동안 개인적인 이야기를 나누기도 했다.

면담이 끝나자 아이다의 마음에 쏙 드는 즉각적 효과가 나타났다. 총독이 방문한지 얼마 되지 않아 마드라스 정부는 아이다의 계획에 50만 루피(10만 달러)를 제공하기로 결정을 내렸다. 단, 동일한 금액을 다른 곳에서 모금할 경우에 말이다. 조건부 제공이라니… 아주 절망적인 말이었다!

씩씩한 피보디 부인은 미국 서부 해안 지역을 돌며 60번의 강연을 마치고 돌아온 후 이렇게 보고했다. "록펠러 재단에서 동양의 7개 지역에 여성 대학을 세우도록 백만 달러를 주기로 했답니다. 하지만 먼저 2백만 달러를 모금한다는 조건으로 말이지요. 그리고 1922년 한 해를 12개월간의 모금 시일로 주겠답니다!"

아, 피보디 부인과 함께 모금 전장에 함께 할 수만 있다면! 하지만 안식년이 시작되려면 아직도 시간이 많이 남아 있었다. 아이다에게 부족한 건 인내심이었다. 서부 해안에서 시작되어 남인도 전역을 휩쓸었던 모플라 폭동으로 갈등이 첨예해지던 어려운 시기에 아이다는 그 사실을 증명해보였다.

자유를 향한 투쟁이 진행될수록 힌두인들과 무슬림 사이에는 잦은 충돌이 있었는데, 다수의 인도인들은 '분할 통치'(분열시켜 정복함)라는 영국의 정책에 따라 그 같은 불화가 조장되는 것이라고 주장했다. 1921년, 인도 남서부 해안 끝에 사는 무슬림 극단주의자들이었던 모플라의 소작농들이 힌두 지주들과 고리대금업자에 항거하여 봉기했다. 이 일은 경제적인 불의에 맞서 일어난 지역적인 사건으로 시작되었고, 정치·종교적인 의미는 없었지만, 신문과 여러 매체를 통해 널리 알려지게 되면서 널리 소요가 퍼졌다. 다른 무슬림 집단도 모플라의 소작농들과 마음을 같이하여 힌두인에 대항해 일어났는데, 종교적 갈등의 여파는 남인도 전역을 산발적으로 휩쓸었다.

갈등의 여파는 벨로르까지 미쳐, 도시는 계엄령 아래 들어가게 되었다. 선교사들과 병원 직원들은 치안이 잘 된 거리 몇 곳만 통행하도록 허용되었다. 무슬림들이 중점적으로 거주하는 지역은 통행금지 구역으로 묶였다. 이 기간 동안 아이다는 어느 무슬림 환자의 집으로 방문 요청을 받았는데, 환자는 심각한 상태였고, 매우 위험한 금지 구역 안에 살고 있었다. 아이다는 갈 채비를 했다.

친구들은 그런 아이다를 말렸다. "안 돼! 법을 어기는 거잖아!"

아이다는 항변했다. "가지 않으면, 그보다 높은 하나님의 법을 어기게 되는 셈인걸."

무슬림 여성들이 집 밖에서 입는 온 몸을 감싸는 부르카를 걸치고 마차에 탄 아이다는 금지 구역에 들어가 환자를 치료한 후 집으로 돌아왔고, 당국에 그 사실을 알리지 않았다. 격렬한 인종 갈등이 벨로르를 휩쓴 상황에서는, 마땅한 이유가 있음에도 불구하고 서구 여성이 무슬림 여자처럼 변장을 했다는 사실이 알려지면 소요가 일어날 수도 있었기 때문이었다.

그 사이 새 병원 건물이 건축된 벨로르 근방의 토타팔라암에서 진행되던 건축 계획은 느리긴 해도 꾸준히 진행되고 있었다. 아이다의 새 주거지가 될 의사 숙소와 간호사 숙소가 가장 먼저 세워졌다. 그리고 바로 옆, 엎어지면 코 닿을 거리에는 새 진료소 건물이 이미 들어서 있었다. 그 근방으로는 예배당과 어린이 병동, 산부인과 병동이 들어설 계획이었다. 산부인과 병동의 경우, 건축 위원회의 승인을 받아 이미 설계사의 손에 들어간 상태에서, 다시 마드라스 주의 의학부와 공공 사업부로 넘겨져 승인 받는 문제가 남아 있었다. 그 이후에는 국고 보조금 인가를 받기 위해 정부의 다른 부서로 제출해야 했다. 그런 다음에야 실질적으로 건축이 시작될 수 있었다.

점차 토타팔라얌의 2만 5천 평 땅에 최신 병원의 조건에 맞는 여러 건물들이 갖춰졌다. 학교 건물은 아직 계획중이긴 하지만, 아이다는 벨로르 남쪽 6.5킬로미터의 25만 평 땅을 여전히 마음에 품고 있었다.

아이다는 1922년, 안식년을 떠나기 전에 새 숙소로 들어가도록 시한을 정해놓았고, 일꾼들은 참을성 있게 망치를 놀리며 돌덩이를 잘게 부수어 나갔다. 새 건물의 사방 벽은 머리 위에 돌이나 모래 바구니, 혹은 아찔한 벽돌 꾸러미를 지고 사다리를 오르는 여인들의 움직임에 맞춰 서서히 올라갔다. 벽이 다 올라가고 의사용 숙소가 마침내 완성되자 아이다는 쾌재를 울리며 셸 병원에 있던 가재도구를 죄다 1.6킬로미터 떨어진 토타팔라얌의 새 건물로 옮겼다.

그렇지만 새 건물로 옮기게 되자 할 일은 오히려 많아졌다. 학교 학생들 절반은 새 간호사 숙소에 머물었고, 나머지 절반은 3.2킬로미터 떨어진 기존 숙소에 머물렀다. 그리고 셸 병원은 두 숙소 사이의 중간쯤에 위치했다. 병원 본관이 완성되기 전까지는 최소한 3년이 소요될 것이므로, 도시 밖의 25만 평의 땅에 학교가 지어지기까지는 어쩌면 10년이 걸릴 수도 있었다.

"줄디, 줄디! 빨리요, 빨리!" 아이다는 발 빠르게 움직이며, 현장 일꾼들, 설계사들, 목수들과 미국에서 모금 운동을 하는 여성들을 향해 조용히 재촉했다.

새 숙소 뒤편에 나란히 심은 먹구슬 나무는 아이다에게 인내를 가르치는 중이었다. 축 늘어진 가지로 굽은 아치를 그리며 수십 년, 수백 년의 긴 시간을 가늠하는 거대한 바나나 나무 역시 그랬다. 이들은 아이다에게 이렇게 말해주는 듯했다. "서두르지 마. 하나님이 조그만 나무 둥치를 만드시는 데 얼마나 오랜 시간이 걸리는지 보렴."

어머니의 침착한 모습 역시 아이다의 조급함을 잠재우는 데 도움이 되었다. 이제 80세를 훌쩍 넘긴 스커더 부인은 여전히 가사를 돌보고, 새로 태어난 아기의 이름을 지어 그 이름을 일일이 다 기억하며, 수백 명이나 되는 방문객들의 필요를 정확히 다 알았다. 그리고 이사한 지 몇 시간이 채 지나지 않아, 스커더 부인은 셸의 방갈로 문에서 떼어 와 달아 놓은 구슬달린 벽걸이 커튼처럼 새 집에 금세 적응했다.

아이다의 꿈이 눈앞에서 자라나는 것을 보며 성취감을 느낀 때도 있었다. 그 중 하나가 바로 1922년 3월 24일, 의학부 첫 입학생들의 졸업식이었다. 졸업이란 새로운 시작을 의미한다는 상징으로 학생들이 나무를 심는 모습을 지켜보면서, 아이다는 자신의 꿈이 꽃을 피우고 퍼져갈 때까지 꾹 참고 기다릴 수 있을 것 같았다.

졸업생들 뒤로는 교장과 교직원들이 행진하며 간호사 숙소에서 큰 막사까지 이동했다. 다른 학년의 학생들은 두 줄로 나란히 걸으며 자스민 꽃줄 끝을 야자나무와 연단까지 연결하여 졸업생들이 지나갈 수 있는 하얀 꽃길을 만들었다. 4년 전에는 학교에 대해 회의적이었던 브리슨도 이제는 이번 졸업생 배출의 성과를 높이 사며 기뻐했다. 브리슨 국장의 연설은 경찰 군악대의 연주처럼 힘차고 승리감에 넘쳤다. 그는 학생을 담당한 교사 수가 많은 것과 모든 학생들이 기숙생활을 한다는 점, 그리고 아이다 스커더로 인해 그 무모한 시도가 결국 성공을 이룰 수 있었다는 사실을 알고 있었다.

"비전뿐만 아니라 끈기를 지닌 한 여인이 있습니다. 그분은 늘 이렇게 말했습니다. '의학부, 의학부, 의학부.' 그렇지만…." 그는 다소 찡그린 듯한 미소를 지으며 말을 이었다. "자신의 요구를 관철시키는 데 있어서는 침묵하지도, 얌전하지도 않았습니다."

아이다가 그토록 흡족한 데는 이유가 있었다. 전체 과목과 외과 수술에 있어서 가장 뛰어난 학생인 에비 그나나무투가 6개 학교 남학생들과 겨루어 인도 정부로부터 해부학 부문 금메달을 수상한 것이었다. 그리고 상위권 학생들인 카나캄, 나바마니, 루시, 제시, 타이 역시 상을 받았다. 14명의 졸업생들 뒤로는 동일한 실력과 각오를 다지는 52명의 학생들이 있었다. 요즘은 해마다 200부에 달하는 입학 원서가 들어오는 중이었다.

그렇지만 갈망하던 한 가지가 실현되면서 다른 하나는 수그러지는 듯했다. 그해 봄, 코다이카날에서 아이다가 자신만의 별장을 짓고 싶었던 그곳 힐탑이 드디어 경매에 붙여진다는 소식이 들려왔기 때문이었다. 안식년으로 떠나는 배가 5월 5일에 출발하기로 되어 있던 아이다는 마지막 순간까지 기다리면서, 결국 좀 더 있다 출발할 오빠 월터에게 부탁했다.

"오빠, 제발 날 위해서라도 꼭 성공해야 돼! 최대한 싼 값에 사야겠지만, 무엇보다 꼭 손에 넣어야 한다고. 이모가 물려주신 유산을 다 투자해도 돼."

의과 학생들의 졸업식 장면.

월터는 진지하게 대답했다. 다른 오빠들과 마찬가지로 월터 역시 하나밖에 없는 여동생이 부탁하는 거라면 하늘의 별도 따다 줄 마음이었다. "한 번 해볼게. 하지만 너도 알다시피 값이 꽤 많이 오를 거야. 산맥 전체가 훤히 내려다보이는 곳이니깐. 돈 많은 영국인들이나 마하라자(지역의 왕—옮긴이)들이 바람을 잡으면 우린 어쩔 도리가 없어. 너무 마음을 두지는 마라."

하지만 이미 아이다가 큰 기대감을 안고 있다는 것은 얼굴 표정에서 여실히 드러났다.

시간이 흘러 이제 월터까지 코다이를 떠나야 할 때가 되었지만, 여전히 경매 공고는 나지 않았다. 월터는 코다이카날에 있는 동료 선교사인 친구에게 부탁하여 아이다의 대리인으로 경매에 참석하게 했다. 마침내 9월 15일 아침 8시 정각에 그 땅을 경매에 붙이되 금액은 330루피 6아나부터 시작한다는 공고가 났다. 당일이 되자, 아이다의 대리인인 그 선교사는 제 시간에 장소에 도착했다. 하지만 지방 당국 대표인 로건 씨를 제외하고는 어느 누구의 모습도 보이지 않았다.

선교사는 시계를 보았다. 그리고 사무적이고 퉁명스런 어투로 로건 씨에게 말했다. "정각 8시인데요. 오늘 아침 정각 8시에 경매에 붙이기로 하셨지 않습니까?"

로건 씨는 어쩔 줄 몰라 하며 항변했다. "하지만… 여기 아무도 없잖아요."

선교사는 단호하게 말했다. "여기 있지 않습니까? 저는 구매자로 온 겁니다. 전체 땅에 340루피 걸겠습니다."

다른 입찰자는 아무도 없었으므로, 로건 씨는 공고한 내용에 따라 코다이카날 전체가 훤히 내려다보이는 제일 좋은 만 평의 땅을 겨우 백 달러 남짓한 돈에 넘기기로 결정했다!

경매가 끝이 난 뒤 몇몇 돈 많은 인도인들이 그 땅에 2천 루피를 걸 준비가 되었다며 찾아왔다.

로건 씨는 무뚝뚝하게 대답했다. "죄송합니다. 너무 늦게 오셨군요."

이후 월터는 아이다에게 이렇게 편지를 썼다. "그 친구는 마드라스에서 거기까지 가느라 1루피 9아나가 들었어. 결국 네가 원했던 나봇의 포도원 가격은 총 341루피 9아나인 셈이지. 네 소원이 이뤄졌지? 축하한다, 우리 망아지! 사랑하는 작은 오빠가. 추신, 넌 정말 복을 타고난 녀석이야!"

아이다가 탄 배는 봄베이에서 보스턴까지 중간에 거의 멈추지 않고 직항으로 달렸다. 아덴(예멘 남부 항구도시—옮긴이)에서 잠시 세운 후, 뭍에 발 디딜 틈도 주지 않은 채 튀니스(튀니지의 수도)와 알제(알제리 북부 수도)를 지나쳤다. 스커더 부인과 거트루드는 오색 빛 수평선을 아쉬운 눈빛으로 바라보았지만, 아이다는 전혀 아쉬울 게 없었다. 심지어 갑판 산책도 루시 피보디 부인의 긴급한 편지 분위기에 맞춰 씩씩하게 걸어갔다.

"병원과 학교 건물을 위한 자금은 계속 들어오고 있어요. 윌리엄 밴크로프트 힐 부인은 부모인 바이엘하우저 부부를 기념하는 대학 예배당을 짓겠다고 했습니다. 코울 여사는 아동 병동이나 진료소를 짓고 싶다며 6천 달러를 약속했습니다. 프랭크 에워트 교수는 산부인과 병원을 위해 만 달러를 기부할 거구요. 물론 록펠러 재단에서 동양의 7개 학교를 지으라고 줄 돈에서 일부가 나갈 겁니다." 아이다는 어두운 얼굴로 되새겼다. 록펠러 재단에서 백만 달러를 받으려면 2백만 달러를 모금해야 한다. 그것도 올해가 다 지나기 전에!

그가 탄 배가 보스턴 항구에 도착한 때는 1922년 6월 5일이었다. 저 아래 작은 배를 타고 있는 사람들이 손을 흔들며 큰 소리로 인사를 건넸다. 그리고 궁금한 듯 물었다. "어디서 오셨어요?"

소리치는 승객들 사이로 아이다도 즐겁게 외쳤다. "인도요, 인도…." 인도라고? 배를 탄 사람들의 눈이 흥미롭게 빛나는 게 보였다. 참 불쌍한 사람들! 기운 빠진 얼굴에, 칙칙하고 단조로운 색상의 옷을 입고 있으니! 진짜 환영 인사가 어떤 건지 보여주었으면 싶었다. 인도라면 금송화 꽃과 자스민 꽃 화환을 걸고 은이 촘촘히 박힌 꽃송이를 머리에 씌워줄 텐데!

피보디 부인은 능력 있는 사람이었고, 함께 일하는 사람들도 그랬다. 미국과 캐나다의 10개 교단을 이끄는 대표들이 동양의 여성 연합 기독 대학 설립을 추진하는 연합 위원회를 구성하고 있었다. 아이다가 도착했을 당시는 이미 기약한 기한의 반이 지났지만 2백만 달러 모금은 여전히 오를 수 없는 에베레스트 봉우리 같아 보였다. 어머니를 가족들에게 모셔다드리고, 푸른색 조끼와 투구처럼 깃털 장식이 꽂힌 모자와 검정 드레스 등 새 옷 몇 가지를 사느라 잠시 시간을 보낸 뒤 아이다는 곧바로 전국 일주에 들어갔다.

피보디 부인은 가난하고 연약한 여성들을 위해 용감히 싸우는 아더 왕을 연상케 했다. 버펄로, 플린트, 뉴욕, 디모인(Des Moines), 신시내티, 데이턴, 세인트 폴, 세인트루이스….

아이다는 날 선 검과 같은 말솜씨로 품위있고 발랄하게 표현했다.

"인도에는 1억 6천 5백만 명의 여성과 소녀들이 있고 … 3천 3백만 명의 미망인들이 있는데, 그 중 10만 명은 어린이들입니다. … 그런데 이곳에 기독인 여성 의사는 겨우 159명에 불과합니다. … 물론 인도 여성들도 자립의 힘을 길러야 합니다! 하지만 먼저 우리가 도와야만 가능한 일입니다!"

보스턴, 뉴헤이븐, 하트퍼드….

거트루드 도드의 도움으로 미국에서 의학 공부를 하고 있던 폴린 제퍼리와 함께 하트퍼드에 가는 동안, 아이다는 가슴이 철렁 내려앉는 편지 한 통을 받았다. 그리고 믿을 수 없다는 듯 또 다시 읽었다. 큰 소리로 신음했다. "안 돼! 이럴 수가! 어떻게 이럴 수가 있을까!"

폴린 역시 그 소식을 듣고 낙심했다. 아르코트 선교회는 인도에서 연중 총회를 하는 동안 벨로르 남부에 있는 25만 평 땅에 의학부 학교 건물을 짓는 것에 반대하기로 결정했다. 원래는 마드라스 정부의 도움을 받아 건립하되, 연합 선교 의학부라는 이름으로 짓기로 했었다. 총회의 결정은 거의 만장일치였다. 제시 핀들래이 한 사람만이 오랜 시간 꿈을 품어 온 아이다를 지지할 뿐이었다.

아이다는 씁쓸하게 말했다. "사람들 하고는! 한치 앞을 볼 줄 모른다니까!"

하지만 그에게는 아직 피보디 부인이 있었다. 함께 비전을 품고 그 계획이 성공할 것을 믿어주었다. 그리고 인도뿐 아니라 미국에 있는 위원회에서도 결정을 내려야 되는 문제였으므로, 피보디 부인이 옆에서 든든히 도와줄 것이었다.

그런데 12월 22일, 루시 피보디의 편지를 통해 충격적인 소식이 들려왔다. "이번 결정에 저는 아주 만족스럽답니다. 아이다 선교사도 그렇겠지만, 나는 늘 그 부지에 대해 한 가지 의문을 품고 있었습니다. 우린 25만 평 땅 전체를 잃는 게 아닙니다. 캠프나 요양소로도 활용할 수 있지요. 즉시 학교 부지의 용도 변경을 찬성하는 연합 여성 위원회를 소집해야 될 것 같네요."

아이다는 자신의 꿈을 위한 길고도 맹렬한 전쟁에 돌입했다. 강연도 하고, 자신의 논점을 정리한 편지를 써 보냈다. 여성 위원회의 결정이 무엇이든, 학교 부지로 결정이 나기 전까지, 아니 학교 건물이 들어서기 전까지는 결코 물러나지 않을 작정이었다. 막힌 곳 없이 하늘과 산을 마주한 25만 평을 내버려두고, 사람들로 북적이고 냄새나는 시장 옆 좁은 자리에다 꿈에 그리던 아름다운 하얀 학교 건물을 짓다니! 그건 마치 뉴욕 한 가운데다가 타지마할을 억지로 구겨 넣는 것과 마찬가지였다!

아이다는 새로운 의료팀을 일으키는 데도 건축 기금을 모으는 것만큼이나 매우 단호하고 강력했다. 마요 클리닉에서는 메디칼 의대를 졸업한 재원인 캐롤 제임슨을 찾아내었는데, 그는 이미 베이징 의과 학교에서 선교사로 일하라는 제의를 수락한 상태였다.

아이다는 단호하게 말했다. "우리한텐 당신 같은 사람이 필요해요. 가르치는 일 해봤나요?"

캐롤 제임슨이 대답했다. "그다지요. 하지만 화학은 가르쳐 봤습니다."

"좋아요. 그럼 화학을 가르치러 우리 벨로르로 오셔야 합니다." 그리고 캐롤 제임슨은 이를 받아들였다.

뭐든 강력하게 밀고 나갈 필요는 없었다. 때론 아이다라는 개인의 매력만으로도 사람들을 일으키기에 충분했다. 웨스턴 리저브 여대에서 영양학을 공부하던 트레바 마샬이 그러한 경우였다.

반 친구가 트레바에게 말했다. "와, 너두 예배 때 그 선교사님을 한 번 만났어야 했는데. 정말 아름다운 분이셔. 특히 하얀 머리가 정말 멋지더라! 파란 장식이 달린 검은 드레스랑 예쁜 보라색 모자를 쓰셨더라구!"

그날 밤 트레바는 선교사의 강연을 듣기 위해 눈더미를 헤치고 찾아갔다. 그리고 깊이 감동을 받았다. 직접 만나려고 오랜 시간 줄을 서 있었지만 결국 만나지 못했다. 레이크사이드 병원 영양사의 조언에 힘을 얻은 트레바는 다음 일요일 아침에 다시 선교사를 따라 그녀가 강연하는 교회를 찾아갔다. 하지만 운명의 장난인지 또 다시 큰 눈보라가 불어와 도시 전체를 완전히 뒤덮는 바람에, 더 이상 따라가는 게 불가능해졌다. 그런데 밤이 되고 눈보라가 멈출 즈음에, 벨로르에 영양사가 필요하다는 아이다의 전갈을 받았다. 그것으로 충분했다. 그 이 시간 이후로 트레바 마샬은 인도에만 모든 시선을 고정시켰다. 6달 후, 엑스레이를 공부하라는 갑작스런 통보를 받았을 때도 자신의 목표를 바꾸지 않았다. 오히려 잘 되었다고 생각했다. 영양사보다 엑스레이 기사가 더 필요하다면 당연히 엑스레이를 공부해야 한다고 말이다. 다행히 예과 과정을 밟아놓았다. 이후 수십 년 동안 아이다와 함께 사역에 힘쓸 그 날을 준비하는 데 있어 1년의 추가 공부는 작은 대가일 뿐이었다.

기금 모금은 승리와 희망과 절망의 연속이었다. 식사와 모임을 겸한 '대학 기금 마련의 날'이 미국 전역에서 100번이나 거행되었다. 군비 제한에 관한 워싱턴 회의가 열리기 이전, 토요일에 거행된 첫 번째 행사는 휴 부인, 쿨리지 부인, 랜싱 부인 등이 주최했다. 웨슬리 대학, 바사 대학, 스미스 대학, 마운트 홀리오크 대학에서는 행사를 돕는 것 외에도 동양의 '자매 학교'를 입양하고 상당한 금액을 모금했다. 초교파적이고 국제적인 학교 건립 계획은 전쟁에 혐오를 느끼고 전쟁의 상처를 감싸려는 사람들의 마음에 뜨거운 열정을 일으켰다. 교회, 사교 단체, 공공 단체, 교회 여전도회, 신문배달원, 재향 군인회, 유대인 여성 연맹에서 후원금이 들어왔다. 10월 어느 날 뉴헤이번을 찾은 피보디 부인은 15분 만에 1,500달러를 모금하기도 했다.

하지만 그 해는 불경기였기에 2백만 달러는 너무도 큰 액수였다. 12월 31일 마감일이 다가올수록 목표액은 여전히 멀어보였고, 모금을 위한 분투는 더욱 강렬해졌다. 공교롭게도 아이다의 생일이기도 했던 12월 9일은 특히 대학생들의 기부금을 모으기 위해 전국적인 '선교 헌금의 날'로 정했다.

마지막 기간 동안 아이다가 할 일은 더욱 막중했다. 밤낮 여행하고 강연하고 조찬 모임에 참석하느라 정신없이 바빴고, 또한 선교 헌금의 날을 지키도록 학생들을 독려하기 위해 대학을 방문하기도 했다.

어느 정도 성공을 거두기는 했지만 그것만으로는 아직 충분하지 않았다. 12월 31일이 되었지만 아직도 돈이 많이 모자란다는 사실을 안 재단 측은 고맙게도 마감일을 한 달 늦추어주었다. 용감한 여전사인 아이다와 피보디 부인은 최고 전선에 나서서 피나는 전투를 계속했다. 하루에도 몇 번씩 강연을 하면서 인내심의 한계를 시험했다.

마침내 루시 피보디도 인정하고야 말았다. "소용없어요. 최소 5만 달러가 부족해요. 그 돈을 모으는 것은 불가능해요." 피보디는 1월 마지막 날까지 안간힘을 다해 해안 지역을 돌며 강연을 했고, 결국 캘리포니아까지 이르렀다.

한 친구가 덤덤하게 말했다. "어떤 부인이랑 만나보도록 약속을 잡아놨어. 그다지 선교에 관심은 없는 사람인데 30분만 만나보기로 하셨지."

그 부인은 80세였고, 라 호야의 엘런 스크립스였는데, 엉덩이뼈가 부러지는 바람에 침대에 누워 있는 상태였다. 그는 마음이 따뜻한 사람이기는 했지만 그다지 호의적이지는 않았다. 30분 예정이었던 대화가 한 시간을 넘어 한 시간 반으로 이어지긴 했지만, 피보디 부인은 그다지 희망을 갖지 않았다. 다음날 저녁 파사데나에서 전화가 왔다.

친구가 신이 나서 말했다. "하루 종일 너랑 통화하려고 애를 썼단다. 스크립스 부인이 구체적인 사항을 써서 보내달라고 부탁하더라."

루시 피보디는 새벽 3시까지 앉아서 보고서를 작성했다. 그리고 거의 아무런 기대감 없이 보고서를 발송했다. 어쨌든 지금까지 모금 운동은 목표액을 채우지 못했고, 누가 큰돈을 기부한다고 해도 그다지 달라질 건 없었다. 록펠러 재단이 제시한 백만 달러는 물 건너 간 것처럼 보였다.

본부로 돌아온 피보디 부인은 자신을 기다리는 편지 한 장을 발견했다. 간결하지만 요점이 분명한 편지였다. 스크립스 부인이 수표를 보내기로 했다. 그 중 반은 벨로르의 어린이 병원 건립에 사용되기를 바랐다. 그리고 수표의 액수는 5만 달러였다.

1923년 1월 31일의 일이었다.

그 동안 육체적 · 정신적 긴장이 너무도 심했는지, 피보디 부인은 그 즉시 쓰러져 병원에 실려 갔다.

2월 4일자 〈뉴욕 타임즈〉에는 그들의 승리를 선포하는 표제가 실렸다.

> "동양의 학교 건립에 3백만 불 확정.
> 교회 여성들 2백만 불 모금,
> 나머지는 록펠러에서 내기로."

모금 운동의 성공적인 마무리를 표제로 내세운 타임즈는 모금 초반의 막막한 상황에 대해 설명했고, 피보디 부인의 피나는 수고와 모금 이후 병원에 실려 간 사실을 언급한 뒤, 2백만 달러는 사실상 여성들의 기부가 대부분이었고, 그중 수천 달러는 1달러 기부의 기적임을 덧붙였다.

거투르드는 그 소식을 듣고 이렇게 말했다. "하나님, 감사합니다!" 그리고 아이다는 끓어오르는 목소리로 외쳤다.

"산 토샴! 너무 행복해요!"

16 인도로, 인도로

인도로 돌아온 지 얼마 안 되었던 어느 날 밤, 아이다는 뭔가 급한 일을 느꼈는지 한밤중에 갑자기 잠에서 깼다. 처음에는 그 이유를 몰랐다. 나중에야 생각이 났다. 그렇지, 전보였어! 겨우 24시간 휴가를 받은 젊은 미국인 해군이 마드라스에서 전보를 보냈었다. 자정에 도착하는 밤기차를 타고 와서 2시간 동안만 벨로르의 사역을 보고 싶다는 내용이었다. 미리 운전사인 솔로몬에게 기차역으로 마중 나가라고 일러두었다.

소리 없이 자리에서 일어나 옷을 챙겨 입었다. 아이다는 밤에 일어나는 게 너무 익숙했으므로 지금이 몇 시 인지 직감적으로 알 수 있었고, 또한 꿈속에서 삑삑거리는 기차의 기적소리와 우르릉거리는 차바퀴 소리가 쏙독새의 구성진 소리와 뒤섞였다는 것도 알았다. 이 시간이면 솔로몬이 손님을 데리고 돌아올 때였다. 왜 나를 부르지 않았을까? 조용히 투덜대면서 더듬더듬 방을 나와 계단을 내려갔다.

손에 잡힐 듯 반짝이는 별빛에 눈이 갔다. 뉴욕보다 벨로르에 있으면 하늘이 훨씬 가까워 보이다니 이상한 일이다! 그리고 이 시간에 잠에 빠져 있느라 별을 보지 못하는 사람들은 얼마나 불쌍한지! 아이다는 하늘을 보며 시간을 읽는 법을 알았다. 황소자리와 플레이아데스가 머리 위에 빛나고, 그 안에 알데바란(황소자리의 1등성—옮긴이)은 횃불처럼 반짝였다. 카시오페이아와 안드로메다는 북편 언덕 끝머리에 가까웠고, 그 측면 아래에는 오리온이 있고, 북극성은 거의 보이지 않았다. 12월 아침에는 새벽 2시를 의미했다. 손님이 혹 왔다가 그냥 가버렸다면 도저히 자신을 용서할 수 없을 것이다.

커다란 보리수나무 근처에 어른거리는 빛을 보고 즉시 그쪽으로 뛰어갔다. 하늘의 천랑성 빛보다 어두운 등불의 한줄기 빛이 어둠 속에 서 있는 불쑥 솟은 흰색 터번과 말쑥한 해군모를 쓴 젊고 유쾌한 미국 남자의 모습을 드러내 주었다.

아이다는 즉시 운전사를 나무랬다. "나한테 말하기로 했잖아요." 솔로몬이 사과했다. 그는 암말 선생님이 사소한 일로 방해받으면 안 되리라 생각했다고 조심스레 털어놓았다. 그리고 손님은 기껏해야 두 시간 밖에 머물 수 없으므로 운전사는 새로 만든 진료소—그것도 외관만—와 땅콩 창고, 세탁실을 보여주었다. 그리고 이젠 뭘 보여주면 좋을까 생각 중이었다.

아이다가 직접 등불을 들었다. “이리로 와요!” 활기찬 아이다의 목소리에 지루하고 졸리던 청년은 정신이 바짝 들었다. “하나도 제대로 보지 못했군요. 그나마 아직 한 시간이 남아 있어서 다행입니다!”

이보다 더 좋은 안내자가 어디 있을까.

“새로 지은 진료실입니다. 활짝 열린 마당이랑 베란다가 정말 멋지지 않나요? 야자수랑 파두랑 양치류가 보기 좋지요? 이게 병원 건물이란 걸 알고 있었나요? 이것이 우리가 바라던 모습이지요. 아직 입원환자는 없지만 하루 동안 외래환자들이 얼마나 많이 몰리는지! 그리고 이 건물은 진료소 기능 외에 학생들을 훈련시키는 학교의 역할도 합니다. 각 전문가 별로 환자를 검사할 수 있는 방을 만들고, 그 옆방에서는 학생들이 수업을 듣게 될 겁니다. 하지만 이건 겨우 시작일 뿐이죠! 반드시 우리가 바라던 대로 만들고야 말 겁니다! 북쪽으로는 각각 50개 병상을 갖춘 어린이 병동과 산부인과 병동이 세워질 거구요, 서쪽으로 트여진 공간에는 150개 병상을 갖춘 외과 병원을 만들 겁니다. 그리고 여기에는 굽은 도로가 지나고 앞에는 정원이 있는 행정동을 세울 거구요, 전체 중앙에는 아름다운 흰색 지붕의 예배당을 세울 거죠. 그 모습이 상상이 되십니까?”

청년은 완전히 잠을 깬 상태로 말했다. “물론이죠! 어머니에게 말씀드릴 겁니다! 어머니는 선교사님 강연을 들으신 다음에 10달러를 헌금하셨지요."

"이게 전부가 아니랍니다!" 아이다의 푸른 눈이 등불에 비쳐 강렬히 타올랐다. "도시 외곽으로 6.5킬로미터 떨어진 곳에 정말 아름다운 골짜기가 있어요. 이런, 그걸 꼭 보여주면 좋으련만! 아, 안 되겠네요, 시간이 없군요. 안타까워라. 그냥 말로 설명해야겠군요."

두 사람 뒤를 따라오던 솔로몬은 당황스러운듯 머리를 갸우뚱거렸다. 아요! 정말 알 수 없는 일이야! 솔로몬은 자정 녘에 찾아온 이 손님을 그리 중요하지 않은 사람으로 생각했는데, 암말 선생님은 마치 엄청나게 많은 돈을 기부한 미국 귀빈의 아들이라도 되는 듯 행동하고 있지 않은가! 손님을 역에 데려다주면서 솔로몬은 왕을 대하듯 깍듯하게 행동했다.

몇 주 지나지 않아서 솔로몬은 다시 한 번 새로운 손님을 맞으러 급파되었다. 이번 손님은 두 시간이 아니라 적어도 두 세대는 머무르기 위해 찾아오는 사람이었다.

캐롤 제임슨은 자신의 약속을 지켰다. 학교에서 가르치기로 한 화학 과목을 열정적으로 공부한 뒤, 1923년 10월 아이다가 당당히 입성한 지 2달 후에 인도에 도착했다. 아직도 자신의 결정이 옳았는지를 고민하는 맘이 없지는 않았지만, 솔로몬이 모는 오래된 기종의 자동차를 타고 역에서 병원까지 5킬로미터를 달려오는 도중에 그런 생각은 싹 사라졌다.

12월이라 날이 선선했고, 남인도는 이때가 가장 아름다웠다.

논은 물을 머금고서 녹색과 구름 낀 은빛으로 빛났다. 보통 때는 강바닥이 갈색 사막처럼 드러나던 팔라르 강조차도 가을 장마 이후에는 작은 개천을 뽐냈고, 양쪽 둑은 각색 빨래가 무지개처럼 널려 있었다.

벨로르! 젊은 의사는 숨을 죽인 채 그 모든 광경을 한 번에 모조리 담고 싶었다. 투박한 바위산과 거대한 사원 탑, 강둑에서 연기를 내뿜는 화장터, 흐드러지게 핀 포인세티아 담장 뒤로 어설피 선 누런 토담집, 화려한 색이 칠해진 위로 엄청스레 큰 코끼리를 그려놓은 호텔 정문, 상여 위에 꼿꼿이 앉은 시체를 들고 가는 장례 행진. 낯선 얼굴, 낯선 풍습, 낯선 마차들의 연속이었다.

대충 씌운 짐마차와 참을성 많은 조랑말이 줄줄이 서 있는 마차 승차소에서 왼쪽으로 홱 돌아서자 초라한 찻집들이 들어선 길이 나왔다. 두 사람이 탄 차는 깊이 파인 배수구 바로 옆을 아슬아슬하게 비켜서, 자동차와 우차, 보행자들 사이로 경적을 울리며 지나갔다. 그리고 마침내 아름답게 뻗은 타마린드 나무 위로 눈부실 듯 하얗게 빛나는 건물에 도착했다.

"코울 진료솝니다." 솔로몬은 큰 자부심을 갖고 말했다. "이제 막 완성되었습죠." 두 사람은 단철로 새겨 은을 씌운 정문을 의기양양하게 지났다. 그리고 긴 베란다를 받치는 거대한 기둥이 달린 크고 하얀 건물에 도달했다.

운전사는 술술 설명을 늘어놓았다. "필브라운 간호사 숙소입죠. 이것도 역시 새 겁니다요."

코울 진료소 입구

캐롤 제임슨의 눈은 감사와 감탄으로 끓어올랐다가, 갑자기 새 건물의 우람한 현관에서 소 한 마리가 어슬렁거리며 나타나 보란 듯이 계단을 내려가는 모습을 보고는 놀라서 휘둥그레졌다. 그리고 중얼중얼 물었다. "이… 이게 간호사 숙소라구요?" 인도 땅은 충격의 연속이란 말을 들었었기에 몇 분 후 황당한 인사를 받았을 때도 캐롤은 그다지 놀라지 않았다. 저명인사인 스커더 선교사가 전혀 예상치 못한 모습으로 욕조 안에서 뛰어나오는 모습을 보면서 말이다.

"어머나!" 제대로 들리지는 않았지만 열렬한 환영인사였다. "이렇게 오다니 정말 반갑구나. 지금 나랑 마이클이 머리를 감는 중이라서. 거의 다 끝났어."

마이클은 주인처럼 부드럽고 하얗게 복실거리는 털이 달린 조그만 강아지였다. 건물 안으로 들어선 캐롤은 그 둘이 깨끗하고 단정하게 빗고서 마치 표백제로 씻은 양 하얗게 빛나는 모습으로 욕실을 나오는 모습을 멍하니 지켜보았다.

다음 날 아이다와 함께 거리 진료를 나선 캐롤은 인도에 도착한 이후 처음으로 약을 처방했다. 그것도 한두 방울이 아니라 한두 컵 분량이나. 충격적이며 놀라운 경험이었다.

처음 두 곳에서는 어쩔 줄 모르고 그냥 서서 바라만 보았다. 득실거리는 사람들, 낯선 옷차림(제대로 입지 않은 옷차림), 굶주려 앙상한 몸, 고통에 싸인 눈과 미소를 머금은 입술이 한 데 어울린 검은 얼굴들. 스탠퍼드나 마요 클리닉에서는 한 번도 보지 못한 질병의 폐해였다. 옴 투성이가 된 몸, 나병으로 뭉뚱하게 남은 손과 발, 트라코마(결막성 질환—옮긴이)로 시력을 잃은 눈….
인턴 과정을 밟는 2학년 의과 학생들은 용감하게 환자를 돌보았다. 학생들 대부분이 차분하면서도 민첩한 솜씨로 움직이며 손끝으로 기적을 만들어냈다.

캐롤 제임슨은 그 광경에 감탄하며 혼자 생각했다. '팔레스타인 땅에 온 것 같은 걸. 예수님이 직접 병자를 고치시는 모습을 보는 것 같아.'

세 번째 마을에서는 그저 멍청하게 바라볼 수만은 없었다. 마치 남은 시간이 하나도 없는 양, 맹렬한 기세로 일하기 시작했다. 가녀린 아기의 엉덩이에 난 한 번도 본 적 없는 큰 종기를 수술했다. 숨막힐 듯 장막을 쳐 놓은 우마차 안으로 기어들어가 산전 검사를 하기도 했다. 그리고 환자의 다리에서 기니 벌레의 둥근 머리와 몸뚱이를 조심스레 찾아내어 4-5센티미터 정도를 뽑아내기도 했다. 충격적이지만 학교에서 배운 대로라면, 기니 벌레는 원통형의 조직체로서 다 성장하면 그 길이가 60-90센티미터에 이르는 가느다란 끈 모양의 벌레였다. 주로 오염된 물을 통해 인간의 몸에 기생하는데, 특히 물에 접촉하는 신체 부위로 정확히 옮겨간다. 예를 들면 논에서 일하느라 물에 잠기는 몸 아래 부위, 또한 지저분한 물동이를 허리로 받치는 여성의 엉덩이 부위가 그러했다. 기생충은 살갗에 조그만 구멍을 만들어 알을 낳았다. 알이 깨기 전, 너무 이른 시기에 제거하거나 너무 급하게 제거하려

50년대의 거리 진료 모습.

고 하면, 알이 터지면서 심한 염증이나 종기를 유발했다. 이를 박멸하는 가장 좋은 방법은 물론 기니 벌레 유충을 품은 하얀 물벼룩이 사는 오염된 우물이나 저수지를 찾아내는 것이었다. 그리고 장작이 부족해 물을 끓여 마실 수 없는 마을 사람들에게 촘촘한 천으로 물을 걸러 마시도록 설득할 수만 있다면 예방이 가능했다.

젊은 의사 캐롤은 일주일 전에 아이다가 치료해준 상처의 붕대를 제거하는 일을 돕다가 놀라움을 넘어서 충격을 받았다. 재와 멀구슬나무 잎을 갈아 지저분한 천에 붙여 상처를 싸매놓았기 때문이었다.

환부를 다시금 치료하면서 아이다가 말했다. "이 사람들이 우리를 믿지 않더라도 꼭 참아야 해. 외국인 의사가 와서 생전 처음 보는 치료를 한다면 우리라도 뒷걸음치지 않겠어? 인도식 처방법 중에는 아주 놀라운 방법도 있지. 이 멀구슬나무 잎이 한 예야. 정말 좋은 약은 오랜 세월이 지나면서 효과가 더욱 드러나는 법이지. 지금 인도는 과도기에 있는 거야."

이곳저곳을 들리며 하루가 그렇게 지나갔다. 언제나 사람들이 잔뜩 모여 있었고, 어떤 사람들은 밤새 그곳까지 걸어오기도 했다. 아이들은 환한 꽃송이를 들고서 열성적인 얼굴로 크게 말했다. "푸둠(그림 카드)이요!" 라데리, 비린지푸람. 이 두 곳 사이에 열린 마을 장터인 샨디를 지나쳤다. 그곳에서는 옷, 사탕류, 향신료, 염소, 채소, 유리 팔찌 등을 팔았다. 점심쯤에는 되돌아가기에 앞서 잠시 한 시간 정도 쉬었다. 파사마투르, 알라투르, 팔리콘다…. 참으로 낯선 이름들이지만, 어느 곳이든 환자들이 끊임없이 줄을 섰다. 해질녘에는 오래 전에 어느 친절한 브라만 사람이 빌려준 사원 앞의 조그만 집에 도착했다. '거짓골', '진실골'이라는 신기한 이름을 가진 두 마을 사이에 있는 그곳에서는 등불과 손전등을 들고 진료를 했다.

방갈로로 돌아온 캐롤은 살갗이 쓰라릴 만큼 박박 손을 문질러 씻은 후, 태어나서 가장 피곤한 몸으로 침대에 풀썩 쓰러졌다. 그리고 한 시간 후 아이다를 찾으러 지친 몸을 이끌고 식당에 갔더니, 아이다는 레이스 달린 옷을 입고 생기발랄한 모습으로 머리에 꽃을 꽂고는 저녁 식사하러 온 북적이는 손님들을 맞느라 여념이 없었다.

마요 클리닉에서는 하루 동안 치료하도록 허용된 환자 수가 여섯이었다. 그런데 가만히 돌아와 생각해보니 오늘 하루만 해도 200명을 치료했다! 학교 교수들이 그 소리를 듣고 놀라 쓰러질 모습이 가히 상상이 되었다. 그곳 교수들은 아마 이해하지 못할 것이다. 먼지가 풀썩이는 거리를 여행해보지 못한 사람은 도저히 이해할 수가 없을 것이다. 짧은 길거리 진료만으로도 훨씬 완화될 수 있는 질병으로—완전히 치유되지는 못하더라도— 고통 받는 사람들, 그리고 밀려드는 사람 홍수 속에 둘러싸여 일하는 흰옷 입은 선교사들의 모습을 보지 않고서는 말이다. 캐롤은 다시 미소를 지었다. 모든 의심은 다 사라졌다. 자신을 가장 필요로 하는 곳에 온 것이다. … 곧 알게 되었지만, 화학을 가르치는 일은 아니었다. 다른 사람이 그 일을 맡고 있었다. 캐롤 스스로가 적합하다고 느끼던 유일한 과목으로써, 외과 수술과 동일한 분야였다. 아이다는 캐롤이 도착한 지 얼마 후 이렇게 말했다. "캐롤이 임상 실험소를 운영해주었으면 하는데."

캐롤은 너무 놀라 숨이 막힐 지경이었다. "하지만… 아는 바가 전혀 없는데요."

아이다는 침착하게 대답했다. "상관 없어. 배울 거니까."

정말 그랬다. 결국에는 임상 실험소 운영만 배운 것이 아니었다. 벨로르에서 오랫동안 성공적인 사역을 하면서 아이다는 병원 전체의 산부인과를 지도했으며, 잠시 동안이지만 의과 대학도 운영했다. 캐롤은 이 모든 일들을 너무도 잘 배워나갔으므로, 결국 20년 후에는 캐나다인과 미국인을 통틀어 가장 뛰어난 외과의가 되었을 뿐 아니라 카이사르 이 힌드 훈장을 받는 영예를 누렸다.

"오랜 시간 동안 인도를 위해 뛰어나고 겸손한 의술로 섬겨주신 데 감사하며 이 상을 드립니다. 우리는 캐롤 제임슨 선생의 겸손한 성품이야말로 이 상을 받을 자격이 있음을 강조하는 바입니다."

1923년 12월 19일, 마드라스 주의 총독인 윌링던 경과 그 부인이 코울 진료소를 공식적으로 개소한 시기에 맞춰 들어온 캐롤은 직접 식에 참석할 수 있었다.

이곳에서 아이다는 처음으로 온전한 성취감을 느꼈다. 첫 졸업생들은 이미 외딴 마을을 찾아 사람들을 치료하고 생명을 구하는 일을 감당하고 있었고, 재학생들은 그 길을 따를 준비가 한창이었다. 학교의 존립은 더 이상 아이다 한 사람의 손에 달려있지 않았다. 이제는 혼자서 움직이는 유기체가 되었다. 백여 명이나 되는 학생들이 경찰 군악대의 음악에 맞춰 열정적으로 나아가는 소리를 들으면서 학교의 살아 있는 심장 박동 소리를 들을 수 있었다.

하지만 성취감은 그리 오래가지 않았다. 아직도 할 일이 많고, 하지 못한 일이 많았다. 첫 입학생들에게처럼 전적으로 모든 시간을 다 내어줄 수는 없었지만, 아이다는 단순한 학교 교장이나 그의 전문 분야가 된 산부인과 교수 그 이상의 존재였다. 학교 학생들은 모두 아이다의 개인적이고 친밀한 관심의 대상이었으며, 또한 학생들과 관련된 일을 하는 데 다른 일이 방해가 되는 것을 허용하지 않았다. 한 번은 마드라스 대학의 시험관 일을 맡느라 할 일이 눈더미 같이 쌓여 있는 상황에서, 방으로 들어가 욕조에 찬물을 틀어놓고 그 속에 앉아 있은 적도 있었다. 시험지를 제대로 채점하려면 졸음을 깨워야 했기 때문이었다.

아이다는 진료소에서 일하거나 병원에서 회진을 돌 때, 구디야탐으로 진료를 나갈 때나 수술을 할 때는 언제든지 학생들을 데리고 다녔다. 환자의 치유와 더불어 학생들의 관찰 수업, 이 두 가지 목적을 달성하지 못하면 성공적인 수술이 아니었다. 가능한 경우에는 학생들이 직접 경험해보도록 했다. 한 번은 이 세 가지 모두를 달성하지 못할 뻔하기도 했다.

기독 학교에서 교사로 일하는 한 선생이 심각한 병으로 셸 병원에 실려왔는데 겁에 잔뜩 질려 있었다. 그녀는 거의 통곡을 하며 말했다. "수술은 싫어요. 선생님이 학생들을 죄다 데리고 와서 보여줄 거잖아요!"

아이다는 마음이 찹찹했다. 자신의 지식을 학생들에게 나누고 싶은 열망과 더불어 환자에 대한 연민과 솔직함이 갈등을 일으켰다. 맹장 파열 수술인데, 학생들에게 보여주지 않으면 어떻게 한단 말인가? 말도 안 돼! 하지만 환자가 그토록 괴로워하는데 거짓말을 할 수도 없는 노릇이었다. 어쩌면 좋을까?

그는 환자를 다독이며 말했다. "지발리 선생님. 우리 의학부 학생들은 다들 멀리 나가있어서 수술 장면을 볼 수 없답니다."

아이다는 환자가 완전히 마취될 때까지 기다렸다. 그런 다음 의학부 학생들이 아닌, 간호학부 학생들 중에 가능한 이들을 죄다 수술실로 모이게 했다.

아이다는 환자의 정신적 고통과 아픔에 민감했으므로, 때로 심하게 당황하는 경우도 있었다. 치료를 받으러 벨로르까지 찾아온 힐다 라자루스(Hilda Lazarus)가 그러한 경우였다. 영국과 아일랜드에서 산부인과 학위를 따고, 마드라스 정부 의과 대학을 일등으로 졸업한 인도 최고의 기독 여성 중 하나였던 라자루스는 아이다에게 있어서 존경하는 지인 이상이었다. 마드라스에 있는 푸르다 여성 어린이 병원의 원장이자, 최근 세워진 윌링던 부인 여성 의학부 학교의 교장이었던 그녀는 아이다와 더불어 동일한 목표와 사명에 깊이 헌신한 사람이었다. 검은 피부의 작은 여인, 브라만의 수려한 외모와 자애로운 눈빛을 가진 그 여인에게서, 아이다는 꿈이 현실이 되어 있는 자신의 분신을 보았다. 그런 라자루스를 치료하느라 고통을 주어야 한다는 사실은 아이다에게 고통을 넘어 육체적인 아픔으로 다가왔다.

이른 아침, 수술을 받기 위해 수술실을 향하던 힐다 라자루스는 자신을 수술할 아이다가 돌계단에 앉아 우는 모습을 발견했다. "아니, 왜 그러세요? 무슨 일이라도 있나요?"

난처해진 아이다는 눈물을 훔쳤다. 그리고 솔직히 털어놓았다. "못하겠어요. 당신을 아프게 해야 하다니 너… 너무 마음이 아파서요!"

"선생님은 벌써 제 상처를 낫게 해주셨어요." 라자루스는 부드럽게 안심시켰다. "선생님의 눈물로요."

17 하나둘 떠나다

단순하지만 멋지게 내부 장식이 되어 있고, 넓은 아치형 베란다가 안뜰 정원으로 이어진, 은빛 문의 하얀 새 진료소 건물은 의사나 환자들 모두에게 기쁨이었다.

치료를 받으러 온 자그만 여인이 조심스럽게 말했다. "여긴 병원 같지 않아요. 난 언제나 병원을 무서워했는데, 여긴 다르답니다."

가장 바쁜 시간 동안 진료소를 방문한 어느 유능한 정부 관리조차 비슷한 말을 반복했다. "여기를 찾아온 사람들은 환자들이면서도 너무 행복해 보입니다!"

사람들이 그토록 만족하는 이유가 건물이 아름답기 때문만은 아니었다. 갑작스레 발병한 말라리아 병에서 회복된 한 무슬림 여성이 그 사실을 알고서 궁금해 했다. 여인은 아침 회진을 들어온 의사의 손을 붙잡고 이렇게 물었다. "왜죠? 말씀해 주세요, 알고 싶어요! 제가 제 정신이 아니었을 때도 화내지 않은 이유는요?"

하지만 그 물음에는 의사가 아니라 옆 침대의 한 힌두 여인이 대답했다. 그 여인은 자리에서 벌떡 일어나 얼굴을 발그레 붉히며 열정적으로 말했다. "그 이유를 몰라서 하는 소린가요? '오래 참고 노하기를 더디 하시는' 하나님 때문이에요."

새로 건물을 지었지만 장소는 여전히 협소했다. 셸 병원 안에서 작업하는 게 너무 힘겨워 외과는 모두 코울 진료소로 옮긴 상태였으므로, 진료소 자체 일과 학생들 수업으로 공간은 이미 꽉 찬 상태였다. 그리고 안타깝게도 구석 빈 공간까지 환자들로 차고 넘쳐 침대 위 아래로 누워야 하는 일이 다시금 벌어지고 말았다. 병원 건축 과정이 이렇게 질질 늘어지지만 않았더라도! 아이다의 모든 신경 조직이 이렇게 외치고 있었다. "줄디, 줄디! 서둘러요, 서둘러!"

하지만 인도는 절대 서두르는 법이 없었다. 봄마이 레디는 사원을 짓는 데 9년이 걸렸고, 샤 자한은 타지마할을 무려 22년이나 걸려 지었다. 수세기 동안 사용할 건물을 짓는 데 겨우 몇 년 더 걸리는 것이 무슨 차이가 있느냐는 생각이었다. 건축 계획서는 아직도 위원회에서 검토중이었고, 이후 다시 정부 기관에서 검토를 받아야 하니, 한없이 질질 늘어질 수도 있었다.

게다가 아이다는 건축 부지를 놓고 여전히 처절한 전쟁을 치르는 중이었다. 남쪽 25만 평의 땅에 의과 대학을 건축하는 일에 찬성하는 사람은 거트루드 도드와 제시 핀들레이 두 사람 밖에 없다는 사실에 낙담이 되었다. 아이다의 마음에는 동료들의 반대가 개인적인 배신으로 여겨졌다.

하지만 캐롤 제임슨은 조심스레 상기시켰다. "의견과 확신의 차이일 뿐이지 배신행위는 아니에요."

침착한 그의 모습에 아이다는 날카롭게 튀어나올 뻔한 대답을 참을 수 있었다. 간신히 미소를 지었다. 그리고는 다시 가벼운 마음으로 말했다. "그래, 마음 넓은 내가 참아야겠지."

그런데 2월의 어느 날, 의과 대학 건축 정도는 아무것도 아닐 만큼 중요한 일이 발생했다. 그날 아이다는 금요일 저녁 6시에 열리는 의학부 위원회에 참석중이었는데, 바깥 마당에서 웅웅거리는 차 소리가 들리더니 사촌 오빠 루 스커더가 흥분된 목소리로 자기를 부르는 목소리가 들렸다.

아이다는 즉시 밖으로 나갔다.

"애니 핸코크 때문에 그러는데, 지금 와 줄 수 있어? 걱정 돼 죽겠다. 심한 담즙병 증세가 있는데, 가만 보니까…." 그리고 말 끝을 흐렸다.

가슴이 철렁 내려앉았다. "오빠! 설마, 그건 아니겠지…."

어두운 얼굴로 그가 대답했다. "그래… 콜레라인 것 같아."

아이다는 3.5킬로미터를 달려 25년 간 생활했던 예전의 그 선교관으로 갔다. 애니! 노스필드 신학교 시절부터 함께 지내던 절친한 친구이자, 수년 동안 말없이 사랑을 베풀며 자기를 내세우지 않았던 작은 몸집의 충직한 친구. 애니! 수많은 세월 매일 벨로르의 어두침침한 집이나 끔직한 감옥 방문을 마다않고, 그들을 사랑하는 하나님 아버지의 복된 소식을 전하고 몸소 보여주었던 여인! 24년 전만 해도 애니의 방문을 받아들였던 가정은 열세 집에 불과했다. 그렇지만 현재는 벨로르의 6만 가구 중에 애니의 방문을 반기지 않는 곳은 하나도 없었다. 그리고 5년 전부터 건물을 빌려 여성 사회 사업회를 시작한 애니는 인도 여성들에게 글 읽기와 바느질, 보건, 영아 돌보기, 탁구나 공던지기 등의 놀이를 가르쳤고, 제나나스의 여인들을 찾아가 정상적인 생활을 영위하도록 부드럽게 다독이며 설득하려고 애썼다. "아뇨, 아뇨. 우린 못 가요." "벌써 많은 여자분들이 찾아오는 걸요." "그 사람들은 가는지 몰라도, 그건 우리 관습이 아니에요. 아뇨, 우리 남편이 허락하지 않을 거예요!" 그렇지만 현재 애니의 꿈은 마침내 현실이 되었다. 겨우 며칠 전에 아이다와 거트루드가 그곳을 찾아갔을 때만 해도 애니는 너무너무 기뻐했었다.

"근데, 내가 하고 싶은 일을 할 만큼의 돈이 안 돼. 기대했던 것보다 금액이 너무 많단다."

아이다는 미국에 있는 친구들에게 필요를 알리겠노라며 애니를 위로했다. 이제 다음 달이면 애니가 안식년 차 고향으로 돌아가기 때문이었다. 뭔가 일이 시작될 참이었다!

루 스커더의 염려는 사실로 드러났다. 분명 제나나스를 방문했을 때 차마 거절하지 못하고 받아먹은 음식 때문에 감염된 콜레라였다. 애니는 인도인 친구들이 주는 음식을 거절하면서 상처를 줄 바엔 차라리 죽는 편을 택했을 것이다. 애니는 늘 다른 사람을 먼저 생각하느라 예방에 대해서는 미처 생각하지 못했다. 주기적으로 백신 주사를 맞으라는 얘기도 들었고, 음식과 물을 먹을 땐 조심해야 한다는 얘기도 숱하게 들었지만 말이다.

애니를 셸 병원으로 옮겨 따뜻한 침대에 눕힌 후, 병마와 싸우는 그녀의 곁을 지켜주었다. 델하우튼, 아이다의 동료인 아인즈, 핀들레이, 졸업생 출신의 두 간호사가 56시간 동안이나 쉬지 않고 보살폈다. 하지만 그녀의 연약한 몸은 서서히 산송장의 모습으로 변해갔다. 탄력을 잃고 오그라져버린 손, 움푹 들어간 눈, 축 처지고 끈적끈적한 피부…. 하지만 정신력은 여전히 살아 고통을 호소하고 있었다. 애니는 다섯 번이나 거의 목숨이 끊어질 뻔 했지만, 식염수로 정맥 주사를 놓자 다시 살아났다. 몸이 심하게 가라앉는 현상이 다시 찾아오자 애니는 이렇게 외쳤다. "주사를 놔줘요, 빨리요!" 아주 고통스럽고 오래 걸리는 치료였지만, 그녀는 언제나 참을성 많고 상냥했으며, 움직이면 안 된다고 말할 때면 미소를 지으며 이렇게 말했다. "예, 노력해 볼게요."

아이다는 다른 사람들보다 더 자주 들여다보며 병상을 지켰고, 조그만 변화라도 있으면 몹시 긴장했다. 지난 오랜 세월 동안, 대학 동창인 친구를 제대로 챙기지도 못하고 살아왔었다니!

이제야 그 사실을 깨달았다. 애니의 얼굴에는 거트루드 도드에게서 볼 수 있는 비슷한 마음이 담겨 있었다. 그것은 헌신의 관계를 넘어 존경에 가까운 우정이었다. 애니와 좀 더 많은 시간을 보냈어야 했다.

토요일이 되자 아이다는 고비를 넘겼다고 생각했지만 병마는 다시 찾아왔다. 애니는 마지막 순간까지 의식을 잃지 않았다.

"꼭, 건물을 완성해야 해." 그녀가 남긴 마지막 말이었다.

월요일 정오, 타밀 교회에서 추모식이 있던 날, 아이다는 처음으로 이별의 충격을 느꼈다. 특히 찬양을 부르는 순간, 맑고 어여쁘던 애니의 목소리가 들리지 않는다는 걸 문득 깨달았다.

비통한 마음에도 불구하고, 쳇바퀴 같은 일정, 행정상의 문제, 속 터질 만큼 느려터진 건축 진척 과정 등 생활 속의 일상은 계속되었다. 가장 무더운 4월이 되자, 아이다는 휴식도 취하고 선선함도 즐길 겸 코다이카날로 떠날 준비를 했다. 사실 쉬기보다는 도착하자마자 새로 구입한 힐탑에 여름 별장을 새로 지을 계획에 즉각 착수했다.

코다이카날의 여름 별장 사람들은 아이다와 거트루드를 어리석다고 비웃었다. 1924년 봄날에 그것도 사람 사는 중심지에서 6킬로미터나 떨어진 곳에 건물을 짓고, 건축 자재는 우차에 실어서 나른다니 말이다.

그렇지만 아이다는 사람들의 조롱에도 아랑곳하지 않았다. 이번에는 자신을 반대하고 나설 위원회도, 계획을 축소시키고 포기시키고 막아서려는 교단 선교회도 없기 때문이었다. 게다가 거트루드 덕분에 원하는 만큼 크고 높은 건물을 지을 수 있었다. 건축을 맡은 사무엘 씨는 눈망울이 맑은 6살짜리 딸아이를 데리고 매일 마을에서 거기까지 올라왔다. 사무엘 씨는 한 번도 2층 건물을 지어본 적이 없었기에 어려움을 겼었지만, 거트루드는 그런 일에 전혀 당황하지 않고, 대학 회계를 맡았던 경험을 살려 검소한 재정으로 적절히 일을 진행시켜 나갔다.

아이다의 오빠 해리는 건축 계획서를 보자 휘파람을 휙 불며 감탄했다. "너, 집 짓는다고 한 거 아니었어? 가만 보니 여기다 천국 맨션을 지으려는 거 같은데!"

신물나는 건축 계획서에서 자유로워진 아이다는 마음껏 원하는 대로 계획을 세웠다. 정원을 만들되 하나가 아니라 여러 개를 만들기로 했다. 집 양 편에 기본적인 정원을 만들고, 화단과 길과 울타리를 세우고, 앞의 가파른 길을 향해 내려가는 얄팍한 이랑 위에 바위를 얹고, 꾸불꾸불 둥그런 나선형으로 난 길을 따라 계단식 뜰을 만들 계획이었다. 짙은 청색의 참제비고깔, 나팔꽃, 라벤다, 라일락까지, 꽃은 주로 푸른색 계열로 심기로 했다. 그리고 크고 둥근 계단식 뜰 위로 올라갈 만큼 긴 접시꽃을 심을 것이다. 물론 장미도 심고, 분홍색의 덩굴 장미를 심고, 주황 빨강 금빛 탈리스만, 선세트, 머메이드, 흰색의 큰 칼드루슈케, 사과꽃, 무르익은 향이 나는 매킨토시 사과 … 금련화와 다알리아, 진달래,

양귀비, 붉은 선인장, 카네이션, 국화, 흰 동백나무, 스위트피 … 그리고 골든로드까지! 아이다는 남인도에 토마토를 소개한 장본인이었다. 그런데 골든로드(진황색 국화과 식물—옮긴이)라고 안 될 법이 있겠는가?

얼마 지나지 않아 그곳은 마치 셸터 아일랜드에 온 듯 갖가지 꽃들로 가득 찼다. 길게 굽은 진입로는 '퀸즈 하이웨이'라 이름 붙이고, 거침없이 펼쳐진 고원 지대는 '킹 헨리 고원'으로 불렀다. 태양이 뒤로 넘어가는 산등성이는 '산지기 노인'이라 불렀다. 아이다와 거트루드는 두 철을 보내며 건물을 짓는 동안 레스탈리그에서 생활했는데, 아이다는 강아지 마이클과 함께 언덕을 오르내리면서 다시 젊어진 느낌을 만끽했다. 다만 어머니가 몸이 쇠약해지시는 게 걱정이었다.

아이다의 부축을 받아 마차를 타고 내리면서 스커더 부인은 이렇게 불평했다. "나는 이런 도움을 받는 게 싫다. 쭈그렁 할머니 대접을 하면서 좋은 자리 내주는, 그런 취급받는 게 얼마나 싫은지 몰라! 내가 류마티즘만 아니면 너희 못지않게 거뜬히 다닐 게다."

스커더 부인은 불평하면서도 차분함을 잃지 않았다. 소피아 스커더 부인은 참으로 극심한 변화 속에서 인생을 살아왔지만, 그런 고난을 놀라운 평정심으로 이겨냈다.

1860년 어느 일요일 아침, 미국 매사추세츠 주 노스필드의 한 교회에 앉아 예배를 드리는데, 옆 좌석에 앉은 청년이 겉에 '소피아 웰드에게' 라고 적힌 쪽지 하나를 내밀었다. 내용은 아주 단순했다. "요한이서 5절, 부녀여, 내가 이제 네게 구하노니 서로 사랑하자." 소피아 역시 서슴지 않고 답장을 내밀었다. "룻기 1장 16절, 내게 어머니를 떠나며 어머니를 따르지 말고 돌아가라 강권하지 마옵소서 어머니께서 가시는 곳에 나도 가고."

그 청년을 따르기 위해 소피아 스커더는 장장 4개월에 걸쳐 힘겨운 항해를 해야 했다. 고향을 떠난 첫 17년 동안은 말로 못할 고난과 궁핍을 겪었고, 자녀들과 떨어져 지내는 아픔을 겪었으며, 60년 동안 물설고 낯선 땅에서 지내야 했지만 자신의 결심을 꺾지 않았다. 힘겨운 첫 번째 항해를 마칠 무렵에는 눈앞에 보이는 땅을 바라보면서도 "그럴 리가 없어!" 라며 강하게 부인하기도 했다. 6월 실론 섬의 에메랄드빛 아름다움을 보면서 눈물을 터뜨린 것은 겁이 나거나 후회되어서가 아니었다. 그 장마철에 마드라스에서 3킬로미터 가량 떨어진 곳에 정박된 배를 떠나 끈으로 함께 묶여 있는 큰 마술라 배를 타고 파도를 갈랐고, 배가 물살을 넘다가 물풀에 걸리자, 소피아 스커더는 주저함 없이 남편과 함께 낯선 현지인들이 내민 팔에 몸을 내맡겼고, 얼마 후 남편의 형인 윌리엄과 에스겔이 마중 나온 모래 해안에 도착했다.

그 당시, 몇 년 전, 존 스커더 2세를 선교사로 영입한 뉴욕의 선교회에서는 인도의 기후가 존의 약혼녀인 소피아 웰드의 건강에 좋지 않기 때문에 선교사로 보낼 수 없다는 결정을 내렸다. 존 선교사는 확신을 갖고 선교 위원들을 설득했다. "제가 잘 돌보도록 하겠습니다. 소피아가 거기서 잘 지낼 수 있다는 건 제가 보장합니다."

58년이 지난 1919년 6월, 남편이 죽고 한 세대가 지난 이후, 소피아 웰드 스커더는 라니페트에 있는 스커더 기념 병원 건립에 첫 삽을 떴다. 그 병원은 미국의 첫 해외 의료 선교사인 존 스커더 1세 선교사의 인도 상륙 100주년을 기념하기 위해 스커더 기념 협회의 후원으로 건립되었다. 남편 세대 가운데 유일한 생존자인 소피아 스커더 부인이 인도와 일본과 아라비아와 하와이, 미국 등지에서 천 년의 세월을 선교사로 섬긴 존 스커더 1세 선교사의 후손들 40명을 대표하여 선 것은 참으로 합당한 일이었다. 그리고 얼마 후 스커더 부인은 1921년 6월에 300명의 친척과 친구들이 쿠싱에 모인 가운데, 인도 선교 사역 60년을 기념하여 '파이다 이모님'(Aunt Fida)이라는 칭호를 받는 개인적인 영광을 얻었다. 자녀들과 손자들, 사촌, 조카들, 조카 손주들이 그 자리에 참석했다. 12개 교파 위원들이 스커더 부인을 칭송하고 기리는 기념사와 노래를 불렀고, 꽃도 한 아름 안겨주었다.

하지만 스커더 부인은 골짜기 평원의 별장이 완성되는 것을 보지 못했다. 1925년 7월, 코다이카날에서 벨로르로 돌아온 부인은 몸이 매우 쇠약해졌고, 심한 고통으로 몸져누웠다. 마지막이 얼마 남지 않았다는 사실이 알려지자 토타팔라얌의 선교관은 한 번만 얼굴을 보게 해달라고 간청하는 사람들로 장사진을 이뤘다. 당시 선교관에 있던 사람들은 "모든 업무가 중단되었다. 아무 일도 손에 잡히지 않았다. 스커더 부인 생각 외에는 아무 것도 떠오르지 않았다"고 회상했다. 8월 30일 안식일 아침 해가 떠오를 무렵, 부인은 숨을 거두었다. 인도에서 사역한지 63년이 되는 86세 생일 날, 의학부 학교 학생들 80명은 꽃으로 장식된 생일잔치 상에 부인을 맞이했다. 그때가 이 땅에서의 마지막 생일 잔치였다.

카트파디의 공업학교에서 실어온 티크 목관은 꽃으로 뒤덮였다. 힌두인, 무슬림, 기독교인 할 것 없이 자스민 화환, 장미, 십자가, 꽃 화관 등 나름의 전통에 따라 선물을 가져왔다. 어느 힌두인은 꽃을 엮어 만든 퀼트 덮개를 가지고 왔다. 또 한 여성은 향수병을 가져와 고이 누워 있는 고인의 몸에 부었다. 꽃으로 덮인 운구차가 교회를 떠나 묘지로 천천히 이동하는 동안 벨로르 인구의 반이 길가를 매우고 서서 존경받던 부인(도라이 사니, *dorai sani*)의 죽음을 조용히 애도했다.

아이다는 오랜 시간 힘겨워하던 어머니의 고통이 끝난 것에 감사하면서도 말 못할 슬픔에 잡혀 한동안 멍하니 지냈다. 그러다가 몇 년이 훌쩍 지나갔고, 아이다는 어느새 다시 아이가 되었다. 창가를 때리는 빗줄기 소리가 들리던 날 밤에, 아이다는 위층으로 뛰어올라가 어머니의 모습이 그대로 남아 있는 베개에 얼굴을 파묻었다. 그리고 어둠 속에서, 사랑하는 이가 먼 곳으로 가버렸다는 처절한 고독으로 몸서리쳤다.

18 새 병원 준공식

1920년대 초반과 중반은 상실과 낙담이 많았던 만큼 승리의 기쁨도 넘치는 시기였다. 그 중에는 나병 치료가 가능하다는 소식이 있었으며, 이에 아이다와 동료들은 크게 기뻐했다.

대풍자(大風子) 기름은 인도인들에게 새로운 치료법은 아니었다. 전승에 따르면 미얀마의 왕자가 처음 사용한 것이라고 한다. 그는 자신이 나병에 걸린 것을 알고는 신들이 말해준 대로 숲으로 들어가 명상에 잠겼다. 씨가 가득한 열매가 달린 나무 밑에 앉아 있었는데, 그 씨를 먹으라는 지시를 받고 먹은 후 병이 나았다고 전해진다. 19세기 중반에는 영국 외과의들이 대풍자 기름을 사용했다. 예전에는 대풍자 기름을 캡슐에 담아 내복용으로 사용하는 것이 표준적 치료법이었다. 하지만 최근에는 대풍자 가름과 장뇌유, 레조르시놀을 섞어 점차 양을 늘리며 주사로 연속 투여하면 고통이 줄어들 뿐 아니라 병세를 막는 데 효과적이라는 사실이 판명되었다.

구약 성경 시대에는 나병에 대한 오해로 병을 숨기기에만 급급했다. 나병은 불가사의한 저주가 아니라 폐결핵처럼 간균으로 발병하되 전염성은 적은 질병이며, 유전이 아니라 피부나 점막을 통해 전염되는데, 간균 보균자와 지속적이고 긴밀한 접촉을 하면 주로 18세 이하의 어린이들에게 전염된다는 사실을 아는 사람은 극히 적었다. 어릴 때 걸리더라도 수년 동안 잠복할 수도 있었다. 사람들이 많이 모여 살고, 종기 난 자리에 남은 상처 같은 피부 찰과상이 많으며, 습도가 높은 환경 속에 있는 남인도 시골 지역의 오두막이야말로 병균을 키워내는 온상이었다.

점잖게 환자의 협조를 얻어내는 방식이 아니라 강제로 수용시키는 방법을 써도 문제를 막기는 역부족이었다. 또한 나병 요양소가 충분하다 해도 환자들은 가족들과 떨어지지 않기 위해 그 사실을 숨기게 마련이었다. 무엇이든 바람직한 방법은 아니었다. 보통 신경 계통에 문제가 생기는 나병의 증상은 손이 마르고 눈이 멀며 손가락 발가락이 잘려나가는 식으로 분명하게 드러나지만 전염성은 약했다. 나종성 나병의 경우는 주로 피부가 크게 상하고 말라버리는데, 아무리 상태가 심각해도 초기 전염 단계에서 발견되는 경우는 극히 적었다.

새로운 치료법이 나왔다는 소식은 급격히 퍼졌다. 간호사들마다 아이다를 붙잡고서 간절히 부탁했다. "이제 나병도 치료할 수 있다는 말이 정말인가요? 아무개 누구누구가 나병에 걸렸는데요, 언제쯤 선생님께 찾아오면 될까요?"

질병을 막을 수 있다는 소망으로 나병 환자들이 삼삼오오 떼를 지어 병원을 찾아와 주사를 맞기 시작했다. 하지만 그 수는 많지 않았다. 심해지기 전에 미리 발견하고 고칠 수 있는 초기 환자들은 주로 마을에 살았다. 하지만 마을까지 찾아갈 일꾼들을 어디서 찾을 것인가? 그리고 괴상한 약을 투여하는 오오씨(주사 바늘)를 믿어줄 만한 마을 사람들을 어떻게 찾을 것인가? 어디서, 어떻게… 마을 이동 진료 중에?

그래서 4주 동안 정기적으로 나병 치료 프로그램을 추진하게 되었다. 나병 환자들은 50킬로미터나 떨어진 마을에서 절뚝거리며, 걸어서, 기어서, 마차나 들 것에 실려서 길가 진료소를 찾아왔다. 도로를 달리다 보면 새로운 환자들이 길가에서 기다리고서 있는 모습을 종종 발견하기도 했다.

그 환자들은 간절히 애원하며 말했다. "나병이 치유될 수 있다는 소식을 들었습니다. 우리도 오오씨를 맞으러 왔습니다."

다행히 영국 나병 선교회 덕분에 2아나, 8아나의 싼 값에 주사를 놔줄 수 있었다. 아이다는 어느 길가 진료소에서 14살짜리 소년을 3달 간 치료해 주었는데, 이제 막 나아지려는 찰나에 더 이상 진료소를 찾아오지 않았다. 아이다는 제발 다시 진료소를 찾아오라는 전갈을 소년에게 보냈다. 그 다음 주, 사람들 틈에서 저만치 멀리 떨어져 서 있는 소년을 보았다.

아이다의 질문에 소년은 이렇게 대답했다. "지불할 돈이 없어서요. 너무 배가 고프다 보니 더 이상 주사를 맞으러 올 수가 없었죠."

길가 진료소 나병 치료 프로그램은 부분적인 성공만 거두었다. 나병 주사가 제대로 효과를 발휘하려면 먼저 말라리아, 십이지장충, 영양실조와 같은 병을 먼저 치료해야 했다. 마을에서는 초기 환자들을 치료하고, 병원과 요양소에서는 상당히 진행되고 통증이 심한 환자들을 치료하는 것이 최선의 방책이었다. 그리고 실제로 몇몇은 치료가 되었다.

하지만 치료법에는 맹점도 있었다. 약물의 양이 점차 많아질수록 고통도 심해졌다. 소리치는 환자의 바들거리는 몸에 주사바늘을 꽂으려면 신체 건장한 남자의 힘이 필요했다. 아이들은 주사를 주는 동안 옆에서 꼭 잡아야 했다. 무균 상태에서 근육주사를 주지 않으면, 깊은 근육 종기가 발생할 위험성이 컸다. 그리고 치료 기간이 몇 달, 때론 몇 년이 걸리므로 수십 킬로미터 떨어진 곳까지 피곤한 몸을 이끌고 찾아와야 하는 환자의 입장에서는 큰 일이었다. 마술 같은 즉각적인 치유를 기대했던 많은 이들이 실망했다. 이동 진료를 하더라도 소수의 사람들에게만 혜택이 돌아갔다.

아이다의 만족감에는 실망이 뒤섞였다. 이 일에 전적으로 매달릴 수 있는 사역자만 구한다면 지속적으로 세 대의 진료 차량을 돌릴 수 있을 텐데! 세 명의 인도인 의사만 있다면!

또한 이와 더불어 개인적으로 감사한 일들도 있었다. 어머니가 돌아가셨던 1925년에 벨로르의 주민들은 아이다와 더불어 울고 웃으면서, 아이다가 의사로서 인도로 돌아와 사역한 지난 25년을 기념하는 축제를 벌였다. 주민들은 아이다에 대한 사랑과 감사의 표현으로 새 병원 건물에 큰 시계탑을 기증했다. 거트루드 도드는 거기에 시계와 종을 달았고, 순수 인도식 잔치인 타마샤를 열었다. 악대의 흥겨운 음악과 긴 축하 연설이 이어지는 가운데, 수천의 손님들은 쌀과 카레, 후식을 먹으며 연회를 즐겼다.

그렇지만 25년 사역의 최고 절정은 그녀의 생일날인 12월 9일이었다. 학교가 시작된 이래 처음으로 '학교의 날'을 지켰는데, 이 날 학교를 졸업한 이전 학생들이 죄다 찾아와 완전한 '가족' 회합을 이뤘다. 아이다는 졸업생들 하나하나를 바라보며 깊은 감사와 만족감으로 그들의 편지를 읽었다. 현재 배출된 졸업생은 네 학년의 70명으로, 옛날 예수님의 제자들처럼 치유의 능력을 안고 도시와 마을로 찾아들어갔다.

한 학생은 다음과 같은 편지를 썼다. "학교를 떠난 이후, 다섯 달 동안 정부 병원에서 일한 시간 외에는 이곳 마을에서 일하고 있습니다. (그 학생은 당시 시에서 좋은 자리를 제의 받았다는 사실을 언급하지 않았다.) 저는 여기서 일하는 첫 번째 여성입니다. 사람들은 남자만이 뛰어난 두뇌와 기술을 가지고 의사가 될 수 있다고들 생각하지, 여자는 그렇게 태어나 교육받을 수 없다고 생각하지요."

70명 전부 마을로 들어간 것은 아니었다. 에비 그나나무투와 카말라 비트빌링감 두 사람은 그곳 병원에 남았다. 28명은 선교 병원에서 일했는데, 그 중 여럿은 높은 월급을 준다는 직장을 마다하고 그곳으로 갔다. 한 학생은 7명이나 되는 동생들을 교육시키기 위해 정부 기관에서 일했다. 23명은 정부 진료소나 지방 진료소에서 일했는데, 그 중 다섯 명은 어린이 보건소에서 일했다. 2명은 개인 병원을 열었고, 또 다른 한 명은 뉴욕에서 대학원 과정을 성공적으로 밟고 있었다.

어느 뛰어난 졸업생 하나는 이렇게 썼다. "선생님. 가슴 뛸 만한 소식 하나를 전해드릴까 합니다. 너무 피곤해서 아무 것도 쓰고 싶지 않지만, 꼭 이 사실을 말씀드려야 할 것 같네요. 그렇지 않으면 기쁨이 사그라질 것 같아서요." 그런 다음에는 자신이 1년 의사 생활을 한 초년병으로서, 다른 선배 의사들이 도전할 엄두조차 내지 못한 제왕절개 수술을 맡아서 온갖 어려움 속에서도 아이와 엄마를 구해냈다는 이야기가 이어졌다.

아이다는 그간 이루어진 모든 일에 너무나도 감사했다. 허나, 기쁘긴 해도 완전히 만족한 것은 아니었다. 정부 인가 의료인 정도가 아니라 정식 외과 학위를 받을 수 있는 학교에서, 학생도 겨우 70명이 아닌 70에 7배나 더한 숫자가 교육받는 것이 그의 목표였다.

아이다는 새로운 선교사, 트레바 마샬을 데리고 벨로르에서 몇 킬로미터 떨어진 바니암바디 마을로 가서 모슬렘 환자를 방문했다. 트레바는 아이다도 부러워할 만큼 다재다능하고 활력이 넘치며, 섬김의 열정이 충만한 사람이었다. 그는 추가로 일하기 위해 1년 간 엑스레이를 공부하기도 했다. 트레바는 엑스레이 사진을 찍는 일 외에도 병원 영양사 일까지 맡았다.

영양사 일은 여간 힘들지 않았다. 병원은 최소 금액으로 운영되었다. 트레바는 3천 루피의 식사를 2천 루피로 삭감해야 했다. 달리 말해, 환자 한 사람당 하루 식사비로 할당된 금액은 4아나(8센트)에 불과했다. 매일 오렌지 주스와 함께 균형 있는 식사를 하는 것이 병원의 11계명에 해당된다고까지 생각했던 그녀에게는 이것이 전혀 쉽지 않은 숙제였다. 얼마 지나지 않아, 이 두 가지 전담 사역 외에 다른 일도 맡게 되었다. 농구를 가르치고, 학생들을 상담하며, 위생관념을 가르치고, 기숙사 사감으로 활동했다.

그날 바니암바디 방문은 진료가 아니라 행사 참여를 위해서였다. 병원에서 복부 수술을 받고 장기 입원했던 무슬림 여성이 퇴원을 축하하는 뜻에서 성대한 만찬을 열었는데, 아이다와 트레바도 초청한 것이었다. 그 여성에게는 아지나비라는 12살짜리 딸이 있었는데, 밝고 장난기 많은 아이라서 아이다가 매우 귀여워했다.

아이다는 마당에서 즐겁게 노는 아이를 바라보며 트레바에게 한숨 쉬듯 말했다. "저 아이가 계속 저렇게 귀엽고 밝게 있어주면 얼마나 좋을까! 한두 해만 지나면 결혼한 여자가 되어야 하니…."

트레바는 무슬림 여자들이 죄다 허연 부르카를 염소처럼 길게 늘여 입고 바들바들 떨며 살 거라 생각했다. 하지만 더 이상 부르카는 입지 않았다. 가정주부인 여성들은 금지된 구역 안에 갇혀서 살지만, 수줍어도 침착하고 우아했다.

음식은 영양도 풍부하고 맛있었다. 밥과 카레, 기름에 볶은 야채와 건포도, 카르다몬(생강과 식물—옮긴이), 캐슈너트를 섞어 만든 동그란 과자 라두스, 베르미첼리(파스타류)와 말린 포도, 캐슈너트, 향신료, 코코넛, 설탕을 섞어 만든 푸딩 파야삼 등이 나왔다. 아이다는 완숙 계란처럼 보이는 음식을 베어 물다가, 갑자기 깜짝 놀란 표정을 지었다. 아지나비는 그 모습에 손뼉을 치며 껑충껑충 뛰더니 배꼽을 잡고 웃었다. 빈 껍질에 할와(야채, 견과, 과일 등을 넣어 만든 달콤한 고기)를 넣고, 딱딱하게 굳힌 사탕을 부셔 넣는 장난을 친 사람은 바로 아지나비였다.

어둑해질 무렵, 차를 타고 집으로 향하는데, 아이다의 방문 소식은 이미 사방에 퍼진 상황이었다. 길가에서 등불을 들고 서 있던 마을 사람들이 차를 세우더니, 꼭 집에 들어와 차를 마시고 가라며 붙잡았다.

트레바가 열대 지역에서는 음식을 조심해야 한다고 학교에서 배웠기에 살짝 속삭이며 물었다. "근데, 음식을 제대로 씻고 끓였는지 알 도리가 없잖아요?"

아이다는 명랑하게 고개를 돌리고 대답했다. "물론 그렇지. 할 수 있는 한 조심하는 게 좋아. 하지만 위험을 감수하느냐, 친구의 환대를 거부하느냐 하는 선택의 기로에서는…." 아이다는 위험을 감수하고 죽어간 애니 핸코크를 떠올리며 한숨을 쉬었다.

아지나비에 대한 걱정은 결국 현실이 되었다. 그 아이는 13살에 결혼을 했다. 좋은 남편을 만나긴 했지만, 친정아버지의 사랑을 많이 받아 친정에서 보내는 시간이 많다보니, 시아버지가 며느리의 친정 사랑을 질투했다. 새로 아기가 태어나자 아이다를 명명식에 초대했다. 아기의 어머니와 아버지는 긴 소파에 앉아 있고, 아기의 할머니가 자스민 화환으로 아이를 장식하여 부모에게 보여주었다. 드디어 중대한 순간이 왔다. 화려한 행렬과 예식으로 아기(남자 아기다. 여자라면 그런 예식은 꿈도 못 꾼다)의 이름을 널리 알렸다.

어느 날 아지나비가 심각하게 아파, 부모들이 아지나비를 병원에 데려왔다. 어머니는 아이다가 반드시 고쳐줄 거라 확신하고 있었다. 그러나 엑스레이 결과를 보니 끔찍하게도 아지나비의 폐는 폐결핵으로 완전히 벌집이 되어 있었다. 아이다는 그 부모를 나무랐다. "왜죠? 왜 더 빨리 데려오지 않았나요?"

아버지는 슬프다는 듯 머리를 가로저었다. 그래봤자 아무 소용이 없다, 그 병은 시아버지가 질투 때문에 흑마술을 써서 걸린 것이라고 했다. 마술에 걸린 물건을 넣어 끓였던 단지가 집밖에 묻혀 있는 것을 발견했으니, 저주의 주문을 건 것이 분명하다고 했다. 외국인 의사로서는 할 수 있는 일이 없다며 말이다.

아이다는 이를 악물었다. 인도에서는 매 60초마다 한 명씩 결핵으로 죽어 가는데, 열에 아홉은 불필요한 죽음이었다! 간호사들만 충분하다면 예방 교육과 대중 보건 교육을 제대로 시킬 수 있을 텐데! 하지만 할 수 있는 일은 다 해봐도, 일은 빠른 속도로 늘어났기에 병원만 운영하기에도 간호사가 부족한 실태였다.

그렇지만 진전도 있었다. 1924년에는 지방 장관 관사에서 열린 모임에서 마드라스 여성 및 어린이 복지회의 벨로르 지부 창립에 힘썼고, 아이다는 초대 지부장으로 선출되었다. 65명의 걸출한 시민들이 그 계획에 동참했다. 많은 인도 여성들이 그 모임에 참여했다. 1914년에 영국 보건부가 준비한 기초안에 따라, 여러 센터의 조직 위원들은 복지 센터를 세우는 재정과 더불어, 지역 사회의 가정들을 찾아다니며 여성들을 센터로 초대하는 일을 맡을 보건 방문사 채용을 위한 재정을 일반 기부를 통해 모금했다. 그리고 이 계획안에 맞춰, 복지 위원회 센터도 코울 진료소에 문을 열었다.

병원은 계속 규모가 커갔고, 토타팔라얌의 땅에는 점차 아름다운 건물들이 들어섰다. 확장 계획이 필요하다는 아이다의 판단이 신빙성을 얻게 되자, 결국 벨로르 외곽 25만 평 땅에 대학 건물을 짓는 것으로 확정 되었다. 병원 병동은 필요한 모든 부서를 다 담기에는 너무 작았다. 완전히 해결하지는 못했지만 거리가 멀다는 반대의 목소리는 개인 차량을 운송 수단으로 삼으면 된다는 실질적인 대안에 잠잠해졌다. 그리고 시골 지역의 월등한 보건적 장점을 강조하는 아이다의 열변 또한 결정적인 요소였다. 위원회에서는 결국 그 땅에서 물만 나온다면 학교 건물 용도로 사용한다는 안에 동의했다. 수맥 찾는 사람을 고용하여 25만 평의 땅을 두루 다니며 우물을 파게 했는데, 매장된 물의 양은 엄청난 것으로 판명되었다.

이즈음, 학교는 세 배의 크기로 성장하고 안정되었다. 어느 교회나 사회단체나 선교회든 천 달러 이상을 기부하면 학교 경영에 참여하는 자격을 얻었다. 학교 운영회는 영국과 미국 두 곳에 두었다. 각 기부자들은 한 운영회에 두 사람을 추천할 수 있는 자격이 주어졌으며, 여기에는 추가적으로 선출된 위원들도 포함되었다. 운영회는 교장과 외국인 교수와 간호장을 선출하고, 월급을 결정하며, 예산안을 통과시키고, 학교의 제반 사항을 조정하는 권한을 갖게 되었다.

인도에는 한 선교지에서 함께 사역하는 여러 선교회가 지명한 사람들로 구성된 대학 위원회가 있었다. 이 위원회는 매년 한 번씩 회의를 하는데, 중요한 문제에 대해서는 두 운영회의 일반적 가르침을 따르도록 되어 있었지만, 병원과 더불어 의학부의 실질적인 운영은 각 지부별로 알아서 책임지도록 했다.

이번에 양쪽 운영회와 위원회에서 학교 부지 문제가 타결되자, 아이다는 학교 부지에 건물을 세우는 계획을 그저 앉아서 기다릴 수가 없었다. 물론 먼저 병원 건축부터 마무리 지어야 했다.

1926년 어느 날, 아이다는 일기에 이렇게 기록했다. "건축은 상당히 진전되고 있다. 전기가 있어서 너무 편함. 시원한 날씨. 기분도 상쾌."

그 해에는 힐탑의 별장도 완성되었다. 벽돌과 회반죽 대신, 건물 안에는 로즈 가트 길(Law' s Ghat Road)을 따라 6킬로미터 거리를 우차로 실어온 이태리식 옷장과 탁자가 자리 잡았다. 방이 꽤 넓고 값비싼 가구도 멋들어지게 배치되어 있었기에 마치 뉴욕에 있는 거트루드의 고급 아파트에 와 있는 듯했다.

감사 예배를 드리고 잔치를 벌이며 별장을 하나님께 드렸다. 손님들은 방과 거실을 다녀보고, 반타원형의 베란다 탁자에 앉아 차를 마셨다. 모든 손님에게 선물을 주었다. 솔로몬 씨의 어린 딸도 비스킷 한 바구니를 선물 받았는데, 그 날의 흥분은 사반세기가 지난 후에도 잊혀지지 않을 정도였다.

아이다는 하늘과 땅의 광활한 모습을 널리 둘러보며 이렇게 생각했다. "이제 좀 시간이 생기겠군. 쉬면서 생각할 시간 말이지."

하지만 틀린 생각이었다. 가장 더운 시기에 힐탑의 집에서 보낸 두 달은 나머지 열 달만큼이나 바빴다. 지친 간호사들, 의사들, 환자들이 쉴 수 있도록 늘 사람들을 초대했기 때문이다. 끊이지 않고 손님들이 찾아와 아이다의 정원을 구경하며 시간을 보냈고, 물론 아이다는 그때마다 정원에 있는 갖가지 식물과 관목과 꽃들을 직접 소개하고 보여주었다. 아이다는 특히 신발 끝에 넣어 몰래 들여온 수선화나, 유명한 '그린 로즈' 같이 진귀한 품종에 자부심을 느꼈다. 아이다는 때로 편지를 쓰기 위해 새벽 3시에 일어나서는, 손님들을 깨우지 않기 위해 화장실로 들어가 작업을 하기도 했다. 하지만 그런 수고 덕분에, 어린 유칼립투스의 연두빛 잎사귀가 찬란한 광채에 빛나는 순간이라든지, 2천 미터 아래의 구름 사이를 비집고 나온 페리아쿨람 봉우리의 빛줄기, 순백색의 카멜리아, '산지기 노인' 이 고대의 시인처럼 연노란 옷을 입은 모습, 안개가 순식간에 걷히는 모습을 보는 특권을 누릴 수 있었다.

그녀의 입술에서는 "감사해요! 감사해요!"라는 고백이 연달아 수십 번 터져 나왔다.

"오, 주님. 주의 발등상이오니, 이곳에 임하소서!"

1927년 여름에는 학교 지원서가 143통이나 날아왔다. 학생 지원서에는 하나같이 비슷한 문구가 있었다. "저는 높은 지위에 있지만 가난한 가정 출신이므로, 장학금을 받아야 합니다." "고등학교 졸업 시험을 제대로 통과하지 못하긴 했어도, 분명 의학부 시험은 통과할 수 있으리라 확신합니다." 의료계에서 여성이 감당할 임무가 얼마나 막중한지 제대로 이해하지 못하는 이들이었다!

결국 가장 촉망되는 30명의 학생들이 선출되었고, 7월 13일에 첫 모임을 가지면서 아이다는 더욱 자신의 선택을 확신했다. 트라반코르, 코친, 하이드라바드, 봄베이, 마드라스 등 남인도 전역에서 왔으며, 심지어 센트럴 프라빈스와 벵갈 등 북인도에서 온 학생들도 있었는데, 이들 대부분은 조랑말이 끄는 이륜마차를 타고 도착했다. 학생들은 자기 짐 상자와 가방과 음식과 침구 등을 나르느라 야단법석이었다. 기존의 학생들은 원기 왕성한 모습이었고, 신입생들은 부끄럽고 겁먹은 표정이었지만 파란 기둥 두 개가 받치고 있는 하얀 건물을 보고서는 얼굴이 환해졌다. 그리고 필브라운 건물 안으로 들어가 아름다운 야자나무 사이로 푸른 잔디와 분홍빛 협죽도가 핀 모습을 보고서는 탄성을 질렀다. 그 아름다운 광경은 해부실의 끔찍한 모습까지 가려주었다.

기숙사 사감이 된 트레바는 학생 받을 준비를 갖추었고, 재학생들에게 '어린 신입생'을 잘 돌봐주도록 했다. 그리고 각 학생들에게 탁자와 의자, 찬장, 책선반이 갖추어진 방을 할당했다. 사리는 납작하게 접어 가방에 얹어놓을 수 있으므로 옷장은 없었다. 그리고 밤에는 방이 아니라 베란다나 위층의 큰 거실에 매트리스를 펴서 침실로 사용했으므로, 침대는 없었다. 아침이면 학생들은 기도 시간을 준비하기 위해 매트리스를 접어서 다른 곳에 치워두었다. 올해에는 창문에 가리개를 해 놓았으므로, 사리를 얼굴까지 덮고서 잘 필요가 없었다.

트레바는 좁은 부엌을 보며 놀랐다. 배고픈 학생들 70명의 음식을 준비하는 곳인데 탁자도, 의자도, 싱크대도, 스토브도 없이 조그만 화덕 하나에, 구석에 놓인 납작한 돌과 커다란 청동 그릇이 전부였다! 카레는 납작한 돌 위에서 갈았고, 쌀과 채소는 바닥에서 다듬었는데, 그 모든 작업을 바닥에 앉아서 했다. 아침 일찍 우유 장수가 소 몇 마리를 데려와 부엌 옆에서 젖을 짰는데, 늘 소와 더불어 송아지들도 함께 데려왔다. 송아지가 없으면 젖이 나오지 않을 거라는 생각에서였다. 어느 날 트레바는 소장수가 소를 속이느라 죽은 송아지 가죽을 소 옆에 끼워 두고서 젖을 짜는 모습에 경악을 하기도 했다.

매일 식단을 일정하게 해둠으로써, 트레바는 영양사로서의 임무를 간소화시켰다. 아침 6시에 커피와 빵. 아침 9시에 우유. 12시에 밥과 야채 카레와 후추 물, 응유(凝乳), 야채 볶음. 오후 3시에는 커피와 케이크. 6시 30분에는 쌀, 고기 카레, 야채, 후추 물. 저녁 8시 30분에는 원하는 사람에게 우유를 주는 식이었다. 힌두 학생들을 위해서는 따로 구별된 부엌에서 카스트 요리사가 만든 음식을 주었다.

미국으로 건너가 힘들게 의학 박사 학위를 따고 돌아온 폴린 제퍼리가 해부실로 들어온 신입생들을 열렬히 환영했다. 그리고 얼마 지나지 않아 학생들은 두려움을 잊고 해부에 임할 수 있게 되었다. 한 사람은 예외였다. 두 주 후 신입생인 헬렌이 바들바들 눈물을 떨구며 폴린과 아이다를 찾아왔다.

비참한 듯 헬렌이 말했다. "소용없어요. 더 이상 여기 있을 수 없을 것 같아요. 저 끔찍한 해골만 보면 무서워서 토할 것만 같으니까요. 근데 밤낮으로 쳐다봐야 하니. 저 집에 갈래요."

헬렌을 보면서 다른 학생들이 동요할까봐 아이다는 마지못해 허락했고, 헬렌은 마두라이에 있는 기독 학교로 돌아갔다. 그 학교 교장이었던 헬렌의 할머니는 무척이나 실망했다.

"도망쳐 나오다니, 부끄러운 줄 알아야 해."

헬렌은 부끄러웠다. 그래서 아이다에게 편지를 써서 다시 재입학을 허락해달라고 했다.

아이다는 즉시 답장을 보냈다. "네가 돌아온다니 정말 잘 되었구나. 하지만 똑바로 행동하겠다고 약속해야 돼."

학교로 돌아온 헬렌은 자신의 예민한 성격을 이겨내고 다른 학생들 앞에 좋은 모범이 되었으며, 뛰어난 성적으로 졸업했을 뿐 아니라 이후 8년 동안 벨로르에서 세균학 실험실을 운영하고 어린이 병동에서 일했다. 또한 남인도에서 가장 잘생긴 미남과 결혼하기까지 했다. 이후 마드라스에서 매우 중요한 직위를 맡으라는 제안을 받았을 때, 아이다는 깊은 마음을 담아 추천서를 적어주었다. "꼭 사랑하는 딸을 시집보내는 마음입니다."

1927년, 연합 기독 여성 의학부는 인도 전역에 있는 서구인들뿐 아니라 인도인들에게까지 널리 알려지게 되었다. 특히나 남인도 지역을 순례하고 있던 마하트마 간디가 순례 끝 무렵에 병원과 학교를 방문해달라는 요청을 수락한 사실에 아이다는 매우 놀라고 감사한 마음이었다. 당시, 간디를 초청하려면 큰 용기가 필요했다. 조혼과 불가촉천민 관습을 비난하는 것 때문에 마드라스 주의 영향력 있는 힌두인들이 간디를 추방시킨 상황이기 때문이었다. 그보다는 주변의 영국인 친구들의 반대를 무릅쓰고 초청하는 것이 더욱 큰 용기가 필요한 일이었다. 마하트마는 그들에게 가시와 같은 존재였기 때문이다.

영국에 대한 간디의 비폭력 비협조 운동은 1920년 이후 전국적인 무혈 혁명으로 커져갔다. 그는 전 인도인들을 향해 외국산 옷을 불매하고 직접 옷을 지어 집에서 만든 옷만 입자는 호소를 했으며 이는 엄청난 반향을 일으켰다. 불복종 운동으로 인해 주동자들이 투옥되는 결과가 발생했는데, 한 달 동안에만 십만 명의 인도인들이 감옥에 갇혔다. 간디는 감옥행을 자처했고, 6년형을 선고 받은 후 22개월을 감옥에서 생활했다. 그리고 힌두인들과 무슬림들이 서로에 대한 반목을 청산할 것을 설득하기 위해 21일간 단식했다.

간디의 불복종 운동은 살다르 파텔, 라젠드라 프라사드, 자와할랄 네루 등 수천의 젊은 애국자들의 가슴에 용기와 꿈을 심어주었다. 하지만 겁쟁이들에게는 비폭력 운동이 전혀 먹히지 않았다. 경찰이 곤봉으로 내리치는 와중에 가만히 앉아 있거나, 경찰마가 마구 뛰어다니는 길 한 가운데 그저 누워있을 겁쟁이는 없는 법이다. 간디의 운동에 있어 중요한 부분 중 하나가 이에 적합한 국민성을 세우는 일이었다. 자유인을 양성함으로써 자유국가를 만들어간다는 계획이었다.

간디가 아이다의 초청을 받아들인 것은 더더욱 기쁜 일이었다. 병원 직원들과 학생들도 독립 운동의 상징으로, 손으로 짠 천으로 만든 카디를 입으라는 간디의 요청을 아이다가 점잖게 거절한 상황이기 때문이었다. 그렇지만 여전히 간디는 조심스럽게 설득을 계속했다. 그가 도착하기에 앞서 진홍색 포드차가 기숙사 계단 앞에서 빵빵 경적을 울렸는데, 차 안에는 카디 천으로 만든 수건과 식탁보, 침대보, 사리가 실려 있었다. 하지만 아이다 역시 개인주의적 성향이 강한 사람이었다. 어느 누구도 아이다의 학생들에게 무엇을 입어라 강요할 수는 없었다. 게다가 마하트마에 대한 아이다의 존경심도 개인적인 불만으로 인해 다소 약해진 상황이었다. 간디는 병원에 기부금을 내지 않겠다고 했다.

아이다는 새로 지은 병원 병동에 특별 손님을 위한 만남의 자리를 마련했고, 400명 이상의 손님이 참석했다. 두 사람은 묘한 대조를 이루며 군중 앞에 섰다. 드레스와 모자를 말쑥하게 차려입고서, 꼿꼿이 몸을 편 경쾌한 움직임과 강력하고 힘찬 목소리 때문에 164센티미터의 키보다 훨씬 커 보이는 여인과, 목에는 성스런 줄을 매고 허리에는 카디 천으로 만든 가리개만 두르고서 상 위에 다리를 꼬고 쭈그려 앉아 있는 남자. 볼품없고 완고하지만 사람의 마음을 사로잡는 미소를 지닌 간디는 너무 목소리가 작아서 코앞에 앉은 사람도 그 말을 제대로 듣지 못할 정도였다. 하지만 여인의 밝은 푸른 눈과 각진 안경 뒤로 반짝이는 검은 눈은 서로를 향해 존경심 이상의 예우를 갖추고 인사를 나누었다. 그들에게는 동일한 한 가지 열정이 있기 때문이었다. 그것은 바로 인도에 새 생명을 전하려는 열정이었다.

마하트마는 그가 입은 옷만큼이나 꾸밈이 없이 아주 간결하고 직접적인 영어를 구사했다. 청중들에게 카디를 입으라고 권면하기는 했지만, 정치적인 주제가 아닌 도덕적이고 정신적인 주제에 초점을 두고 있었다. 그는 간호사들과 학생들에게 아주 간결한 어투로 부탁했다. "높은 수준의 도덕을 추구하십시오. 할 일 없는 마나님들처럼 거들먹거리며 다니지 마십시오. 남을 섬기라는 하늘의 부르심을 늘 기억하기 바랍니다."

모임을 마친 뒤 아이다는 병원 구석구석을 보여주었다. 뒤를 따르던 무리들은 그 앞에 몸을 숙이고 발에 입을 맞추었다. 잠시 밖으로 나가 사진을 찍자는 폴린 제퍼리의 말에 온화하고 예의를 갖추던 간디의 태도가 갑자기 바뀌었다. 그는 무뚝뚝하게 쏘아붙였다. "사진이 완전히 잘못 나왔으면 좋겠군요."

그 다음으로 맞이할 귀한 손님은 마드라스 주의 총독인 고셴 자작이었다. 아이다는 총독에게 1928년 3월을 기한으로 두고 새 병원 건물 준공식에 초대했다. 건축을 지휘하고 있던 선교사 버나드 로츠셰퍼는 최대한 노력을 기울인다면 3월 말까지는 거의 끝마칠 수 있을 거라고 말했다.

총독의 답장이 도착하자 양각 문장이 찍힌 두툼한 봉투를 열어서 심각하게 읽어보던 아이다는 깜짝 놀란 듯 소리를 질렀다. "어머나, 어쩌지!" 총독 각하가 그의 공식 방문 일자를 3월 5일로 잡은 것이었다! 물론 그때까지 완성될 수는 없었다. "그때까지 꼭 마쳐야 돼!" 아이다는 비장한 얼굴로 말했다.

버나드 로츠셰퍼 역시 결단력이 대단한 사람이었다. 서두르는 법이라곤 찾아볼 수 없는 이 땅에서 인도인 일군들을 밤교대, 낮교대로 나누어 총 가동시켰다. 5일 날 아침이 되자 상황은 진정되기는커녕 더욱 복잡해졌다. 마지막 순간까지도 건축이 진행되었고, 총독이 도착하기 바로 직전까지 벽에 칠을 했다. 아이다는 이곳저곳을 뛰어다니며 명령을 하고, 바닥을 쓸고, 심부름을 하고, 꽃을 정렬하고, 화환을 사러 시장에 사람을 보내고, 연설 내용을 마지막으로 손보았다.

간호사 중 하나는 당시를 이렇게 표현했다. "마치 마술처럼, 혼란스런 상황이 일시에 정지했다. 모든 것이 일렬로 쫙 갖추어진 것이다. 화분에 심긴 식물, 아름다운 고산 지대의 꽃이 꽂힌 꽃병, 가구, 심지어 교직원용 도서관 식탁 위에 있던 책과 식탁보와 찻잔마저도 깨끗하게 정리되었다. 한 시간 전만 해도 병동 안 바닥 여기저기에 타일이 어지럽게 깔려 있었는데, 지금은 간호사용 탁자에도 꽃이 꽂혀 있고, 하얀 침상은 일렬로 단정하게 정리되어 있다. 그리고 가운을 입고 장갑을 낀 모습이 마치 하루 종일 정원을 정리하고 있었던 것 같은 교직원들은 차를 마시러 병원 방갈로에 모인 총독 각하와 대학 위원회에 인사를 했다."

준공식이야말로 아이다가 그토록 바라오던 것이었다. 벨로르 시는 1805년 티푸 술탄의 침입과 벨로르 폭동 이후로 가장 역사적인 이 사건에 제대로 대처했다. 다리는 새로 하얗게 칠하고, 나무 아치 아래로 깨끗이 길을 치우고 확장했다. 짧은 바지에 붉은 터번을 쓴 말쑥한 경찰들이 몇 미터 간격으로 경계를 섰으며, 화환과 깃발도 기차역 여기저기에 걸려 있었다. 벨로르에 사는 아이들치고 벨로르 여성 의학부 병원이 어디냐는 질문에 자랑스레 길을 가르쳐주지 못하는 애들은 없었다. 혹 학교 이름을 제대로 발음하지 못하는 아이라고 해도 말이다.

아이다는 총독과 함께 단상에 앉아서 흔들리는 망고 나무와 바나나 나무로 꾸며진 넓은 햇빛 가리개 아래 앉은 2천 명의 군중들을 내려다보았다. 영국인, 미국인, 유럽인, 힌두인들은 멋진 스카프와 터번을 두르고 있고, 민족주의자들은 하얀 간디 모자에 거친 카디 옷을 입고 있었으며, 무슬림들은 긴 겉옷을 입고 긴 수염을 휘날렸다. 무엇보다도, 인도 여성들을 위해 마련된 자리에는 최소 천여 명이 앉았는데, 무지개 빛의 다양한 사리를 입은 그 모습이 마치 정원의 꽃 같았다. 여인들은 자신들을 위한 기관이 생긴 것에 미소를 띠우며 자랑스러워했다.

건물이 공개되자 군중들이 밀려들어왔다. 사람들이 아름답고 쾌적하게 타일이 붙여진 방과 베란다, 큰 창문에 티끌 하나 없는 대리석 바닥으로 된 수술실, 조각된 석조 기둥이 떠받치고 야자나무가 한적하게 서 있는 널찍한 대기실을 감탄하며 바라보고 난 후에도, 아이다는 그 사실을 믿을 수가 없었다. 맞추지 않은 그림의 퍼즐 조각처럼 아직도 조각의 일부를 보고 있는 듯이 느껴졌다. 이게 꿈인지 생시인지 알려면 높은 곳에 올라가서 전체를 살펴보아야 한다.

1824년 9월 25일, 선교사 존 스커더 1세는 일기에 이런 내용을 썼다. "오늘 아침, 나는 벨로르 전체를 둘러보러 갔다. 벨로르는 산기슭에 위치하고 있으므로, 꼭대기에 올라가야 볼 수 있으리라 생각한 것이다. 30분 동안 힘겹게 오른 뒤에야 산꼭대기에 다다랐는데, 거기에는 산봉우리를 아우르는 큰 성채가 있었다. 주변 광경은 너무나도 멋졌다. 벨로르는 선교 사역을 하기에 좋은 지역이다. 이곳에는 수십 명의 사역자가 필요하다."

거의 100년 후인 지금, 황급히 올라오느라 숨이 차고 얼굴에 땀을 뻘뻘 흘리는 그의 손녀가 바로 그곳에 서 있다. 할아버지는 3월이 아니라 9월 말에 산을 올랐으니 다행이었다! 당시 할아버지는 말라리아를 심하게 앓고 있었으므로 선교회에서는 기후가 좋은 뱅갈로르로 보냈는데, 도착하기도 전에 숨이 끊어질 상태였다. 혹 그때 돌아가셨다면 아이다의 아버지를 비롯하여 14형제 중 7명은 태어나지도 못했을 것이고, 한 세기를 지난 지금 아이다 역시 할아버지가 섰던 이곳에서 서서 그분의 꿈이 이루어졌노라 외칠 수도 없었을 것이다.

수십 명의 사역자에 대해 기도한 것들은 지금 다 이루어졌다! 아이다는 눈 위로 흘러내리는 땀을 닦으며 산기슭 옆 큰 부지 안에 모여 있는 새 건물을 바라보았다. 장엄한 시계탑을 머리에 이고 흰 벽돌로 쌓여 있는 건물들, 행정동과 코울 진료소, 어린이 병원, 에워트 산모 병동이 있고, 그 중앙에는 흰색 지붕과 십자가가 걸린 노스필드 예배당이 보였다. 이제 사람들은 무너져가는 오래된 요새와 텅 빈 사원, 고인 물 위에 떠 있는 연꽃과 푸른 이끼 대신 새 건물로 관심을 기울였다. 수 세기 전, 모험가 봄마이레디와 압제자 티푸가 이곳에 왔다가 역사 속으로 사라졌다. 그들이 왔다갔다는 사실을 보여주는 건, 군대 없는 요새와 신이 머물지 않는 사원이었다. 존 선교사도 이곳을 다녀갔으며, 그의 자손들도 여기에 있으니, 주님, 이곳에 계시옵소서.

"야호!" 아이다의 귀에 목소리가 들리는 듯했다. "백여 년 동안 기다린 보람이 있구나!" 마치 할아버지가 바로 옆에 계신 듯 생생한 느낌이었다. 백 년이 채 되지 않은 10년 전에, 전 세계에 흩어졌던 스커더 일가가 라니페트에 모여 그를 기념하는 새 병원을 짓기로 하고 모퉁이돌을 올렸는데, 그때도 마치 할아버지가 살아서 가까이 계시는 듯했다.

해가 뜨기 전에 산을 올랐으므로, 아직도 이른 아침이었다. 갑자기 떠오른 태양의 품 안에 병원이 안기는 것이 보이자 문득 아이다도 정신이 들었다. 밝은 빛을 번쩍이며 차 한 대가 병원 문 앞에 나타나 거리로 향하는 모습이 보였다. 아르니 지역 이동 진료차가 출발하는 모습이었다. 아이다는 복잡한 도로 사이로 셀 병원과 선교관을 지나 남쪽의 아르니로 향하는 길을 마음으로 따라갔다. 의사와 간호사 약사가 한 팀이 된 의료진은 도심에서 몇 킬로미터 떨어진 25만 평의 땅을 지나다가 학교 부지에서 바위를 쪼는 일군들과 하얀 건물 벽이 올라가는 모습도 보게 되리라.

아이다는 큰 소리로 웃었다. 존 할아버지의 꿈이 다 실현되었을까?

아이다는 급히 아래로 내려가다가 뒤를 돌아다보더니 나직이 말했다. "안녕, 할아버지. 조금만 더 기다리세요. 다시 올게요. 아직 제대로 다 보시지 못했답니다!"

19 활기찬 안식년

병원 건축이 끝나면서, 아이다는 아쉬움 없이 1년 간의 안식년을 떠날 수 있게 되었다. 거트루드의 초대로 카슈미르에서 먼저 휴식을 즐기기로 했다. 하지만 보랏빛 산맥의 그늘 밑 차가운 호수 위로 둥둥 떠다니는 배를 타면서 조용히 지내자는 거트루드의 제안이 아이다에게는 걸맞지 않았다. 아이다에게 산은 쳐다보라고 있는 게 아니라 올라가라고 있는 것이었다. 신이 난 아이다는 3개월 동안 도보 여행을 하고 산행과 야영을 하면서 세상의 높은 끝자락을 돌아볼 계획을 세웠다. 마다나팔레의 선교 센터에 머물다가 그들과 함께 몇 주 지내러 카슈미르로 건너 온 루이자 하트도 기꺼이 여행에 동참했다. 여행의 처음과 마지막에는 벨리 벨이라는 배를 타고 움직였고, 간간히 도중에 배로 돌아오기도 했다.

개성이 강하고 말주변이 뛰어나기로 유명한 여행가이드 알리 구사니를 고용했다. 가이드는 아이다가 거의 접근하기 어려운 길로 높은 봉우리를 오르는 것을 보며, 자기만큼이나 모험을 좋아하는 사람이 있다는 사실에 너무나 좋아했다. 불편함을 싫어하고 높은 곳이라면 질색하는 거트루드는 새로운 곳에 갈 때마다 비장한 얼굴로 일행을 따랐다. 아이다가 가는 곳이라면 어디든 가겠지만 걷는 것은 사절이었다. 머리는 희끗한 기색이 전혀 없지만 벌써 나이가 일흔인 거트루드는 조랑말을 타기도 했고, 이곳 사람들이 자주 이용하는 가마를 타고 흔들거리며 일행을 따랐다.

"아슈티! 아슈티! 조심, 조심!" 가마꾼들은 위험한 장소를 지날 때면 큰 소리로 이렇게 말했고, 거트루드는 눈을 꼭 감고 입을 악물다가 "샤바쉬!" 라는 소리가 들릴 때에야 겨우 안도의 숨을 쉬었다. 한 번은 아주 높은 지대에서 눈으로 만든 다리 위를 건너게 되었는데, 몇 걸음 남겨두고서 다리 일부가 파손된 사실을 알게 되었다. 아래를 내려다 본 거트루드는 속이 미식거렸다. 결국 가마꾼들이 거트루드의 눈을 가린 후에야 가마꾼들의 어깨를 붙잡고 그 사이로 겨우 지날 수 있었다.

일행은 마치 대상 행렬같이 흥미로운 모습이었다. 천막, 침상, 음식, 냄비, 목욕통, 뜨거운 물통까지 생필품은 죄다 조랑말 등에 묶어놓았다. 그릇은 보따리에서 비죽이 튀어 나와 천막 기둥 위에 대롱대롱 매달려 있었다. 중간 중간 쉬면서 차를 마시려면 사모바르(차 끓이는 주전자—옮긴이)는 필수였다. 닭처럼 살아 있는 동물을 음식으로 가져가기도 했다. 그중 한 마리는 암탉이었는데, 매일 알을 낳았다. 아이다는 그 닭을 매우 좋아해서 애완동물로 삼아 보보라고 불렀다. 아이다는 닭들을 닭장에 넣는 대신 짐 꼭대기에 앉혀 놓고 여행을 했다.

벼랑 끝에 서는 것 외에도 여러 위험한 일들이 많았다. 거트루드는 큰 소리로 불평하는 대신 일기를 쓰면서 마음을 달랬다.

"4월 28일. 스리나가르로 여행을 떠남. 비오고 우박…."

"4월 30일. 강변을 따라 걷다가 신발에 진흙이 들어왔다."

"5월 17일. 파흘감으로 야영감. 천막에서 잠. 눈과 얼음이 많았다. 아이다와 루이자는 걸어갔고, 나는 가마로 갔다. 파리가 득실거림."

"6월 2일. 조랑말과 가마를 타면서 멋진 시간을 보냄. 더운데 그늘 한 점 없음. 천막 위로 파리가 수백 마리. 딸기를 땄다. 엄청난 비바람과 천둥. 천막에 파리가 천 마리."

"6월 9일. 아침 일찍 일어나 얼음 골짜기로 향함. 걷기 힘들고, 바닥이 첨엔 돌이더니 나중엔 눈. 루이자 쓰러짐. 반쯤 속이 빈 4.5미터 높이의 나무가 있었다. 아이다는 루이자를 거기 뉘여 덮어주었고, 가마꾼들은 옆에서 불을 피웠다."

"6월 13일. 가마꾼들이 문제를 많이 일으켰다. … 눈과 얼음 사이로 틈이 갈라지고 크레바스(깊은 균열)도 있다. 오후 내내 눈, 진눈깨비, 진흙, 물."

"7월 2일, 월요일. 아침 7시에 출발. 1,200미터 고지로 6.5킬로미터를 힘겹게 오르다. 나도 걸어갔다. 오르고 또 올랐다. 꼭대기에서 레몬 색상의 참매발톱꽃과 파란 양귀비를 보았다!"

"7월 7일. 아침 일찍 출발함. 눈길로 꼭대기까지 5킬로미터를 올랐다. 나는 조랑말을 탔는데, 무서워 혼났다. 말리두(조랑말 모는 마부)가 나를 이끌어 주었다. 천막을 치는데 비가 많이 내림. 비가 너무 많이 오는 바람에 우리가 사용하는 욕실을 떼어 마부와 가마꾼이 머물게 했다."

"7월 8일. 서걱거리는 얼음 사이로 조랑말을 몰아 강을 건넜다. 얼음 지대를 지나자마자 가파른 갈짓자 길을 올라감. 꼭대기에 흰 자작나무 사이로 풀이 가득한 아름다운 곳이 있었다. 아름다운 참매발톱꽃 사이로 갈짓자 길을 내려감. 짐꾼들은 강 옆 불편한 지대에서 천막을 침. 저녁으로 자몽을 먹다."

"7월 10일. 꼭대기에 오르자 억수같이 비가 내렸다. 침대보 말고는 몽땅 다 젖어버렸으므로, 잠자리에 들었다."

"7월 13일. 하루 종일 산을 오르다. 마지막 야영을 하다."

아이다는 기쁘게 말했다. "정말 완벽한 휴가였어요. 제대로 쉬었다니까!"

아이다는 걸어서 킬로미터를 여행했는데, 대부분이 45도 경사진 길이었다. 보랏빛 산맥과 푸른 얼음산, 샬리마르의 꽃, 은회색의 파리지옥풀이 장관을 이루는 모습을 보자 아이다의 눈은 경이로움으로 빛났다.

아이다는 끝까지 보보를 데리고 있다가, 결국 어쩔 수 없이 알리에게 내어주었다. "제발 잡아먹지 말아요" 하고 부탁했다. 알리는 알라와 더불어 여러 힌두 신들의 이름을 걸고 열렬히 맹세했다. "끝까지 데리고 있을 겁니다." 약삭빠른 알리는 나중에 이런 소식을 보내왔다. "맹세코 저는 닭이 죽을 때까지 데리고 있었습니다!" 분명 자기들과 헤어지자마자 잡았을 거라고, 아이다와 거트루드는 입을 모았다.

카슈미르에서는 3달 동안 휴가를 보냈지만, 유럽에서는 일 때문에 돌아다녔다. 한 달 동안은 의사들의 메카인 비엔나에서 외과와 산부인과 수업을 듣고 수술 과정을 지켜보며 공부했다. 이후 프라하, 베를린, 드레스덴, 파리에서 시간을 보냈는데, 아프고 고통받는 사람들을 위해 어떤 일을 해야 하는지 새로운 깨달음을 얻는 시간이었다. 잘 갖춰진 병원과 의사, 간호사들이 많은 서구 세계의 모습은 불쏘시개의 불꽃처럼 그녀의 상상력을 북돋았다. 모금 운동이 시작되는 10월이 다가오자 마음이 들떴다. 이제 건물은 다 지어졌으니 최소한 오십만 달러의 기부금을 모으는 데 총력을 기울여야 했다.

원래는 기부금 마련 모금 운동을 돕기 위해 영국에서 한 달을 머물기로 했지만, 전보를 받고 미국으로 향했다. 두 사람 모두의 이름을 담은 '스커도드'(*Scudodd*)란 서명으로 답신을 보낸 뒤, 기쁘게 귀국길에 올랐다.

피보디 부인은 여전히 끈기있게 일하고 있었으며, 아이다는 벨로르 위원회의 회계로 일하는 힐다 올슨을 만나게 되었다. 키가 작고 통통하며 능력이 뛰어난 힐다 올슨은 수학의 귀재에다가 또 다른 면모도 갖추고 있었다. 아버지한테서 재정 훈련을 받은 터라 투자의 귀재이기도 했다.

힐다가 귀띔했다. "모을 수 있는 만큼 기부금을 모으시면 제가 두 배로 불려드리겠습니다." 물론 얼마 지나지 않아 오랜 대공황이 덮칠 거라는 사실은 두 사람 모두 알지 못했다.

아이다는 평소처럼 모금 운동에 앞서 옷을 준비했다. 지난 5년 동안 치마 길이는 올라가고 허리선은 낮아졌다. 아이다 자신은 그렇게 생각지 않았지만, 그에게는 특별한 쇼핑 기술이 있었다. 평소 행동과는 다른 모습이었다. 일단 가게에 들어가면 점원에게 미소를 한껏 지어보인 뒤 이렇게 말한다. "강단에 설 때 입을 검은 드레스를 찾고 있는데요. 제가 연설할 기회가 많아서 말입니다. 멋있지만 너무 눈에 띄지 않는 옷이면 좋겠어요. 사람들이 옷을 구경하느라 내 말을 제대로 듣지 못하는 일이 없게 말이죠. 제가 원하는 옷을 찾아줄 수 있으시겠죠?" 그러면 그의 칭찬에 혹한 점원이 점장을 부르기 마련이다. 다른 여점원들도 벌떼같이 다가와 이것저것 친절하게 조언을 늘어놓는다. 그러면 이것저것 입어보면서 벨로르 이야기를 해줄 수 있었다. 청중을 휘어잡듯 그들의 마음도 휘어잡게 된다. 과연 어디서 연설을 할까? 그 사람들이 찾아와서 이야기를 들을까? 아이다는 원하던 옷만 사서 돌아오는 게 아니라 이렇게 청중이 될 가능성이 있는 여러 친구들을 만들고 돌아오게 된다.

오십만 달러는 들어오지 않았다. 미국의 거리는 집집마다 라디오와 세탁기를 사는 일에 혈안이 되었을 뿐, 인도 곳곳에 의사와 간호사를 보내는 일에는 관심이 없었다. 젊은 대학생들이 비전을 품는 것을 보며 격려를 받기는 했지만 돈은 조금밖에 들어오지 않았다. 그런데 최근 독자적으로 활동하게 된 젊은 사업가 여성들 중에서는 인도 여성들의 아픔에 대해 건전한 관심을 보이는 이들이 있었다.

인도로 돌아와 대학을 짓는 단순한 일을 다시 맡게 되니 마음이 가벼워졌다.

사람들은 그녀가 돌아오기를 간절히 바랐다. 학생들은 '솔로몬 리바이'(*Solomon Levi*)라는 노래에 새로 가사를 만들어 붙였다.

그녀의 이름은 스커더, 멀리 저 멀리 떠나 있다네.
그녀를 만나는 모든 이는 기꺼이 그 편이 되네.
그녀는 왕과 대통령을 만나고 마음을 흔들어 놓네.
벨로르는 그녀에게 돌아오라는 소식을 보낸다네.
아, 스커더, 우리가 기쁘게 당신을 노래하네!
스커더, 소리를 높여 그 이름을 크게 부르네!
축제의 날에 당신에게 인사를 하고 다시는 떠나지 말라 부탁하네,
돌아와 우리의 슬픔을 달래고 이곳을 고향으로 여기라 부탁하네!

1년 전 안식년을 떠나기 전에, 벨로르 자치장의 아내이자 친구인 한 여성에게 불임을 수술한 적이 있었다. 그 집 가족들이 환영용 의자와 화환을 준비하는 동안, 겨우겨우 문을 열고 들어갔다. 자리에 앉아 있는데, 그 집 부부가 집안의 새 주인이자 상속자인 아기의 요람을 자랑스레 보여주었다.

부부는 아이를 기쁘게 소개했다. "아이다, 당신의 아기예요." 그날 밤, 몇 년 만에 처음으로 아이다는 버치필드 밀리컨이 떠올라 많이 울었다.

1930년 1월, 아르코트 선교회 75주년을 축하하는 시기에 맞춰 인도로 돌아왔다. 근방에 사는 수천 명의 그리스도인들은 제일 좋은 옷을 차려입고 모여들었다. 스커더 가문도 함께 모였다. 아이다는 가족이 전부 함께 모일 수 있어 기뻤다. 전 지역에 흩어져 있던 스커더 가족들이 다 모였다. 루와 그의 아들 갤런. 붉은 머리가 희끗하게 변해버린 오빠 해리. 비록 난청으로 고생하지만 요즘도 박하사탕 상자를 보여주며 '담배 한 대 피울래요' 라며 농담을 했다. 그리고 그의 충직한 아내 마가리트. 월터와 넬, 그리고 최근 선교사로 온 자랑스런 두 사람의 아들 존 4세와 그의 아내 도로시. 존은 기념 연극 때 증조할아버지 역할을 맡았다.

하지만 아이다가 가장 크게 놀란 사람은 제리드 큰아버지의 딸인 딕시 언니였다. 많이 늙었지만 예전에 비해 훨씬 행복해보였다. 은퇴하기 2년 전인 1928년에야, 그토록 오랜 시절 바라던 꿈을 이루도록 허락을 받았기 때문이었다. 어느 여성 전도자와 함께 천막생활을 하면서 여러 마을에서 2-3주 동안 거하며 바느질 법, 위생, 가족에게 영양가 있는 음식 만들어 주는 법 등을 가르쳤다. 아이다는 딕시를 보면서 새로운 평안과 행복을 느꼈다. 꿈이 실제가 되는 것이 어떤 마음인지 자신도 알기 때문이었다.

축하 행사가 끝난 후에는 즉각 평소의 신나는 일로 돌아갔다. 수업, 진료소, 병원 회진, 수술, 길거리 진료. 현재 매주 길거리 진료를 하는 차가 네 대로 늘었고, 곧 아이다도 다섯 번째 진료차를 운행할 계획이었다.

새로운 진료를 시작하는 날은 늘 그렇듯 흥미진진하고 의외의 일이 많은 법인데, 이번도 예외가 아니었다. 이렇게 돌아다니면서 사람들을 초청하면 과연 반응을 할까? 치료를 받을까? 의사를 신뢰하게 되기까지 얼마나 오랜 시간이 걸릴까? 벨로르 외곽의 새로 생긴 흙길을 달려가며 아이다는 이런 저런 질문을 던져보았다. 하지만 첫 번째 정차소에서 무슨 일이 있는지 미리 알았다면, 아이다는 더욱 큰 흥분과 기대감을 품었으리라.

어머니 인도의 상징인 거대한 바나나 나무는 넓게 가지를 펴 사람들에게 쉴 자리가 되었고, 몇몇 나병 환자들에게는 몸을 숨길 그늘도 만들어 주었다. 거기서 기다리는 사람들도 반경 80킬로미터 거리에서 밤새껏 걸어왔거나, 반나절 내내 걸어온 이들이었다. 사람들은 하나같이 비슷한 옷을 입었다. 남자들은 허리에 두르는 다 떨어진 드호티를 입었고, 여자들은 빛바랜 사리를, 아이들은 무릎까지 내려오는 천조각을 걸치거나 허리 부적 외에는 아무 것도 입지 않는 경우도 많았다. 거친 땅만큼이나 딱딱해진 맨발과 손과 팔에는 싸구려 보석들을 장식했고, 치아는 하나같이 라임과 구장 나무 열매 때문에 누렇게 변해 있었다. 질병도 대부분 종기, 눈병, 귀 염증, 백내장, 기생충, 이질, 열병, 결핵, 나병, 매독 등 비슷비슷했다. 한 사람이 두세 가지 병을 가진 경우도 많았다. 단 하나 다른 점이라면, 환자들 모두 눈에 희망이 없는 반면, 아바이라는 한 사람만은 크게 미소를 짓고 있었다는 것.

멀찍이 앉아 있던 한 남자가 말했다. "그 사람이 온다고 하더니만 … 보지 않고서는 못 믿겠는걸."

눈병으로 고생하던 두 번째 남자가 말했다. "어떤 모르는 사람이 우리 마을에 왔었지. 온누 렌두 문드루, 그래 3일 전이었어. '백인 의사들이 올겁니다. 반 아나의 돈과 통 하나만 들고 오세요' 라고 말하더군."

세 번째 남자도 코웃음을 치며 말했다. "여자 백인 의사라. 나 역시 보지 않고서는 못 믿겠어."

아바이는 나병 환자들 틈에서 자신 있게 말했다. "그분들 꼭 올 거예요. 꼭 만날 거라구요." 그는 자신이 알고 있는 정보를 자랑스레 사람들에게 전했다. 그는 전에 백인 의사가 방문했던 다른 정차소에 다닌 적이 있었다. 달이 차는 날을 양손으로 꼽을 만큼의 기간 동안 매주 그곳에 갔었다. 주사를 맞으러 자기 마을에서 그곳까지 30여 킬로미터를 걸어갔는데, 몸속에 찔러 넣은 신기한 마법의 주사 덕분에 몸의 병도 사라졌다. 이제는 집에서 겨우 16킬로미터 떨어진 이곳 정차소로 매주 방문할 수 있게 되었다.

앞의 세 사람은 호기심과 흥미를 보이면서도 회의적이었다. 팔에 주사를 찌른다니 뱀이 무는 것과 비슷한 건가? 첫 번째 남자가 말하길 코브라에 물리면 나병이 낫는다는 소리를 들었다고 했다. 하지만 그렇게 코브라에게 두 번을 물렸다가 한 시간 만에 죽어버린 사람 이야기도 들었다.

두 번째 남자는 일단 눈에 주사를 한 번 맞아보겠노라고 했다. 아요, 손바닥만 한 밭뙈기라도 제대로 갈 수 있을 정도만큼 눈이 회복된다면, 아내와 네 자식들을 먹일 수 있을 텐데!

세 번째 남자는 으스러진 손과 끝이 꼬챙이처럼 휘어지고 딱딱해진 손가락을 들어올렸다. 취! 주사를 맞으면 쟁기나 낫을 꼭 잡을 수 있을 만큼 나을 수 있을까? 얼굴도 코도 제 모습으로 돌아와서 사람들이 더 이상 나를 피하지 않게 될까? 정말로?

길 저쪽에서 부릉거리는 소리가 들리고 붉은 흙먼지가 피어오르더니 은색과 푸른색의 밝은 빛이 비쳤다. 사람들은 숨을 죽인 채 바라보았다. 이전에 버스나 짐마차는 본적이 있지만, 이런 차는 한 번도 본 적이 없었다. 차는 나무 그늘 아래로 미끄러지듯 들어왔다. 그리고 차에서 사람들이 내렸다. 다들 반원 대열로 서서 얼굴을 푹 숙이고 있는데 한 사람이 타밀어로 뭐라고 중얼거렸다.

아바이가 속삭였다. "저 사람들은 항상 기도로 시작해요. 우리를 잘 도울 수 있게 해달라고 도움을 구하는 거죠."

그리고 순식간에 여러 가지 일이 일어났다. 차 밑에 있던 길고 납작한 철판을 꺼내더니 선반처럼 옆에 고정시켰다. 나무 아래에는 탁자가 들어섰다. 가만 보니 백인 의사가 한 명이 아니라 둘이었다. 한 사람은 몸집이 큰 검은 머리였고, 다른 한 사람은 하늘빛 눈과 부드러운 거미줄 같은 신기한 머리를 하고 있었다. 그 외에 다른 의사들은 다들 마을 사람들과 비슷한 검은 피부를 가진 이들이었다. 푸른 눈의 의사는 타밀어를 그다지 잘 하지 못했다. 어느 여자에게 서라고 말해야 되는데, "우트카링갈! 앉으세요!" 하고 말했다. 하지만 사람들은 기분 나빠하지 않았다. 오히려 한 바탕 웃는 바람에 긴장이 풀렸다. 곧 마을 사람들은 길게 줄을 섰다가, 깨끗한 파랑색과 흰색이 섞인 사리를 입고 미소를 짓는 검은 여인 옆에 서서 자기 증상을 호소했다. 그 젊은 여성들 역시 의사가 분명했고, 마을 사람들과 똑같이 생긴 현지인들이므로 두려움 없이 시키는 대로 잘 따랐다. 어떤 환자들은 선반 옆에서 치료를 받았고, 또 어떤 환자들은 신기한 마법의 약을 받느라 깨지고 금 간 병을 들고 차 옆에 서서 머리를 끄덕이며 복용법을 수차례 반복해서 듣고 있었다.

"일라이! 안 됩니다. 속에 있는 가루약만 먹어야지 겉의 종이까지 먹어서는 안 됩니다."

"매일 한 알 씩 드세요, 한 알만요."

"먼저 아이를 씻기세요. 그리고 3일 동안 매일 몸에 이것을 문지르세요. 문드루, 세 번입니다. 손가락으로 잘 세셔요. 그리고 4일째 아침에는…."

그런데 파란 눈의 백인 의사가 아바이와 무리들에게 다가왔다. 그리고 환하게 미소를 지으며 서투른 타밀어로 주사에 대해 설명했다. 한 번에 다 되는 건 아니지만 분명 병에 효과가 있다. 다음 주에도 꼭 오고, 그 다음, 다음 주에도 꼭 와야 한다. 참을성 있게 기다려야 한다고 했다. 그런 후 다시금 밝게 웃으며 물었다. 그럼 이제 누가 먼저 맞겠어요?

그들은 아무 소리 없이 경계하는 눈초리로 주사바늘을 쳐다보았다.

아이다는 착잡했다. 사람들이 확신을 가지려면 수주는 기다려야 한다는 사실은 경험상 잘 알고 있었다. 순간 눈에 익은 한 얼굴이 씩씩하게 앞으로 걸어오는 모습을 보고서, 안도의 숨을 내쉬었다. "아바이! 산 토샴, 얼마나 기쁜지!" 고마워하며 인사를 건넸다.

아바이는 이제 심화 단계의 치료를 받게 되었다. 바르르 떠는 몸에 손가락 하나 정도로 깊이 대풍자 기름을 주사하느라 온 힘을 다 썼다. (잠시일지라도 마비된 손과 발만큼 팔에 감각이 없으면 좋으련만!) 분명 엄청나게 아플 것이었다. 소리를 지르지 않으려고 애쓰느라 온 몸을 떠는 게 느껴졌지만, 그는 도망가지 않았다.

아바이는 귀엽게 거들먹거리며 동료들에게 말했다. "봐, 아무것도 아니잖아. 날 보라구요."

그 다음은 쉬웠다. 다들 "주사요, 주사!" 하며 앞으로 걸어 나왔다. 다만, 가장 간절히 원했던 한 사람, 아내와 네 자녀와 함께 살고 눈이 아픈 그 사람에게는 주사 치료를 해주지 않았다. 그의 병세로 보아 이미 주사가 도리어 불에 기름을 뿌리는 격이 될 수 있는 단계에 이르렀기 때문이었다.

아이다는 조용히 말했다. "지금은 다른 약을 처방할 게요. 주사는 나중에 주겠습니다. 단, 여기로 다시 오셔야만 말이지요."

1930년의 바로 그 날, 아이다와 제시 핀들래이는 새로 산 구급차로 다섯 번째 이동 진료소를 열었다. 새 차를 구입할 수 있도록 큰 돈을 기부해준 뉴 헤이븐의 두 자선가의 이름을 따서 브론슨 포터 하이웨이라고 불렀다. 새 구급차는 아주 부드럽게 잘 달렸고, 상자와 찬장과 접히는 탁자, 심지어 차체 밑의 수도꼭지를 돌리면 물이 나올 만큼 완벽하게 구비된 차였으므로, 칙칙 거리던 '악마 차' 와 그 뒤를 이은 T형 차를 타고 다니던 옛 시절을 떠올리기 힘들었다.

하지만 아이다는 그 시절을 온전히 기억하고 있었다. 그날 밤, 피곤함에 지쳐 이곳저곳 진료하러 돌아다닐 때 길게 줄을 서서 기다리던 군중들, 그리고 여기저기 친근한 얼굴들. … 목 뒤에 있는 큰 종양을 베개 삼아 쓰겠다며 수술하지 않겠다고 고집 피우던 여인, 아픈 오빠를 위해 그림 카드를 받으려고 시들어버린 꽃을 들고 찾아온 수줍은 소녀. 푸둠, 푸둠, 제발요, 푸둠!

"제가 오빠를 업고 조금 걸어봤는데요. 오빠가 나보다 크니까 얼마 못 걷겠더라구요. 우리 오빠 죽을지도 몰라요. 카드 한 장만 주세요."

아이다는 가방을 열어 빨간 옷을 입은 인형을 꺼냈다. "한 번 보렴! 이걸 더 좋아할 것 같지 않니?"

"와아, 암마. 예! 분명 좋아질 거예요. 분명히요!"

하지만 그의 오빠는 좋아지지 않았다. 그 다음 주에도 소녀는 다시 왔는데, 이번에는 한 손에 싱싱한 꽃다발을, 다른 한 손에 인형을 들고 왔다. "오빠는 어때?" "선생님. 오빠는 죽었어요. 하지만 인형을 꼭 안으면서 행복해 했어요!"

그리고 나병으로 고통하면서도 오랫동안 매주 찾아왔던 젊은 친구를 다시 만났다. 그는 늘 행복해보이고 미소가 가득했는데, 어느 날엔가 눈물을 글썽이면서 조그만 아이를 데리고 왔었다.

"에토 파루, 보세요, 선생님! 동생을 데려왔는데요, 얘도… 얘도 저랑 증상이 같아요!"

하지만 여러 사람들 중 가장 기억에 남는 것은 세 남자를 데리고 밭을 지나오던 한 여인의 모습이었다. 수년 전, 이제 막 거리 진료를 시작하던 당시의 일이지만 어제처럼 생생하게 기억하고 있었다.

그날 진료를 마치고 집으로 돌아갈 준비를 하는데, 그들이 이

쪽으로 오는 게 보였다. 논가의 딱딱한 이랑을 따라 걸어오는 모습이 너무나도 느려 터져, 아이다는 마냥 답답하게 바라보고 있었다. 하지만 길 쪽으로 가까이 왔을 때 그중 세 명이 맹인이라는 걸 알 수 있었다.

그들은 제 시간에 도착하느라 밤새 걸었기 때문에 도착하자마자 너무 지쳐서 자리에 주저앉고 말았다. 하지만 얼굴은 빛나고 있었다. 누군가 자기 마을을 찾아와 차를 타고 다니며 눈을 낫게 해주는 의사 이야기를 해주는 것을 듣고 찾아온 것이었다.

그들은 너무나도 기뻐서 "늦지 않고 도착했다!" 하고 소리쳤다. 그중 한 남자는 껄껄 웃으며 "제 시간에 도착했다!"고 좋아했다.

아이다는 희망을 안고 세 사람의 눈을 자세히 살펴보았지만 … 가망이 없었다. 너무 늦은 것이었다. 세 사람은 모두 가망이 없었다. 두 사람은 천연두에 걸렸고, 한 사람은 열병을 앓고 있었다. 그 병을 낫게 하느라 아내는 사원의 사제를 찾아갔는데, 사제는 신에게 바칠 제물을 가져오라며 집으로 돌려보냈다. 그 여인은 자기 전 재산인 작은 놋쇠 그릇 쳄비를 가지고 갔다. 사제는 선한 뜻으로 했겠지만 어리석은 조언을 했다. "집에 가서 잘게 간 유리와 고춧가루와 기름을 잘 섞어 남편의 눈에 바르시오, 그러면 감각이 돌아올 것이오." 말 그대로 남편은 제대로 감각을 느꼈다. 끔찍한 고통 덕에 말이다.

몇 년이 지난 지금조차도 아내의 처절한 실망감을 느낄 수 있을 정도였다.

“선생님, 정말 뭐든 해 주실 수 있는 거죠? 우린 돈도 얼마 없고 가난하지만, 있는 걸 다 드리겠습니다. 그저 우리 눈만 낫게 해 주십시오!”

아, 바디메오의 눈을 뜨게 하신 그분의 손이 계신다면!

아이다는 거의 반쯤 잠이 든 상태로 중얼거리듯 대답했다. “죄송합니다. 제가 할 수 있는 일이 없어요.”

“아무 것도 없다구요? 이렇게 멀리까지 왔는데, 아무 것도 해 줄 수 없다니. 아무 것도… 아무 것도….” 그들의 외침은 산을 넘어 수년의 세월을 넘어 다시금 메아리쳐 돌아왔다.

오늘 아이다는 행복했고 만족스러웠다. 다섯 대의 진료차가 운행되고 있기 때문이었다. 다섯 대. 사실 아직도 충분하지는 않았다. 아마 열 대가 되어도 충분하지 않을 것이다. 벨로르 근방에는 전혀 의료 혜택을 받지 못하는 마을이 아직도 수백 개에 달했다. 할 일은 너무나 많지만 시간은 너무도 부족했다! 대학 건물을 짓고, 기금을 조성하고, 또 수백만 명의 여성들에게 의사와 간호사를 제공할 일이 아직도 아마득한데, 아이다는 벌써 60이 다 되었다. 만족을 느끼기에는 아직 이르지 않은가!

비몽사몽 이리저리 뒤척이던 그날 밤, 아이다의 눈에는 세 명의 장님들을 이끌고 밭을 지나오던 여인의 모습이 계속 어른거렸다.

20 서서히 부는 변화의 바람

1920년대 말 당시 좌절당하고 짓눌려있던 민족주의의 불길이 30년대에 이르자 새로이 맹위를 떨치며 인도 전역을 휩쓸었다. 영국 노동당의 동의로 자치권을 얻게 되리라 기대했지만, 토리당과 자유당이 연합하여 인도의 자유를 보장하려던 노동당의 정책에 반대하자 가능성은 결렬되었다. 간디는 이제 처음으로 완전한 독립 쪽으로 마음을 굳히게 되었다. 그는 인도 국민 회의파를 설득하여 대영제국에서 분리독립할 것을 과감히 선언하게 했다. 전쟁이 선포되었지만, 이는 간디가 바라는 사타그라하, 즉 무저항 불복종 운동을 무기로 싸우는 전쟁이었다.

간디는 영국의 통치를 비난하되 모든 영국인에 대해서는 호의를 가지고 있음을 분명히 하는 서한을 총독에게 보냈다. 식민 정부의 여러 악독한 행위를 나열하되 그 중에서도 특히 소작농의 1년 소득 중 3일치 임금에 달하는 소금세 부과 문제에 대해 언급했고, 이러한 악덕법을 철회하지 않을 경우 이에 대한 저항운동을 개시할 것임을 분명히 선언했다. 하지만 그쪽에서는 아무런 답이 없었다. 1930년 3월 12일, 간디는 해변까지 380여 킬로미터 길을 24일간 걸었던 그 유명한 소금 행진을 시작했는데, 바다에 도착한 그는 파도에 밀려온 소금을 한웅큼 집어 듦으로써 정부 판매 소금 외에 개인 소유를 금하는 영국법을 일축했다. 보스턴 차 사건(미국의 식민지 반군이 영국 동인도회사 소유의 값비싼 차가 실려 있던 배를 파괴한 사건—옮긴이)만큼이나 극적인 행동이었다.

이는 대중적인 시민 불복종 운동의 신호탄이었다. 수백 명이 소금을 제조하기 시작했고, 부조리하게 느껴지는 여러 가지 법들을 일부러 어기기 시작했다. 인도인 입법자들은 정부에 반대한다는 의미로 사직서를 제출했다. 간디를 비롯한 주동자들은 체포되었다. 총독은 한 달 만에 6만 명을 감옥에 집어넣었다. 험악한 분위기였지만 평화로운 대혁명이었다. 혹 유혈 폭동으로 벌어질 경우 간디가 이 운동에 가담하지 않을 것을 알았기 때문에, 대부분의 참가자들은 투옥과 금속 곤봉과 총부리의 위협과 야만적인 구타에도 불구하고 비폭력적으로 대응했다.

1931년 8월에 안식년을 끝내고 돌아온 트레바 마샬은, 미국에서 들었던 보도 내용처럼 선로를 가로막는 줄이 쳐 있고, 사람들이 죄다 카디 군복을 입고 있을 거라고 생각했다. 그러나 사실은 많은 이들이 흰색 간디 모자를 착용했고, 봄베이에서 마드라스로 향하는 기차칸에서는 이제 막 세 달의 복역을 마치고 나온 점잖고 교육 받은 민족주의자 두 사람이 카디를 입고 있는 모습을 볼 뿐이었다. 유혈 폭동은 보지 못했다. 벨로르 시장에서는 몇몇 옷가게의 평화로운 시위가 전부였고, 영국인 뿐 아니라 미국인을 비롯한 병원의 외국인 교직원들은 인도인 동료들의 태도에 민감해 있었다.

독립을 위해 국민들을 계몽시키려는 열망에는 깊이 동감했지만, 병원이 벨로르와 마드라스의 영국인들과 긴밀히 연결되어 있는 터라, 그 문제에 깊이 관심을 둘 수 없을 정도로 바쁘게 지내지 않을 경우, 아이다는 심각한 문제에 당면할 수도 있었다. 혹 오해를 살 행동이나 말을 하지 않도록 교직원들에게 당부하면서 아이다는 농담스레 한 마디를 덧붙였다. "최근에 제가 감시를 당한다는 말을 들었거든요!" 아이다를 존경하는 제시 핀들래이가 이 말을 듣고서는 푸하하 웃음을 터뜨렸다. "과연 누굴까? 참 재주도 좋으셔라."

트레바 마샬은 벨로르에 나타난 변화가 인도 계몽 운동 뿐 아니라 아이다의 영향력이기도 하다는 사실을 알았다. 그 중 한 가지 변화가 바로 '벨로르 여성 레크리에이션 클럽' 이었다. 교육받지 못한 여성들과 소외된 계층을 대상으로 사역하는 '사회 사업회' 가 충당하지 못하는 부분을 채우고 사회의 필요를 감당하기 위해 설립된 기관이었다.

트레바는 기쁨에 넘쳐 집에 편지를 썼다. "얼마나 많이 바뀌었는지 숨이 넘어갈 정도랍니다. 5년 전만 해도 이 일이 시작되도록 엄청난 노력을 기울였지요! 일주일에 한 번 5명에서 10명의 여성들이 찾아왔는데, 이 모임에 온다고 엄청난 비난을 받았었어요. 현재는 20명에서 40명의 여성들이 매주 세 번씩 모임에 참석합니다. 힌두 여인들과 무슬림 여인들, 다양한 카스트 계층의 여성들이 놀라운 스포츠 정신과 우정으로 만나고 있습니다."

벨로르 여성 레크리에이션 클럽의 역사는 인도 여성 계몽운동의 역사이기도 했다. 그 한 예로 브라만 변호사의 아내인 판카잠 벤케타차리 부인이 있었다. 여자는 길을 갈 때 남편의 뒤를 따라가야 한다는 인식이 팽배하던 시절에, 그 여인은 과감히 다른 길을 선택했다. 그녀의 말이다. "저는 남편의 뒤를 따라가지 않고, 옆에서 함께 걷습니다. 저는 인습에서 해방된 사람이거든요."

이후 한 세대가 지나고 인도가 자유를 되찾게 되었을 때, 낮은 계층의 손에서는 물 한 방울도 받아서는 안 되고 여자는 격리되어 생활해야 한다는 전통 속에 성장한 이 여인이 북 아르코트 행정구 전체의 사회 복지부 장관이 되어 열 개 지부의 직원들을 감독하고, 매일 지프차를 타고 마을로 들어가 여성들, 특히 소외된 사람들을 위한 건강과 복지 증진을 위해 힘쓰게 되었다!

아이다는 늘 인도 여성들이 몸과 마음과 영혼으로 온전한 자유를 얻게 되는 일에 관심을 기울였다. 20년대 초부터 여성 레크리에이션 클럽을 시도하기로 마음먹었었다.

"이들 힌두 여성들과 무슬림 여성들이 우리와 함께 경기를 하면서 한 데 어울릴 수만 있다면! 음침한 자기네 집 마당을 벗어나서 건강에 좋은 운동도 하고, 서로 친숙해질 수 있다면 과연 무슨 일이 벌어질 지 생각해보라구. 누가 알아? 기적이 일어날지 말이야!"

애니 핸코크의 얼굴은 기대감으로 빛났었다. 그리고 벨로르 여성들의 사회적 지위 개선을 위한 애니의 용감한 계획은 그의 뒤를 이은 라비나 호네거가 온전히 이루어냈다. 라비나는 이전의 빨간 속치마 사건 때 함께했던 아이다의 오랜 친구였다. 선교사로 인도에 오자마자 남편을 잃은 그녀는 라니페트에서 학생들을 가르치며 지냈다. 지금은 벨로르로 건너와 학생들을 가르치고, 애니 핸코크가 시작한 사회사업을 이어나갔는데, 그녀는 여성 레크리에이션 클럽에 대한 제안을 흔쾌히 받아들였다.

아이다와 라비나와 거트루드와 트레바, 그리고 사회사업에 대한 마음을 지닌 여러 그리스도인 여성들과 힌두 여성들의 손으로 마침내 클럽이 결성되고, 배드민턴, 탁구, 당구 경기로 시작했다. 전통에 맞서 용감히 이곳을 찾아온 첫 번째 회원들은 전에 이런 경기를 해본 적이 없었으므로, 측은하리만큼 어린애같이 행동했다. 그들은 원래 집에서 하인을 부리면서 집안일과 옷 만들기와 바느질을 대신 시키던 사람들이었다. 그들은 경기 때 속임수를 쓰기도 했고, 온갖 일로 다투었다. 어떤 이들은 마음에 상처를 입기도 했고, 다툼과 눈물로 경기가 마무리되기도 했다. 꼭 한 사람은 부루퉁하게 집에 가버리는 일도 잦았다. 하지만 아이다와 동료들은 포기하지 않았다. 회원들은 붕대 매는 법, 뜨개질 법, 심지어 웅변법도 배웠다. 처음에는 남편들이 대신 써준 글을 아주 조용조용한 목소리로 읽었지만, 시간이 지나면서 독창성과 자신감이 강해졌다.

이때는 인도 여성들에게 극적인 변화가 일어난 시기였다. 전국 방방곡곡에도 기적이 일어나고 있었다. 은둔과 무지, 억압과 열등감으로 점철된 천 년의 세월이 단 10년 만에 새로운 전환을 맞고 있었다. 1930년 4월, 조혼을 금하는 사르다 법안이 강제 통과되면서, 간디의 강력한 개혁 원칙 중 하나인 여성 해방법이 시행되었다. 교육받은 힌두 여성들은 데바다시스(사원 무희) 제도를 없애고 새로운 단체를 성립할 것을 주창했다. 즉, 소년 시판소를 설치할 것을 요구하고, 여성과 어린이의 산업 환경 개선을 촉구했다. 1922년의 법안에서는 공장 노동자의 최하 연령을 12살로 정했고, 15세 미만은 하루 6시간 이상 일하지 못하도록 금지했다.

정치 분야에서 여성들의 힘은 더욱 확대되었다. 회원 2천 명에 40개 이상의 지부를 거느리고 있는 인도 여성회는 오랫동안 여성의 참정권을 위해 힘써왔고, 1924년 입법부와 입법회를 뽑는 두 번째 선거에서는 최초로 여성들이 투표할 수 있었다. 마드라스 주는 지역 여성들에게 참정권을 준 첫 번째 지역이 되었다. 수천 명의 여성들이 마하트마 간디의 추종자가 되었으며 불복종 운동

그 순간부터 여행에 대한 흥미는 사라졌다. 이제는 미국에서 펼칠 모금 운동 생각에 참을 수가 없었다.

처음에는 1934-35년의 모금 운동이 여느 때와 다름없어 보였다. 두 사람은 다른 때와 마찬가지로 옷을 사고, 방문 일정을 확인하고, 새로운 모금 슬로건을 익히면서 신나게 준비했다. "여러분이 지은 학교, 여러분이 유지시킵시다!" … "인도 여성들은 교육계에 대한 서구인의 지원을 바라고 있습니다." … "건물을 지어달라는 게 아닙니다. 인도 여성들의 지도력을 훈련할 수 있도록 학교를 유지할 재정이 필요합니다."

아이다는 분명 눈치 챘어야 했다. 자포자기한 듯 보이는 루시 피보디의 태도, 굳게 다문 힐다 올슨의 입술, 근심에 찬 얼굴로 거리를 나다니는 사람들, 은행의 휴점 사태, 무료 배식을 받으러 길게 선 줄, 실업률의 증가, 영세 가게들이 문을 닫는 모습을 보면서 말이다. 아이다는 자만심 한 점 없는 마음으로 이렇게 생각했다. "루시와 힐다는 걱정이 너무 앞서는 것 같아. 일단 시작만 하면 뭔가 일이 일어날 거야. 늘 그래왔으니까."

평소 때처럼 몇 주간은 빡빡한 일정으로 보냈다. 새해를 맞아 노만 빈센트 필 박사가 참석한 가운데 협동 교회에서 오찬 모임을 가졌다. 그리고 백악관에서는 루즈벨트 영부인과 함께 다과를 했다. 이후에는 41일 동안 60번의 강연을 하면서 6주간의 플로리다 순회 여행을 했다.

2월 10일 일기에는 이렇게 기록했다. "정말 끝내주는 안식일

날, 부자들로 꽉 들어찬 교회에서 강연회를 했다!" 그리고 평소처럼 많은 청중 앞에서 강연했다. 시카고에서는 세계 기도의 날을 맞아 1,500명이 모였고, 밀워키에서는 1,800명이 모였지만, 디트로이트와 배틀크리크, 그랜드래피즈에서는 그다지 많이 모이지 않았다. 이후에는 워싱턴과 필라델피아, 보스턴, 프로비던스, 뉴헤이번에서 강연을 했다.

그들은 백만 달러를 목표로 모금운동을 시작했고, 그 중 60만 달러는 벨로르로, 나머지는 아시아의 다른 여성 대학을 위해 사용하기로 했다. 당시 미국에서는 회중교회와 미국 침례교회, 감리교회, 개혁교회, 캐나다 침례교회, 연합 루터교회, 아우구스타나 복음주의 루터교회 등 7개 교단 연합으로 여성 선교 모임이 이루어지고 있었으므로, 이번 모금 운동은 널리 관심을 얻게 되었다.

감사하게도 인도 위원회에서 온 소식에 따르면, 미국과 영국의 운영 위원회에서 동의하고 재정적으로도 가능하게 된다면, 현 의학부에서 의학사(B.M.)와 외과의사(B.S.) 학위를 취득할 수 있는 대학으로 승급될 수 있으며, 그러기 위해서는 10명의 교수가 더 필요하다고 했다. 따라서 모금 위원회에서는 교수 한 명 당 2만 5천 달러의 초빙비까지 추가로 모금하는 것을 목표로 삼았다. 하지만 두 명의 초빙비 정도만 모금할 수 있었다.

지친 나머지 건강이 좋지 않은 피보디 부인은 멈출 줄 모르는 열정으로 이 일에 투신했다. 힐다 올슨은 새벽 2시까지 일할 때가 많았다. 아이다는 예전의 모금 운동 때와 마찬가지로 밤낮 없이 매진하며, 동일한 청중들 앞에서 동일한 열정으로 일을 추진했지만, 결과는 동일하지 않았다. 여러 법인과 재단들은 일찍부터 기금을 할당해놓은 상태였으므로, 기회는 좀처럼 열리지 않았다. 기부금은 수천이 아닌 수백 달러에 머물렀고, 지폐가 들어와야 할 곳에는 동전만이 들어왔다. 학교를 대학 수준으로 끌어올릴 길은 요원해보였다. 분명 몇 년 안에 실현해야 할 일인데, 이를 진행시킬 자금을 마련할 수가 없었다. 마침내 아이다는 낙담이란 단어가 무슨 의미인지 알게 되었다.

개인적으로는 만족할 만한 일들도 있었다. 6월에는 미국 외과인 협회 회원으로 추대되었는데, 인도의 보건 직원들 사이에서 지위를 확보할 수 있기 때문에 개인적으로 무척이나 갈망하던 영광이었다. 같은 달에는 뉴저지 주립 대학교에서 의학박사 학위를 받음으로써, 가문 중에 이 대학 졸업식에서 학위를 받는 33번째 의사가 되었다. 하지만 이 같은 영광도 실패의 쓴맛과 함께해야 했다.

실패라니! 실패라는 주제로 선배들에게 멋들어진 조언을 했던 게 겨우 12달 전 일이었는데. "초반의 목표를 이루어내는 성공의 원인은 실패에 있다고 생각한다. 정말로 그렇다. 성공으로는 많은 것을 배우지 못하는 법이다. 성공은 자아를 부추기지만 실패는 자아를 단련시킨다. 성공은 고개를 들게 하지만 태양빛에 눈만 시릴 뿐이며, 실패는 고개를 숙이게 하여 걸음에 유의하게 해준다. 실패함으로써 배울 수 있는 사람, 시도하고 실패했지만 다시 일어나 길을 갈 수 있는 사람, 새롭게 시작하고 넘어져도 다시 일어나는 사람은 결국 성공하게 마련이다."

1935년 6월 15일 정오, 아이다는 거트루드와 함께 뉴욕을 떠나 나폴리로 향했고, 배 안에서도 112통의 편지를 쓰며 모금운동을 지속했다. 한 달 후 두 사람은 인도에 도착했다. 해리와 마가리트가 힐탑에서 두 사람을 맞을 준비를 해두었기에, 아이다는 며칠 간 푹 쉬면서 몸과 마음을 새롭게 할 수 있었다.

아이다에게는 지금 그런 쉼이 필요했다. 65세의 나이인 그녀가 향후 10년 간 의사로서 가장 고군분투해야 할 중요한 시기를 준비하기 위해서 말이다.

22 큰 근심

아이다가 벨로르의 뜨거운 7월의 열기에 맞춰 돌아온 이유가 있었다. 삐걱거리는 바퀴 소리와 소를 몰며 밭을 가는 농부의 외침, 도랑 속에 염소 가죽을 담궜다 빼면서 부르는 찬가 소리에 잠을 깨고, 잠을 깬 다음에는 조용한 학교 건물 밖으로 나와 하늘 위에 반짝이는 전갈자리를 바라보는 기쁨들 때문이었다. 특히 그 중에서도 보름달이 완연한 밤에 타지마할처럼 아름답게 반짝이는 깨끗한 병원 건물을 바라보는 것이 제일 끝내줬다. … 물론 여느 사람이라면 문 밖 더러운 하수구와 거기서 흘러나오는 쾌쾌한 냄새가 먼저 신경쓰이겠지만 말이다!

바로 저거야! 아이다는 저 하수구를 덮어야만 한다는 생각을 자주 해왔다. 실제로 하수구는 모든 질병과 더러움, 무지와 무감각과 무관심의 온상이었으며, 아이다는 평생토록 이것들과 싸울 것을 다짐하지 않았던가. 열린 하수구는 상징적인 것 이상의 의미였다. 하지만 자치 정부에 항의서를 올리는 일(이미 수차례 해온 일이다) 외에는 아이다가 달리 할 수 있는 일이 없었다.

할 일이 너무 많은 덕분이었는지는 몰라도, 모금 운동 때문에 느꼈던 실망감이나 의학부를 대학 수준으로 끌어올릴 수 없는 상황 혹은 미래에 대한 깊은 불안감도 거의 잊을 수 있었다. 그 해도 다른 여느 해처럼 지나가는 듯했다.

"1935년 8월 13일. 12시까지 수술하느라 바빴던 아침. 오후에는 성경 공부, 이후 의학 협회 모임에 급히 참석, 이후엔 여성 레크리에이션 클럽에 가서 맛난 저녁을 먹음. 60명 참석."

"8월 14일. 구디야탐에 감. 거기에 작은 병원이 세워지고 우리 의사 중 한 명이 상주할 수 있으니 얼마나 좋은가. 길고도 아주 흥미로운 하루. 77명의 나병 환자 포함 478명 진료."

"8월 20일. 위원회 모임. 의학사와 외과의 건물을 지으려면 돈이 많이 필요하다. 엑스레이실을 새로 짓기로 결정함."

"9월 1일. 감염된 벌레에 물려 다리가 붓다. 아프지만 계속 수술을 진행함."

"10월 20일. 지능이 모자란 난쟁이 여인의 누출관 복구 수술함. 200루피에 남자에게 팔려갔다."

"11월 23일. 아침부터 1시 반까지 무척 바빴음. 오후 3시에는 폰나이 다리 기공식이 시작됨. 아주 장엄했다. 아르코트 육상 경기 협회 수상식에 지각. 식사 때 손님 방문."

"11월 26일. 다른 두 병원에서 수술 불가하다고 거부당했던 환자의 악성 누출관을 수술하다."

"1936년 1월 25일. 라듐을 주문했다는 전보. 기다리기가 힘들다. 오늘도 두 명의 암 환자를 돌려보냈다."

"3월 5일. 오랫동안 운영회 모임을 하다. 5만 9천 루피의 운영비가 부족함."

아무리 바쁘더라도 반드시 대면해야 했다. 그 해는 다른 해와 달랐다. 전 세계가 역사상 최대 공황기를 막 벗어나려는 움직임에 있었고, 인도에서는 중대한 역사적 변화가 일어나는 1936년이었다. 1935년 영국 정부는 민족주의자들의 불안감을 일시적으로 완화시키기 위해 인도 행정법(India Act)이란 새로운 헌법을 재정했다. 자치권에 대해서는 명시되어 있지 않았고, 총독 하에 있는 중앙 정부는 여러 지역에 대한 권력이 오히려 줄어들었지만, 지역 입법부는 직접 선거로 선출하고 더 많은 자율권을 주기로 되어 있었다. 새 법령이 궁극적인 독립에의 목표와는 거리가 멀기는 했지만, 민족주의자들은 앞으로 있을 지역 선거에 직접 참여하고 선거 운동을 벌이기도 하면서 그 계획에 찬동하기로 결의했다. 결과적으로 마드라스 주 안에 민족주의 정부가 힘을 발휘하면서 사회 정치적으로 큰 파장을 일으킬 수 있었으며, 이는 학교와 병원 모두에 영향을 미칠 수도 있었다.

학교와 병원의 적자는 참으로 심각한 일이었으며, 이를 해결할 자금도 전혀 없는 상황이었다. 미국에서는 루시 피보디가 엄청난 노력을 기울이고 있었다. 안식년으로 귀국한 캐롤 제임슨을 돕기 위해 서부로 간 루시는 캘리포니아에서 모금 운동을 시작하기로 하고, 5월에 있을 선교 헌금의 날을 위해 만 5천 통의 기도 편지를 발송했다. 여전히 지칠 줄 모르고 포기할 줄 모르는 루시는 기준을 낮추거나 실패를 인정하기를 거부했다. "아무개 씨께서 '상당액의 기부금'을 낼 수 있다고 말했어요." 그리고 다소 경솔하게도 피보디는 한 마디를 덧붙였다. "2만 5천 달러는 돼야 '상당액'이 아니겠어요." 하지만 몇 달 후, 루시는 패배를 인정하지 않을 수 없었다. 선교 모금의 날은 성공하지 못했다. 밀워키, 시카고, 로체스터, 피츠버그 등 … 캘리포니아에서 시작하여 전역을 돌았지만 결국 실패로 끝났다.

하지만 기쁜 소식도 있었다. 도시 한 가운데 있는 병원 부지에 엑스레이실이 벌써 완성된 것이었다. 그토록 고대하던 라듐도 도착했다. 불황에도 불구하고 공채 상환으로 5천 달러를 만들어낸 힐다 올슨의 노력 덕분이었다. 주식을 운영하는 뛰어난 능력으로 집념을 발휘한 올슨은 수익이 낮은 상황에서는 절대 상환하지 않았다.

힐다는 아이다에게 이런 편지를 보냈다. "그 나이에 테니스 경기에 그토록 심취하다니요!"

편지를 읽던 아이다는 그다지 유쾌하지 않았다. 조만간 힐다 올슨이 벨로르에 와서 경기를 직접 보기를 바랐다. 여성 레크리에이션 클럽에서 테니스 토너먼트 경기가 예정되어 있었으므로, 아이다는 십대 테니스 대회 챔피언인 한 인도인 의사의 딸과 함께 단식 경기를 벌이게 되었다.

"저 할머니를 확 눌러버릴께요!" 그 아이는 어머니한테 이렇게 소리를 쳤고, 그 어머니도 웃으면서 환호를 보냈다. 그 소리를 듣고 있던 아이다는 희희낙락할 수 없었다.

"할머니 공경하는 법을 가르쳐 주마!" 하고 단호히 외쳤다.

정말로 아이다는 경기장을 휩쓸었고, 십대 아이는 단 한 경기도 이기지 못한 채 두 손 들고 말았다.

병원 사상 최대의 재정적 위기를 맞았다. 봉급은 10퍼센트가 삭감되었고, 일꾼들은 직장을 그만두어야 했다. 병원 지소와 진료소도 문을 닫아야 했고, 거리 진료 한 곳도 중단되었다. 한 달 식비 예산도 660루피(220달러)에서 330루피(110달러)로 줄었다.

병원 감독인 데바사가얌 부인은 다양한 요구에 따라 음식을 만들어 내느라 골치가 아팠다. 밀 콘지, 쌀과 왕바랭이 콘지, 끓인 쌀, 두 번 끓인 쌀, 카레, 버터기름으로 만든 음식, 참기름으로 만든 음식, 말라얄람 사람(남부 케랄라 주 사람)들을 위해 코코넛 기름으로 만든 음식, 고춧가루로 만든 음식, 고춧가루 없이 만든 음식, 인도 야채로 만든 음식, 영국 야채로 만든 음식, 야채수프, 간 수프, 빵, 응유, 차파티, 싹난 달콩, 그리고 온갖 종류의 환자용 유동식은 말할 것도 없었다. 그런데도 간호학교나 의학부와 달리 시장을 봐줄 일꾼이 없었다.

시장 상인들은 다들 갸우뚱 거리며 의아해했다. "무조건 싸게 달라구요? 그렇게 낮은 가격을 부르는 사람들은 당신네들 밖에 없어요. 방금 똑같은 물건을 빅 라자루스 병원에는 아무아무 가격으로 줬는데요. 거기 미국 병원 아닙니까? 미국 사람들 돈 많은 건 다들 아는 사실인데, 당연히 미국 병원도 돈이 많아야죠."

한 가지 해결책 밖에 없다는 결정을 내렸다. 환자들이 직접 비용을 좀 더 부담하는 수밖에 없었다. 병원에서는 추가 비용을 받기로 했다. 극빈자들을 제외하고는 하루 입원비로 4아나(7센트)를 받고, 식사는 직접 해결하도록 했다. 이 소식은 불길처럼 전역으로 번져갔고, 하룻밤 사이에 병원은 말 그대로 텅텅 비었다. 축제일이나 전염병이 도는 시기에도 찾아오는 환자는 소수였다.

"이런 배은망덕한 일이!" 아이다는 속상한 듯 중얼거렸다.

하지만 2월이 되어 '병원의 날' 이 다가오자, 이전 환자들의 가족들이 자진하여 감사를 표하기 시작하면서 이야기는 달라졌다. 이제 막 3년이 된 이곳에 열성적인 지지를 보내는 이들이 많았다. 힌두 남성과 여성 위원회에서는 향후 계획까지 세워놓았다. 여러 벨로르 시민들은 이곳을 방문하느라 차를 빌리기도 했다. 건물과 복도 여기저기에는 꽃이 만발했고, 탁자 밑에는 선물을 보관하는 바구니가 놓여 있었다.

해가 뜨기도 전에 사람들이 찾아오기 시작했다. 쌀과 곡식, 설탕 가마니를 가득 실은 우마차가 속속 도착했다. 행정동 시계탑 아래 있는 입구를 통과하여 진료소의 은문을 지나 온 여러 방문객들의 손에는 커피, 흑설탕, 달콩, 비누, 붕대, 아기옷, 성냥, 핀, 타올, 장난감, 빈병, 돈이 들려 있었다. 선물 바구니는 순식간에 가득 차서 다른 바구니를 가져와야 할 정도였다. 열 자녀를 키우는 한 여성은 한쪽 팔 밑에 커다란 흰색 칠면조를 끼고, 다른 손으로는 걸음마 아이 손을 잡고 그곳을 찾았는데, 그 뒤로는 오리 여섯 마리가 담긴 바구니를 든 두 자녀와, 신선한 야채와 계란, 반 달치 월급이 넘는 기부금을 짊어진 여섯 자녀들이 따라오고 있었다. 한 달에 11루피를 겨우 받을까 말까한 병원 잡부들, 요리사들, 물 긷는 사람, 청소꾼들이 7루피나 되는 쌀자루를 지고 오기도 했다.

아주 가난하고 병약하며 굶주린 어느 노부는 직접 찾아와 전 재산인 3파이(6분의 1센트)를 아이다의 손에 쥐어주었다. 어느 노인은 2아나를 가지고 와서 이렇게 말했다. "저는 일꾼이라 밭이 없어서 드릴 곡식이 없지만, 저보다 더 도움이 필요한 사람이 있으면 이거라도…."

아침 10시가 되자, 흰색 푸르다를 걸친 여성들이 차를 타고 와서 각자 선물을 내어 놓았는데, 그 중에는 검은 부르카를 쓴 북인도 무슬림 여인도 있었다. 오후 세 시에는 식이 거행되었다. 수백 명의 고위 관리부터 평범한 마을 촌부까지 행사에 참여했다. 마을 사람들 중에는 감사의 마음을 표하러 수십 킬로미터를 힘겹게 걸어온 이들도 있었다. 어른 아이 할 것 없이 모든 계급과 종교의 사람들이 눈을 크게 뜨고 수술실과 병동과 얼음 창고와 부엌을 돌아보았고, 넓게 뻗은 보리수나무 그늘에 앉아 보건위생 강의를 들었으며, 테니스 경기장에서 벌어지는 드라마와 음악을 구경하며 즐거워했다.

병원 운영 자금이 부족한 것은 심각하긴 했지만 이겨내기 어려울 만큼 힘겨운 일은 아니었다. 헌신된 선교사인 병원 직원들은 기꺼이 최소의 월급만으로 일을 계속했고, 인도인 직원들도 최소 생활비만으로 생활하는 데 이미 익숙해 있었다. 이 땅에서는 자주 식량이 부족했다. 효율성은 떨어지고 예산은 삭감된 상황이지만 병원과 학교 운영은 중단 없이 유지되었다. 그런데 갑자기 학교의 존립 자체를 위협하는 큰 사건이 벌어졌다.

1937년 10월이었다. 아이다는 세 명의 동료들과 함께 코다이에서 짤막한 휴가를 보내고 벨로르로 돌아오는 길이었다. 코다이의 가파른 산 위로 피어오른 흰 부활절 야생 백합의 기적 같은 모습을 보면서 용기를 되찾고, 멀리 지평선에서 불어오는 바람에 모든 의심을 날려 보내고 오던 참이었다.

구멍 난 타이어를 고치러 트리치노폴리에 멈춰, 역에 있는 식당에서 밥과 카레를 샀다. 기다리는 동안 아이다는 〈마드라스 메일〉(*Madras Mail*) 최신판을 훑어보았다. 순간, 심장이 턱 멎는 것 같았다.

"아… 안돼!"

새로 배정된 인도 보건부 상관 이름으로 공고된 아주 짤막한 기사였다. 1938년 7월 이후로 의학사 및 의사 면허 수준의 수료증을 수여하는 마드라스 주 내의 의학부는 더 이상 신입생을 받을 수 없다는 내용이었다. 벨로르의 학교도 1933년 이후로, 학위를 수여하는 5년제로 전환하라는 요구를 받았었다. 앞으로는 마드라스 주 전역의 의학부 학생들은 반드시 마드라스 대학 지부 학교에 입학하여 학위를 받아야 했다. 수료증만으로는 인정받을 수 없다는 말이었다. 이는 바람직한 조처로, 새 의회 정부가 높은 수준을 요구하겠다는 의미이기도 했다. 아이다야말로 그들의 용기를 가장 먼저 칭찬해줄 사람이었다. 하지만 향후 몇 년 동안 학교를 대학 수준으로 올리는 일이 재정적으로 불가능한 이 시점에서는, 그가 사랑하는 의학부의 목에 칼을 대는 조치였다.

언젠가 이런 위기가 닥칠 것이라는 경고를 받기는 했지만, 어떤 면에선 정말 그런 일이 있을 거라곤 믿지 않았었다. 느긋하게 넘겼다. "무슨 일이든 생길 거야. 누군가 큰돈을 기부하겠지" 혹은 "지금까지 해왔던 대로 하게 내버려둘 거야. 얼마 동안은 말이지" 하고 말이다. 그런데 마침내 가혹한 현실과 맞닥뜨리게 되었다. 의학부 학교가 당장 대학 수준으로 올라 대학 지부의 요건을 갖추든지, 문을 닫든지 둘 중 하나였다.

아이다는 난생 처음으로 두려움 때문에 무기력해지는 것이 무엇인지 알게 되었다. 이후 며칠 동안 아이다는 근심을 감추려고 애썼지만, 걸음이 느려지고 눈의 생기가 사라지는 그녀의 모습에 학교와 병원 전체는 먹구름이 가득했다.

마드라스 총독인 어스킨 경이 아내와 함께 새 엑스레이실 개관식에 참석하려고 벨로르를 방문할 때까지 그 두려움은 사라지지 않았다. 효과적인 진단 방사선학 연구에 있어서 절대적으로 필요했던 엑스레이와 라듐 치료 부서는 오랜 세월 열망하고 계획해온 일의 성취였다. 행사에 참여한 모든 정부 사무관들은 붉은 술이 달린 높은 모자와 휘황찬란한 금실 외투를 입었다.

"229명의 졸업생들이 의사 면허 수료증을 받았습니다." 아이다는 지난 몇 년 동안의 학교가 걸어온 길을 소개했다.

아이다는 어스킨 경의 아내인 마저리 부인이 푸른 덩굴나무를 심느라 땅을 파는 모습을 지켜보면서 혼자 생각에 잠겼다. "지금 무덤을 파는 셈이군. 의학 대학을 향한 나의 꿈을 묻을 곳 말이야."

11월 1일 공중 위생국장이 상황을 둘러보러 도착했고, 이후 보건부 장관인 라잔 씨가 직접 방문했다. 아이다가 두려워했던 일은 현실이 되었다. 건물은 좋지만 교직원 요건이 부족했다. 정부 요건에 걸맞게 의학박사(M. D.) 학위를 주는 대학에서의 충분한 교수 경험을 갖춘 교사는 아이다를 포함하여 한 명도 없었다. 의학사나 외과의 이상의 학위를 가진 교수를 최소 12명은 확보해야 했다. 또한 병원은 임상병리실과 생리실험실, 박테리아 연구실을 새로 갖추어야 했다. 268개 병상은 최소 500개 병상으로 확대되어야 했다. 1938년에 의학사나 외과 학위를 제공하는 학교가 되어 신입생을 받을 수 있다고 기대하기는 불가능했다. 기적이 일어나야 했다.

아이다는 힐다 올슨에게 우울한 소식을 보냈다. "수입이 두 배는 되어야 합니다. 백만 달러를 기부 받는다 해도 모자랄 걸요."

하필 학교 20주년 기념일 바로 전에 그런 충격적인 사실을 듣게 되었다. 루시 피보디도 기념식에 참석하느라 인도로 오고 있는데.

마음이 가라앉을 데로 가라앉은 그날 아침, 한 학생이 그를 찾아오더니 머뭇거리며 말했다. "선생님, 정말 이상한 꿈을 꿨어요. 이야기 해 드려도 괜찮을까요?"

아끼는 제자 중 하나였기에, 아이다는 따뜻하게 미소를 지었다. "물론이지, 안남마. 하지만 꿈 해몽까지는 바라지 마. 난 다니엘이 아니니까."

학생의 검은 두 눈에는 수심이 가득했다. "꿈에서 제가 예쁜 꽃이 가득한 아름다운 정원에 있었는데요, 그 정원에 우물이 있는 거예요. 그리고 우물을 둘러 벽이 쳐져 있고, 우물 아래로 내려가는 계단이 있었어요. 계단에는 갖가지 크고 작은 아름다운 물 항아리가 있었는데, 물을 길으러 우물로 가서 계단을 내려가다가 어떤 항아리를 고를까 하고 멈춰 섰어요. 처음 집은 건 큰 항아리였는데, 머리에 이고 보니 너무 무겁다 싶어서, 그냥 내려놓고 작은 항아리를 골랐어요."

근심스레 학생의 얼굴을 바라보던 아이다는 멍하니 딴 생각에 빠졌다. 아주 자연스런 꿈이었다. 인도 여성들은 늘 우물에 가서 물을 기르니까. 학생은 계속 이야기를 이어나갔다. "항아리를 채우고 계단 위로 올라갔는데, 가만 보니 꽃들이 죽어가고 있어서 물을 주었지요. 그 중 제일 아름다운 꽃으로 다가갔는데 거의 죽은 상태였어요. 근데, 알고 보니 항아리가 비어 있는 거예요! 꽃이 큰 소리로 외쳤어요, '너무 늦었어, 늦었다구!' 그래서 저도 큰 소리로 외쳤지요…." 그의 검은 눈동자에는 고통이 어려 있었다. "이렇게요, '아! 큰 항아리를 가져왔더라면!' 정말 이상한 꿈이지요?"

정신이 바짝 들었다. "그렇구나."

"그게 무슨 의미라고 생각하세요?"

근심이 가득한 학생의 얼굴을 꼭 잡아주면서 아이다는 부드럽게 말했다. "그 꿈은 네가 우리 중에 영적으로 가장 민감하다는 의미이고, 최선을 다하지 않으면 만족하지 않는다는 뜻이지. 고맙다, 얘야. 이야기 해줘서 고마워."

학생이 돌아간 후, 아이다는 자기 방으로 들어갔다. 늘 항상 지니고 다니던 작은 검정 공책을 꺼낸 뒤, 새로 시작되는 첫 장을 열어 글을 쓰기 시작했다.

"곰곰히 생각한 뒤 시도하라. 네 자신의 상황을 파악하라. 비용을 계산하라. 돈은 가장 중요한 것이 아니다. 네가 건설하는 건 학교가 아니라, 하나님의 나라다. 하찮은 일에 매여 헤매지 말자.

학교를 유지할 방법을 찾는 것이 하나님의 뜻이라면, 반드시 이뤄질 것이다." 그 순간부터 아이다는 더 이상 두렵지 않았다.

위기 상황이든 아니든, 병원은 정상으로 돌아갔다. 거리 진료소를 찾은 환자들조차도 달라진 분위기를 감지했는지, 우울하던 눈빛이 다시 밝아졌다. 그들의 암말 선생이 다시 제 모습을 찾아서였다. 학생들도 예배와 화요일 오후 성경 공부를 인도하는 선생님의 얼굴이 평온해진 것을 보고 다시금 기운을 되찾았다. 병원 환자들은 복도를 바쁜 걸음으로 오고가는 아이다의 발걸음 소리에 귀를 기울였다. 아이다를 따라 계단을 오르내리고 병동을 오가던 간호사들은 도저히 그를 따라 잡을 수 없을 정도였다. 그리고 젊은 의사들과 학생들, 졸업생들은 아이다와 함께 있는 것만으로도 책에서는 배울 수 없는 깊은 지혜를 얻었다.

막 언어 학교를 마치고 온 미국 출신의 의사 버너딘 시버스는 어느 수요일 늦은 밤에, 거리 진료를 바치고 돌아오는 아이다를 보게 되었다. 예기치 않던 골치 아픈 문제들로 쓰러질듯 피곤했던 버너딘은 경이로움과 연민이 섞인 눈빛으로 아이다를 바라보았다. 시설이 잘 갖춰진 병원에서도 이토록 힘겨운데, 먼지 나는 거리 진료에서 500명의 환자를 돌보았으니 힘들지 않을까!

아이다는 신나게 말했다. "여기 돌봐야 될 환자를 데려왔어." 어깨 너머로 겁먹은 검은 얼굴이 보였다.

"상처가 많이 곪았나요?" 병원 1층 병동으로 데려가야겠다 싶어 버너딘이 물었다.

하지만 아니었다. 잔뜩 움츠리고 있는 여자의 팔을 잡고 아이다가 말했다. "나랑 같이 가요." 아이다는 길게 뻗은 계단을 따라 올라갔고, 그 여자는 아이다의 손을 꼭 잡고 있었다. 버너딘이 말했다.

"제가 데려 갈게요."

"아니." 아이다가 대답했다. 자신을 꼭 붙들고 있는 손을 도닥였다. "이제 막 나랑 익숙해졌거든. 내가 데려가도록 할게. 우리 침대에서 묵게 할 거야."

그날 밤, 젊은 미국인 의사 버너딘은 잊을 수 없는 교훈을 배웠다. 지독히 피곤한 하루를 보냈는데도 한 천민의 더러운 몸을 씻기는 수고를 마다않고, 그 마음을 헤아리며 두려움을 달래주는 모습을 보면서 말이다.

하지만 용기와 평안만으로는 급박한 학교 문제를 해결하기에 역부족이었다. 겉으로는 평온해 보였지만, 마음속에는 격심한 갈등, 불가능한 계획, 낙관적 기대, 주저함으로 힘겨운 나날이었다.

정부 법안이 시행되리라는 소식을 들은 지 한 달 후인 11월에, 아이다는 가능성 있는 해결안 하나를 처음으로 눈여겨보게 되었다. 여러 교파를 대표하는 영국 교회 지도자인 F. H. 흄 목사가 세 달 계획으로 인도를 여행하던 중이었는데, 전(全)인도 남성 기독 의과 대학 건립을 위해 사전 조사를 하고 건물을 알아보려는 목적이었다. 그는 11월 16일에 벨로르를 찾은 후에 즉각 결정을 내렸다.

"여기야 말로 남녀 공학 학교를 시작할 장소로군요. 기독교적 환경 속에서 의사를 양성하는 꿈을 실현할 곳입니다!"

처음 받는 제안은 아니었다. 저명한 미국인 목사 존 모트 역시 몇 달 전 인도에 왔다가 동일한 제안을 했고, 이에 고취된 아이다가 미국 위원회에 있는 피보디 부인과 여러 사람들에게 알렸더니, 충격을 받은 눈치였다. 아이다는 즉각 강렬한 반대에 부딪혔다. 그들은 이 학교를 창립한 목적이 여성들의 필요를 채우기 위함이었다고 강조했다. 하지만 인도는 변하고 있었다. 젊은 여학도들은 격리가 아닌 동등함을 바랐다. 여성을 따로 분리시켜 의료 교육을 시켜야한다는 당초의 필연성은 이제 과거 이야기가 되었다. 아이다는 흄의 제안에서 일말의 희망을 보았다. 각 교단의 남녀가 함께 연합하여 이곳 벨로르에 남녀 공학 의과 대학을 세우기 위해 애쓴다면 학교를 살릴 수 있지 않겠는가! 하지만 감성이 아니라 이성에서 나온 생각인지는 확신할 수 없었다. 학교를 살리려는 욕심 때문에 원칙을 타협하려는 건 아닐까? 아이다는 루시 피보디에게 가능성 있는 이번 해결책을 알리고 싶어 견딜 수가 없었다.

하지만 12월이 되어 피보디 부인이 도착하자, 아이다는 어떤 이유에선지 그 제안을 언급하지 않고 미뤘다. 전보로 위기 상황을 듣기는 했어도 피보디 부인은 사태의 심각성을 깨닫지 못하는 듯했다. 다만 '여러 계획'에 대해 넌지시 암시를 받았었고, 분명 무슨 해결책이 있으리라 확신했다. 봄베이로 마중 나간 아이다는 타지마할을 보기 위해 피보디를 북인도로 데려갔고, 이후 델리에 있는 레이디 하딘지 의과 대학을 구경시켰고, 부왕의 부인인 린리트고우를 만나는 자리를 주선했다.

벨로르에서는 간호사들이 길 위에 한 줄로 서서 두 사람을 환영하자는 계획을 세웠지만, 시간도 너무 늦고 비가 오는 바람에 취소되었다. 아이다는 이렇게 생각했다. "우리가 직면해야 할 문제가 상징적으로 드러나는군."

아이다는 피보디 부인이 학교 건물을 충분히 돌아보기 전까지는 그 해결책을 끄집어내지 않고자 했다. 두 사람은 학교 부지의 낮은 산에 올랐다. 사반세기 전, 두 사람이 함께 올라 멀리 푸른 논과 버려진 목초지를 바라보지 않았던가.

루시 피보디가 말했다. "여기네요. 꿈에 그리던 모습이 눈앞에 그대로 나타났어요, 그죠? 지구 반 바퀴를 돌아와 구경할 가치가 있는 모습이군요. 그리고 수만 명의 여성들이 건물을 짓느라 희생한 보람도 있구요. 여긴 여성들을 위한 교육과 치유의 장이잖아요."

'여성들을 위한' 이란 말을 강조한 데는 이유가 있지 않을까? 아이다는 때가 왔음을 알았다. 불쑥 이야기를 꺼냈다.

"모트 목사님이 방문해서 둘러본 다음에 학교 건립에 열의를 가지게 되었다는 제 편지 기억하시죠?" 아이다는 굳게 다문 루시의 입술을 보며 말을 멈췄다. 루시 피보디가 이번에는 실수하지 않았다. "우리 여학교를 남녀 공학으로 만드는 것에 대해서요?

네 읽었습니다."

"아시다시피, 11월에는 흄 목사님이 다녀가셨지요." 아이다는 허둥지둥 말을 이었다. "인도 전국 기독인회의 도움을 얻기 위해 전 인도 의과 대학을 지을 최적의 장소를 찾는 중이죠. 여기서 5일간 머무는 동안, 벨로르 학교 부지에 대해 엄청난 관심을 보이셨어요."

루시 피보디는 불쑥 말을 가로막았다. "당연하죠! 백만 달러를 들여 만든 학교를 거저먹는 일인데요! 그분은 오십만 달러나, 학교 건립 자금을 확보할 준비가 되어 있는 건가요?"

"아니요. 아직 자금은 없어요." 아이다는 사실대로 시인했다. "하지만 남녀 공학 대학을 시작하면 자금 요청을 할 수 있는 곳이 더욱 넓어지는 셈이라고 생각하시더군요. 그리고 이번 일은 학교를 살리느냐 문을 닫느냐를 판가름할 중대한 시기입니다!"

"학교를 시작했던 기본 원칙을 타협하면서 말인가요?" 루시의 목소리는 격렬하게 달아올랐고, 눈빛은 냉랭해졌다. "아이다 선생님. 잊지 마세요. 인도 여성들의 필요를 우리에게 깨닫게 해준 분은 선생님이셨습니다. 남자 의사의 진료를 받을 수 없어서 그냥 죽어가는 여인들과, 정부가 설립한 의료 학교에서 남자들과 공부할 수 없어서 의사되기를 포기하는 소녀들에 대해 말씀해주셨지요."

"그랬죠." 아이다는 침착한 눈길로 차가운 루시의 눈을 응시했다. "하지만 인도는 변하고 있습니다. 엄청나게 발전했어요. 지금의 젊은 세대들 시기에 남녀 공학이 올바른 대안이 되지 않는다는 생각에 저는 동의할 수 없답니다." 루시 피보디의 얼굴은 힘겹게 산을 올라올 적보다 훨씬 벌겋게 달아올랐다. 그리고 격렬하게 되받아쳤다. "지금 저랑 이야기를 나누는 분은 아이다 선생님이 아니라, 기독인회 임원인 존 모트 목사, 흄 목사, 프리모트윌러 목사들인 것 같군요. 그분들은 벨로르야말로 전인도 의과 대학 부지라고 확신하고 계신 분들이죠. 이미 남성 의과 대학이 세워진 알라하바드나 미라지가 아니라, 백만 달러짜리 건물이 떡하니 기다리고 있는 벨로르 말입니다!"

마음이 참참한 아이다는 학교 건물을 끌어안으려는 듯 아래를 주시하며 이렇게 중얼거렸다. "어쩌면, 그분들이 맞을지도 모르죠."

"어머나!" 갑자기 피보디의 태도가 누그러졌다. 보기 드문 사랑의 표현으로 아이다를 끌어안고 어깨를 감싸주었다. 오랜 세월 함께 힘겨운 모금 운동도 감당하고 어려운 장애물도 극복했던 두 사람의 관계를 상징적으로 보여주는 모습이었다. "알겠어요. 학교를 잃을까봐 겁이 난 거로군요. 아이다 선생은 학교를 살리는 일이라면 어떤 거라도 할 분이니까요. 하지만 아직 우리가 진 건 아니에요. 타협하지도 않을 거구요. 지금까지 그랬듯 이번 싸움도 꼭 승리할 겁니다. 이 위기를 이겨내려면 백만 달러의 기부금이 필요하다고 하셨죠. 분명 일으킬 수 있습니다. 우리한텐 그깟 남자들의 도움이 필요 없어요!"

학교 20주년을 축하하는 1938년 2월, 하얀 옷을 입고 자스민 꽃송이로 만든 긴 줄을 들고서 행진하는 학생들의 모습이 그때만큼 아름다워 보인 적이 없었다. 240명 중 100명의 졸업생들과 122명의 간호학교 졸업생들, 75명의 병동 관리자들과 기술자들이 참석했다.

하얀 물결은 백합 웅덩이와 정원을 훌쩍 지나 강당 복도까지 이어졌다. 그들은 인도를 너머 실론과 미얀마, 아프리카, 아라비아까지 나아갔고, 선배들이 일하는 여러 도시와 마을을 향해 아름다움과 향기를 전했다. 의사면허 수료증을 받은 240명의 졸업생들 중, 87명은 선교 사역을 하고 있었고, 114명은 정부 병원에서 일했으며, 30명은 개인적으로 활동하고 있었다. 9명은 세상을 떠났다. 선교 사역을 하고 마을에서 일하는 학생들은 거의 예외 없이 높은 수입이 보장되는 자리를 마다했다.

의학부 학교의 미국 위원회 대표인 피보디 부인은 마다나팔레 결핵 요양소 대표이자 기념식 사회자인 프리모트묄러 씨와 함께 단상에 앉았다. 피보디는 전혀 행복한 얼굴이 아니었다.

불안한 아이다는 이렇게 생각했다. '저분이 루시에게 남녀 공학 계획을 이야기하는가 보군.'

아이다는 이런 모임에 초청된 손님들 중 인도인들이 훨씬 많다는 사실을 처음으로 알아챘다. 자신의 귀한 친구인 뛰어난 의사 힐다 라자루스를 포함해서 말이다. 깜짝 놀란 아이다는 병원 상황도 역시 그렇다는 걸 깨달았다. 초창기 셸 병원에는 외국인 의사가 3명, 인도인 조수가 1명이었다. 지금은 외국인 의사가 9명이고 인도인 의사가 11명이었으며, 인도인 간호사가 14명, 간호 대학원생이 11명이었다.

아이다는 서글픔과 만족감이 뒤섞인 채 생각에 잠겼다. "지금은 전환기야. 마땅히 그래야지. 지금 이 순간부터 저들은 흥하고, 우리는 쇠해야 하는 거야. 이 일은 우리의 일이 아니라 저들의 일이야."

예리하고 민첩하며, 철저한 인도인이지만 서구 문화의 장점에 민감한 감각을 지닌 힐다 라자루스를 바라보며, 아이다는 문득 자기 나이가 60이 다 되어 간다는 사실을 깨달았다. 그 깨달음은 차츰 결단으로 바뀌었다. 그래, 후임자는 라자루스가 되어야 해!

이후, 어두운 예배당에서 아이다와 루시 피보디는 어두운 캠퍼스를 밝히는 수백 개의 촛불 몇 개를 집어 들었다. 하지만 오래 가지 않았다! 자신의 촛불이 깜박거리는 모습을 본 아이다는 두려움이 엄습했다. 이대로 끝나고 마는가? 20년의 세월 동안 그토록 밝게 빛나던 불빛이 한 순간에 꺼져버리는가?

피보디는 이 위기를 극복할 몇 가지 계획을 가지고 있었다. 이듬해에 아이다와 함께하는 미국 모금 운동을 할 것. 폴린 제퍼리에게 부탁했던 아이다의 극적인 이야기를 담은 책의 출간. 부유한 인도인들에게 기부 요청을 하는 것.

인도에서의 노력은 침통하리만큼 실망적인 결과를 낳았다. 인도 역시 전 세계적인 불경기로 고충을 겪고 있었기 때문이다. 인도 토후국 왕들과 그 가족들은 공공복지에 관해선 전혀 관심이 없었다. 민족주의적인 인도인들은 서구 식민지주의에 뿌리를 둔 박애주의를 미심쩍은 눈으로 바라보았다. 봄베이의 파시교도(페르시아에서 인도로 피신한 조로아스터교도의 후손—옮긴이)인 기업가이자, 철강 회사와 항공 회사를 설립한 타타 가(家)라면 어느 정도 기부를 할 가능성도 있었다. 타타 재단을 통해 기업 이윤의 85퍼센트를 타타 근무 직원에게 건강 보험을 제공하거나 기근과 홍수 구호, 아동상담소, 다양한 과학 연구소 등을 세우는 데 사용했기 때문이었다. 하지만 재단은 벨로르 학교 계획에 전혀 관심이 없었고, 암 연구 병원 건립에 투자했다. 피보디 부인은 힘이 빠지고 실망한 채 귀국했지만, 두 가지 일로 위로를 삼았다. 폴린의 원고가 완성된 것과 교활한 남자들의 손에서 벨로르 학교를 구했다는 확신이 그것이었다.

아이다는 그저 침묵으로만 그 결정에 동의했다. 아직도 무엇이 옳은 일인지 확신할 수 없었다. 그렇지만 봄이 다가오면서 밀려드는 학교일과 사회 활동 때문에 잠시나마 걱정 근심은 묻어둘 수밖에 없었다. 교직원 중 한 명의 결혼식을 마치자마자, 거트루드 도드의 생일을 축하하는 거대한 잔치를 계획하기 시작했다.

거트루드는 자기 나이를 남에게 알리기를 꺼려했다. 12살이나 어린 아이다와 보조를 맞추기 위해 젊어 보이려고 무진장 애를 썼다. 기억력이 너무도 정확해서 학교 회보에 나오는 어떤 주소든 즉각 읊을 정도였다. 정수리 위에 단정히 말아 올린 머리는 삼단같이 검은 지라, 혹시 거트루드가 가발을 쓴 게 아닌지 학생들이 의아해할 정도였다.

하지만 거트루드의 80세 생일날, 아이다는 학생들에게 사실을 밝히기로 했다. 8월 15일, 그날은 훗날 독립 쟁취를 기념하는 가슴 벅찬 날이 되었다. 기품 있는 몸가짐으로 거대한 생일상 앞에 앉은 거트루드는 화환으로 몸이 반쯤 묻힐 정도였다. 휴게실과 정원에서는 차를 대접했고, 이후 학교 강당에서는 축하식이 있었다. 원근각처에서 사람들이 몰려왔다. 80개의 초가 꽂힌 커다란 생일 케이크를 가져오자, 손님들은 한 명씩 관대했던 거트루드의 베풂에 감사의 인사를 하며 양초를 하나씩 껐다. 벨로르의 기독공동체에서는 "관대하면서도 풍성하게 베풀고 섬기며" 다른 이들에게 축복이 되었던 "존경하고 사랑하는 부인"에게 축사를 써서 선물했다.

이제껏 그녀가 베풀었던 행적은 놀라왔다. 보육 시설과 마다나팔레의 결핵 요양소와 구디야탐 병원을 대규모로 지원했고 병원 시계탑과 시계를 선물했다. 그리고 병원 내 상당수 침상과 학교 교수직을 지원했으며, 두 명의 선교사를 후원하고, 위기 상황 때마다 사역을 구해냈다. 그리고 폴린 제퍼리를 비롯하여 8명의 학생들은 학비 전체를 책임져준 거트루드에게 빚을 지고 있었다.

거트루드는 바쁜 일상을 챙겨주는 싸구려 시계 하나를 제외하고는 평생 장식품을 걸친 적이 없었다. 그토록 장식품을 싫어했지만, 그녀의 덕을 입은 이들이 감사함으로 발 앞에 펼쳐놓은 선물들이 그녀를 돋보이게 했다. 인생의 급작스런 순간을 늘 익살스런 농담으로 넘기는 버릇이 있는 그녀였기에, 그들의 감사로 감동을 받기는 했지만 당황하지는 않았다.

어느 날 아이다가 수술을 마친 뒤 실험실에 들어온 거트루드는 신장 용기에 표본이 놓여 있는 것을 보았다. 조심스레 가리키며 물었다. "이게 뭐지?"

"충수에요, 해부해 보라며 보냈네요."

거트루드는 호기심에 가득 찬 눈으로 바라보았다. 그리고 무미건조하게 한 마디 툭 던졌다. "내 눈에는 완벽하게 정상 같은데."

아이다의 근심은 다시 고개를 쳐들었다. 1938년 7월에 새학년이 시작되었는데도 신입생을 받을 수 없었다는 마음의 상처는 9월 동안 힐탑에서 지내는 동안에도 아물지 않았다. 첫 며칠 동안은 근근이 문제를 잊을 수 있었다. 장미꽃은 만발했고, 비가 많이 온 후라 2,000미터 아래의 푸른 논들은 빛나는 유리창 같았다. 아이다와 거트루드, 델 하우튼은 줄기 하나에 일곱 송이가 달린 수천의 흰 백합이 펼쳐진 산 아래 65킬로미터 거리를 차로 달렸다. 그리고 꽃을 한 아름 가득 안고 되돌아왔다.

집으로 돌아가는 길에는 드하라푸람이라는 마을에 들렀다. 1925년에 졸업하여 개인 의료 사업을 하는 매리 바케이가 그곳에 살고 있었다. 매리는 1년 동안 선교 병원에서 일하고 얼마 동안 정부 병원에서 일하다가, 시골 사역에 평생을 헌신하기로 마음먹었다. 조그만 진료소 외에, 9개 침상을 갖춘 병동과 수술실을 자비로 세운 매리는 아이다와 거트루드에게 그곳에 들리기를 부탁했고, 이곳 이름을 '아이다 스커더 병원'으로 붙이고자 했다.

사랑스런 제자를 만나고 그녀를 향한 환자들의 감사 이야기를 들은 아이다의 마음은 기쁨으로 가득 찼다. 사실상 너무나 기뻐 눈물을 흘릴 정도였다. 평생의 목표가 이곳에서 현실이 되어 있었다. 기쁜 마음은 갑작스런 두려움, 당당함과 뒤섞였다. 이 일은 아이다의 일이 아니었다. 일을 이루시는 이는 하나님이시고, 아이다는 그분의 손이며, 목소리며, 발일 뿐이었다. 아이다가 지금까지 해왔던 일이 인간을 향한 하나님의 계획이었다면, 분명 이를 살릴 방법을 찾게 되리라. 위기 상황에 맞닥뜨렸던 지난 1년의 시간 중 처음으로 내적인 안정과 평온을 느꼈다.

새로 피어난 믿음을 확인이라도 해주듯, 집으로 돌아가는 길에 닐기리스로 알려진 남인도 산지에 사는 어느 선교사의 편지를 받았다. 훗날 '벨로르의 친구들'로 알려진, 전 세계 기도 모임을 주관할 수 있겠냐는 내용이었다. 아이다는 이렇게 답변을 했다. "나를 짓누르던 엄청난 짐을 벗어버린 느낌입니다!"

23 힘겹고 두려운 날들

미국에서 온 손님은 아이다와 함께 병원에서부터 학교가 위치한 언덕까지 차를 타고 갔다. 그는 한창때라 기운이 펄펄했지만, 이리저리 돌아다니며 힘겨운 하루를 보냈기에 뼈마디가 쑤실 정도였다. 하지만 70이 다된 아이다가 여전히 생생하고 웃음을 띠고 있는 모습을 보고서는 무척이나 놀랐다.

늦잠을 자고 일어나 느지막이 아침 식사를 하러 식당에 들어간 그는, 울퉁불퉁한 길을 따라 112킬로미터를 실려 온 환자를 수술하느라 아이다가 새벽 2시에 호출을 받았다는 사실을 알게 되었다. 하지만 아이다는 식탁 머리맡에 앉아 전혀 피곤한 기색도 없이 커피를 따르면서, 수술이 성공적으로 끝났다며 싱글벙글하고 있었다.

세계 기독 헌신자 운동의 유명한 영적 지도자인 다니엘 폴링(Daniel Poling) 박사는 혼자 생각했다. "아이다 선생의 비결은 그의 신앙에 있군. 위대한 의사이셨던 그분의 열정과 유사한 열정 때문이야."

폴링 박사 외에 여러 다른 손님들도 1938년, 마드라스 근방인 탐바람에서 열린 세계 교회협의회에 참석한 후 벨로르를 방문했는데, 그 중에는 미국에서 온 더글러스 호튼 부인과, 중국에서 온 의사 우 선생과 쿠 선생, 일본에서 온 가가와 선생이 있었다. 11월부터 오기 시작하더니 이후 몇 달 동안 수백 명의 손님들이 방문했다.

아이다도 열정적으로 그 협의회에 참여했다. 벨로르를 주요 활동 무대가 되도록 만들고 싶은 열망이 넘쳤기에 두 명의 다른 대표와 함께 참가했다. 그 두 사람은 간호학교에서 가장 능력 있는 교사 중 하나인 베라 피트먼과 의사인 제시 핀들래이였다. 아이다는 두 사람에게 정확한 지침을 제시했다.

활력이 넘치는 따스한 아이다의 목소리에 두 사람의 마음에도 열정이 일어났다. "두 사람이 반드시 해야 할 일이 있어. 힐다 라자루스 선생이 벨로르로 와서 우리와 함께 일하도록 설득하는 거야."

회의 기간 동안 미리 정해두었던 계획을 다 실행하려고 애썼다. 영국과 미국, 인도 대표들이 참석한 마드라스 국제 선교사회 대회 때에는 두 가지 사실을 확신하게 되었다. 남자들의 승낙이 없이는 벨로르의 학교가 살아날 가능성이 없다는 것과 학교를 살리지 못하면 전 인도 기독 의과 대학도 없을 거라는 것이었다.

학교를 대학 수준으로 올려야 했지만 상황은 진척되지 못했다. 새 건물이 필요했는데, 여기에는 최소한 80만 달러가 들었다. 대학 수준 요건을 충족시키려면 남자 환자들에게도 문을 열어야 했으며, 침상 수도 배는 되어야 했다. 최소한 4개 부서도 신설해야 했다. 교수 자격을 갖추기 위해서는 현재 교직원들 다수가 보충 교육을 받아야 했을 뿐 아니라, 12명의 새 교수진이 필요했다. 선교회 전체의 협력 없이는 필요한 자금을 모금하기란 불가능했다. 그리고 다수의 교파들이 여성 대학을 세우는 일에 그다지 협조적이지 않았다.

그리고 전 인도 남성 의과 대학을 세우는 일에 있어서도 동일한 어려움이 많았다. 인도의 기독 의료인 협회에서는 건물을 세울 자금이 없었고, 혹 모금을 한다 해도 남성 의과 학교와 여성 의과 학교가 각자 대학 지부가 되기 위해 필요한 자금을 마련하는 데는 시설 중복 문제로 어려움이 많았다. 함께 힘을 합해야만 일말의 성공 가능성이 있었다. 그것 없이는 실패할 것이 분명했다.

이런 생각이 분명해지자, 아이다는 미국 위원회의 루시 피보디와 힐다 올슨도 그 사실을 이해할 것이라 확신했다. 1938년 12월 14일, 아이다는 협력에 동의한다는 내용의 편지를 이사회에 보냈다.

"알라하바드처럼 값비싼 의료 센터를 새로 짓지 못할 바에야,

벨로르 학교의 문을 남자들에게 열지 않는다는 건 매우 이기적인 일이라는 생각이 들었습니다."

그런데 결과는 충격적이었다. 힐다 올슨의 말은 믿기 힘들 정도였다. "선생이 말씀하셨듯 벨로르는 하나님의 역사입니다. 단, 여성들을 위한 하나님의 역사라고 덧붙이고 싶네요. 이를 포기하려면, 1달러짜리 한 장까지도 기부자들에게 되돌려주어야 할 겁니다."

게다가 인도 위원회의 사무관인 케이지 비렌가에게 보낸 루시 피보디의 편지는 아이다의 마음에 비수를 꽂는 듯했다. 아이다는 충격적인 글귀에 놀랐는데, 읽다보니 본래의 의도보다 훨씬 위협적이었다.

"아이다 선생은 우리 위원회가 취한 입장이 어떤지 잘 알고 있습니다. 선생께서 본인이 시작했던 계획에 충실하지 않았다는 사실에 위원회에서는 무척 안타까워하고 있습니다. 그 계획은 저의 도움과 더불어 지난 수년 동안 위원회에서 계속 추진해온 사안입니다."

그 두 사람은 아이다가 자신의 꿈에 충실하지 않았다며 비난하고 있던 것이다! 이후 몇 주 동안 아이다는 쓰라린 마음과 절망 속에서 헤맸다. 인도 위원회와 미국 위원회, 영국 위원회 사이의 논박에 끼어들지 않았다. 그녀는 2월에 힐탑에 올라가 마음속의 증오심과 상처를 달래며 깨끗이 정리하려 애썼다. 하지만 소용없었다. 미국에서 보낸 편지가 그곳까지 왔고, 결국 2월 20일, 마음을 억누르지 못하고 속을 다 털어놓는 편지를 썼다.

"어제 보내신 편지를 받았습니다. 어떻게 답해야 할지 모르겠습니다. 저는 진실을 왜곡한 적이 없습니다. 주장하신 것처럼 불충한 적도 없습니다. 누누이 말했지만, 위원회의 인가 없이는 도저히 앞으로 나아갈 수가 없습니다. 지난 수년의 세월 동안의 사역에 대한 여러분의 불신 덕에 저는 무참히도 깊이 상처를 받았고, 더 이상은 이를 감당할 수가 없습니다. 안녕히 계십시오. 아이다 스커더 드림."

루시 피보디에게서 즉각 답이 왔다. 후회와 애정, 회유의 내용이었다. 아이다는 이해할 수가 없었다. 미국에 있는 친구들은 오히려 자신들이 비난 받았으며, 감정적인 상처를 입었다고 생각했다. 하지만 이제는 서로를 잘 이해하게 되었고, 서로에 대한 오해도 잊어버렸다. 지금껏 그러했듯 인도의 여성들을 위해 함께 일해 나갈 것이다. 그리고 승리할 것이다. 그 어떤 것도 이들을 막을 수 없을 것이다.

아이다는 먼 옛날, 세 남자의 방문을 받으며 의사가 되겠다고 결심을 했던 그날 밤 이후로, 이처럼 가슴 아픈 적이 없었다. 의료학교는 반드시 유지시켜야 했다. 이 학교의 설립을 위해 전 생애를 바치다시피 하지 않았던가. 인도 위원회가 거의 만장일치로 협력을 결의하지 않는 한 학교를 살릴 수 없다는 처절한 두려움이 밀려들었다. 지금 영국과 미국 양쪽에서 6개월간 모금 활동을 하러 가려는 참인데. 하지만 루시 피보디의 헌신적인 지지 없이는 가능하지도 않고, 시도할 수도 없고, 감당할 수도 없었다. 이는 마치 자녀나 사랑하는 친구의 생사를 결정하는 순간과도 같았다.

결정을 내리기도 전에 4월이 되었다. 뜨거운 여름을 알리는 새 울음소리에 귀가 따가웠다. 흰색, 검정색, 주황색으로 어우러진 딱새들이 북쪽으로 이동하는 긴 행렬도 보였다. 이 모습을 바라보고 있노라니, 갑자기 자신이 나이 들고 많이 지쳤다는 느낌이 들었다. 이제 1년 만 지나면 70살인데, 새로운 동역자들과 새롭게 여정을 시작하기에는 너무 많은 나이였다.

4월 12일, 아이다는 루시 피보디에게 여성 학교에 전념하겠다는 편지를 썼다. 서로에 대한 오해는 잊고 함께 위기를 극복하자고 했다.

만일 아이다가 5월 11일 뉴욕의 루즈벨트 호텔에서 있었던 국제 만찬식에 참석했더라면 한층 용기를 얻었을 것이다. 그 회의에는 다섯 나라가 모였고, 벨로르 위원회 대표로 6명의 교단장들이 참석했다. 함께 식사를 나눈 뒤 위기 상황을 타개할 모금 운동을 결의했다. 당시 강연자로 참석했던 저명한 발기인들 중에는 다니엘 폴링 박사, 윌프레드 그렌펠 경, 더글러스 호튼 부인, 인도에서 온 프렘 나트 다스 부인과 라자 마니캄 부인, 의사 샘 히긴보탐, 아이다 자서전의 편집자인 P. W. 윌슨 등이 있었다.

하지만 실망스런 부분도 있었다. 아이다가 요구했던 2백만 달러가 아닌 백만 달러만 목표로 설정했다.

1939년 9월 1일이었다. 학교 정원에는 아이다와 거트루드의 영국과 미국 방문의 성공을 비는 손님들로 북적거렸다. 두 사람은 9월 9일에 봄베이에서 출발할 예정이었다. 이미 잉글랜드와 스코틀랜드에서 33번의 강연을 하기로 약속되어 있었으므로, 아이다는 크나큰 희망에 부풀어 있었다. 그리고 카이사르 이 힌드 금장을 받은 적이 있는데, 이번엔 영국 왕이 직접 주는 훈장을 런던에서 받기로 되어 있었으므로 승리감에 벅찬 여행이기도 했다.

여느 때와 마찬가지로, 사람들은 공들여 만든 고별사로 두 사람과의 작별을 준비했다. 고별사는 지루하게 이어졌다. "두 분을 사랑하고 존경하는 친구들인 저희는 두 분의 미국 귀환에 앞서 작별을 고하는 바이며 … 이 땅의 여성들과 어린이들에게 베푸신 두 분께 … 깊은 감사와 사랑을 … 표현하고 싶습니다."

고별사를 읽는 사람이 앞서 37년 간의 자세한 역사를 훑을 때쯤, 아이다는 멍하니 분홍색과 초록색의 크로톤과 종 모양의 노란 알라만다 꽃을 바라보았다. 하얀 덩굴이 폭포처럼 무성하게 뻗어 녹색의 팔미라와 푸른 하늘을 향해 오르고 있었다. 저토록 사랑스러운 하늘 위에 전쟁의 기운이 오르다니 불가한 일이었다! 위층에서 들려오는 조그만 라디오 소리에 최대한 귀를 기울였다. 간간이 누군가 와서 최근 전쟁 소식을 들려주곤 했다. 근데 지금 누군가 오고 있었다. 아이다는 무슨 소식인지 궁금해 못 참겠다는 듯 어서 고별사가 끝나길 기다렸다.

"마지막으로 기원하는 것은 아이다 선생님과 도드 여사 두 분이 행복한 여행을 하시고 고향에서 편안히 쉬시며, 모든 일에 성공하시고….”

순간 하인 하나가 손님들 사이를 뚫고 손에 봉투 한 장을 든 채 다가오는 것을 보았다.

멍했다. 뜯어보기도 전에 좋지 않은 소식임을 직감했다.

전보였다.

“영국 일정 취소, 유럽 내 모든 미국인 즉각 귀가하라는 정부 요구, 이번 여행 연기 요망.”

이후 몇 달 동안 전쟁은 유럽 전역을 휩쓸었고, 아이다는 인도에서 추이를 지켜보기만 했다. 미국의 친구들은 전적으로 모금 운동에 매달려 있는데, 자신은 가서 돕지도 못하고 있는 상황에 화가 났다. 그리고 친구들은 상황을 오해하고 있었는데, 편지와 전보 외에는 달리 의사소통 방법이 없으니 마음이 상했다! 힐다 올슨은 학교를 의학사와 외과의사 학위를 수여할 수 있는 수준으로 올리기 위해 필요한 건물을 건축하는 대신 기부 자금을 축적하기로 했다고 편지를 보내왔다. 하지만 기부할 학교가 없다면 자금이 무슨 소용인가? 서두르는 것이 최선이라는 사실을 어떻게 이해시킬 수 있을까? 대학지부로 편입되지 못한다면 영원히 기회를 놓치게 된다는 사실 말이다. 새 법이 시행되기 전에 시작된 과정을 끝낼 수 있는 학년은 겨우 세 학년뿐인데. 학교가 문을 닫게 된다면 다시 열 수 있는 기회는 없는데.

1940년 1월에 열린 위원회 모임에서 어느 저명한 인도 그리스도인이 이렇게 설명했다. "현재는 선교에 우호적인 생각을 가진 분들로 대학 위원회가 구성되어 있습니다만 조만간 변동이 있을 조짐이 보입니다."

피보디 부인은 계속 지체하고 있었다. 아이다는 흥분하여 이렇게 편지를 썼다. "제발, 제발요. 얼른 서둘러야 한다는 거 모르십니까?"

줄디, 줄디! 할 수 있는 일이라고는 재촉하는 일 뿐!

불길한 기운 가운데서도 햇살이 비추었다. 아이다는 학교 교직원과 학생들 앞에서 어스킨 경이 수여하는 훈장을 받았다. 그리고 방사선과 과장으로 새로운 소임을 맡기 위해 미국과 영국에서 몇 년 간 집중 훈련을 받았던 조카 아이다 B.도 태평양을 건너 돌아왔다. 절대적으로 필요했던 라듐을 갖춘 새 엑스레이 실은 이제 다른 부서와 마찬가지로 환자들로 붐볐고, 아이다는 밤낮 쉬지 않고 일했다. 지난 몇 년 간은 트레바 마샬이 엑스레이실에서 일했다. 트레바가 부주의한 사람이었다면 다소 충격을 받을 만큼 작은 기계로 말이다. 그러던 그가 이제는 아이다 B.의 조수가 되어 사람들을 진단하고 치료하는 일을 도왔다.

아이다 B.는 1931년에 인도에 도착한 이후 여러 분야에서 섬겨왔다. 안과 전문의인 폴린 제퍼리가 결핵 요양소에서 치료를 받기 위해 벨로르를 떠나게 되었을 때, 아이다 B.가 그 자리를 맡아 안과를 운영했다. 그리고 오래 함께 일했던 플로라 인스가 떠나게 되었을 때 1년 간 내과를 맡았고, 캐롤 제임슨을 도와 산부인과에서 2년 이상 일하다가, 캐롤이 부재중일 당시 산부인과 과장으로 일했다. 그러므로 오랜 시간 힘겹게 일하는 건 그녀에게 전혀 새로운 일이 아니었다.

만개한 사탕수수가 푸른 하늘을 찌르고, 푸른 야자수가 은빛으로 빛나는 어느 수요일, 구티야남으로 거리 진료를 나서던 아이다는 혼자 생각했다. "정말 안 됐어! 불쌍한 우리 조카. 일주일 내내 그 어둡고 좁은 엑스레이실에 갇혀 지내야 하다니! 뭔가 조치를 취해야겠는 걸."

해결책이 나왔다. 아이다 B.는 곧 어두운 방에서 나와 매주 하루는 거리 진료로 보냈다.

다행히 그녀는 아이다처럼 지칠 줄 모르는 열정으로 넘쳐나는 사람이었다. 일주일 중 하루, 밖으로 나와 12시간 동안 500에서 1,000명에 이르는 환자를 진료하는 일은 그녀에게는 휴가나 마찬가지였다!

아이다는 종종 거리진료를 문제 해결책으로 사용했다.

전쟁 초기에 인도에는 많은 어려움이 있었다. 독일의 선전포고를 받던 날, 대영제국이 상의 한 마디 없이 성명서를 발표함으로써 인도 전국은 혼란에 빠졌다. 간디나 다른 지도자들은 전쟁에 휘말린 영국에 대해 안타까움을 표시했고, 히틀러주의를 혐오하기는 했지만, 인도 민족주의자들은 기회를 노리며 적개심을 가지고 영국의 움직임을 관망했다. 국민 회의파에서는 인도가 다른 자유국가들과 함께 기꺼이 상호 방어 조약을 맺겠지만, 반드시 자유국가의 자격으로 스스로의 선택에 따라 맺을 것이라고 선포했다. 보수적인 처칠이 이끄는 영국에서는 자유와 독립, 자치, 특권을 주면서까지 인도의 협조를 구할 의사가 없었다. 적개심의 불길이 타오르자 민족주의의 기운이 나라 곳곳을 휩쓸면서, 영국인 개개인들에 대한 인도인들의 호의도 사라졌다. 감정은 쉽사리 상하는 법이다. 오랜 친구였던 벨로르의 직원들까지도 서로를 오해하기 시작했다.

어느 날 아이다는 하루에도 수차례 병원과 학교를 오가는 개인 버스에 올랐다. 순간 직원들 간에 팽팽한 긴장감이 있음을 느꼈다. 곧 어느 인도인 의사가 버스에 오르는 영국인 동료에 대해 헐뜯는 말을 하며, 과연 그가 인도의 국익을 생각하는지 의문을 제기했다. 아이다는 아무 말도 않았지만 깊이 통탄했다. 두 사람이 아주 친하게 지낸 건 아니었지만, 그래도 좋은 관계였다. 병원에 도착한 아이다는 그 영국인 의사와 함께 걷다가 베란다로 내려갔다.

"그 친구를 도우려면 어떻게 해야 할까?" 근심스럽게 물었다.

바로 그 날 아이다는 그 두 사람과 함께 거리 진료를 나섰다. 밤이 되자 인도인 의사는 영국인 의사에게 찾아왔다. 모든 의심과 반감이 싹 가신 얼굴이었다.

그는 진심으로 사과했다. "미안해요. 영국인이란 이유로 싫어했지요. 근데 내가 틀렸다는 걸 깨달았어요. 오해를 하고 있던 거예요. 용서를 구합니다."

아이다는 지구상의 대국들을 다스리는 지도자들을 전부 모아 거리 진료를 보낼 수 없다는 사실이 너무도 안타까울 뿐이었다!

1년이 지났지만, 미국으로 돌아갈 수 있는지는 여전히 불투명했다. 한편으로는 일시적으로나마 학교를 지키는 데 모든 힘을 쏟을 수 있다는 사실에 기뻤다. 지금은 의과 대학의 2년 예과 과정을 가르칠 수 있는 학교로 인가받는 것에 대해 생각중이었다. 이 방법으로 대학 인가를 받거나 대학 지부가 되는 것은 아니라 해도, 최소한 2년 과정의 신입생을 받을 수 있고, 학교 수준을 올리는 동안 학교 문을 닫지 않을 가능성은 있었다. 아이다는 조마조마한 마음으로 학교의 운명을 결정할 정부 조사단이 오기를 기다렸다.

1941년 1월이 되었다. 그다지 좋은 시기는 아니었다. 교직원들 다수가 정부의 요구에 맞춰 상위 학위를 받기 위해 출국한 상태였으므로 몇 명 남아있지 않았다. 예비 조사에서 학교가 통과되지 못했다는 소문이 벌써부터 나돌았다. 학교를 방문한 조사단에는 중요한 위치의 사람들이 꽤 있었다. 브라만 및 여러 힌두 고위 계층의 사람들과 인도 유대인이었는데, 그중 일부는 급진적인 민족주의자였다. 마드라스 대학의 부총장인 스리 락슈마나스와미 무달리아르도 함께 왔다.

이들은 아침 10시 30분에 도착해서, 오후 3시까지 머물렀다.

아이다는 공손하고 즐거운 얼굴을 하고 맞이했지만 속으로는 떨고 있었다. 간편함을 위해, 아이다는 입장하는 조사단의 이름을 각자 옷깃에 달아주었다. 그런데 순간 이것이 실수임을 깨달았다. 이것을 모독으로 여긴 사람들이 있었다. 조사단 앞에 서야 할 사람은 바로 학교 교직원들이라는 것이다! 하지만 함께 맛있는 점심을 나누는 동안 분위기가 풀어지기 시작했다. 식사 후에는 둥그런 회의용 탁자 앞에 교직원과 함께 둘러앉았다. 조사단들은 회의적이었다.

그중 한 사람이 말했다. "분명 지금의 월급 정도로는 직원들을 거느릴 수가 없습니다!"

"직접 물어보시죠." 아이다가 말했다.

조사단은 앉아 있는 첫 번째 교직원에게 질문을 던졌다. "정부인가 대학이나 병원에서 훨씬 많은 월급을 받을 수 있는데도 이 낮은 월급으로 여기에 계속 머물 겁니까?"

아이다는 숨을 꼴깍 삼켰다. 교직원 중 몇몇은 힌두인들이기 때문에 헌신적인 충성을 기대할 수가 없었기 때문이다.

그중 한 명이 대답했다. "네."

이후부터 조사단들은 공손했다. 병원 곳곳을 상세히 살펴보고 여러 가지 질문도 던졌고, 몇몇은 다른 이들이 떠난 후에도 계속 남아있기도 했다.

조사단이 떠난 후 아이다는 기대감이 높아졌다. 조사단에서 통과 소식이 오면, 2월쯤에 대학 이사회를 조직할 수 있고, 그러면 7월에 첫 예과 신입생을 모을 수 있을 만큼 충분한 시간이 확보될 것이다. 하지만 2월이 지나고 3월이 지나도록 아무 소식이 없었다.

무더운 계절이 시작되는 3월 5일에, 아이다는 마취과 교수인 리자 차코와 인도 위원회 사무관인 케이지 비렌가와 함께 남부 지역을 돌며, '벨로르의 친구들' 결성에 힘쓰는 여러 사람들과 모임을 가졌다. 강렬한 열기가 지속되었지만, 그들은 몇 주간 계속 모임을 열었다.

바짝 마른 강바닥 위에 임시로 만든 거대한 밀짚 천막 아래서 열린 어느 유명한 시리아 교회 집회에서, 아이다는 3만 명의 사람들 앞에서 한 시간 동안 강연했다. 또한 트래방코르의 마하라자(부왕)와 그 부인을 방문하여 인접한 코친 지역의 왕족을 만나고자 했지만 성사되지 못했다. 시리아 교회의 대표는 친절히 맞아주었지만, 높은 자리에 있는 사람이나 많이 낼 수 있지 않겠냐고 했다. 즉 자신은 많은 돈을 낼 수 없다는 의미였다. 하지만 의과 학교는 축복하겠노라고 했다. 그 학교가 신학적으로는 아주, 대단히 나쁘다고 생각하지만 말이다.

트래방코르의 주도(主都)인 트리반드룸에서는 벨로르 학교 졸업생들이 그들을 위해 열아홉 코스나 되는 정찬을 준비했다. 아이다와 일행은 의료 협회와 여성 클럽을 방문했다. 나게르코일에서는 지역 수상의 궁을 방문했다. 그는 예의바르고 벨로르 학교에 대해 큰 관심을 보였고 방문하고자 하는 뜻을 밝혔다. 하지만 돈을 기부하려는 열의는 없었다. 모금 운동 중에는 쾌재를 부를 일도 있었고 낙담할 만한 일도 있었다. 많은 이들이 관대하게 돈을 기부했다. 어느 차 재배업자는 90킬로그램이나 되는 차를 보내주기로 약속했다. 하지만 이번 모금 여행 결과는 대부분 실망스러웠다.

안타깝게도 조사단의 보고서가 3월 중반까지도 대학 이사회에 전달되지 못했다. 마드라스 대학의 지부로 시작할 가망성에 대한 소식은 5월까지도 들리지 않았고, 학교를 재개하기에는 너무 늦은 7월까지도 아무 소식이 없었다. 1년을 꼬박 기다렸는데, 상황은 매일 심각하게 흘러가고 있었다! 혹 인가를 받는다고 해도, 2년 예과 과정이라는 대학 지부의 입지는 일시적일 뿐이고, 또한 2년 안에 요건에 맞는 교직원과 학교 건물을 갖춘다는 조건이 붙어야 했다. 그런 후에라도 완전한 대학 수준의 학교로 끌어올려야 하는 과제는 여전히 남아 있었다.

학교의 위기 상황을 타개할 충분한 자금을 마련하는 것은 불가능해 보였다. 인도와 영국과 미국에 있는 여성 의학부의 세 위원회는 이 문제를 해결하기 위한 처리 과정조차도 아직 합의를 보지 못했다. 여성 학교 건립을 위해서만 힘쓰겠다는 아이다의 동의가 있기는 했지만, 남녀공학 문제는 여전히 최대 관건이었다. 인도 위원회에서는 1940년 8월에 투표를 통해 남녀공학을 지지했다. 즉 인도 기독 의료 협회와 연합하여 전인도 남녀 기독 의과 대학을 시작할 자금 모금을 시도해보자는 의미였다. 하지만 미국 위원회의 반발이 두려워 감히 공개 투표는 시도하지 못했다. 미국에서는 루시 피보디가 남녀 공학을 반대하는 대다수 임원들을 장악한 상태긴 했지만, 여러 교단의 대표들은 남녀 공학 학교를 출범하지 않으면 합의하지 않겠다고 했다. 기막힌 난관에 이르렀기에, 아이다는 자신이 미국에 직접 가지 않으면 안 된다고 느꼈다.

미국 위원회에서 귀국을 수락하리라는 희망을 품고서, 아이다는 열광적으로 수소문하기 시작했다. 미국행 배를 찾기란 쉽지 않았지만, 6월 말에 봄베이를 출발하는 배에 객실이 하나 있다는 소식을 들었다. 지금 길을 나서는 게 지혜로운 처사인지는 아직도 확신이 서질 않았다. 세계의 반이 전쟁중이었다. 고향에서는 오지 말라는 소식이 날아들었다. 친구인 윌리엄 뱅그로프트 힐스조차도 의과 대학 설립 목표를 포기하고 간호사 양성에만 만족하라고 조언했다.

학교뿐 아니라 병원 확장도 필요했다. 한 번은 어느 소아과 전문의가 잔뜩 당황해서 찾아왔다. "선생님! 저랑 같이 소아과 병동에 가보세요."

두 사람은 함께 병동에 들어갔고, 아이다는 이리저리 둘러보았다. 모든 병상이 다 찼고, 16명의 아이들은 바닥에 누워 있었다! 그 의사는 거의 눈물을 흘리며 말했다. "어쩌지요? 저 아이는 폐렴에 걸렸고, 여기 구석에 앉은 아이는 이질에 걸렸어요. 제가 어떻게 해야 하나요!"

아이다는 아무 대답도 하지 않았다. 할 수 있는 사람은 아무도 없었다. 병원은 268명의 환자를 수용하도록 만들어졌지만, 침대

위와 아래, 복도에까지 모두 332명의 환자가 들어차 있었다. 그리고 대학 요건에 부합되려면 침상 500개가 있어야 했다!

널리 펼쳐진 풍경을 내려다보다가 문득 진짜 문제가 무엇인지 명확히 깨우친 것은 힐탑에서였다. '전장에서 무려 2만여 킬로미터 떨어진 이곳에서 내가 지금 뭘 하고 있는 거지! 필요한 일을 하러 가는 건데, 내가 언제 남의 허락을 받느라 기다린 적이 있었나?'

그의 결정에 답이라도 해주듯, 벨로르에 도착해보니 대학 감사회에서 그토록 기다리던 소식이 와있었다. 정부 조사단은 호의적인 내용을 전해왔다. 마드라스 대학의 지부로 잠정 인가되었으며, 2년 예과 과정에 신입생을 모집해도 좋다는 내용이었다. 물론 이번 해에는 신입생을 모집하기에 너무 늦긴 했지만, 계속 전진하라는 녹색등이 켜진 셈이었다. 이제 남은 일은 백만 달러를 모금하는 일 뿐.

1941년 5월 21일, 아이다는 회계인 힐다 올슨 편으로 미국의 선교회에 전보를 보냈다. "대학 지부 인가됨. 여러 여건상 42년까지는 학기 시작 불가. 돈과 장비 필요함. 캘리포니아 거쳐 곧장 미국으로 건너감. 모금 운동 수행 가능. 아이다. S."

자신과 거트루드를 실은 열차가 카트파디 역을 출발하자, 아이다는 눈물을 흘렸다. 벌써 아이다는 일흔이 넘었고, 거트루드는 82세였으므로, 혹 함께 인도를 떠나는 마지막 시간이 되지는 않을지 염려했던 것이다.

아이다는 아이다 B.와 트레바 마샬을 향해 용감하게 외쳤다.

"내년에들 봐!"

다행스럽게도 아이다는 앞으로 4년 후에나 인도로 돌아오게 되리라는 사실을 아직 모르고 있었다. 그것도 둘이 아닌 혼자서….

24 중대한 결단

"인도 선교사, 백만의 기부 천사 모집."

"일본군 진주만 공습!"

"인도에서 44년 간 선교사로 일한 스커더 여사."

"싱가포르 함락되다!"

"인도 병원과 학교 건립 위한 백만 달러 모금 운동을 하는 아이다 스커더."

"일본군, 버마 랑군 점령하다!"

"72세 여의사, 인도의 실정을 논하다."

하루하루가 지나면서, 아이다의 행적을 담은 신문 표제는 그보다 훨씬 시급한 세계 전쟁 관련 기사 덕에 뒤로 밀려났다. 1941년 미국에 도착한 아이다는 교회와 학교, 대학, 공공 단체, 여성 클럽, 대학, YWCA, 라디오 방송국, 컨트리클럽, 상공회의소, 간호학교 등 사람 수에 상관없이 듣고 싶어 하는 곳이면 어느 곳이든 찾아다니며 끊임없이 여행했고, 거의 매일 하루 서너 번씩 강연을 하는 때가 많았다. 거의 4년 동안 여행하는 동안에도, 그녀의 열정은 식지 않았고, 인생의 최고 목표를 실행하려는 필사의 싸움을 이어갔다.

굵은 활자체의 긴급 기사와는 비교가 안 되었지만, 아이다 역시 뉴스거리였다. 한 신문에서는 이런 기사를 실었다. "백만 달러를 원하는 여자야 흔하지만, 세 번째 백만 달러 모금에 도전하는 여인은 전혀 다른 이야기다." 그리고 칠순의 나이지만 역동적이고 매력적인 노부인의 모금 운동에 대한 이야기와 그 가문에서는 42명의 사람들이 4대째 선교를 하고 있으며, 가문 전체가 선교사로 헌신한 시간이 합하여 천 년에 달한다는 점, 그리고 그녀의 인생은 아주 극적인 이야기로 가득하다는 내용을 덧붙였다. 전쟁 기사에 여념이 없는 매체들도 가끔은 아이다에게 관심을 기울이지 않을 수 없었다.

〈리더스 다이제스트〉의 제롬 비티는 이런 글을 썼다. "이 특별한 72세 백발 노부인이 밟는 곳마다 샘이 솟아나고, 45년 간 외과의로 일한 그녀의 힘있고 숙련된 손과 눈에서는 불꽃이 인다. 그녀는 인구 2백만이 사는 도시에서 18년 동안 의료 협회 회장으로 일했다. 인도 전역의 의사들은 자기들이 감당할 수 없는 힘겨운 부인과 수술을 죄다 이 노부인에게 보낸다. 여인들과 아이들은 그저 그녀를 만져보았으면 하는 마음에서라도 찾아온다. 사람들을 치유하는 그 명성은 널리 퍼져 있다."

그렇지만 자신들의 형제와 아들과 남편이 바탄(필리핀)과 과달카날(태평양 솔로몬 제도)섬과 오키나와에서 죽음의 위기에 처한 상황에서, 지구 반대편에 있는 나라의 학교가 어떤 상태이고 앞으로 어떻게 될지에 관해서는 상대적으로 냉담했다. 상처 입은 군인들을 돌보느라 바삐 움직이는 손길들은 인도의 나병 환자들에게까지는 쉽사리 관심을 돌리지 못했다. 역동적으로 움직이며 사람들 앞에 호소했지만 아이다는 적십자와 영국, 프랑스, 러시아 구호소 등의 십 수 개의 전쟁 구호 단체들과 쉴 새 없는 경합을 벌여야 했다. 그녀가 목표를 성취하지 못했다는 점은 실상 놀라운 일이 아니었다. 오히려 예전만큼이나 널리 사역을 알리고, 사람들이 이에 반응하며, 재정적 후원을 일으킬 수 있었던 것이야말로 큰 수확이었다.

그녀에게 고통을 안겨다 준 일은 이외에도 많았다. 우선은 시기적으로 여행하기가 참으로 힘겨웠다. 늘 사람들이 붐비는 바람에, 열차 객실을 구하지 못할 때가 잦았다. 짐을 들어줄 짐꾼도 없었다. 개인 짐 외에도 인쇄 자료가 가득 담긴 무거운 서류가방도 있었는데, 늘 거트루드가 직접 들겠다고 고집을 피웠다. 거트루드는 카슈미르의 가파른 골짜기에서 보여주었듯 늘 한결같은 충정으로 아이다를 따랐다. 직접적인 조명을 받지는 않았지만,

모든 원정대의 주요 감독자 역할을 했던 거트루드는 정찬 모임과 다과회 약속을 잡고, 회견 일정을 세우고, 기차표를 구입했고, 엄청난 양의 서류를 관리했다.

아이다의 전쟁은 기차역과 정찬 모임, 다과회, 사무실 책상에서만 벌어지는 것은 아니었다. 가장 끔직한 전쟁은 그녀의 마음속에 벌어지고 있었다. 모금 초기에는 루시 피보디가 편지를 보내왔다. "아이다, 모금 운동을 시작하기에 앞서 먼저 자신의 입장을 밝히세요. 어떤 사람들이 그러던데, 아이다 선생이 남자들과 협력하길 바란다더군요. 선생과 위원회 다수 임원들이 남녀 공학을 바라는 마음에, 우리가 힘들게 심은 것을 손 하나 까닥하지 않았던 남자들에게 넘겨준다면, 법적으로야 양도가 가능하더라도 우리 선교회는 남자들이 관할하도록 손을 놓고 물러날 겁니다!"

인도에서는 학교와 병원이 위기를 맞게 되면서 어서 결단을 내리라는 촉구가 더욱 거세졌다. 인도 위원회에서는 협력 사역에 대해 이미 마음을 굳힌 상태였다. 위기 상황을 타개하도록 조정 중이던 위원회의 회계이자 총무를 맡은 제임스, C. 맥길브레이와 교직원들은 편지로 솔직하게 마음을 토로했다.

아이다 B.는 필사적으로 간곡히 편지를 썼다. "고모, 더 이상 미루면 안 돼요. 지금 상황에서는 받아들일 수밖에 없어요. 혹 우리가 여자 대학을 고수하게 되면 아무 일도 못하게 되요. 많이 힘들긴 하겠지만 그래도 우리가 바라는 건 거액의 기부금으로 우리 학교가 가장 훌륭한 학교로 거듭나는 거잖아요. 하지만 그 제안

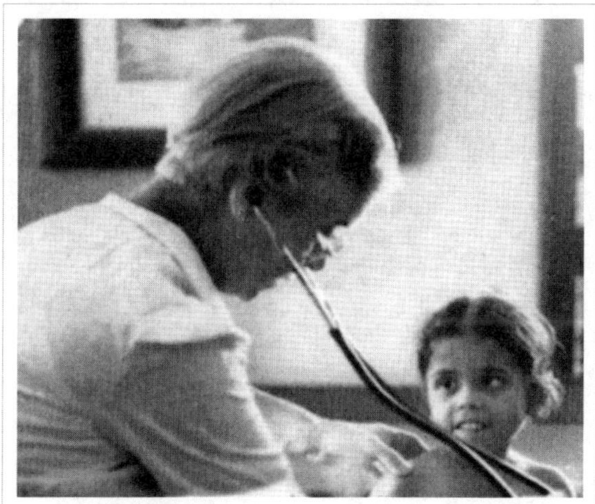

아이다와 어린 아이

을 거부한다면, 저쪽에선 미라지 시를 학교부지로 선정할 거예요. 그럼 미라지가 완전 기대주로 부상하는 셈이죠. 제발 서두르세요!"

힐다 올슨은 이렇게 편지했다. "만약 남자들이 우리 학교 건물을 함께 사용하게 되면, 약속받았던 헌금 두 군데를 놓치게 됩니다. 한 군데는 이만 오천 달러이고, 다른 한 곳은 십만 달러입니다."

루시 피보디도 편지를 보냈다. 그녀의 빛나는 지도력이 없었다면 학교 부지에는 여전히 황무한 땅과 돌덩이만 가득했을 터다. "벨로르 학교는 아이다 선생이 여성 사역을 하게 되었던 '세 번의 부르심'에 충실히 따르기 위해 세워진 학교라는 기본 원칙에 흔들림이 없으리라 믿습니다."

더 이상 입장 표명을 미룰 수가 없었다.

당시 아이다는 거트루드와 함께 로키 산맥을 지나 동부로 여행하고 있었다. 기차 한 쪽이, 아름답지만 거대하고 압도적으로 펼쳐진 절벽을 따라 오르기 시작했다. 멀리 시골 풍경이 가뭇가뭇 드러나는 좁은 산골짜기를 간간히 지나더니 다시 푸른 숲길에 접어들었다. 아이다는 숨이 막힐 것만 같았다. 밤이 되어 눈을 부칠 수 있다는 게 기뻤지만, 이내 좁다란 흑암 속을 허겁지겁 달려가는 꿈을 꾸었다. 아침이 되면 창막이를 걷고 멀리 지평선에 맞닿은 너른 평원과 밝은 태양빛을 바라보았다.

그런데 오랫동안 자신을 감싸던 모든 불안정한 마음이 갑자기 죄다 사라져버렸다. 새로운 날이 왔다. 왜 어제를 살아가느라 그토록 고군분투했던 것일까? 나이가 들어간다고 해서, 여행해보지 않은 새로운 땅을 감행하는 대신 익숙한 좁은 길을 유지해야만 하는 것일까? 지금껏 만들었던 틀은 인도의 어제를 감당하기에는 충분한 것이다. 어쩌면 오늘날의 인도까지도 감당할 수 있으리라. 하지만 인도의 내일은 불가능하다! 하나님께서 갈 길을 보여주시길 기다리면서도 얼마나 어리석었는지! 다른 문은 다 닫히고 오직 한 가지 넓은 문만 열리고 있었는데, 이처럼 명확한 인도하심이 또 어디 있는가?

바로 그날, 아이다는 미국 이사 위원회에 편지를 썼다. 벨로르의 의과 학교를 남녀 모두를 위한 초교파 기독 의과 대학으로 만드는 협력 계획에 동의한다는 내용이었고, 동시에 인도에도 확인 전보를 보냈다.

결과는 예상대로였다. 인도에서는 매우 기뻐하면서, 협력에 만반의 노력을 기울이겠다고 했다. 미국에서는 가장 헌신적이었던 친구이자 후원자였던 두 여성이 침통한 기색을 비쳤다. 그리고 두 사람의 편지를 받은 아이다는 마음 깊이 상처를 입었다.

1942년 12월, 미국 이사 위원회에서는 협력에 있어 모든 장애물이 완전히 제거되었다고 알려왔다. 1월 28일 목요일 오후에는, 구체적인 결정을 위해 위원회 모임을 열었다. 모든 교단 대표가 참석했다. 캐나다에서 내려온 임원도 둘이나 있었다. 플로리다의 집에서 특별히 여기까지 찾아 온 루시 피보디는 협력 사역을 반대하는 표가 자기 한 사람뿐일지라도 끝까지 고수하겠다는 입장을 밝혔다. 남녀 공학을 반대하는 다른 한 사람은 도운 부인으로써, 그녀는 여성 의료 교육의 기본 원칙이 고수될 때까지 나름의 방법으로 해결책을 찾아 매진하고 있었다.

그런데 결국 협력에 관한 투표는 만장일치로 끝났다. 위원회의 결정에 관한 소식을 들은 아이다는 믿기지가 않았다.

아이다는 거트루드와 함께 무거운 소책자 가방을 들고 전역을 돌아다녔다. 가는 곳마다 스커더 가문의 사람들을 만났다. 나이 칠십이 되어서야 사촌들과 조카들을 만나게 되었다. 아이다는 그 시간이 참으로 즐거웠다. 태어날 아이를 기다리며 좋아하던 조카도 만났다. 또 다른 한 조카는 집을 짓고 있었는데, 방 하나는 꼭 아이다가 가져야 한다고 했다. 조카 손자 하나가 전쟁중 독일에서 실종되었다는 소식이 들려와 무척 안타까워했는데, 다행히 살아서 독일의 감옥에 투옥되어 있다는 말을 들었고, 이후 그 조카 손자의 결혼식에 참석한 아이다는 무척이나 행복했다. 그리고 은퇴 후 뉴저지 주의 뉴브런즈윅에서 교회를 맡고 있는 오빠 헨리를 방문했다. 셸터 아일랜드의 스커더 별장도 방문하여 매일 수영을 하며 놀았다.

하지만 모금 운동은 여전히 지속되었다. 북적이는 기차역, 대대적인 선전, 식을 줄 모르는 열렬한 목소리.

필라델피아, 콜럼버스에서…. "인도가 깨어났습니다. 여성들이 해방되고 있습니다. 새로 태어난 인도에게 최고의 것을 줍시다."

디트로이트, 미니아폴리스, 클리블랜드…. 샌프란시스코, 포트마이어, 로스앤젤리스에서…. "배가 폭파당하면 곧장 도울 사람들을 보낸다는 건 이 전쟁이 보여주는 좋은 예입니다. 벨로르는 폭탄을 맞은 상태입니다. 우리가 도움을 베풀지 않으면 완전히 가라앉고 말 것입니다."

"승리의 브이(V), 벨로르의 승리!"

토론토에서…. "부총독 각하와 앨버트 매튜 부인이 아이다 스커더 선교사를 기리기 위해 토요일에 환영회를 개최했습니다."

홀랜드, 머스키건, 그랜드래피즈, 칼라마주에서…. "인도에서 가장 큰 학교로 만들기 원하며, 이는 가능한 일입니다. 100만 명이 각자 1달러씩만 내면 됩니다!"

하지만 100만 명이 동참하지는 않았다. 1943년 2월까지 23,000달러를 모았고, 12월까지도 겨우 60,000달러였다. 큰 액수의 기부는 들어오지 않았다. 거의 3년 동안 어느 거대 자동차 회사 사장의 미망인과 만나려고 시도했는데, 결국 디트로이트로 다시 건너오면 전화로 통화할 특권을 주겠다는 식의 제안을 받았다. 하지만 아이다는 과감히 사양했다. "됐습니다! 하나님이 그 분 돈을 원하지 않으시는 것 같네요."

장애물이 너무 커서 감당하기 어려운 듯했다. 인도에서는 새 병원을 지을 땅이 너무 비싸서 구입하기가 힘들고, 건축 자재도 구하기 어렵다고 했다. 맥길브레이 씨는 계속 적합한 학위를 갖춘 새 교직원을 구하느라 협상중이었고, 월급을 100퍼센트 인상할 방법을 찾고 있었으며, 힐다 라자루스 선생을 학교 교장으로 모시기 위해 애쓰고 있었다. 뛰어난 의사이자 그리스도인인 힐다 라자루스가 벨로르 학교 계획에 무척이나 관심을 갖고 있기는 했지만, 전쟁의 시급성 때문에 뉴델리에 있는 정부 산하의 여성 의료 센터에서 일하라는 강력한 압력을 받고 있었으므로, 결정을 내릴 수가 없는 상황이었다.

미국에서는 반대의 목소리가 지속되고 있었다. 남녀 공학을 반대하는 사람들은 여전히 위원회가 투표한 결론이 '협력'일 뿐 '남녀 공학'이 아니라고 주장하며 문제를 야기했고, 남성 병원은 여성 병원과 인접해서는 안 된다는 주장까지 내세웠다. 두 군데서 약속했던 많은 액수의 기부금은 취소되었다. 그리고 기부 자본금을 뛰어난 솜씨로 불리고 있었던 힐다 올슨은 모금 운동을 진행한 이후에도 계속 자본금을 늘려가야 한다고 위원회 측에 주장했다.

1943년 11월, 아이다는 편지를 보냈다. "아직도 이해 못합니까? 우리가 지금 늘려야 하는 건 자본금 규모가 아니라 학교 건물이란 말입니다. 1944년 10월까지 건물을 세우지 못하면 학교 문을 닫아야 한다구요! 병리학과, 진료소, 내과, 외과, 산과, 도서관을 반드시 지어야만 합니다. 단지 기부 자금을 늘리려고 모금 운동을 할 수는 없지만, 학교를 살리기 위해서라면 마지막 기력까지도 죄다 쏟아 부을 겁니다."

한편 좋은 소식도 있었다. 마취과 건물 확장이 완성되었고, 간호 기숙사 건물에 3층을 증축할 계획을 세웠으며, 새로 교직원을 확보했다는 소식이었다. 아이다의 뛰어난 졸업생 중 하나인 미리암 마누엘은 벨로르에 남기 위해 한 달에 500루피씩 주겠다는 제의도 거절했다. 일리노이 주의 모리슨에 있는 한 교회에서는 부활절 헌금 1,510달러를 가져왔다. 감리교회에서는 벨로르에서 큰 전도 집회를 열 계획을 갖고 추진중이었다. 협력을 결정하고 난 지금, 이에 대한 관심과 재정적 도움의 범위가 아주 넓어졌다. 미국에서는 최소 20개 교단의 성도들이 벨로르에 전 인도 기독 의과대학 건물 건축에 헌신한 상태였다. 영국에서는 5개 교단의 7개 선교회가 연합으로 모금 운동을 벌이고 있었다. 그리고 덴마크와 호주에서도 여러 후원자들이 활발하게 움직였다.

하지만 이러한 확실한 보장에도 불구하고, 아이다는 친한 친구들의 헌신적인 후원이 없는 마음의 짓눌림을 견딜 수가 없었다. 가장 충직했던 친구들을 순식간에 잃어버린 현실 속에서 모든 용기가 확 꺾여버리는 것 같았다.

1943년 12월 17일. 아이다는 플로리다 주, 피츠버그의 한 방에 앉아 있었다. 창밖으로는 인도처럼 아름다운 장면이 펼쳐졌다. 야자수와 담쟁이덩굴이 있고, 지붕은 밝은 녹색으로 빛나고, 포인세티아가 흐드러지게 피어 있었다. 하지만 지금 아이다는 인생의 가장 어두운 상황 속에 있었다. 그 방은 병실이었고, 거트루드 도드가 그의 옆에서 죽어가고 있었다.

12월 초에 두 사람은 오랜 서부 여행을 마치고 돌아왔고, 세 달 간의 플로리다 모금 운동을 시작하기 전에 잠시 휴식을 즐기는 중이었다. 아이다의 오빠인 해리와 그 아내 마가리트가 곧 합류했다. 거트루드는 지친 기색이 역력했지만, 아무 일 없다며 사람들을 안심시켰다.

하지만 거트루드는 잠을 아주 많이 잤고, 편지 쓰는 일도 중단했다. 함께 쓰겠다고 아이다가 덤벼들자, 거트루드는 이렇게 말했었다. "내가 써야 돼. 날 애 취급하지 말라구." 그러더니 갑자기 병세가 짙어졌고, 수술 경과도 좋지 못했기에, 그저 오랜 시간 지켜보고만 있는 중이었다.

아이다는 의사 특유의 꼼꼼함으로 세세하게 기록했다. "오전 9시. 거트루드는 지금 나를 떠나가고 있지만, 그는 참으로 귀한 사람이었다. 자꾸 이런 말을 되풀이 하고 있다. '아, 아이다. 넌 참 나한테 잘 해줬어…. 아이다, 거기 있어? 날 떠나지 마."

"10시 15분. '아이다, 더 이상 날 붙잡지 말고 가게 해 줘. 지금도 넌 너무 고생하고 있고, 앞으로도 너무나 힘겨울 텐데. 다만 너 혼자 놔두고 떠나는 게 안타까울 뿐이야.' 포도당 주사를 주었더니, 맥박이 아주 불규칙하다."

"10시 30분. '내 친구, 아이다. 내 인생에서 네가 얼마나 놀라운 일을 했는지 넌 모를 거야. 이제 너에게도 휴식이 필요해. 내가 가면, 넌 더 이상 힘겹게 일하지 않아도 되겠지.'

하지만 며칠이 지났고, 그는 떠나지 않았다."

1월 6일. 아이다는 아직도 무언가를 쓰고 있었다. 이번에는 아이다 B.와 크레바에게 편지를 썼다. "우리의 사랑하는 거트루드의 침상 옆에 앉아있단다. 아직도 나를 헌신적으로 믿어주고 사랑해준 거트루드 없이 어떻게 혼자 살아갈지 잘 모르겠어. 거트루드는 나의 좋은 점만 봐줬고, 내가 최선을 다하도록 힘을 주었지."

1월 9일, 일요일. "내 인생의 가장 슬픈 날. 10시 10분 전, 거트루드가 죽었다. 마음이 깨질 듯하다."

며칠 후 화요일, 아이다는 뉴욕으로 떠났다. "혼자 조용히 생각할 시간이 주어져서 기쁘다. 우린 마지막 여행을 함께하고 있다."

슬픈 장례식은 아니었다. 아이다는 이후 자신의 친구와 거트루드의 친구들에게 편지를 썼다. "햇살이 가득한 아름다운 날이었고, 협동 교회 예배당은 꽃이 만발해 있었습니다. 연노란 장미, 제비꽃과 팬지, 아름다운 난들이 절묘하게 어울려 예배당을 감싸안고 있었습니다. 시주 박사님은 '내가 주릴 때에 너희가 먹을 것을 주었고' (마 25:35)라는 성경 구절을 낭독했습니다. 그리고 피일 박사님이 마음을 울리는 조사(弔詞)를 읽었습니다. 로미그 박사님의 기도를 듣던 우리는 이 땅을 떠나 하늘로 올라가는 듯했습니다. 하지만 눈앞으로 뻗은 길은 서글프고 외로워 보이네요!"

서러워할 시간이 없었고, 세계 곳곳에서 날아든 400통이나 되는 애도의 편지를 읽고 답장할 시간이 부족했지만, 일일이 다 답장을 했고, 하루에 203통의 편지를 발송했다.

여전히 아름답지만 나이든 얼굴에는 주름이 더욱 깊이 패이고, 낭랑한 목소리는 다소 차분해졌으며, 여전히 반짝이는 푸른 눈은 전쟁으로 찢긴 세상의 고통에 더욱 민감해진 것을 제외하고는, 아이다는 아무 일 없다는 듯 모금 운동을 계속 진행했다. 1월 26일, 플로리다 지역의 선교사 대회를 기점으로 시작했다.

몇 달 후, 여전히 아이다는 전쟁이 끝나 인도로 되돌아가도 좋다는 허락을 받기를 기다리고 있었다. 강연을 다니던 중에도 틈틈이 셸터 아일랜드를 찾아가 수영을 즐겼고, 뉴브런즈윅의 해리 오빠 집에서 정원을 가꾸기도 했고, 노스필드에서 열린 하기 수양회에 참석해 테니스를 즐기기도 했다. 그의 일기는 늘 삶의 열정을 보여주는 구절로 시작했다. "행복한 날이다. … 아름다운 날이다. … 완벽한 날이다. … 바쁜 날이다. … 정말로 영광스런 날이다…."

벨로르 대학 승격 연합 위원회에서 새로운 모금 운동을 벌이기 위해 전문적인 모금 회사를 고용했지만, 아이다는 직접 5,000달러를 모금하고도 운동을 지속시키기로 했다. 1945년 초 몇 달 동안은 아이다를 돕기 위해 안식년 차 귀국한 맥길브레이와 함께했다. 모금 운동의 중요한 부분뿐 아니라 사소한 부분까지도 그의 도움이 매우 귀하다는 것을 알게 되었다. 한 번은 모자를 고르는 데 그를 대동하기도 했다.

맥길브레이는 감탄했다. "너무 잘 어울리시는데요!"

갖가지 색상의 깃이 달린 조그만 모자를 벗어든 아이다는 가격표를 보았다. "근데, 값이 너무…."

"완전히 선생님을 위한 모자네요. 그걸 쓰시면 관중들 마음이 녹아들겠습니다!"

아직도 가격에 대한 충격이 가시지 않았지만, 아이다는 그 모자를 샀다. 맞는 말이었다. 벨로르의 학교가 남녀 공학이 된다면, 여자들뿐 아니라 남자들 마음에도 들 옷을 입어야 하지 않겠는가!

1945년 5월, 벨로르 학교 모금의 날이 성공적으로 끝났지만, 같은 달 뉴욕에서 열린 위원회 모임에 참석한 아이다는 마음은 어두웠다. 힐다 올슨과 루시 피보디가 모두 사임했던 것이다.

하지만 벨로르의 학교가 생존할 가능성은 더욱 희망적이 되어갔다. 인도에서는 스코틀랜드 교회에서 파견된 유명한 나병 전문가, 로버트 코크런 박사가 새 의과 대학의 첫 번째 총장이 되었고, 1945년 10월까지 대학 요건에 걸맞는 교직원을 모아야 하는 엄청난 임무를 맡았다. 건축은 더디지만 꾸준히 진행되었다. 그리고 인도의 기도 모임인 '벨로르의 친구들'은 초기 위기 상황에 닥쳤을 때 세계 곳곳으로 뻗어가게 되었다. 레슬리 웨더헤드 박사가 강력한 후원자로 있는 영국과, 미국, 캐나다, 스코틀랜드, 덴마크, 호주에서도 모임이 있었다. 그야말로 V-데이, 승리의 날이었다. 전쟁에 신물이 난 전 세계의 승리였을 뿐 아니라, 벨로르에게도 주어진 승리였다. 이제 다음에 뛰어넘어야 할 장애물은 10월에 있을 대학 감사회의 심사를 통과하는 일이었고, 아이다는 심사단 방문 전까지 인도에 가기로 결심했다.

아이다의 비자가 나올 무렵, 세계는 히로시마와 나가사키의 원폭 소식으로 들썩였지만, 그립스홀름 호를 타고 뉴욕을 떠나던 8월 28일 새벽 6시 30분, 끔찍한 원폭의 검은 구름으로 인해 전 세계 승리의 날이 서서히 밝아왔다. 아이다는 미국을 떠나 치유의 땅 아시아를 향해 동쪽으로 나아가고 있다는 사실이 기뻤다.

이렇게 바삐 서두른 덕에 카이로에서 봄베이까지는 비행기를 타고 갔고, 참으로 만족스러웠다. 난생 처음, 자신에게 딱 맞는 최고의 속력으로 움직였던 것이다!

기독 의과 대학

25 은퇴하다

다시 인도에 돌아왔다! 아이다는 기쁨을 억누를 길이 없었다. 눈앞에 보이는 풍경과 소리와 냄새에 마음이 즐거워졌다. 릭샤, 우마차, 휘황찬란한 색상들. 북소리, 사원의 징소리, 달그럭거리는 발굽소리, 행상들의 외침, 노새를 이끄는 마부의 혀 차는 소리. 정향과 계피, 심황, 고추의 향이 가득한 시장, 은은히 비치는 놋그릇, 소똥을 태우는 매캐한 냄새. 그리고 심지어 병약하고 못 먹어 불쌍한 그들의 모습마저 반가웠다. 그들을 보니 도와주고픈 마음에 두 손이 근질거렸던 것이다!

벨로르 근방 환승역인 아르코눔에서 아이다 B.와 카말라 비틸린감을 만났다. 카말라는 2회 졸업생인데, 학위를 소지한 전문의 중 하나였다.

학교 문에 들어섰을 때는 이미 밤이었다. 아이다는 놀란 나머지 숨을 멈췄다. 그리고 눈에는 이내 이슬이 맺혔다. 도로 양 옆으로 학생들과 교직원들이 일제히 나와 서 있었고, 사환들은 막대기에 감은 천에 등유를 먹여 횃불을 밝히고 있었다. 환한 빛의 길을 따라 차가 움직이자, 사람들은 손을 뻗어 화환을 씌워주었는데, 온 몸을 덮고 눈만 겨우 드러날 정도였다. 그리고 귀청이 터질 듯 큰소리로 리듬에 맞추어 말했다.

"아-이-다 스-커-더 선-생-님! 아-이-다 스-커-더 선-생-님!"

기나긴 여행은 끝났다. 이제 고향으로 돌아온 것이다.

인도는 많이 달라졌다. 수 세기의 시간보다 훨씬 많은 변화가 지난 4년 동안에 일어난 것이다. 자유 국가로서 다른 나라의 침입에 대항할 권리를 요구하는 이들에게 외적으로나마 독립을 허용하도록 하는 '대영제국의 해체 후 주재(駐在)' 제안에 처칠이 거부의사를 보이자 거센 저항의 움직임이 일어났다. 간디의 선동에 따라 1942년 8월, 새로운 시민 불복종 운동이 일어났고, 간디와 네루를 비롯한 주요 의회 지도자들이 투옥되었다. 지도자들의 투옥은 폭력의 물결을 허용하는 배수로 역할을 하게 되어, 여기저기 건물 방화와 철도와 전신선 점거, 영국 관리 살해 사건이 일어났다. 이번 사태에 대해 억울하게 누명을 쓴 간디는 3주간 금식을 거행하여 거의 죽기 직전까지 갔다.

그렇지만 1945년, 영국 노동당이 득세하면서 독립은 현실로 다가오는 듯했다. 총독인 웨이벨 경은 인도인들의 지방 자치권 복귀뿐 아니라 연방 헌법 초안을 마련하는 모임도 약속했다. 무슬림 연맹에서는 인도 독립 협의를 반대하며, 분할을 요구했다. 모함메드 알리 진나를 수장으로 하는 무슬림 소수 민족의 정치 지도자들은 인도의 독립으로 힌두교인들이 정부 주요 조직을 점거하고 경제적 이익을 얻게 될 것을 염려했고, 자체적인 국가 건설을 결의했다. 전국이 희망과 두려움, 민족주의적 감정과 종교적 긴장감으로 소용돌이치고 있었다.

벨로르에도 수년 간의 전쟁 상흔이 남아 있었다. 아이다는 인도에 없는 동안에도 현지 소식에 빨랐다. 지금은 아이다 B.를 비롯한 여러 동료들이 전해주는 보고를 들으며, 병원과 학교 건물의 존립을 위협했던 온갖 경험을 다시금 생생히 체험할 수 있었다.

1942년 초반에는 전쟁이 점차 남인도 쪽으로 내려오고 있었다. 감정은 극도로 끓어올랐다. 지난 수백 년 동안 일어났던 기근 중 가장 지독한 기근이 벵갈부터 시작하여 나라 전체를 뒤덮고 있었다. 학교 사환들과 마을의 교사들 모두 하루에 한 끼 먹기가 일쑤였다.

4월이 되었을 때, 콜롬보가 일본군의 폭격을 받았고, 이후 얼마 지나지 않아 엄청난 비와 홍수에 이어 마드라스가 폭격을 입었다. 일본군 함대가 북상하고 있고, 곧 벨로르를 침공할 것이라는 소식이 전해졌다. 도시 전체가 공포로 뒤덮였고, 도시는 텅텅 비기 시작했다. 벨로르는 마드라스와 뱅갈로르의 중간에 있으므로, 병원은 환자 수를 최소로 줄이고 침공에 대비하라는 명령을 받았다. 간호학교 신입생들은 귀가 조치했고, 나머지 간호사들은 안과 전문의인 구루파탐의 시골집으로 즉시 보내는 계획을 세웠다. 원하는 사람은 누구든 떠날 수 있었지만, 대부분이 조용히 병원에 남았다. 다행히도 마지막 의학부 학생들과 마드라스의 기독학교인 세인트 크리스토퍼에서 온 135명의 여학생들은 방학이라 집에 가 있는 상태였다. 세인트 크리스토퍼 학교 건물은 그 기간 동안 공습 본부로 징발되었다. 해리 삼촌의 딸인 사촌 헬렌이 그 학교 선생으로 있었기 때문에 당시의 긴급한 분위기를 더욱 생생히 아이다 B.에게 전해주었다.

화요일이 되자 마드라스에서 후송되어온 범죄 수사부가 학교 건물을 징발했다. 학교 감독을 맡은 맥길브레이와 아이다 B, 그리고 다른 교직원들은 찌는 듯한 더위 속에서 정신없이 서둘러 기숙사에 있던 가구를 죄다 다른 건물로 옮겨놓았다. 영문을 모르던 사환들은 예배당 문 앞까지 가구가 꽉 들어찬 모습을 보며 두려워했다. 마치 악몽과도 같았다. 그날 밤, 너무 피곤해서 잠을 못 이루던 아이다 B.는 창밖으로 학교 안뜰을 내려다보면서 평온하고 아름다웠던 과거를 떠올리려 애썼다. 다음날 아침, 아이다는 경찰 치안대가 안뜰로 밀려들어오는 소리에 잠을 깼다.

치안대 대장은 도착하자마자 전 교직원을 모았고, 어느 정도 급박한 상황이 지나자 아이다는 숙소에서 휴식을 취했다. 그들은 험악한 표정으로 들이닥쳤다. 학교 곳곳은 이미 부대원들로 꽉 차있었고, 병원도 넘칠 지경이었다. 대체 무얼 더 요구할 수 있을까?

치안대 대장은 얼굴을 찌푸렸다. 그리고 분개하듯 큰 소리로 말했다. "말씀드리지만, 저희는 이곳으로 옮겨오지 않을 겁니다! 제가 허용하지 않을 겁니다. 이곳 건물은 너무 아름다워서 정부 사무실로는 적합지 않습니다. 지금 당장 마드라스로 피하십시오. 이 건물은 대학 교육용으로만 사용될 것을 약속합니다."

순간 교직원들은 모두 꿀 먹은 벙어리가 되었다. 사실이라고는 믿기지 않을 만큼 좋은 일 아닌가. 맥길브레이는 전심으로 "좋습니다"하고 대답했고, 급히 마드라스로 향했다. 심미안이 있었던 한 사람 덕분에 건물은 무사했고, 더럽혀지지 않고 본래의 목적대로 사용될 수 있게 되었다.

이런 난관에도 불구하고, 1942년 여름, 첫 의학사와 외과의사 신입생 25명을 받아들이는 계획은 진행되었다. 몇 주간은 불명확한 상황 때문에 걱정하기도 했다. 대학 감사회에서 2년의 예과 과정을 열 수 있도록 허용했지만, 미국 위원회에서 지금은 시기 적절하지 않다는 결정을 내린 것이었다. 하지만 입학 시기를 연기하라는 위원회의 소식에 맥길브레이는 강하게 반발했다. "지금이 아니면 영영 불가합니다!"라며 긴급히 경고 전보를 보냈다. 위원회 서기는 결국 다음과 같은 답신을 보내왔다. "7월 입학 허가함."

전쟁 기간 동안 건설적인 발전도 있었다. 오래된 땅콩 창고에 남성 외래환자부가 새로 개설되어 "하나님께 영광을 돌리고 남성들을 향한 하나님의 뜻"을 실현하게 되었다. 아이다가 없는 동안 인도 기독 의료 협회의 의장인 여의사, 쇼네 올리버가 그 일을 이루었다. 그녀의 지칠 줄 모르는 노력이 없었다면 불가능한 일이었다. 무엇보다도 가장 의미심장한 변화는 2층짜리 여성 전용 병원과 남성 병원 건물을 분리하던 어정쩡한 벽을 헐어버린 일이었다. 인도에서 일어난 가장 큰 변화를 이처럼 상징적으로 보여주는 것은 없었다.

1944년이 되자 벌써 첫 번째 남성 의사진이 도착했다. 조그맣게나마 남성 외래 환자들을 받아 진료를 시작한 병리학자 M. 아시르바탐, 그리고 이곳으로 오기 위해 북인도의 직장을 내려놓고 온 외과의 노먼 맥퍼슨, 병리학과를 시작하기 위해 찾아온 호주인 디오도어 골트였다. 첫 남성 입원환자실은 여성 병원과 동떨어진 곳에 두었다.

인도에서조차 이 일에 대한 반대의 목소리가 있었다. "여성을 위해 사역하는 아이다 선생의 정신을 충실히 따르고 있는 건가요?" 사람들은 이런 질문을 던졌다. 그러면 아이다가 했던 말 그대로 대답을 해주었다. "고립시킨다고 여성들이 해방되는 건 아닙니다. 여성들은 이제 고립을 원치 않아요. 고립은 열등하다는 상징이었습니다. 이제 여성들은 가족의 한 일원으로서 해방되길 바라지요."

1944년 7월이 되자, 새로 개원한 남성 병동은 이미 사람들로 붐볐다. 건축 일정도 미뤄졌다. 10월까지 대학심사단의 감사를 받기란 불가능했다! 다행이도 대학 감사회에서 조사 시일을 1년 늦추어주기로 했다. 이번 신입생들은 병원 건물이 완성될 때까지 마드라스 의과 대학에서 몇 달 간 교육을 받도록 허용되었다.

아이다는 이상의 여러 보고들을 흥미롭게 들으면서 병원과 학교에서 일어난 여러 발전 사항들을 살펴보았고, 1945년 10월이 되자 여느 때와 같은 통솔력과 열정으로 심사단을 맞이할 수 있었다. 심사단은 호의적으로 보고했고, 벨로르 학교에서 대학 수준의 과목을 가르칠 수 있도록 허용해도 좋다는 공문을 대학 감사회 측에 보냈다. 그렇게 오랫동안 열망하던 대학 지부의 꿈이 이루어졌다는 소식을 받고, 학교는 축제 분위기가 되었다. 하지만 여전히 일시적이고 잠정적이었다. 1947년에는 적합한 교직원과 건물이 갖추어졌는지 마지막 심사를 받아야 하기 때문이었다. 조건에 적합하지 않으면, 지금까지 고통스레 이룬 모든 진보도 무용지물이 될 수 있었다.

병원 건물에 너무나 많은 변화가 있었으므로, 아이다는 건물에 들어설 때마다 새삼스레 놀라곤 했다. 새로 병리학실과 연구실, 부인과 건물, 산과와 산전검사실이 들어섰고, 행정동과 어린이 병동, 코울 진료소와 바이엘하우저 외과 건물은 층을 높였다. 간호사 숙소, 새 진료소, 연구소, 교직원 숙소, 사환 숙소 역시 층을 높이거나 증축했다. 다음 심사를 받기 전까지 600개 병상을 마련해야 하지만 아직 병상은 371개에 불과했다. 1947년에 입학이 허용된 10명의 남학생들을 위한 공간도 마련해야 했다. 그리고 비뇨기과, 정형외과, 결핵, 나병, 피부병, 흉부외과 등의 새로운 부서 마련도 시급했다. 하지만 위기를 극복하려고 애쓰는 가운데 일어난 일련의 변화들은 기적적인 일이었다.

새로 만든 건물 외에도 새로 얼굴을 익혀야 할 의료진들도 많았다. 새로 온 이들은 다양한 문화를 대변하는 이들로 여성뿐 아니라 남성들도 있었다. 호주에서 온 사람들도 여럿 있고, 아일랜드 출신의 마취과 선생, 잉글랜드와 캐나다와 미국에서 온 사람들도 있었다. 그리고 벨로르 학교의 부족한 교직원 수를 채우기 위해 중요한 자리를 마다하고 여기까지 온 여러 명의 뛰어난 인도인 의사들도 있었다. 새로 온 의사들은 8개 부서를 감독하고 있었다. 새로 개설된 부서가 많았는데, 그 중에서도 가장 최근에 개설된 곳이 정신과였다. 성경에서처럼 이 나라 사람들 중에는 "마귀에게 붙들려" 정신없이 돌아다니는 사람들이 많은지라 꼭 필요한 부서였다.

인도 최초의 여성 정신과 의사는 젊은 캐나다 의사인 플로렌스 니콜스로, 도착하자마자 이 부서를 책임지게 되었다. 니콜스는 아이다의 얼굴을 직접 보기도 전에 그녀를 만나는 경험을 했다. 엄청나게 많은 짐을 지고 마드라스에 도착한 니콜스는 벨로르행 기차가 떠나기 직전 역에 도착했다. 제 시간에는 짐을 도저히 다 실을 수가 없기에 니콜스는 역장을 찾아갔다.

그다지 큰 관심 없이 역장이 물었다. "어디 가십니까?"

"벨로르요. 벨로르 기독 의과 대학이요."

그의 표정이 바뀌었다. 그러더니 안심하라는 듯 말했다. "짐을 다 실을 때까지 기차는 출발하지 않을 겁니다."

"저기… 그럼 10분은 더 기다려야 할 텐데."

"말씀드렸죠, 짐을 다 실을 때까지 출발하지 않을 거라구요."

역장은 직접 니콜스를 객실로 안내했고, 짐이 다 실렸는지 확인한 후 문을 닫고서, 창문 너머로 말했다.

"내가 왜 이렇게 조치를 취해드렸는지 아십니까?"

그는 말에서 떨어졌다가 수술을 받았던 일을 서둘러 이야기했다. "아이다 선생이 내 목숨을 구해줬기 때문이지요. 선생과 병원을 위해서라면 못할 일이 없습니다."

인도로 돌아온 지 몇 달 후인 1945년 12월 9일, 아이다는 75세 생일을 맞았다. 일반적인 선교사라면 은퇴하고 미국에 있을 나이가 10년이나 지났지만, 그의 요청으로 명예 교장직을 맡으며 공식적으로는 교직원과 의료진 자리에서 퇴직하지 않은 상태였다. 지금은 학교 교장과 원장을 맡고 있던 코크런이 업무상 12월 동안 영국에 가 있는 상황이라, 위원회에서는 아이다에게 임시 교장을 맡아주기를 부탁했다. 50대 때는 생일을 맞을 때마다 사역 60주년은 천국에서 맞고 싶노라 소망하곤 했었다. 하지만 마드라스 대학 임시 지부로 첫 6개월을 지나온 벨로르야말로 다음에 해야 할 일이었다!

아이다는 마치 한 번도 떠난 적이 없는 듯 자연스럽게 교실로 들어갔다. 다시금 학생들은 아이다의 빛나는 영혼이 보여주는 매력과 영감을 맛보게 되었다. 화요일 성경 공부, 매주 월요일 아침마다 읽은 '사랑 장' 말씀, 일요일마다 드리는 정숙한 예배.

아이다의 피 속에는 건축에 대한 열정이 끓어올랐다. 아이다는 북적이고 뒤죽박죽인 일들을 즐겼다. 이제 전시(戰時)의 제한사항이 모두 해제되었으므로, 건축 과정은 인도인들 보기에 눈이 핑핑 돌 정도로 진행되었다. 이른 시간이든 아니든 상관없이 아침마다 병원에 갈 때쯤이면, 우마차와 쿨리들의 긴 행렬과, 밝은 사리를 입은 여자들과 흰 옷 입은 남자들이 병원 옆길을 따라 줄을 지어, 머리에는 높이 쌓은 벽돌과 물동이, 모래와 회반죽을 담은 바구니를 메고 사다리를 오르는 모습이 보였다. 병원이든 학교든, 매일 건물 올라가는 소리가 리듬에 맞춰 들려왔고, 그에 따라 움직임도 빨라졌다. 쿵쿵거리는 망치소리와 함께 숯에 달군 조각칼로 화강암에 홈을 파고, 새로 올린 층에 티크 목재 대들보와 기다란 대나무 줄기를 감아올리는 가운데, 씩씩거리는 고함소리, 물동이 이는 사람들의 흥얼거림이 리듬에 맞춰 서로 어우러졌다.

그 해에 아이다는 자신의 또 다른 소망이 이루어지는 것을 보았다. 간호학교가 첫 학사 학위 신입생을 받은 것이다. 아직 인도 전체에서 간호사에게 대학 학위를 주는 학교는 없었다.

무달리아르는 위원회에서 이렇게 말한 적이 있었다. “의과 대학에서만 이 과정을 시작할 수 있습니다. 벨로르에 꼭 이 과정이 있었으면 좋겠어요.”

교직원들의 반대도 있었다. 델 하우튼의 뒤를 이어 간호학교 감독을 맡은 코크런과 베라 피트먼조차도 이 제안에 주저하는 태도를 보였다. 하지만 여러 가지로 아이다가 이를 지지해주었다. 인도로 돌아온 이후 첫 간호학교 졸업생들이 플로렌스 나이팅게일의 등잔을 본 따 만든 찻잔형 은등잔을 들고 어두운 예배당 안에 서서 등잔에 불이 붙는 모습을 지켜보던 밤만큼 큰 만족감을 느낀 적이 없었다.

아이다는 아침 내내 병원에서 시간을 보내고, 오후는 학교 예산안에 푹 빠져 시간을 보냈는데, 무려 20만 루피(4만 달러)의 적자가 난다는 것을 알고 당황했다. 아이다는 평의원회와 연이사회를 열었고, 이후 47명의 방문객들에게 점심 식사를 대접했다. 거리진료를 나가서 나병 진료를 돕기도 했는데, 하루 300명이나 되는 환자를 진료하기도 했다. 나그푸르에서 열린 3일 간의 의료 회의로 지친 상태였지만, 여느 아침과 마찬가지로 수술로 바쁘게 보냈고, 오후와 저녁에는 신입생 지원서를 살펴보기도 하고, 사이사이 잠시 테니스 경기를 하기도 했다.

사랑스런 첫 번째 간호사였던 살로미가 갑자기 심하게 아팠다. 무기력하게 죽어가는 그녀가 마치 친 자매나 되는 것처럼 아이다는 그녀의 죽음을 무척이나 가슴 아파했다.

이후 아이다는 학생들을 받고, 예배를 인도하고, 수업을 진행했고, 모든 일을 즐기면서 즐겁게 보냈다.

하지만 이런 활동이 영원히 계속될 수만은 없었다. 코크런이 돌아오자 임시 교장 자리를 내려놓게 되면서 이제 은퇴해야 할 때임을 깨달았다. 자녀를 치맛자락에 묶어두는 어머니가 되고 싶지는 않았다. 자신의 유익뿐 아니라 다른 사람들의 유익을 위해서라도 깨끗하게 정리해야 한다는 사실을 잘 알았다. 딱 한 가지 바라는 것이라면, 은퇴한 다른 선교사들처럼 자신의 국적지인 고향으로 돌아가고 싶지 않을 따름이었다. 그가 태어난 곳은 인도이지 미국이 아니다. 75년의 인생 동안 50년을 이곳에서 살았으니 여기가 고향이었다. 오래 전에 계획했던 대로 힐탑으로 올라가, 가능한 한 하늘과 가장 가까운 곳에서 이 땅의 생애를 마치리라.

1946년 8월, 공식적으로 은퇴를 했지만 그다지 슬프지는 않았다. 슬픈 은퇴가 되도록 가만히 앉아 있지는 않을 것이었다. 사실 명예 학장이 되면서부터 이미 은퇴한 게 아니었던가. 슬퍼하는 친구들을 향해 힐탑은 벨로르에서 차로 하루거리 밖에 되지 않는다는 사실을 즐겁게 상기시켰다. 미국보다는 훨씬 가깝지 않은가. 눈물을 참기 위해서라도 즐겁게 보여야 했다.

물론 그녀를 기리는 행사도 많았다. 학생들은 신상을 모시는 가마만큼이나 아름답게 꽃으로 장식된 사랑의 의자를 만들어, '사랑의 여신' 인 아이다를 앉혔다. 그리고 학생들은 머리에 하얀 자스민 꽃을 꽂고, 손에는 등잔을 들고, 자스민과 장미로 만든 화환과 꽃줄로 아이다를 두르고서, 그녀를 위한 사랑의 춤을 추었다. 공연 마지막이 되어서는 아이다가 앉은 의자 앞에 무릎을 꿇고 엎드렸다. 밤에는 벨로르 시민들이 참석하여 감사의 말을 전하는 큰 피로연이 있었다.

아이다는 그날 일을 아주 단순히 일기에 기록했다. "기분 좋은 작별이었다." 그 다음 기록은 거의 짤막한 기사와도 같았다. "1946년 8월 19일. 벨로르를 떠났다. 아, 안녕이라 말하기 너무 힘들었다!"

스트로빌란투스가 활짝 핀 힐탑이라면 외로운 마음도 위로를 얻지 않았을까? 블루벨처럼 생겼지만 12년에 한 번 밖에 피지 않는 연한 푸른빛 · 자줏빛 꽃이 온 언덕을 가득 메우고 있었다!

"하나님, 지금 이렇게 꽃이 피게 하시니 감사합니다."

이제는 지금껏 바라던 일을 마음껏 할 시간이 주어졌다.

하지만 늘 해왔던 일이기도 했다. 넓은 평야와 산을 오르고, 꽃과 나무를 가꾸며, 인간의 생명을 구하는 일 하기를 평생도록 소망했다. 지금이라고 달라질 수는 없었다. 늘 그랬듯 아이다는 몸을 움직여야 만족하는 사람이었다. 평생 바라던 모든 것을 다 시도했고, 시간도 짬짬이 낼 수 있었다. 오히려 그 이상을 시도했던 사람이다.

아이다는 전 세계에 있는 수백 명의 '벨로르의 친구들' 에게 편지를 썼다. 그리고 정원 테라스를 언덕 쪽으로 확장했다. 그리고 정원사인 친네켄을 시켜 높이 비죽 솟아오른 유칼립투스 나무를 잘라내고, 낮은 부분은 올려서 베란다에서 바라보는 풍경이 잎사귀에 가리지 않도록 했다. (혹 정원사가 나무를 다듬느라 목이 부러지더라도 풍경이 잘 보여야 한다고 생각했기에, 친구들은 아이다를 나무랐다!) 아이다는 코다이의 선교사 촌에 사는 친구들에게 선물로 꽃을 가져다주었다. 그리고 코다이에서 1년 간 진행되는 미국 선교사 자녀 학교인 '하이 클러크'의 학생 안내인들에게 꽃장식을 가져다주기도 했는데, 일요일 아침에는 이들 안내인들이 서로 아이다를 예배당 앞좌석으로 데려간다고 아옹다옹하기도 했다. 아이다는 그들을 힐탑으로 초대하여 실력 있는 요리사 세바스티안이 만든 쌀과 카레 요리를 먹이기도 했다.

테니스도 쳤다. 3월이 되어 새로 경기가 열리는데, 첫 번째 공을 서브해달라는 부탁받았다.

혼자 생각했다. '어머나! 불발탄이 되면 어쩌려고? 형제들이 날 가만두지 않을 텐데!'

하지만 걱정할 필요가 없었다. 완벽한 서브를 던진 것이다.

또한 개들과 함께 산책을 했다. 도가 지나칠 만큼 자주 말이다.

황금빛 미모사꽃이 피는 10월이 되었다. 아이다는 개들과 함께 마구 뛰어다니고 있었는데, 옆에서 찬찬히 걸어오던 펀치 녀석이 돌멩이를 쫓으며 놀겠다고 야단이었다. 아이다는 돌 하나를 집어 저쪽으로 던졌다. 펀치가 돌을 잡으러 펄쩍 뛰어오르자마자 덤불 속에서 옆집 개가 뛰어 나와 펀치를 공격했다. 두 녀석 모두 큰 놈들이라 아주 피 터지는 싸움이었다. 소리를 지르며 명령을 해도 소용이 없었다. 결국 자신의 안전에 대해서는 생각도 못하고, 아이다는 싸움에 끼어들어 두 녀석을 떼어놓았다. 그 와중에 뒤로 넘어졌고, 몸은 시퍼렇게 멍들고 왼손을 물렸다. 손이 계속 아파 11월 초쯤 마두라 병원을 찾아갔더니, 엑스레이를 통해 손과 손목 골절이 보였다.

"그래도 수술용 오른 손은 무사하니까!" 이렇게 스스로를 위로하던 아이다는 씁쓸히 한 마디를 덧붙였다. "지금은 정원 손질용 손이지만."

아이다는 나무도 심었다. 단순히 한 나무를 심은 것이 아니었다. 아이다에게는 성 프란시스 같은 면이 많았다. 나무는 창조물이며 나름의 인격이 있었다. 애완견 한 마리를 그 밑에 묻고 '매브'라고 이름 붙였던 장미 덤불처럼 말이다.

아이다는 조심스레 파란 유칼립투스 나무를 심으며 즐겁게 말했다. "친네켄, 나랑 같이 노래하자구!"

"자라라, 자라라, 자라라,
널 만드신 하나님께로 자라가거라!"

영어 한 마디 모르는 정원사였지만, 일할 때 노래 부르는 게 낯설지 않은지라 이내 흥얼거리며 따라했다.

아이다는 오랫동안 염원했던 야망을 이뤘다. 예전부터 힐탑에 폭포를 하나 만들리라 마음먹었지만, 산꼭대기에는 물이 없었으므로 까다로운 토목기술이 필요했다! 하지만 어떤 식으로든 두 사람은 이뤄내고야 말았다. 지붕에서 내려오는 빗물 받는 웅덩이를 테라스 꼭대기에 만들었고, 더 아래쪽에 웅덩이 두 개를 더 만들었다. 그리고 물이 잘 내려오도록 부드러운 돌들을 사이에 두었다. 손님들을 잘 보이는 지점에 모아두고, 웅덩이 수문을 열면 잠시 동안이지만 쏴하고 엄청난 기세로 물이 흘러내렸다.

힐탑엔 손님들이 붐볐다. 이제는 두 달이 아니라 1년 내내 피곤하고 지친 몸을 위한 요양소가 되었다. 9월에 찾아온 어느 호주인 의사 부부는 고향을 떠올리게 하는 낯익은 울타리와 나무를 보며 아주 기뻐했다. 인도에 오자마자 남편을 잃은 오랜 친구이자, 함께 빨간 속옷을 입고서 재밌게 지냈던 라비나 호네거는 자주 이곳을 방문했다. 그 외에도 지속적으로 오고가는 의사와 간호사, 학생, 여행자들이 있었다.

힐탑에서는 무조건 쉬는 게 아니었다! 아침 식사를 하고 나면 손님들에게 씨앗 한웅큼과 모종삽을 나눠주었다. 점심을 먹은 후에는 가위로 무장을 하고서 반시간 가량 시든 꽃을 잘라 내거나 아이다의 철천지원수인 잡초 풀라치스를 잘라야 했다. 아이다는 이브닝드레스를 입은 중에라도 잡초를 그냥 지나가는 법이 없었고, 손톱으로 끝까지 파헤쳐야 직성이 풀렸다.

찾아오는 손님들은 다들 융숭한 대접을 받았다. 어느 날 아침,

어느 젊은 간호사가 벨로르로 돌아가려는 모습을 보고, 갑자기 아이다가 깜짝 놀라더니 이렇게 말했다. "대체 무슨 생각을 하는 거야! 소풍 한 번 안 다녀오고 여길 떠나겠다구!"

아이다는 즉시 실행에 옮겼다. 과일과 달걀을 싸들고 무아르 포인트까지 올라가 밥도 해먹고 세계의 지붕과 가까운 곳에서 같이 기도하기도 했다. 그 간호사는 그 날을 절대 잊지 못했다.

때때로 방학기간 중에 찾아오는 방문객이 있을 때에는 손님들도 주인 노릇을 해야 했다. 하루에 40–50명씩 정원을 보러올 때는 더욱 그러했다.

아이다 B.가 지난 몇 년 동안이나 부탁한 말이 있다. "제발요, 고모! 사람들한테 방문 날짜를 미리 알려달라고 하세요!" 하지만 아이다는 그 말을 듣지 않았다. 누구든 정원이 보고 싶다면 밤이든 낮이든 어느 때도 환영이었다. 방문객이 온다면 누웠다가도 금세 일어났다. 그러면 집안사람들까지도 덩달아 일어나야 했다!

은퇴를 하니 도리어 파티에 대한 열망이 강해졌다. 힐탑에서 반경 16킬로미터 안에 있는 정부 고관들은 아이다로부터 자유롭지 못했다. 몇 년 후, 마드라스 최초 현지인 주지사 중 하나인 친구 스리 프라카사가 공무상 코다이 근방에 머물고 있다는 소식을 들은 아이다는 점심 식사에 초대했다. 주지사가 두 아들과 며느리, 딸과 두 손녀, 개인 비서, 보좌관, 마드라스 지방 장관을 대동했다는 것을 안 아이다는 식사대신 다과를 하자는 주지사의 제안을 순순히 받아들였다. 하지만 아이다가 준비하는 다과가 그저 다과였으랴! 세바스티안은 평소보다 훨씬 맛있게 6겹 케이크를 만들어 분홍색 · 초록색을 입힌 후, 그 위에 총독 관저 모형을 만들었다. 그리고 같은 색상의 사탕과, 종이처럼 얇은 샌드위치와 열 가지 재료를 섞은 향료를 준비했다. 길게 흰옷을 입고 단정하게 터번을 두른 키 크고 점잖은 세바스티안의 모습은 보좌관들만큼이나 인상적이었다.

적절한 형식을 갖춘 파티 분위기가 점차 무르익어가는 중, 아이다의 뒤를 따라 시드니 실키 대령이 도착했다. 저녁 기도 시간에는 늘 코빼기도 보이지 않다가도 식사 시간에는 어김없이 나타나는 인물이었다. 그는 아이다가 고관들을 잘 챙긴다는 걸 알기에, 곧장 주지사의 의자로 갔고, 주지사는 너그럽게도 세바스티안이 만든 멋들어진 케이크를 나눠주었다.

아이다가 큰 소리로 말했다. "아, 안돼요, 대령님! 드시면 안 됩니다. 소화불량에 걸릴 걸요!"

그의 친구들은 놀란 나머지 침을 꼴깍 넘겼지만, 주지사는 달랐다. "저는 어떤가요?" 껄껄거리며 응수했다.

참을 만한 시간이었다. 지금 휴가를 보내는 중이라며 마음을 다독일 수 있었다. 하루하루가 바빴다. 여름 기간 동안만 12번의 정찬과 7번의 다과모임, 수십 번의 파티와 축제와 테니스 경기가 예정되어 있었다.

그렇다고 재미가 없는 것도 아니었다. 코다이에서 가장 나른

하다는 날이라도 뭔가 재밌는 일이 일어나곤 했다. 한 가지 예가 바로 사슴이었다. 하루는 사환인 네이트슨이 와서는 흥분한 듯 소란스럽게 이야기를 해댔다. 간밤에 아이다의 영지 안에서 사슴이 호랑이한테 물려 죽은 것이었다. 즉시 아이다는 사슴을 보러 갔다. 죽은 사슴을 한없이 불쌍히 여기던 아이다의 눈에 문득 멋지게 뻗은 뿔과 머리가 들어왔다. 아이다가 활기차게 말했다. "고기 써는 칼 좀 가져와요."

네이트슨은 눈을 동그랗게 뜨면서도 그녀의 말을 따랐다. 절단 수술에 있어 최고의 실력자인 아이다는 사슴의 머리를 깨끗이 잘라내어 마두라에 있는 박제상에 보냈고, 다시 힐탑으로 가져온 뒤에는 거실 한편에 자랑스레 달아놓았다.

얼마 후 산림 공무원들이 찾아왔다. 순진하기 그지없는 아이다는 신이 나서 사슴 머리를 보여주었고, 자초지종까지 쭉 늘어놓았다. 그 중 한 사람이 헛기침을 하더니, 진지하게 말했다. "부인. 우리가 여기에 온 이유가 그겁니다. 법을 어겼다는 거 아시나요?"

아이다는 순순히 벌금 50루피를 물었다.

26 새로운 인도

1947월 8월 15일. 독립의 날이 왔다. 새로 태어나는 모든 것이 그러하듯 기쁨과 고통이 공존했다. 독립된 하나의 국가가 되리라는 꿈이 짓밟혔기 때문이었다. 간디와 많은 이들에게 그 날은 승리의 날이 아닌 통곡의 날이었다.

인도의 분리는 최근에 불거진 일이었다. 수십 년 동안 힌두 지도자들과 무슬림 지도자들은 어깨를 맞대고 독립을 위해 일해 왔다. 수 세기 동안 그들은 한 도시와 마을에서 비교적 조화를 이루며 함께 살아왔다. 인도 무슬림의 95퍼센트가 무슬림 공격 당시 자의 및 타의로 개종한 힌두인들의 후손이므로, 언어도 같고 인종적 배경도 같았다. 가난, 질병, 문맹, 부재지주(토지 밖에 머물며 소작인에게 고율의 소작료를 받는 지주—옮긴이)의 횡포, 낮은 생활수준과 같이 동일한 어려움과 기본적인 문제를 지닌 사람들이었고, 양쪽 모두 독립만이 이를 해결하리라 소망했다.

1946년 8월 후반까지만 해도, 국민회의파와 무슬림 연맹의 입장차를 좁히기 위해 오직 연합만이 살 길인 듯했다. 3월에 도착한 영국 각료 사절단은 제한된 연방 정부로 독립된 인도를 구성하라고 권고했다. 이를 통해 종교적 소수와 널리 세력을 갖춘 지방 정부가 보호를 받는다고 했다. 그럼에도 불구하고 무슬림 연맹의 지도자이면서도 골수 무슬림은 아니었던 모함메드 알리 진나의 정치적 야심으로 인해 인도의 분리가 촉발되었다. 1946년 8월 12일, 영국 정부가 내각을 구성할 권한을 네루에게 주자, 진나는 8월 16일을 총파업의 날로 선포했다. 파업의 동기가 정치적으로 악용되었으며 힌두인과 무슬림 사이에는 반목의 불길이 급속히 타올랐다. 캘커타에서 시작된 폭동은 인도 전역을 휩쓸었다.

내전을 일으키겠다며 알리 진나가 위협을 가하자, 이를 탐탁지 못하게 여긴 영국 정부의 대표 마운트배튼 경과 낭패감을 느낀 인도 지도자들과 간디는, 전혀 지혜롭지도 않고 이성적이지도 않은 결정이지만 결국 분리를 받아들이고 말았다. 여러 지방에서 임의로 경계가 나뉘다보니, 예전에 무슬림이 그러했듯 다수의 힌두인 소수 그룹이 생겨났고, 그 반대의 경우도 일어났다. 분리로 인해 숙련된 노동자들은 일자리를 잃었고, 공장에서는 원자재를 구하기가 힘들었다. 1,600킬로미터도 넘게 제각각으로 떨어진 지역들을 하나로 묶으려는 시도가 이루어졌다. 잘못된 선택을 했다는 징표는 역사상 가장 끔찍한 이주를 통해 여실히 드러났으며, 극도의 궁핍과 홍수와 대량 학살의 소용돌이 속에서 천만 명의 난민이 발생했다.

하지만 8월 15일은 산고의 고통과 더불어 승리와 환희의 날이기도 했다. 벨로르의 학생들은 기독인, 힌두인, 무슬림인 할 것 없이 그날 하나됨과 인간의 존엄성에 대해 새롭게 깨달았다. 자유의 눈으로 바라보니 사물의 색조차 더욱 강렬해보였다. 학교의 정원은 금빛과 노란빛, 보랏빛과 파란빛, 주홍빛으로 강렬히 빛났다.

아침 6시가 되자 학생들은 감사 예배를 드리러 예배실에 모였고, 이후에는 학교 건물 앞으로 행진하여 새 국기가 하늘로 오르는 모습을 지켜보았다.

자유 국가의 여명이 밝아오는 가운데 삼색기가 하늘로 힘차게 날아오르는 모습에, 승리의 함성이 여기저기서 일었다.

"자이 힌드! 자이 힌드! 인도 만세!"

여학생들이야말로 자랑스러워할 권리가 있었다. 지난 사반세기 동안 벨로르 의과 대학은 바로 이날을 위해 인도의 여성들을 준비시켰기 때문이다. 소수의 엘리트 여성들이 이제 새로운 민주국가인 인도뿐 아니라 어느 나라에서도 유례가 없는 지도자의 자리에 오를 수 있도록 양성한 곳이었기 때문이다. 그리고 그리스도인이자 간디의 뛰어난 추종자였던 라지쿠마리 암리트 카우르는 연방 정부의 보건부 장관이 되었다. 그리고 시인인 사로지니

나이두는 서부 벵갈의 지방장관이 되었다. 또한 판디트 부인과 인디라 간디, 산타 라마 라우 등은 몇 년 후 국내뿐 아니라 국제적 활동가로 세인의 주목을 받았다.

벨로르 기독 의과 대학은 인도의 여성해방에 발맞추었을 뿐 아니라 실제적으로 이를 주도했다. 사르다 법이 제정되기 훨씬 전부터 어린이 조혼과 미망인의 악법을 타파해왔다. 또한 간디가 카스트 제도를 비난하고 불가촉천민들을 하리잔(신의 아들이라는 의미—옮긴이)이라 부르며 옹호하기 수년 전부터 이미 브라만과 천민들을 연합시켰다.

그리고 오늘날에는 성과 인종, 종교 평등의 기초 하에서 민주적 과정을 진행시키며 현재의 난국을 해결하려고 애쓰는 국가적인 움직임에 발 빠르게 합세하고 있었다. 게양대 앞에서 양껏 들뜬 얼굴을 치켜들고 있는 여학생들 틈으로 11명의 남학생들이 있었고, 또한 폭동으로 비상사태에 있는 학생들을 도우라는 정부의 요청에 반응하여, 파키스탄에서 온 힌두교와 시크교 난민 의대생들에게 입학을 허용했다.

이보다 훨씬 의미있는 혁신적인 일이 있었다. 국기 게양대까지 학생들을 인도한 사람은 영국인인 코크런이 아니었다. 미국인인 아이다도 아니었다. 사리를 두른 작은 몸집에 까무잡잡한 피부, 경쾌한 발걸음과 빛나는 검은 머리, 빛나는 눈빛 탓에 젊음의 생기가 느껴지는 한 여인이었다. 인도 의료부 산하의 여성 의료센터에서 최고 장교로 일한 뒤, 중령으로 제대하여 마침내 그토록 소망하던 곳으로 오게 된 힐다 라자루스였다. 그녀는 벨로르 기독 의과 대학 학장과 병원 원장으로 오게 되면서, 아주 헌신적으로 일했다. 브라만 출신이었던 그녀의 두 할아버지가 기독교로 개종했다는 이유로 가족들에게 박해를 받고 추방을 당한 가족사가 있었다. 라자루스는 오랫동안 교육 분야에 몸담아왔고, 조직 구성에 뛰어난 능력을 갖추고 있으며, 인도와 아일랜드, 캐나다, 미국에서 7개 학위를 받았다. 게다가 에드워드 국왕 감사 훈장과 조지 국왕 대관 훈장, 카이사르 이 힌드 금장, 대영제국 훈장을 받는 영광을 안았다. 맡겨진 사람들을 위해 사심 없이 헌신하는 정신과 재빠른 기지 그리고 생생한 유머 감각이 돋보이는 사람이었다.

특히 환자가 상서로운 별자리가 아니라며 특정 날짜에 수술받기를 거부하는 경우, 그녀의 기지와 유머는 힘을 발휘했다. “그래요, 알겠습니다.” 라자루스는 즉시 공감을 표시했다. “저도 별자리를 믿거든요. 모든 별 중에 가장 큰 베들레헴 별 아래서 일한답니다. 그래서 두려움이 없죠. 자, 내일 아침에 바로 수술 들어갑니다.”

라자루스는 자유국가 인도를 위해 쓰임 받는 일꾼이자 인도가 낳은 작품이기도 했다. 그녀는 오늘날 살아 숨쉬는 인도를 대변했다. 정부 기관에서 일한 경험이 있으므로, 위기 가운데 있는 벨로르 학교를 진두지휘하는 임무에 있어서는 가장 이상적인 인물이었다. 전후(戰後) 인도의 의료상황을 조사하는 브호르 위원회의 일원으로 일한 경험이 있으므로, 학교 증진에 관한 다각적 요구를 명확히 파악하는 능력이 있었다. 그리고 과거 위에 미래를 세워나가는 것을 두려워하지 않았다.

그녀는 아연실색하며 말했다. "아이다 선생이 은퇴해서 힐탑에 계시다니. 안 됩니다! 여기 계셔야 합니다. 다시 돌아오셔야 해요." 그리고 아이다를 위해 교장 숙소에 방 하나를 따로 떼어놓도록 했다.

하지만 아이다가 벨로르로 돌아오는 일은 흔치 않았고, 오더라도 방문자이자 구경꾼의 입장을 지켰다. 운영 위원회 모임에 참석해서도 입을 열지 않았다. 새로 온 의사들이 새로운 방법으로 수술하는 모습을 지켜보면서도 과거엔 어떻게 했다는 식의 말은 절대 하지 않았다.

다만 흥분한 듯 여러 질문을 던졌다. "_____의사가 _____수술하는 모습 봤나요? 정말 잘하던데요!" 혹은 "그런 새로운 방법이 있다니 놀랍기도 해라!" 하는 식이었다.

평생 지도자로 살아온 그녀였지만—혹자는 독재자라고 불렀다—이제는 뒤따라가는 사람의 입장도 알 수 있었다. 한 가지 아쉬운 점이 있다면, 이전처럼 사람들을 위해 많은 것을 해줄 수 없다는 것이었다.

직원들 몇 명이 끔찍한 자동차 사고를 당했을 때 아이다는 이렇게 탄식했다. "내가 뭔가 도울 수 있으면 좋을 텐데!" 악수나 꽃다발, 사려 깊은 말 한마디가 살균제나 메스용 칼만큼이나 치료 효과가 있다고 아무리 말해봐야 그녀에겐 별 소용이 없었다.

아이다는 암 검사를 받으러 카슈미르에서 벨로르까지 찾아온 러시아인 의사에게 조용히 말했다. "방금 좋은 소식을 들었어요. 나보다 더 빨리 천국에 갈 수도 있데요. 아주 빨리는 아니고 조금 빨리 말이에요. 먼저 가서 나를 맞아준다니 놀라운 소식이지요!"

1948년 1월, 아이다는 라자루스가 중요한 손님을 맞는 것을 도우러 급히 힐탑을 내려갔다. 보건부 장관인 라지쿠마리 암리트 카우르와 마드라스 지방장관의 아내인 나이 부인 그리고 버마의 백작이자 인도의 독립을 이끈 총독 마운트배튼의 부인이었다.

백작은 겸손히 인사를 했다. "제가 직접 뵈러 가야 되는데, 선생께서 내려오셨군요."

어느 스위스 부부가 인도 깃발이 펄럭이는 마드라스 정부 청사를 아무 생각 없이 사진에 담자, 젠체하는 한 관리가 잔뜩 곤두선 목소리로 말했다. "이봐요, 여기서 사진 찍으면 안 됩니다!"

부부는 용서를 구했다. 해를 끼칠 의도는 아니었다고 말이다. 자신들은 벨로르 기독 병원에서 일하는 평범한 방문객이라고 말했다. 그러자 관리가 말을 막으며 환하게 말했다. "아! 스커더 선생의 병원 말이오? 그렇다면 문제될 게 없습니다. 계속 사진 찍으시지요."

스커더 가의 한 사람이 여행을 하던 중, 델리에 있는 여행사의 젊고 예쁜 인도인 직원에게 이렇게 의뢰했다. "벨로르로 가려는데요. 고모님이 거기에 계셔서…."

"벨로르요?" 아가씨의 얼굴이 환해졌다. "어머, 아이다 선생님이면 제가 잘 알죠. 남동생의 생명을 구해준 은인이거든요." 나비왕의 두 아내 중 하나가 아가씨의 어머니인데, 아들을 못 낳으면 어쩌나 하는 두려움 때문에 코다이로 갔다가 아이다를 만나서, 꼭 아들이 태어나도록 도와주겠다는 약속을 받았다. 이후 난산으로 중태에 빠졌을 때 아이다가 아이를 구했었다.

이곳에서 마술이란 어떤 의미가 있을까? 남인도에 살아보면 알겠지만 스커더라는 이름에는 자주 그런 마술이 일어난다. 벨로르에서 50킬로미터 떨어진 마을, 폴루르에서 어느 브라만 남자는 집안에 새로 아이가 태어날 상황이 되자, 급히 사람을 보냈다. 물론 남자 아이를 기대했다. 예전에 아이다가 그의 아내를 도와 건강한 남자아이를 출산한 적이 있었던 것이다.

심부름꾼이 큰 소리로 말했다. "스커더 선생요! 꼭 스커더 선생을 보내주셔야 합니다!"

아이다의 조카인 아이다 B.가 파견되었다. 더 이상 산과에 근무하고 있지는 않지만, 그녀도 스커더 가의 사람인 것이다. 아이다 B.는 간호사를 대동하고 심부름꾼이 왔던 길을 그대로 거슬러 갔다. 새벽 3시. 날은 추웠다. 아이다와 간호사는 바람이 숭숭 들어오는데 스웨터도 입지 않은 채로 번갈아 가며 차를 몰았다. 폴루르에는 새벽 5시에 도착했고, 아직 여유가 있었으므로 두 시간 정도 자고 일어나, 수술 도구를 준비했다. 도구를 모두 깨끗이 씻고 소독했는데, 갑자기 억수같은 비가 쏟아져 내렸다. 사람들은 말했다. "정결하게 씻어주는 거룩한 물입니다."

아이가 태어나기 전에 가까스로 다시금 수술 도구를 깨끗이 준비할 수 있었다.

"안 프릴라이! 남자 아기에요!"

기쁨에 찬 목소리가 울려 퍼졌다. 한 시간 후, 두 사람은 풍성한 닭고기 요리로 한상 가득 대접을 받았다. 가족들은 기다렸다가 아기가 태어난 후에야 닭을 잡았다. 여자 아이가 태어났다면 겨우 커피 한 잔을 얻어마셨을 것이다. 하지만 남자 아이였다. 스커더란 이름의 마술이 다시금 효력을 발휘한 셈이었다.

이제 교직원들과 학생들은 모두 '아이다 이모님'이라고 불렀다. 아이다는 벨로르를 방문할 때마다 새롭고 손에 땀을 쥐는 모험을 했다. 꿈도 꾸지 못한 변화가 일어나고 있었다. 병원 직원들은 지속적으로 늘어났고 새로운 분야를 개척하는 중이었으므로, 혹 방해가 되지 않는다면 아이다가 직접 두 눈으로 보고 싶었다. 안과 전문의인 램보 선교사가 안질이 퍼지는 것을 막기 위해 개발한 새로운 기술을 직접 볼 수 있도록 초대하자, 아이다는 부랴부랴 떠날 차비를 하고 떠나기 한 시간 전부터 차에 앉아 기다렸다.

몇 달, 몇 년 동안 그렇게 흥분된 적이 없었다. 아이다는 다시 새로운 일을 시작하고 있었다. 꼭 실린더 하나짜리 푸조 차를 타고서 구디야탐으로 향하던 첫 여행을 다시 시작하는 느낌이었다. 더군다나 똑같은 길을 여행해야 하다니 참으로 신기했다.

차에 앉아 있던 아이다가 갑자기 경적을 세게 울리자, 운전수가 달려왔다. "무슨 일이십니까?"

"칸나야, 다들 어디 있는 거야? 마샬은? 라자루스는?"

"아직 출발 시간이 되지 않았는데요. 7시에 출발한다고 하지 않으셨습니까?"

신속히 출발하기를 바라는 마음에, 아이다는 늘 15분씩 빨리 움직이려고 노력했다. 방에 있는 시계가 전부 네 개인데, 하나같이 5분씩 빨리 가도록 맞춰두기도 했다. 나머지 사람들이 정확히 7시에 도착하기까지 아이다는 안절부절 못하며 조급한 마음이었다.

"나이 아? 파이 아? 강아지는요? 지갑은 챙기셨습니까?" 칸나야가 꼼꼼하게 점검했다.

구디야탐으로 향하는 익숙한 길을 달리는 동안, 아이다는 더욱 흥분했다. 가는 동안 이전의 정차 지점은 그냥 지나칠 수밖에 없었지만, 한편으론 어서 빨리 목적지에 도착하길 간절히 바랐다.

아이다가 라자루스에게 물었다. "램보 선생이 이번에 시도하는 것에 대해 다시 한 번 말해줘. 명칭이 어떻게 된다구?"

라자루스 역시 감격한 듯 설명했다. 그들은 '눈 진료소'라고 불렀다. 셸 안과 병원장인 램보 선생은 의사와 간호사와 기술자를 한 팀으로 묶어 벨로르 근방 80킬로미터 지역의 센터에 투입하여, 주변 마을에서 찾아오는 어느 누구든 진료해 주며 필요한 경우 수술도 하고 몇 명의 팀원이 이를 지켜보도록 남겨둔 다음,

다시 돌아와 붕대를 교체하고 실밥을 제거하며 안경까지 제공한다는 생각을 갖고 있었다. 그 첫 번째 실험 여행이 오늘 구디냐탐에서 진행되는 것이다. '좋은 소식을 전하는 자'를 며칠 전에 미리 보내어 주변 마을의 안질로 고생하는 사람들에게 오늘 아침 병원으로 찾아오면 공짜로 진료해준다는 소식을 전하게 했다. 사람들이 찾아올 경우, 수술이 많을 것이므로, 팀은 하루 종일 남아서 수술을 감당해야 했다.

혹 사람들이 온다면….

그날, 조그만 병원 건물은 무슨 시골 장터 같았다. 아이다와 일행들은 문 앞에 차를 세우고서 사람들 틈바구니를 한참 지나가야 할 정도였다. 남녀 성인들과 어린이들, 팔에 안긴 아기들, 힌두인, 무슬림, 도회지 사람, 시골 사람할 것 없이 최소한 300명이 모여들었다.

램보 선생과 그의 팀은 이미 진료를 시작한 상태였다. 여러 개 탁자를 놓고, 환자들을 길게 줄 세웠는데, 환자들은 자신이 진료받을 탁자 옆에서 무릎을 꿇고 앉아 자기 차례를 기다리고 있었다. 수술이 필요한 환자인 경우, 수술의 종류와 어느 쪽 눈인지 알려주는 꼬리표를 옷에 달아주었다. 가망이 없는 경우에는 가능한 부드럽게 달래서 보냈다.

얼마 지나지 않아, 아이다는 신이 나서 직접 진찰을 돕기도 하고, 진료 카드를 작성하는 사람에게 필요한 정보를 알려주기도 했다.

"고빈드, 나이 14세, 태어나면서 선천성 백내장으로 시력 잃음."

"가네산, 6살 때부터 실명. 누나인 티아마는 7살 때부터 실명."

아이다는 하늘색 스카프를 두른 조그만 환자의 얼굴을 바라보았다. 꼭 쥔 두 손, 그리고 가냘픈 갈색 손목에는 구리색의 유리 팔찌가 달랑거렸다. 수술을 하면 정말 다시 볼 수 있을까? 이 나라에서는 수많은 사람들과 갓난아기조차도 백내장으로 시력을 잃을 지경이니, 굶주림과 영양실조가 몰고 온 저주인 듯했다.

눈먼 바디메오가 그랬듯, 사람들은 하나둘씩 찾아와 무릎을 꿇고 기다렸다. 멀리 언덕배기 오두막에서 홀로 사는 사프란 옷을 입은 나이든 성자. 관모에 달린 하얀 술만 제외하고는 머리를 다 밀어버린 힌두 남자. 비슈누 신의 삼지창을 이마에 그려 넣은 브라만 남자. 두 눈이 심하게 충혈된 가냘픈 아이를 안고 온 누더기 입은 여인. 강아지를 꼭 잡고서 참을성 있게 쭈그리고 앉아 있는 붉은 목도리 걸친 노인. 보고 싶은 열망은 강하지만 자칭 외과의사라며 돌아다니는 무슬림 쿠칭에게 수술을 받은 뒤 영영 한쪽 눈이 불구가 된 청년. 자칭 의사는 비위생적인 바늘을 가지고 감염된 눈을 찔러 흐릿한 수정체를 제거하는 식으로 백내장을 '치료'했다. 조잡하고 고통스런 수술을 받은 후 얼마 동안은 잘 보이는 듯 하지만 곧 심각한 감염으로 인해 완전히 시력을 잃기 일쑤였다. 다행히도 그 청년은 한쪽 눈만 안쪽 수정체가 파손되었고, 다른 한쪽 눈의 흐릿한 수정체는 그대로 남아 있었다.

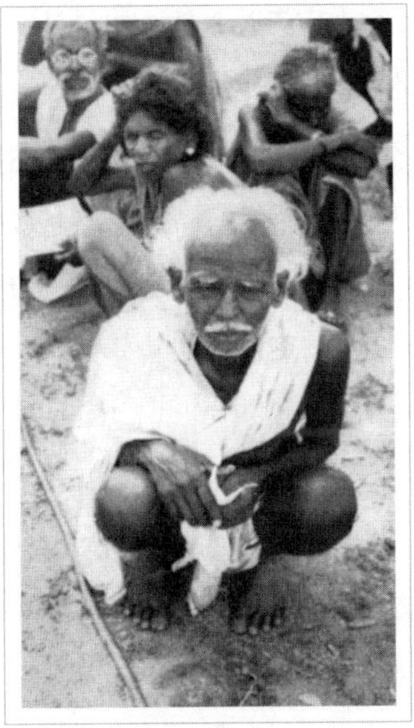

눈 진료소 앞에서 차례를 기다리는 환자들.

시간이 지나면서 앞에 앉아 있던 사람들의 모습보다는 그들의 눈에 더욱 관심이 갔다. 나면서부터 실명한 눈. 영양실조와 비타민 부족으로 흐릿해진 아이들의 눈. 나뭇잎이나 지푸라기, 날아가는 도구에 맞아 상처를 입은 일꾼들의 눈. 각막백반으로 인해 시력을 잃고 굳어진 눈. 눈꺼풀이 닫히지 않아 벌겋게 충혈된 눈. 모두들 얼굴을 들고 낫기를 간절히 소망하고 있었다.

"네게 무엇을 하여 주기를 원하느냐?"

"주여, 보기를 원하나이다!"

백내장 수술을 받아야 될 사람이 57명이었다. 작은 병원이 비좁아 터질 지경이었다. 그런데 근처에 사는 방앗간 주인이 오더니 창고를 빌려주겠다고 했다. 창고 한쪽에는 임시 수술대를 만들어놓고, 보호를 위해 막을 쳤다. 램보의 의료팀은 조심스레 사람들을 보살피면서 수술에 들어갔다. 한 팀은 환자들의 눈썹을 밀고 마취를 시키며 준비 작업을 했다. 다른 한 팀은 수술 도구를 소독했다. 또 다른 한 팀은 수술을 했고, 네 번째 팀은 수술 받은 환부에 붕대를 감으며 세심하게 마무리했다.

마라톤과도 같은 작업이었다. 전체 팀이 일사분란하게 움직이면, 복잡한 수술을 제외하고 한 시간에 6건의 수술이 가능했다. 준비가 끝나고 정오가 되어서야 겨우 시작할 수 있었다. 날이 저물었지만 여전히 참을성 있게 기다리는 사람들의 행렬이 길게 늘어서 있다. 손전등과 등유 등불을 비추면서 램보와 보조들, 두 명의 의사들, 두 명의 의대생, 세 명의 간호사들은 계속 작업을 이어갔다. 수술은 밤이 한참 지난 후에야 끝났고, 57명의 환자들은 창고 바닥에 깐 긴 거적 위에 누웠다. 의료팀은 환자들에게 음식을 제공하도록 요리사 한 명을 남겨두었고, 또한 일주일 후 팀이 돌아올 때까지 세심하게 돌봐줄 내과 간호사를 배치했다.

아이다는 끝까지 함께 있었다. 타마린드와 바나나 나무가 길게 늘어선 길을 따라 달리던 아이다는 기쁨을 감출 수가 없었다. "한 번도 이런 장면은 본 적이 없어. 그것도 한 달에 두 번씩이나 이렇게 수술을 해준다니 정말 멋지다!"

함께 가던 사람 중 하나가 신랄하게 지적했다. "하지만 돈이 있을 때야 가능한 얘기죠. 특별 기부금이 없으면 불가능한 일이잖아요."

돈이라고? 어둠이 내렸지만 아이다의 푸른 눈은 번쩍였다. 돈이 없다고 이런 멋진 일이 불가능했던 적이 있었던가? 문제는 돈이 아니라, 눈먼 자에게 눈을 되찾아주는 일인 것을. 오늘 무려 50명이 넘는 사람들이 시력을 되찾았는데. 이번 달이 가기 전에 모두 100명이 시력을 되찾을 거고, 1년이면 천 명, 10년이면….

차가 속도를 내며 달빛 아래 반짝이는 논을 지나 산을 넘어가는 동안, 아이다는 밤을 가르는 급격한 변화의 조짐을 느꼈다. 공허한 눈을 들고 구슬픈 목소리로 "칸 테리아투! 나는 앞을 못 봅니다!" 하며 구걸하는 걸인들의 모습은 어디론가 사라지고, 앞을 보지 못했던 만 명이 나타나 "이제는 보입니다!" 하고 외치는 모습이었다. 10년이라니, 참으로 긴 시간이다. 하지만 마냥 기다리고 싶진 않았다.

아이다는 더 속력을 내라는 의미로 운전사의 이름을 불렀다. “칸나야.” 오히려 차가 속도를 줄이고 거의 기어가다시피 하는 것을 보고 아이다는 다시금 날카롭게 불렀다. “칸나야! 옌나 순가티? 무슨 일이야?”

대답을 들을 필요도 없었다. 앞의 도로는 마치 가느다란 리본처럼 좁아져, 연못을 둘로 가르는 높은 제방을 따라 굽어져 있었다. 그리고 그 길에는 사탕수수를 가득 실은 우마차들이 서로 코를 맞댄 채 어기적거리고 있었다. 우마차 행렬은 마치 뱀이 기어가듯 느릿느릿 움직였고, 깜박이는 작은 등불이 어둠 속에서 작은 초승달마냥 비추는 가운데 맨 앞과 뒤에 있는 마부 외에 다른 마부들은 짐짝 위에 널부러져 자는 중이었다. 둑 사이를 지나갈 다른 방도는 없었다. 그저 우마차 행렬을 따라 느릿느릿 움직일 수밖에 없었다.

아이다는 눈을 감았다. 얼굴을 때리는 밤공기가 꽤나 강했다. 최근 보고와 조사에서 인도 전국에 백내장으로 시력을 잃은 사람이 50만 명이나 된다고 했던 말이 갑자기 생각했다.

사실, 이 신생 국가가 맞닥뜨린 의료 문제는 여전히 심각했지만, 지난 50년 간에 일어난 변화를 직접 목격하지 않았던가! 의료 과학 자체로도 얼마나 큰 변화가 일어났던가!

수년 동안 아이다는 수술실에서 마취를 할 때 클로로포름 액을 거즈 마스크에 부어 사용했다. 인도에서는 이 방법이 비교적 안전했다. 클로로포름은 열기에서 급속도로 빨리 증발되기 때문이었다. 자신이 직접 환자를 마취한 후 환자가 잠이 들면, 간호사에게 마스크와 통을 주어 진행하도록 한 경우가 자주 있었다. 최근 몇 년 동안에는 에테르 법이나 척수 마취를 중단하고 국소 마취라는 놀라운 방법을 체득했다.

초기에는 패혈증, 간균 이질, 임질, 매독, 인도마마를 치료할 효과적인 방법이 없었다. 지금은 술폰아마이드와 페니실린으로 치료했다.

이전에 토근에서 에머틴, 테트라시클린까지 지속적으로 사용하여 아메바성 이질을 치료한 적이 있었다.

고농도의 염분액을 사용했더니 회생 불가한 콜레라까지 나은 것을 보았고, 필라리아병(*filariasis*)은 헤르트라잔(Hertrazan)으로 나았으며, 결핵은 스트렙토마이신으로, 파리가 옮기는 병은 살충제로, 과거 치료 불가했던 암은 라듐 요법으로 해결했다.

이제 인도에서도 의무 예방 접종으로 천연두는 자취를 감췄고, 말라리아와 전염병은 DDT를 널리 사용하는 덕에 시간문제일 뿐이었다.

하지만 무엇보다 가장 큰 발전은 나병 치료에 있었다.

술폰 용액을 발견했다는 소식이 처음 퍼진 것은 1937년이지만, 여기서 뽑아낸 비독성 물질이 치료약으로 효과가 있다는 사실은 1942년에야 알려졌다. 결핵 치료에도 효과가 있는지는 판명되지 않았지만, 이 물질을 나병에 사용했더니 놀라운 결과를 보였다. 하지만 프로민, 디아손, 술페트론 등의 술폰 약은 값이 매우 비쌌다. 1946년에 기독 의과 대학은 다른 인도 기관과 협력하여 인도와 다른 나라의 나병 환자들에게 사용할 값싼 술폰 약을 개발하기 위한 집중적인 장기 연구에 박차를 가했다. 이미 실험은 성공적이었다.

하지만 얼마 후 그러한 발견만큼이나 극적인 일들이 있었다. 첫 번째 '눈 진료소'를 연 지 몇 달 후, 아이다는 여러 의사들과 간호사들과 더불어 한 젊은 의사가 환자의 손에서 석고 붕대를 제거하는 모습을 자세히 지켜보고 있었다. 의료 역사상 획기적인 일이 막 일어날 참이었다. 붕대를 제거하고 수술이 성공적이었다는 것이 판명되면, 나병으로 인한 신체 절단과 훼손 치료에 혁명이 일어나는 것이다.

그 젊은 의사는 인도에서 태어난 영국인 정형외과 의사인 폴 브랜드(Paul Brand)였는데, 최근 런던의 어린이 병원을 떠나 이곳 벨로르르로 왔다. 환자는 24살의 젊은 힌두 청년이었는데, 나병으로 손이 마비되는 바람에 손가락으로는 쌀알을 집을 수도 없었다.

그 청년은 수술을 해도 되겠냐는 질문을 받자 냉랭하게 말했다. "뭐든 원하는 대로 하셔도 됩니다. 더 이상 필요가 없는 손들이니까요." 구걸 밖에는 아무런 소용이 없다는 말을 덧붙여야 했으리라. 인도에서 나병으로 고생하는 사람들 대다수가 저주와도 같은 '뒤틀린 손' 으로 고통스러워했고, 사람들은 이를 수치와 불명예의 상징이자 구걸하는 수단 정도로만 여겼다. 뒤틀린 기형 손가락이 손바닥에 빳빳하게 붙어 있으니, 굳이 말하지 않더라도 어디서든 내밀기만 하면 구걸이 되었다.

철저한 연구와 실험을 거친 후에, 폴 브랜드는 팔의 근육 중에 전혀 마비의 영향을 받지 않은 부분이 있음을 발견했다. 그래서 그 부분의 근육과 힘줄을 움직이지 못하는 손에 이식하려고 시도하는 것이었다. 같은 손에 하는 수술이었기에 다시금 확신을 가지고 진행했다. 오늘은 분명한 결과를 알 수 있으리라.

석고 붕대를 자르는 톱날의 삐걱거리는 소음 속에서도, 아이다는 자신의 심장이 쿵쾅거리는 소리를 들었다. 수술 결과를 직접 점검하는 두 의사들보다 아이다가 더 안절부절 했다. 폴 브랜드는 섬세한 손가락과 세세한 눈으로, 혹 감각이 없는 조직을 상하지 않도록 천천히 조심스레 움직였다. 환자는 초조한 듯 어두운 표정이었다. 석고를 제거하고 천천히 붕대를 풀었다. 폴은 마치 조각가가 자신의 작품을 마지막으로 손보듯 계속 뚫어져라 주시하면서 살폈고, 연약한 살갗부분을 만지기도 하고 손가락을 각각 잡아당기기도 하고, 또한 새 근육을 수축해보기도 했다.

그러다가 잡은 손을 놓고 청년을 향해 따스한 미소를 짓더니 이렇게 말했다. "자, 이제 어떻게 움직이는지 볼까요."

알 수 없는 표정을 짓던 청년은 천천히 자신의 새 손을 들어 살펴보았다. 신기하고 도저히 믿을 수가 없다는 듯 뚫어지게 쳐다보았다. 다른 한 손도 올려서 뒤틀어진 손가락을 길게 쭉 뻗은 손가락과 비교해보았다. 그는 조심스레 새 근육을 움직이더니, 수년 동안 꽉 죄어있던 관절을 풀고서 오랫동안 뻣뻣하게 굳었던 엄지손가락을 손바닥 안쪽으로 구부렸고, 나머지 손가락도 천천히 구부려 서로 마주쳤다. 그리고 다들 숨죽이며 쳐다보는 가운데, 청년은 석고 조각이 널려 있는 책상으로 가더니 몇 번 실수하다가 결국엔 조각을 집어 손에 쥘 수 있게 되었다. 그제야 침착하던 청년의 까만 얼굴에 화색이 돌았다. 폴 브랜드를 바라보며 미소를 지었다.

"선생님이 제게 새 손을 주셨군요. 이 손은 이제 제 것이 아니라, 이런 기적을 일으킨 당신의 하나님의 손입니다."

그래, 기적이야. 아이다는 빛이 밝아 견딜 수 없다는 듯 눈을 감았다. 자신은 꿈에서도 이런 큰 기적을 감히 기대하지 못했다. 이건 치유 이상의 사건이었다. 창조였다. 뒤틀린 꼬챙이가 인간의 손으로 바뀌는 것만큼이나 인생에서 놀라운 일이 과연 무엇이겠는가?

27 50주년

벨로르에 있는 노란색 타밀 예배당. 과거 여느 일요일보다도 과거에 대한 회상으로 가득한 시간이었다. 평소처럼 예배당 왼편의 제일 앞줄에 앉아 있던 아이다는 상상 속에서 검은 드레스와 예복을 입은 사람들이 하얀 사리와 셔츠를 입은 사람들과 뒤섞여 회중석에 앉은 모습을 보았다. 긴 치마와 짧은 바지를 입고 꽃으로 장식한 아이들이 예배당 앞 돗자리에 앉았는데, 그 사이로 에이프런 드레스와 무릎 치마를 입은 이들이 간간히 보였다. 엄숙하고 수염이 긴 이전 세대의 설교자들이 단상 한 쪽에 있는 오래된 이중문을 열고 들어와 강대상에 올랐다. 1855년, 이 교회의 첫 사역자였던 헨리 큰아버지, 에스겔 카먼 큰아버지, 윌리엄 큰아버지, 그리고 아버지인 존 선교사의 모습이 보였다. 이 날은 평범한 일요일이 아니었다. 1950년 1월 1일, 비전을 품고 의학박사 학위를 안고서 인도에 도착한 지 반세기가 지났다. 그 날은 바로 50주년 기념일이었다!

한해 첫날에는 학교 수업이 없었으므로, 행사는 1월 7일로 연기되었다. 바브나가르의 영주와 마드라스 주지사와 그 아내 마하라니는 당일 아침 9시에 병원에서 시작되는 축제에 참가하기 위해 전날 밤에 도착했다. 마하라니는 새로 지은 간호사 숙소와 기숙사 문 앞에서 개관식 리본을 잘랐다. 벽돌과 회반죽으로 새롭게 단장한 레이첼 필브라운 간호사 숙소는 사각 건물의 삼면을 4층으로 증축했기에, 예전보다 훨씬 당당하고 아름다웠다. 이후 6킬로미터 떨어진 대학교로 장소를 옮긴 뒤, 주지사는 번쩍이는 태양 아래 하얗게 빛나는 생리학 및 생화학 실험실 문을 열었다.

회의장 단상에 앉아 원근각처에서 찾아온 친근한 얼굴을 쳐다보기도 하고, 주지사와 힐다 라자루스와 사랑하는 제자 카말라 비틸린감의 축사를 듣던 아이다는 지난 50년 세월의 기억을 이리저리 더듬었다. 아이다는 자신의 비전을 안고서 참으로 먼 길을 달려왔다. 식구는 한 명의 여의사에서 43명의 교직원과 44명의 의료진으로 늘었다. 그리고 3평 남짓한 진료실에서 484개 병상을 갖춘 병원과 60개 병상을 갖춘 셸 안과 병원으로 성장했다. 환자는 처음 한 명에서 현재는 병원과 이동 진료소에서 매년 치료를 받는 이들이 20만 명이나 되었다. 간호사의 경우에는 교육을 받지 못했던 초보 간호사 살로미 한 명으로부터 시작하여 지금은

108명의 간호사와 174명의 간호 학생이 포진하고 있다. 의과대 학생은 한 명도 없었지만, 지금은 200명의 학생을 갖추고 있으며 의사 면허 수료증을 받은 275명의 졸업생과 의학사와 외과의사 학위를 받은 31명의 졸업생을 배출했다. 단상 아래 앉은 여러 얼굴들 가운데 첫 번째 병동 관리자로 일했던 충직한 그나남말의 얼굴이 눈에 갑자기 들어왔다.

주지사가 말했다. "선생께서는 이 세대에 이 땅으로 부름받은 특별한 사람 중 한 분입니다."

아이다는 축하 연설이 귀에 잘 들어오지 않았다. 대신에 최근 10년 동안의 힘겹던 시절이 머릿속에서 스쳐 지나갔다. 기적이 아니고서야 그런 불가능한 일은 일어나지 않았을 것이다. 12명의 새 교수진과 6명의 전문가들이 전 세계에서 몰려들지 않았는가! 교직원을 위해 7개 숙소를 짓고, 5개 병동이 새로 생겼으며, 간호사 숙소는 대대적인 증축을 했고, 옛 병원 건물은 3,4층으로 올렸고, 새로 실험실과 강의실까지 생기다니! 생화학과, 방사선과, 흉부외과, 정신과, 신경외과까지! 구강외과를 맡기 위해 호주에서부터 여기까지 날아온 젊은 무디 선생이 도착하면서, 마침내 위기 상황은 모두들 거의 마무리되었고, 아직 마드라스 대학의 마지막 인가만이 하나 남아 있었다. 심사 위원회가 지난 10월에 다녀갔지만, 1월 말까지도 아무런 소식을 보내주지 않았다. 확실한 보장도 없었다. 그리고 실망스럽게도 신실한 친구이자 차관인 락슈마나스와미 무달리아르는 오늘 불참했다. 그가 참석하지 않았

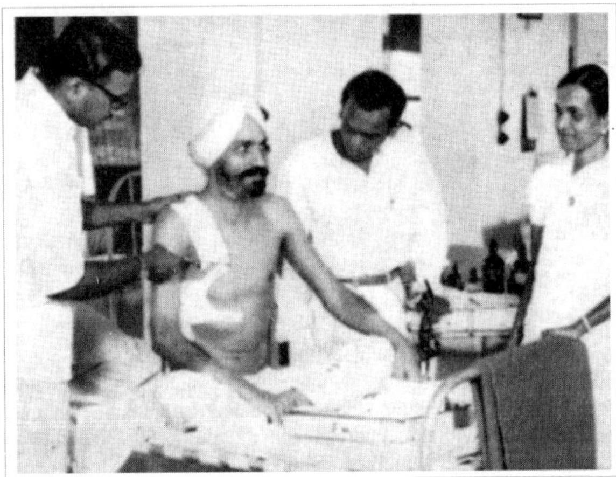

새로 개원한 흉부외과의 환자와 의사들.

다는 말은 인가를 받지 못했다는 뜻인가? 확답을 듣기 전까지 진정한 50주년 기념식이란 있을 수 없었다.

그런데 갑자기 심장이 마구 뛰기 시작했다. 힐다 라자루스가 교육부 차관의 인사말을 읽고 있었다. 락슈마나스와미는 대학 감사회 모임이 열릴 때까지 기다리지 않았다. 그는 특별히 사람을 보내 마드라스 전역을 돌며 감사회 임원들이 비밀 투표를 하도록 했다. 이제 마드라스 대학이 벨로르 기독 의과 대학을 영구적인 대학 지부로 인가하게 되었다는 소식을 전하게 되어 매우 기쁘다는 내용의 인사말이었다.

아이다에게는 이 순간이 50주년 축하 행사의 최고 절정이었다. 단상 앞에 서서 사람들의 환호를 받던 순간이나, 전 세계 친구들에게서 수백 통의 편지를 받던 순간도, 심지어 10만 루피(2만 달러)에 달하는 기부를 받았던 순간조차도 지금 이 순간만큼 짜릿한 성취감을 느끼게 하진 못했다. 인생의 남은 목표가 분명해졌다. 이번 달에 공화국이 된 이 신생 국가의 미래와 그녀의 미래는 돌이킬 수 없을 만큼 엮여 있었다.

축하 행사는 시작에 불과했다. 3월이 되자 벨로르 시민들은 도시 중앙에 아이다의 청동 동상을 만들 기금을 모았다. 아이다는 끔찍한 듯 애원했다. "아니요, 제발! 병원에 도움이 될 만한 일에 사용해 주세요. 아니면…." 그녀의 푸른 눈이 반짝였다. "정 그렇게 원하신다면, 그 돈으로 하수구 좀 막아주시던지요!"

또한 3월에 아이다는 이제껏 인도에서 볼 수 없었던 수술을 목격했다. 놀라운 경험이었다. 새로 흉부외과를 맡기 위해 미국 보스톤의 안정된 생활을 마다하고 온 리브 H. 베츠의 수술이었다. 환자는 42개월 된 아이였는데, 나이에 비해 성장이 늦고 '동맥관 잔존증' 이란 병을 앓고 있었다. 일반적으로는 출생 시에 심장에서 나가는 두 개의 큰 동맥이 스스로 닫히지만, 이 아이의 경우는 동맥이 열린 채로 남아 있었다. 심장에 있는 큰 동맥을 살피고 진단이 확정되자, 익숙한 손길로 조심스레 비정상적인 혈관을 막는 수술을 진행하는 모습을 아이다는 옆에서 지켜보았다.

마스크 뒤에서 두 눈을 반짝이며 그녀는 탄성을 질렀다. "내가 살아서 이 모습을 볼 수 있다니 얼마나 좋은지!"

더욱 놀라운 순간은 몇 주 후에 병원장인 사바리라얀이 들고 온 편지를 읽을 때였다.

"선생님,

우리 초등학교 3학년 학생들 몇 명이, 아프지만 돈을 낼 수 없는 어린이를 위해 돈을 모았습니다. 총 모금액은 12루피입니다."

편지를 보낸 사람은 이곳에 있던 어린 환자와 19명의 동급생들이었다.

최근 들어서는 흰 피부의 사람들보다는 검은 피부의 인도인들이 아이다가 감탄할 만한 실력을 보이는 경우가 많았고, 벨로르에서도 점차 재능있고 잘 훈련된 인도인들이 책임자의 자리를 맡았다. 그 예로, 내과 과장으로 있는 쿠툼비아, 피부과의 브학타비지암, 뛰어난 신경외과 과장인 제이콥 챈디, 산부인과의 미리암 마누엘, 심장학과의 카말라 비틸린감, 위생학과와 병리학과와 생리학과의 코넬리우스, 아시르바탐, 데바다타가 있었다. 바로 그 해에 안남마 제이콥이 맥길 대학에서 2년 과정을 마치고 베라 피트만을 대신하여 간호과장으로 일하기 위해 돌아왔다. 아이다는 이들을 보며 너무나도 기뻤다.

벨로르에서의 생활이 너무도 흥미진진한지라 무더운 달을 힐탑에서 보내는 것이 싫을 정도였다. 남학생들 숙소 문제가 점차 심각한 수준에 이르렀지만, 그해 학교에 지원한 학생은 여학생 223명, 남학생이 무려 581명이나 되었다. 힐탑에서 6월을 보내면서 아이다는 그중 몇 명을 추려내야 하는 가슴 아픈 일에 참여했고, 마음을 졸이면서 조카 아이다 B.의 편지를 기다렸다. 남학생 15명과 여학생 30명을 뽑았다는 소식이었다. 아직도 인도는 인구 6,000명 당 의사가 한 명 뿐인 상황이었다.

같은 달에 라자루스한테서도 편지를 받았다. "지금 절대적으로 필요한 건 남학생 기숙사입니다. 어떻게 하면 좋을까요? 최소한 15만 달러는 들텐데요!"

1948년에 임시로 기숙사를 지었지만 북적이고 시끄러웠으며, 중앙에 공동부엌이 있었다. 하지만 1950년 6월에는 남학생 62명을 모두 수용하기 어려워 바로 옆의 사환 숙소 일부와 다른 5채의 집까지 숙소로 사용했다. 누군가가 벨로르 성 주변에서 진흙과 지푸라기로 만든 건물을 보고서 "우리 학교에서 저런 건물을 만드는 건 어때요?"하고 제안했다. 즉시로 건축이 시작됐다. 라자루스와 학교 위원회에서는 팔미라 나무를 건물 기둥으로 사용했고, 2주 만에 덤불과 지푸라기로 임시 식당을 만들었다. 7월이 되어 학생들이 도착했을 때, 그들은 매우 좋아하면서 새 건물에 '연회장' 이란 이름을 붙였다.

아이다는 그저 가만히 있을 수가 없었다. 참 많은 일들이 일어나고 있었다. 8월이 되어 벨로르에 도착한 그녀는 새로 만든 지푸라기 건물을 살펴보았고, 캠퍼스 남쪽 끝에 세울 남학생 기숙사 자리 근처에 파 놓은 우물을 점검한 후, 겨우 7미터 정도만 팠는데도 좋은 물이 있다며 매우 기뻐했다. 지난 3년간 제대로 비가 내리지 않은 걸 생각하면 정말 큰 수확이었다! 새 기숙사 건축 계획안을 살피던 아이다는 벽돌과 깨진 돌, 철 등의 건축 자재가 이미 한껏 쌓인 것을 보고 눈에 쌍심지를 켰다. 그리고 남학생 담당 학생과장인 에드워드 골트에게 따졌다. "그런 식으로 남학생들을 대해도 되는 건가요. 좀 그럴듯한 건물을 지어야 하지 않겠어요?"

학장은 참을성 있게 설명했다. "저희도 바라는 바입니다. 이모님도 보시다시피, 계획안은 손에 있고, 자재마저도 이미 준비된 상태지요. 돈이 들어오기를 기다리는 것뿐입니다."

아이다의 푸른 눈이 시들해졌다. 그리고 내뱉듯 대답했다. "흥! 내가 지금까지 돈이 들어오기만 기다렸다면, 아무 것도 못했을 거야. 자, 시작해 보자구요!"

아이다는 직접 시작했다. 이번 50주년 행사로 들어온 돈으로 남자 숙소를 짓는 데 사용하는 것이 가장 좋을 듯 싶었다. 16만 루피가 필요한 건물에 2만 루피로는 충분하지 않았지만, 유언장에 학교로 남기려고 했던 만 루피가 또 있었다. 아이다는 그날 아침 결정을 내린 후, 그날 오후 당장 건축에 들어갔다.

아이다의 기부에 학교 위원회는 감사의 뜻을 표하기는 했지만 여전히 조심스러웠다. 그래서 이렇게 주의를 주었다. "3만 루피를 다 쓰면, 이모님은 그만 손을 떼셔야 합니다."

아이다는 미소만 지을 뿐이었다.

그해 여름, 또 신나는 일이 일어났다. 8월에 벨로르에서 25킬로미터 떨어진 카바누르에 새로 지역 보건소를 여는 일을 도왔다. 이 지역은 대영 제국 연방 가운데 나병 발병률이 가장 높은 마을의 중심이었으므로, 나병 치료와 예방을 위한 실험장소로 선택되었다. 근처 마을들도 실험에 협조하기로 했다. 중심에서 1.6킬로미터 떨어진 한 마을에서는 주민들 중 76명 이상이 나병 증세를 보였는데, 이곳에서는 밤에 격리하는 실험이 시작되어, 저녁이면 중심지인 카바누르로 와서 식사를 하고 잠을 자는 식으로 치료를 받았다. 그리고 0.8킬로미터 정도 떨어진 다른 마을에서는 환자들을 새로운 약물로 치료하고 집에 머물도록 했다. 이번 실험은 가정에서의 치료와 격리 치료, 모두 나병 확산 예방에 효능이 있는지 알아보기 위한 시도였다. 나병은 어린이에게 쉽게 전염되고, 주로 사람들이 많이 모이는 곳에서 접촉을 통해 번져나가므로 밤 동안의 격리는 자못 기대되는 치료법이었다.

카바누르 자체 인구는 2,700명으로, 1,500명의 힌두인과 200명의 무슬림, 1,000명의 불가촉천민들이 살고 있었다. 이곳은 나병 치료뿐 아니라 산부인과, 어린이 위생, 공중위생에 특별히 중점을 두는 공공 보건 사업지로 선정되었다. 이미 간호학교 3학년생들의 실습 장소로 사용되고 있었다. 자기 나름의 식단을 짜고, 입원환자들을 돌보고 매일 주변 마을을 찾아가는 식으로 이곳에서 한 달을 지내면서, 학생들은 배우고 가르쳤다. 아기 엄마들과 건강에 대해 이야기도 나누고, 새로운 형태의 변소와 하수 저장소를 소개하고, 일반 가정에서 사용하는 점토 화로보다 개선된 연기 없는 '출하'를 보급하기도 했다. 마을에 있는 훈련된 산파인 '다이'들을 지도하면서 깨끗한 도구를 사용하는 법을 가르치기도 했다.

유능한 어느 산파가 아이다에게 이렇게 설명했다. "변화가 필요한 부분을 제외하고는 그 지역 풍습을 최대한 지키려고 한답니다." 예를 들어, 분만하는 동안 가족 친지들이 악령을 쫓는다며 단지에 불을 붙이고 주변을 돌며 춤을 추는 건 상관하지 않았지만, 아기의 위장병을 고친다며 뜨거운 인두를 지지는 일은 못하게 했다.

아이다는 신이 났다. 그가 간절히 바라던 한 가지 일이 드디어 성취된 것이다. 이미 퍼진 질병을 고치려고 애쓰는 대신 예방이 시행된 것이다. 앞으로 10년 후에는 생활향상 사업이 40개 마을로 확장되며 네 개 지소가 열심히 사역하는 모습을 보게 되리라. 그리고 지역 보건소와 벨로르의 병원이 정부의 사회복지협회와 함께 협력하며 이 일에 앞장서게 될 것이다. 이들은 영양실조에 걸리고 교육을 받지 못한 3만에서 4만 명의 지역민들이 사는, 길이 20킬로미터, 너비 6킬로미터의 지역 안에서 공중보건 교육을 통해 새로운 생활문화를 정착시키는 중대한 임무를 실행해야 했다.

그 한 해 동안 나병 재활 분야에서도 극적인 진보가 있었다. 폴 브랜드와 그의 동료들은 나병으로 신경 기형이 일어난 환자의 손을 훌륭하게 고친 후에도, 많은 이들에게 수술을 해주었는데, 뛰어난 솜씨로 구부러진 손만 고칠 뿐 아니라 발과 얼굴의 윤곽을 잡아주기까지 했다. 그러나 초반의 여러 수술이 성공적으로 끝난 지 얼마 되지 않았던 어느 날, 이전에 치료받은 한 환자를 만났다가 크게 충격을 받은 사건이 있었다.

환자의 기이한 비난에 너무나 놀란 그가 물었다. "제가 해를 끼쳤다구요? 손을 치료한 게 되려 해가 되었다고 말씀하셨습니까?"

환자가 대답했다. "맞아요, 선생님. 정말 제 손을 고쳐주셨지요. 하지만 그 손으로 대체 뭘 할 수 있겠습니까? 다른 사람들처럼 일자리를 구하러 가면, 사람들은 내게 나병의 징후가 있는 걸

보며 아무도 채용해주질 않아요. 이 손으로 구걸을 하면 아무도 불쌍히 여겨주질 않지요. 선생님은 제게 구걸하기에 적합하지 않은 손을 주신 겁니다. 아시겠어요?"

젊은 의사 폴은 찬찬히 대답했다. "네. 알겠습니다."

그해 말 쯤 되었을 때, 젊은 의사의 비전은 더욱 분명해졌고 목표는 더욱 강렬해졌다.

아이다는 25만 평 학교 부지의 한 귀퉁이에 서서 눈앞에 드러난 결과를 보며 감탄했다. 그리고 두 눈을 반짝이며 반복적으로 말했다. "네바 지베 닐얌. '새 생명 쉼터' 야." 아이다는 이엉과 회반죽으로 만든 오두막이 모여 있는 작은 마을을 보았다. 손과 발에 성형수술을 받은 나병 환자들은 이곳에 잠시 머물면서 자급자족하며 사는 법을 배웠다. 마을 중앙에는 목수용 작업대가 있었고 그 위에는 특별히 제작된 공구가 놓여 있었다. 꼭 쥘 수 있도록 스프링이 달린 집게와 가위가 있고, 못은 편리하게 사용하도록 홈을 따라 머리 부분이 놓여있으며, 도구를 쉽사리 꺼낼 수 있도록 구획이 나눠 있었다. 목수일과 석공일, 페인트칠, 인형제작, 플라스틱 상자 맞추기 등 새로운 기술을 개발시켜 나갔다. 아이다는 조각그림 맞추기와 동양식 장기판, 목각 인형, 움직이는 새를 보며 무척이나 좋아했다. 24명을 수용할 수 있는 나병 재활 센터에서는 새로운 기술을 가르쳐줄 뿐 아니라 물건의 제작과 소독, 판로까지 알선하는 중개자 역할도 했다. 자기 음식을 직접 재배하고 싶은 사람들은 교대로 밭을 가꾸고 물을 긷고 재배하는 단순한 일들을 했다.

아이다는 영국인 선교사 폴의 사역을 부러워하며 "정말 멋지구나!"하며 감탄했다. 류머티즘성 관절염으로 고생하는 84세 이튼 부인의 헌신적인 기부금 500파운드 덕분에 이 작은 공동체를 시작할 수 있었다.

손에 아무 감각이 없어 뜨거운 컵과 접시에 닿는 위험을 방지하기 위해 특수 제작된 나무 고리와 갈대 상자를 본 아이다는 그렁그렁한 눈으로 폴 브랜드를 놀라운 듯 바라보았다. "이 모든 걸 다 생각해냈다니!"

투표로 런던 외과 왕립 대학에 추대된 젊은 의사 폴은 고개를 저었다. "이제 막 시작인 걸요." 그의 검은 눈동자가 빛났다. "전 세계적인 재활 계획을 시도할 충분한 인원과 재정만 있다면, 부분적으로나 전체적인 불구로 고생하는 수백만의 사람들이 독립해서 생활하도록 도울 수 있을 텐데 말입니다."

아이다는 한숨을 쉬었다. 그럴 수만 있다면…! 그리고 자신이 80세가 아니라 30세 생일을 맞이한 상황이라면!

80년 전, 존 스커더 선교사는 다섯 아들을 낳고 이제 새로 아이를 출산한 아내를 바라보며 말했다. "여보, 여자 아이야!"

"정말요?" 아내는 힘찬 목소리로 말했었다.

지금은 1950년 12월 9일. 아이다는 여든 살로 보이지도 않았고, 스스로도 그렇게 느끼지 않았다. 큼직한 몸은 여전히 젊은 사람처럼 활기가 넘쳤고, 허리가 굽지도 않았으며, 재빠르고 통통 튀는 듯한 걸음걸이는 여전했다. 이마의 주름과 발그레한 두 뺨은 모든 일에 흥미와 관심이 있다는 표시처럼 보였다.

그날은 까마귀나 오색조 울음소리에 잠을 깰 필요가 없었다. 학생들과 사환들은 새벽같이 일어나 생일축하 의자를 만들 꽃을 모으고, 흰색 · 푸른색 꽃으로 예배실을 아름답게 장식하며, 아침 식사로 코코넛 우유를 대접하기 위해 레이스 받침을 준비했다.

첫 순서로는 오랫동안 충직한 운전사로 일했고 현재는 캠퍼스 관리자로 일하는 라자마니캄이 축하 인사말이 큼직하게 그려진 케이크와 80개 양초가 빛나는 모래 접시를 들고 당당히 들어왔다. 하지만 이건 겨우 시작일 뿐이었다. 아이다는 예배와 생일 의자, 성대한 식사, 화려하고 긴 축하인사, 학생들과 간호사, 동료, 사환, 벨로르 주민, 환자들의 감사인사를 듣는 것이 기쁜 반면에, 싫기도 했다. 마치 고인에 대한 송덕문을 낭독하는 장례식을 지켜보기 위해, 송장이 다시 살아난 듯한 느낌이었기 때문이었다. 난처한 질문 공세가 끝나고 잠시나마 테니스를 즐기며 쉴 여유가 있어서 기뻤다. 최근 들어서는 예전만큼 빨리 달리지 못하기는 했으나, 공이 가까이 들어오기만 하면 놓치는 법이 없었다.

함께 테니스를 치던 젊은 친구가 말했다. "정말 재밌는 경기네요! 혹 너무 지치신 건 아닌지 모르겠어요."

아이다는 날카롭게 받아쳤다. "지치다니 무슨 소릴. 자네야말로 기진맥진해 보이는데."

6시가 되자, 군악대의 음악 소리에 맞춰 발을 까딱거리던 아이다는 잠시 후, 키가 크고 멋들어진 영국식 정장을 입은 위원회 의장 사무엘 란가나탄의 부축을 받아 건물 밖으로 나갔다. 병원 내 간호사용 배드민턴 코트에는 그의 생일을 축하하기 위해 모인 큰 무리가 보였다. 터번을 쓴 사람들과 국민 회의파 의원들과 꽃으로 장식한 여성들이 뒤섞여 있었다. 단상 앞쪽에는 8단으로 만든 모조 생일 케이크가 있었는데, 80개의 전구로 장식되었고, 맨 아랫단은 단상만큼이나 넓었으며, 가장 꼭대기 단은 아이다의 앉은키 높이만 했다.

전 세계의 친구들이 보내온 힌디어, 영어, 우르두어로 된 인사말이 낭독되었다. 22명의 직원 자녀들이 각 나라별 전통 복장을 입고서 여러 단체와 인도 각 지방과 해외에서 온 선물이 담긴 22개의 금색 지갑을 선물했다. 금액은 약 5만 루피(1만 달러)였다. 그 돈으로 얼른 벽돌과 회반죽과 돌을 구입해서 남자 기숙사를 만들어야겠다는 마음에, 아이다는 식이 끝나기를 기다리기가 힘들 지경이었다!

아이다의 열정에는 전염성이 있었다. 몇 주 후, 누군가가 기숙사 모형을 만들었고, 다른 한 사람이 모형 사진을 찍었다. 그리고 사진 위에 도장을 찍어, 건물에 사용될 벽돌 한 장 값에 사진을 판매했다. 학생들이 직접 판매했는데, 이를 통해서만 1,400루피를 모금했다. 마드라스 상공회의소에서는 학생과장인 골트 씨의 말에 고무된 나머지, 한 번의 모임에서 무려 5만 루피를 모금하기도 했다. 골트 씨의 고향인 호주의 자선단체, 랭크 트러스트에서도 많은 돈을 기부했다.

이듬해 2월, 아이다는 기초석을 놓았고, 2년 후 3층짜리 석조 건물이 육각형 부지의 다섯 면 위에 들어섰다. 당연히 나머지 한 면에는 정원이 들어섰다.

남학생들을 허입한 이후로, '아이다 이모님' 은 그들 편이 되었다. 인종과 피부색의 장벽뿐 아니라 성별의 장벽에 흔들리지 않는 아이다는 여학생들을 향한 애정과 관심을 남학생들에게도 똑같이 베풀었다. 남학생들은 아이다의 성경 공부 수업에 참여했고, 아이다를 찾아와 고민을 털어놓기도 했으며, 아이다가 일요일 저녁 식사를 하러 남학생 기숙사를 찾아올 때면 차에서 내리는 걸 돕겠다고 서로 아웅다웅했다. 아이다를 향한 그들의 애정은 존경이나 친절 그 이상이었다. 이는 마치 어머니를 향한 아들의 사랑과도 같았다.

아이다가 오랜 세월 키워왔던 꿈이 50년이 지나면서 점차 풍성하게 열매 맺은 것과는 달리, 땅은 그 소산을 내지 못했다. 한두 해 몬순 계절이 오기는 했지만, 메마른 바람만 불었을 뿐 구름 한 점 없었고, 기근은 계속되었다.

비가 다시는 오지 않을 셈인가? 3년, 4년… 5년이 지났다. 힐탑과 벨로르 사이의 먼지투성이 길을 다니는 동안 아이다는 인간의 극심한 굶주림과 함께, 창세기에 나오는 바싹 마른 암소 떼를 실제로 보게 되었다. 아무 할 일도 없고 경작할 밭도 없어, 우두커니 길가에 앉아 있는 소들의 몸에는 말라붙은 논밭의 먼지가 잔뜩 끼었고, 눈과 양 볼은 물 마른 우물만큼이나 홀쭉이 파여 있었다.

'75년 전 찾아온 이 곳. 그런데 그렇게 많은 시간이 흐르는 동안 해놓은 건 너무 적구나.'

금요일마다 아이다 B.와 함께 거리 진료를 나서는 일은 맘 아픈 고통이긴 하지만 위안이기도 했다. 이제 막 독립한 자존심 많은 국민들이 혹 조건부 원조를 받아들이지 않으면 어떡하나 하고 미국 공무원들이 고민하는 동안, 케어(CARE), 교회 세계 봉사회, 유니세프가 활동하고 있었다.

"아, 선생님, 제 아기 좀 봐주세요. 시래기처럼 힘이 없어요. 잘 놀지도 않고 웃지도 않는답니다. 제발요, 선생님. 하나밖에 없는 아이랍니다."

"네, 봐드리죠. 근데 먼저 하나님 아버지께 도와달라고 기도하구요." …

"선생님, 제 아이 좀 봐주세요. 3살 되었는데도 잘 서지를 못하구요, 다리랑 팔도 막대기처럼 말랐는데, 배는 볼록 튀어나오고 늘 울기만 해요."

"네, 알겠어요. 아이는 뭘 먹죠?"

"있는 걸로 먹여요. 쿨루랑 캄부 조금씩 먹이는데, 그것도 있을 때나 먹이죠. 숭늉 조금 하구요."

"아직 아이인데, 매일 질 좋은 우유와 달걀 한 개, 야채, 오렌지나 토마토 주스를 먹여야 해요. 꼭 그렇게 구해서 먹이세요."

"선생님, 그럴 수가 없어요. 돈이 없어요. 매일 오렌지 하나나 달걀 하나 살 돈 밖에 없어요. 우유는 꿈도 못 꿔요. 어떻게 하죠?"

"남편 나감마가 도움을 주지 않나요?"

"남편이요? 지금 멀리 가 있어요. 어디 있는지도 몰라요."

"왜 멀리 가 있는 거죠?"

"여기서는 짐꾼 일을 구할 수가 없었어요. 비가 안 오니 일자리가 없어요. 일거리를 찾으면 나중에 와서 돈을 주겠다고 했는데, 벌써 4달이나 지났어요. 아, 선생님, 우린 배가 고파요. 제 딸 판찰라이도 봐주세요. 예쁜 애긴데, 걷지도 못하고 일어서지도 못해요. 우리 착한 산무간도 늘 피곤해 해요. 도와주실 거죠?"

"네, 그럼요. 우리가 도울 수 있게 해주신 하나님께 감사하세요."

거리 진료 하루 동안 575명의 환자를 진료했는데, 그중 106명은 우유와 비타민이 필요한 어린이들이었다! 그들은 아이들을 진료탁자 옆에 한 줄로 세우고 환하고 귀여운 크리스마스카드를 보여준 다음, 필요한 음식을 배분해주었다. 몇 주 후, 아이들은 훨씬 생기가 돌기 시작했고, 피부도 부드럽고 정상으로 돌아왔으며, 혀에 생긴 염증도 나아졌고, 부어오른 발도 가라앉았다.

하지만 어느 도로를 달리든 바짝 마르고 볼이 움푹 패인 암소가 보였다. 어린 시절에 보았던 휑한 입을 벌린 숫자 0들의 나열이 다시금 재연되는 듯했다!

28 아름다운 마무리

코다이에 있든 벨로르에 있든 아이다의 하루는 늘 빡빡했다. 새벽 5시 30분에 일어나 6시에 아침식사를 했다. 벨로르에 있을 때는 직원들과 간호사들이 모이는 아침 기도회 시간에 맞춰 7시에 병원으로 갔고, 이후 환자들을 방문하며 각 병동을 돌아다녔다. 환자가 겁을 먹으면 직접 수술실로 따라 들어갔고, 마취가 풀릴 때는 침대 옆에 앉아 있었다. 그리고 그 환자가 병원을 떠날 때는 축복의 작별 인사를 해주었다.

여느 날과 다름없던 어느 날, 아이다는 아침 6시 30분에 벤케타차리 씨의 농촌 프로젝트를 위해 농촌 센터를 열러 갔다가, 학교에서 개최되는 전 인도 외과의 대회를 위한 전시회를 위해 되돌아왔다. 정오에는 500명을 위한 식사를 주관했고, 오후에는 회의에 참석했으며 이후 다시 성대한 만찬을 열었다.

그런데 갑자기 생전 처음이라 할 수 있을, 새로운 경험을 하게 되었다. 수술대 옆에서 수술을 하는 입장에서 수술대 위에서 수술을 받는 입장이 된 것이다. 아이다는 이를 무척이나 좋아했다. 그다지 심각하지 않은 탈장 수술이었고, 국소 마취를 했기에 큰 관심을 갖고 수술 과정을 따랐다. 이후 독방 입원실에서 아이다와 강아지 콜로넬은 큰 사치를 누렸다. 늘 꽃에 둘러싸였고, 예쁜 침실복을 입고 매일 머리를 말아 올리며 귀족처럼 지냈다. 간호사들이 찾아와 조언을 구했고, 의사들은 자문을 구하러 들렀다. 최근 들어, 의료 분야에서 보기 드문 봉사를 한 사람에게 주는 뉴욕 병원의 블랙웰 표창장을 받는 영광을 누리기도 했지만, 이 순간만큼 만족스럽지는 않았다. 지금은 인생에 있어서 몇 번 되지 않는 휴식 시간이자, 행복한 막간의 시간이기도 했다.

그렇지만 그런 쉼은 아주 잠깐이었다.

그녀는 83세의 나이에도 테니스 경기에서는 여전히 위력적인 서브를 넣었다. 84세 때에는 병원의 각층과 여러 병동을 보여주면서도 손님들 숨 돌릴 틈을 주느라 잠시 쉬는 정도였다. 85세 때에는 처음으로 코끼리를 탔다.

아이다는 아이다 B., 운전사 제리드, 다정하고 유능한 말동무이자 사환인 리지와 함께 사촌 언니 딕시가 사는 곳에 들렀다가 쿠누르의 주둔지를 떠나 집으로 돌아가는 길에 마이소르를 여행했다. 그런데 길가의 한 지점에 세워진 표지판을 보더니 다들 마냥 들떴다.

홍분한 아이다가 물었다. "그게 뭐지?"

제리드가 물어보러 갔다. "경마 경주라는데요."

아이다가 탄성을 질렀다. "그래? 빨리 가자구!"

일행은 방향을 돌려 울퉁불퉁한 언덕길을 따라 올랐다. 높은 언덕 꼭대기에 있는 출발점에는 울긋불긋한 천막이 쳐 있었고, 이리저리 의기양양하게 활보하는 말들과 붉은 색 모자, 셔츠를 입은 기수들과 제복을 입은 관리들, 큰소리로 손님을 부르는 잡상인들로 북적이는 축제 분위기였다. 일행은 입장권을 구입하고 자리를 잡았다.

주변 언덕 여기저기에 깃발이 꽂혀 있었다. 각 기수들은 차례로 정해진 길을 돌아야 했다. 혹은 자신이 정한 길을 따라 가파른 길을 올라가거나 내려가고, 장애물을 뛰어넘는 식으로 나름의 경주를 할 수도 있었다. 하지만 경기는 너무 지루했고, 그 사이 코끼리를 보게 되었다.

나중에 다시 길을 나서면서 아이다는 이렇게 불평했다. "다들 나를 알아보는데, 나는 알아볼 수가 없어서 무안하더라니까."

일행은 아름답지만 어지럽기도 한 산 모퉁이 길을 따라 구둘라르 가트로 30여 킬로미터를 달려가 구둘라르 게스트 하우스에서 하룻밤을 묵었다. 그리고 산 짐승들을 보기 위해 코끼리를 타고 가는 밀림 여행을 미리 예약해두었다.

새벽 3시에 일어난 일행은 아침 식사를 하고 칠흑 같은 어둠 속으로 향했다. 정해진 장소에 도착한 일행은 희미하게 보이는 물체를 손전등으로 비춰보았다.

의심쩍은 목소리로 누군가가 물었다. "야르나이? 코끼린가요?"

"아, 예. 코끼리는 여기에 있습죠" 하는 대답이 들려왔다.

어두컴컴한 산같이 큰 형상이 눈앞에 나타났다. 손전등을 비춰보자 위쪽은 어두움에 가려 있고 두 다리만 느릿느릿 걸어오는 게 보였다. 제리드와 리지가 먼저 올라가 아이다가 편히 앉을 곳을 찾아보기로 했다.

아이다는 깜짝 놀라 떨리는 목소리로 말했다, "이런! 과연 올라갈 수나 있을까?"

산림 관리인이 올라가는 것을 도와주었다. 마지막 걸음이 난제였다. 끝까지 올려주느라 뒤에서는 밀고 앞에서는 바득바득 이를 물고 올랐다. 머리 가까운 쪽에 앉았는데 그리 좋은 선택은 아니었다. 다른 사람들도 그럭저럭 무사히 아이다 뒤에 있는 큼직한 방석 위에 자리를 잡았다. 목숨을 부지하기 위해 덜컹거리는 철제 막대기를 단단히 붙들고 있는 동안, 눈앞의 산이 마구 흔들리더니 거대한 소리와 함께 위로 오르기 시작했는데, 뒤쪽도 마저 올라오기 전까지 무척이나 위태롭게 흔들렸다. 그런 후 코끼리는 느릿느릿 성큼성큼 걸어갔다.

10분 동안 앞뒤 사방으로 흔들리며 걸어간 후 아이다가 말했다, "어머, 애야, 이건 너무 무섭구나!"

“고모, 다시 돌아가고 싶으세요?”

“어, 그건 아니지!”

일행은 차츰 어둠이 열어지는 가운데 4시간 동안 코끼리를 탔다. 산 짐승 하나가 눈앞에 나타나자, 코끼리를 몰던 사람은 아무 말 없이 일행에게 손짓했다. 가느다란 대나무 사이로 흐릿하게 빛이 새어 들어오는데, 점박이 사슴이 일행이 가는 길을 스쳐지나가는 모습이 보였다. 야생 들소의 굽은 뿔은 마치 거대한 나무 둥치 같았다. 하지만 안타깝게도 호랑이는 보지 못했다.

코끼리 등에서 어떻게 내릴지에 비하면 등에 오르는 일은 오히려 사소한 문제였다. 코끼리 몰던 사람이 그 문제를 해결했다.

“자, 선생님, 오시죠!” 전폭적인 신뢰로 그의 팔을 꼭 붙잡은 끝에, 결국 내려올 수 있었다. 하지만 근육이 긴장하는 바람에 한 주 동안은 제대로 움직일 수가 없었다.

86세 생일을 보낸 다음 날에는 인도 동부 해안으로 가는 비행기를 탔다. 안타까운 마음으로 벨로르 학교에 사표를 내고, 비자파티남에 있는 안드라 의과 대학교에서 산부인과 대학원 과정 책임자가 된 힐다 라자루스를 만나러 간 것이었다. 라자루스 대신, 침례교 선교사인 존 칼맨이 병원장을 맡고, 마드라스 의무감이었던 인도인 데이비드가 학교장을 맡기는 했지만, 아이다는 친구인 라자루스의 빈 자리가 강하게 느껴졌고, 비행기 여행에 대한 기대만큼이나 친구와의 만남을 기대했다. 10년 전의 비행기 여행은 먼 과거의 일만 같았다.

비행기 이륙을 기다리는 중에 아이다가 후회하듯 말했다. "이런, 내 심장이 쿵쾅거리기 시작했는걸!" 하지만 일단 비행기가 뜨자 만족해했다.

푸르른 인도양이 내려다보이는 병원과 학교의 멋진 모습에 감탄하며 라자루스를 향해 아이다가 말했다. "정말 부러워!"

그때 조카인 아이다 B.가 끔찍하다는 듯 부탁했다. "제발, 저희 고모 좀 말려주세요! 다음 번엔 벨로르에 바다를 만들어야겠다며 구덩이를 파라고 하실 걸요!"

모험을 향한 아이다의 꺼질 줄 모르는 갈망이 언제나 순조로웠던 것만은 아니었다. 적어도 한 번인가는 끔찍한 일을 당할 뻔했다.

86세 생일을 맞은 지 한 달이 채 되지 않았을 때였다. 미국 인디애나 주, 블루프턴의 감리교회에서 선물한 대형 버스 감사 예배를 돕고 있었다. 학생들을 태우고 꽃으로 장식된 버스는 병원으로 첫 시승을 하기 위해 행정동 앞에 세워두었다. 아이다는 차에 올라 자리에 앉았다.

누군가 농담 삼아 제안했다. "운전석에 앉아보세요, 이모님. 옛날 푸조 차랑 비슷한 느낌인지 한번 보셔야죠."

운전사는 옆으로 자리를 옮겨 아이다가 운전대를 잡게 했다. 아이다는 흥미로운 듯 버스의 계기판들을 만지작거렸다. 그런데 갑자기 버스가 앞으로 움직이더니 앞의 나무를 향해 직진으로 달렸다. 어찌어찌해서 운전사가 운전대를 다시 잡는 바람에 겨우 사고는 막을 수가 있었다.

이제 막 태어난 신생국가에서는 나이를 먹는다는 것은 고문이었다. 아이다는 인도가 겪는 성장통을 눈여겨 살폈다. 특히 공중위생 분야에서 시도되는 두 차례 5개년 계획의 목표와 성과에 관심이 있었다.

아이다는 인도의 의과 대학이 1950년에서 56년 사이에 30개에서 42개로 늘어난 데에 주목했다. 그리고 자격을 갖춘 의사는 70,000명에서 82,500명으로 늘어났으며, 훈련된 간호사들은 17,000명에서 22,000명으로 증가했다. 하지만 아직도 간호사는 인구 16,000명당 한 명 꼴 밖에 되지 않았다.

놀라운 사실은 정부가 이번 두 번째 5개년 계획이 마칠 때까지 나라 전역에 말라리아 퇴치 프로그램을 시도한다는 소식이었다. 1차 계획 하에 162개 지소가 세워진 지역에서 6천만 건의 발병을 보였는데, 계획을 시도한 첫 해 동안에만 2천만 건이 감소한 결과였다.

1950년 이전과 비교할 때, 영아 사망률은 천 명 당 143명에서 122명으로 떨어졌다. 평균 수명은 30세 이상으로 올라갔다.

두 차례 5개년 계획의 사회 개발 프로그램 가운데 가장 놀라운 것은 50만 개 농촌 마을의 생활수준을 높이려는 대담한 시도였다. 1956년까지 7만 개 마을을 포함하는 700개의 사회 개발 구역을 지정했다. 아이다는 농업, 주거, 기본 교육, 가족계획, 위생, 관개, 공중 보건 등의 분야에서 마을 주민들이 스스로 생활을 향상시키도록 권장한다는 농촌 5개년 계획의 원칙에 찬성했다. 아이다는 농촌 인구의 40퍼센트를 포함하는 1,800개 사회 개발 구역이 세워지는 1961년까지 살아 직접 두 눈으로 확인하고 싶었다. 그리고 신생 국가의 계몽을 책임지고 있는 뛰어난 지도자를 직접 만나고 싶었다.

마침내 기회가 왔다. 네루 수상이 마드라스 대학의 100주년을 축하하러 마드라스에 왔을 대, 아이다는 맨 앞줄에 앉아 있었다. 새 건물의 기초석을 놓은 후, 공식 방문객들은 수상과 대학 총장을 뒤따라 다시 강당으로 돌아왔다. 그리고 요구에 따라 다들 자리에 착석했다. 단 한 사람만 빼고.

"고모, 앉으세요." 아이다 B.가 사정했다.

"그럼 안 보이는 걸." 아이다는 조용히 거절했다.

아이다는 계속 서 있었다. 친구인 아이다의 얼굴을 발견한 부총장의 얼굴이 밝아졌다. 그는 잠시 식을 중단하고 아이다를 수상에게 소개했다. 수치스러울 뻔했던 순간은 그렇게 지나가고, 그로 인해 오히려 극적인 시간이 되었다. 아이다 스커더와 열정이 넘치고 민감한 지도자 네루 모두 인도를 섬기기 위해 자기 삶을 헌신한 이들이므로, 어찌보면 이는 예정된 만남이었다. 아이다가 푸른 레이스 위에 장미꽃 무늬가 있는 드레스를 입고, 네루는 깃이 높은 인도 옷 아즈칸의 세 번째 단추 구멍에 장미꽃봉오리를 달고 있는 것 역시 단순한 우연의 일치가 아니었다. 평소 즐기던 세부적인 부분마저 조화를 이루는 것은 두 사람의 태도와 목적이 근본적으로 하나임을 보여주는 상징이었다.

"만나서 영광입니다, 선생님." 단순한 인사말이었지만, 그 속에 담겨진 진실은 몇 년 후 분명하게 드러났다. 자와할랄 네루는 세계를 향해 인도에서 일어나는 가장 흥분되고 희망적인 일은 산업화나 기술 발전이나 농촌 개발이 아닌 여성 교육이라고 선언하며 그 사실을 강조했다. 이후 그는 한 저명한 미국인 기자에게 이렇게 말했다. "여성이 자유로워지면 인도의 사회 조직에 변화가 옵니다."

그것은 지난 50년 간 아이다가 주장했던 바였다.

벨로르에서는 자체 사회 개발 프로그램을 진행하며 국가와 보조를 맞췄다. 학교는 마치 바나나 나무처럼 지속적으로 확장되고 있었으므로, 새로운 일이 시작되는 데는 한 달도 걸리지 않을 정도였다.

1953년에는 신경학과 새 병동이 개원했고, 연방 보건 장관인 라니쿠마리 암리트 카우르 씨도 참석했다. 1954년에는 단파 치료실과 부목 치료실, 사무실, 물 치료실을 갖춘 물리치료소가 완성되었다. 리본 절단을 원치 않았던 아이다는 리본을 매듭으로 묶어달라고 부탁한 뒤 양쪽 리본 끝을 잡아당겼다. 이로써, 소아마비와 중풍 환자들에게 새로운 재활 기회를 줄 새 치료소가 문을 열었다.

1955년 6월에는 영국 나병 선교회와 합작으로, 카리게리에 나병 연구 요양소를 열었다. 두 개의 부속건물과 그 사이에 가로수형 복도를 갖춘 아름다운 병원에서 실험 치료를 하고, 손과 발과 얼굴 기형을 수술했다. 폴 브랜드는 실험적인 수술을 통해 새로운 기술과 장치를 고안했다. 추가 궤양을 방지하기 위해 궤양이 생긴 발 형태로 만든 샌들을 만들고, 신경이 죽어서 감기지 않는 눈꺼풀을 수술하는 법을 발견한 것이다. 눈꺼풀 수술이란 눈꺼풀을 씹는 근육에 연결시켜, 잠자는 동안 이를 다물고 눈도 감을 수 있게 하는 방법이었다. 이 방법은 실명을 예방하는 데 더 없는 도움을 주었다. 특히 손가락과 발에 아무 감각이 없는 사람들에게 실명은 더 없는 불운이었다. 협력 프로젝트는 나병으로 고생하는 어린이들을 위한 요양소와 성인을 위한 나병 연구 요양소 개발을 목표로 삼았다.

1957년, 아이다의 87번째 생일이 되자, 마치 그 동안 쏟아 부었던 에너지가 갑작스레 창조적인 힘을 발휘하는 듯, 모든 일에 엄청난 진보가 있었다.

2월에는 학생들에게 농촌 지역 문제를 훈련시키고 주변 마을에 더욱 손쉬운 의료 및 교육 혜택을 줄 수 있도록 새로운 시설을 갖춘 농촌 보건 병원이 벨로르 학교 안에 개원되었다. 보건 병원에서는 병원에 머무는 동안 교육 프로그램에 참가하여 실습과 시청각 자료를 통해 더 나은 농촌 생활을 영위하는 법을 배울 수 있

87세 생일날의 아이다. 병원에서.

도록, 환자들에게 가족들을 데려올 것을 권장했다.

사회교육에 일가견이 있는 농촌 보건소는 정부의 사회복지협회와 협력하여, 벨로르 주변 네 군데 중심 도시에 간호사와 보건 직원, 실습생들을 보내 40개 마을을 담당하도록 했다. 그들은 영양상태 조사와 건강 검진, 지역 산파 교육, 공중변소와 연기 없는 화로인 출하, 여성의 교육 클럽과 사회 클럽 활동, 기술, 마을의 건강과 안녕을 증진하는 100가지 운동을 장려하는 활동을 했다.

아이다가 바라던 것과 거의 같은 일이었다. 어느 날 아이다는 학생들이 1년 반의 인턴 과정 중 하나인 오후 실습 활동을 나가기 위해 준비하는 모습과, 이를 지도하는 인도인 의사 벤자민 그리고 미국 공중 보건 교사인 폴린 킹을 보게 되었다.

"정말 멋지구나! 나는 젊은 친구들이 얼마나 부러운지 몰라! 매일 마을에 들어가 놀라운 변화를 직접 목격할 수 있으니 말야!"

한 학생이 고개를 저었다. "제가 보기엔 시간 낭비인 듯 한데요. 지금은 여기서 이렇게 활동하더라도, 나중엔 시골에 가지 않을 텐데요, 뭐."

다른 학생도 회의적이었다. "변화라구요? 이모님, 시골은 가망이 없어요. 직접 보셔야 합니다. 2년 동안 꼬박 교육해도, 등만 돌리면 즉각 옛날 방식으로 돌아가버리니까요. 시골은 변하지 않아요!"

세 번째 학생은 눈에 불을 켜며 반박했다. "아니, 변하고 있어!

지난 50년 동안 이모님이 하신 일을 생각해 봐. 5개년 계획 하에서 벌써 어떤 일이 일어났는지 보라구. 시골이 변하느냐 마느냐는 우리에게 달려 있어. 우리 중 몇이라도 마을을 찾아가 직접 생활하면서 보여준다면 말이야!"

아이다는 하얀 옷을 입은 남학생들과 하얀색과 푸른색으로 단정하게 입은 여학생들이 의료 도구와 식자표, 보건 교육 기구 등 더 나은 새로운 세상을 열어갈 꿈이 담긴 진료 가방을 들고 버스에 오르는 모습을 지켜보았다. 세 번째 학생은 제대로 이해하고 있었다! 70년 전, 부르심을 받았던 날까지만 해도 아이다 역시 앞의 두 학생이 말한 것과 같은 생각이었다. 떠나는 학생들에게 손을 흔들었다. 세 개의 씨앗 중 하나만이라도 꽃으로 자라난다면 그다지 나쁜 수확은 아닌 셈이다.

그 외에 다른 발전도 있었다. 방사선 치료 병동이 새로 열렸고, 병원을 이중으로 증축했으며, 아파트 6개와 12개의 새 병실을 만들었다. 병원 구내 뜰은 외래 환자 진료소로 만들었다.

1년 후, 새로 지은 건물을 돌아보던 아이다는 기쁨에 겨워 울고 싶은 마음마저 들었다. 시원하게 뻗은 복도와 베란다, 의사와 환자 개인 면담실과 교육실, 학생용 공간을 분리한 독특한 학과별 건물 구조, 실험과 약물 치료를 할 수 있는 편리한 배열. 특히 아이들이 좋아하는 색깔에, 공기가 잘 통하는 대기실이 갖춰진 밝고 깨끗한 어린이 병동. 어린이 병동에서는 예수님이 자신을 향해 기쁘게 달려오는 인도 어린이들을 맞아주시는 그림이 특히 아름다웠다. 팔레스타인의 산악지역 만큼이나 황량한 벨로르를 배경으로 하고 있으니 마치 예수님이 고향에 돌아오신 듯한 느낌도 받았다.

최근에는 워낙 많은 일이 일어났기에 일일이 다 점검하는 일도 벅차게 느껴졌다. 어느 금요일 오후, 지금은 안과 병원이 된 셸 병원을 방문한 아이다는 이동 진료를 준비하는 모습을 지켜보았다. 지난달에 기증받은 새 구급차에는 안과 과장인 로이 에벤에젤과 다른 두 인도인 의사, 간호사, 요리사, 요리 보조, 전도자, 다른 보조원들이 북적거렸다. 그 뒤로는 짚으로 만든 매트와 배게, 음식, 붕대, 전도지, 악기, 손전등, 기름, 의료 기구를 잔뜩 실은 트레일러가 있었다. 진료팀은 아이다를 향해 즐겁게 손을 흔들며 인사했다.

아이다는 에벤에젤에게 관심을 갖고 물었다. "이번엔 얼마나 멀리 가지요?"

그는 웃으며 대답했다. "112킬로미터쯤 갑니다. 좀 더 서둘렀어야 했는데, 아시다시피 이번엔 특별한 경우죠. 준비만 몇 시간이 걸리고, 또 먼저 28건의 백내장 수술을 했거든요. 이번엔 소를 키우던 오두막에서 합니다."

"10년 전에 처음 시작한 이후로 몇 번이나 진료를 나갔죠?"

"165번쯤 되죠. 수술은 만 번 정도 했고, 25,000명을 치료했습니다."

아이다는 푸른 눈을 반짝이며 소리쳤다. "산 토샴! 정말 잘 된 일이네요! 나도 도울 수 있으면 좋으련만!"

한때는 황무지와 오래된 벽돌가마가 있던 곳이었는데, 이제 곧 정신 건강 센터가 들어선다니 아이다는 감동을 받았다.

정신과 과장인 플로렌스 니콜스는 1946년 이곳에 도착한 이후로 최소한의 지원과 장비만으로 새로운 분야를 개척해왔고, 정신과 의사뿐 아니라 간호사와 치료사의 역할까지 도맡아 감당했다. 환자들을 수용할 적절한 시설이 없었으므로, 때로는 몇 달 동안 자기 방에서 환자를 24시간 보살핀 적도 있었다.

여느 나라와 마찬가지였지만, 인도에서도 정신과는 가장 관심 밖의 분야에 속했다. 플로렌스도 이 사실을 알고 있었지만, 의외로 흥미로운 사실을 발견했다. 인도는 유엔에 정신 건강 연구를 요청한 최초의 국가였던 것이다. 그리고 이미 정신과 의사를 양성하는 학교가 뱅갈로르와 봄베이 두 곳에 있었다. 플로렌스는 미국에서 한 인도인 정신과 간호사가 활동하고 있다는 것을 알고서, 그를 설득하여 자기 팀에 합류하게 했다.

10개의 일반 병실과 8개의 개인 병실, 외래 환자부를 갖춘 건물이 이미 사용되고 있었다. 치료 전문 센터로서, 다른 기관에서 모방할 수 있도록 제작된 이 병원은 편안하고 친근한 분위기를 주기 위해 일부러 작은 규모로 운영했다. 문을 잠그지도 않았다. 한 번은 수간호사가 주변 마을 사람들이 병원 뜰을 지름길로 사용한다며 불평했지만, 플로렌스는 철조망 치는 것을 반대했다.

오히려 마을 사람들이 이곳을 무서워하지 않는 게 기뻤다. 영화나 다른 공연을 할 때도 환자들만큼이나 외부 사람들이 많이 찾아와서 기쁠 따름이었다.

플로렌스는 서구나 인도 할 것 없이 정신병의 증상과 원인은 비슷하며, 동일한 치료를 요한다는 사실을 알게 되었다. 그렇지만 인도의 풍습과 전통에 맞는 치료를 하려고 노력을 기울였다. 이를 위해 환자들의 친지 가족들이 함께 와서 지내며 또한 치료 과정에 동참하도록 권장했다. 왜 질병이 발생했는지 가족들이 깨닫는 것 자체가 치료였다. 정신병은 가정 안의 건강하지 못한 관계에서 비롯되는 경우가 많기 때문이다.

복잡한 마음에 치유를 가져다 줄 푸른 잔디밭과 정원이 있는 평화롭고 아름다운 병원 분위기를 보며 아이다는 크게 기뻐했다. 25만 평의 황무지가 꿈도 꾸지 못한 기적을 만들어 냈다. 그리고 아직 더 많은 공간이 남아있다. 어린이 병원이 들어설 것이다. 이미 아이다의 귀에는 언덕배기의 바위를 잘게 쪼개는 망치 소리가 들려왔다.

1957년 6월에는 뉴욕의 NBC방송국에서 7명으로 구성된 취재팀이 인도를 찾아왔다. 매년 '의학의 날'을 맞이하여 '세계의 의사들'이란 제목의 프로그램을 찍는데, 약 2천만 명의 시청자들에게 상영될 예정이었다. 주제는 국제 친선 대사로 전 세계에서 사역하는 서구 의사들을 대상으로 했다.

인도에 도착한 취재팀은 벨로르에서만 취재했고, 습한 37도의 열기 속에서 17일을 머물면서 전체 55분짜리 방영물에 사용될 장면을 찍느라 여념이 없었다. 취재팀은 세계적으로 유명해진 폴 브랜드와 의료팀의 정형외과 수술, 나병 재활소를 찍었다. 그리고 리브 H. 베츠와 흉부외과 훈련생들, 거리 진료를 나선 아이다 B., 눈 진료를 다니는 램보를 찍었다. 취재팀은 눈 진료소를 찍느라 117킬로미터를 달려가 여행자 숙소에서 밤을 지새웠고, 홍보 담당인 리브 베츠와 함께 매트리스와 리넨 천, 모기장, 요리사, 요리 보조, 음식, 그릇, 손전등까지 실어갔는데 그만 담요를 빠뜨리고 말았다. 그리고 정원에 서 있는 아이다의 모습도 당연히 찍었다.

하지만 민첩한 움직임과 낭랑한 목소리와 곧은 어깨를 가진 아이다의 모습은 더 이상 아니었다. 지난 몇 년의 시간이 그녀에게 많은 것을 요구한 것이었다.

그로부터 2년 뒤에는 생애 마지막으로 가장 의미있는 영예를 얻었지만, 직접 가서 받을 만큼 몸이 말을 듣지 않았다. 하지만 아이다의 모교는 60년 전 학위를 받은 첫 번째 여성 졸업생을 기리기 위해 기꺼이 오랜 전통을 깨기로 했다. 상장은 88세 생일날 벨로르에서 수여되었고, 이는 테이프와 영화로 기록되었는데, 이후 1959년 4월 뉴욕에 모인 동창생들은 표창장 낭독과 아이다가 상을 받고 감사 말씀을 하는 모습을 화면으로 지켜보았다. 2만 킬로미터나 떨어진 곳에서 말이다.

코넬 대학교 의과 대학 동창회는

1959년의 표창장을

1899년 졸업생인

아이다 소피아 스커더 박사에게

수여하게 된 것을

자랑스럽게 생각합니다.

의학 교육과 공중 보건, 국제 이해에 관한 위 사람의 혁혁한 공을 기립니다.

인류를 향한 위 사람의 헌신은 모든 이에게 귀감이 되며,

우리 학교에 영예와 칭찬을 가져다주었습니다.

29 약속

만날 약속이 있는 게 생각나 잠에서 깼다. 어디였지? 누구랑 만나더라? 정확히 생각나지 않았다. 요즘은 정확히 기억 못하는 게 많았다. 시간이 되면 미리 준비해야 된다는 사실만 알 뿐이었다.

침대 옆으로 보이는 순백색 폭포를 향해 덩굴이 늘어져 있었다. 커튼 밖으로 조그만 팔리가 움직임 하나 없이 매달려 있고, 꼬리는 은색 낫같이 말려 있었다. 벌써 태양새는 계수나무 꽃잎을 따라 쉴 새 없이 날아다니고 있었다. 학교 뒤편 하늘은 롤러카나리아의 날개처럼 환한 푸른빛을 띠었다.

이런 광경을 좋아하긴 하지만, 분명 이것과 관련된 약속은 아니었다.

여느 날과 마찬가지로 병원을 방문하느라 옛 선교관 문을 지나는데, 갑자기 맨 처음 일을 시작했던 조그만 진료실을 찾아가고픈 맘이 들었다. 어쩌면 그곳이야말로 왠지 모를 이상한 기대감이 채워질 약속 장소인지도 모른다.

문을 지나 굽은 길을 따라갔다. 그곳에는 옛적 계수나무와 소가 주위를 둘레둘레 돌던 우물이 있었다. 아이다는 좁다란 진료실로 들어섰다. 누군가 창문을 활짝 열어놓았기에 가서 닫았다. 50년 전 길게 늘어선 환자들에게 여기서 약을 나눠주던 때를 떠올리면서 말이다. 하지만 오늘날 이곳엔 환자 대신 푸른 잔디와 연붉은 포인세티아, 어깨에 원숭이를 업고서 웃고 있는 소년뿐이었다.

과거와의 만남 역시 예정된 약속은 아니라는 것을 잘 알고 있었다.

병원에 도착하여 안쪽에 있는 연철문에 들어서니 도움을 필요로 하는 사람들이 들어왔다. 아이다는 여인들과 더불어 그들 자녀들에 대해 이야기를 나누었고, 근심하는 남편들과는 아내들에 대해 이야기를 나누었다. 그런데 무시무시한 종기 치료를 기다리며 겁에 질린 어느 촌부가 눈에 띄었다. "부인, 겁내지 말아요. 내가 옆에 있어줄 테니."

하지만 아침이 지나자 여인을 조용히 눕혀놓고서 미소를 지으며 방을 나섰다. 이번 약속은 사람들을 돌보는 것이 아니라는 것을 알았던 것이다.

높이 솟은 포트 힐이 정오의 태양 아래 번쩍이고 있었다. 저 꼭

대기에 누군가의 형상이 서 있지 않은가? 정말 그렇다면 아마 1세기 전, 기적을 꿈꾸던 할아버지 존이 지금의 모습을 내려다보며 만족하고 계시는 형상이리라. 문득 자신과 함께 일해 왔던 할아버지의 꿈이 모두 이루어진 것을 보여드리고 싶었다. 낮잠 시간이 끝나기까지 기다릴 수가 없었다. 할아버지가 바로 옆에 계신 듯하여, 다시 차에 올라 아름다운 석조 건물과 주변 경관, 정신 건강 센터와 '새 생명 쉼터'를 보여드렸다. 아이다는 다시 할아버지를 셸 병원으로 모시고 가서 본관 건물과 오후의 햇살 속에 눈부시게 하얀 새 진료소를 보여드렸는데, 긴 복도 끝에는 인도 아이들과 함께 계신 예수님 그림이 있었다. 살로미와 그나남말도 함께 있었으면 좋아했을 텐데! 그런데 할아버지뿐 아니라 그나남말과 살로미도 옆에 서 있는 것을 보고 무척이나 놀랐다. "좁은 진료실과 셸 병원의 북적이는 베란다에서 시작해 얼마나 발전했는지 보라구! 아, 하나님은 정말 좋으신 분이야!"

그렇지만 병원을 빠져나오자 승리의 기쁨은 사라지기 시작했다. 햇살은 비스듬히 기울어졌고, 아이다는 무척 피곤했다. 자신이 이룩한 성공이지만 더 이상 빛나지도, 커 보이지도 않았고 너무나 부족해보였다. 새벽부터 밤까지 망치질 하는 소리가 들려오긴 하지만 고통 받는 이들의 심장 소리만큼 바삐 움직이지 못했다. 건물을 새로 올리고 증축하고 건축하지만, 층마다 힘겹게 자기 차례를 기다리는 사람들이 무지기수였다. 돌려보내는 환자들도 있었다. 시간과 병실, 돕는 손길, 장비, 돈이 충분한 적은 한 번도 없었다. 사람들의 부축을 받아 차에 오르는 순간, 할아버지와 살로미, 그나남말은 사라졌다.

지친 아이다는 운전사에게 말했다. "집으로 가지."

그런데 병원 문을 지나가는 중에 갑자기 아이다가 몸을 곧추세웠다. "잠깐! 세워요, 줄디, 빨리!"

도저히 믿기지 않는 장면이 눈앞에 펼쳐졌다. 처음엔 햇살 때문에 잘못 본 줄 알았다. 눈을 비비고 다시 보았다. 잘못 본 게 아니었다. 정말로 사람들이 허리를 굽히고 땅을 파고 두드리고 합판을 깔고 두꺼운 시멘트를 붓고 있었다. 이 사람들은 지금 하수구를 덮는 중이었다!

아이다는 큰 소리로 웃었다. 햇살에 꼭대기가 붉게 빛나는 포트 힐을 올려다보았다. 긴 그림자를 드리우는 검은 고대의 바위. 분명 저 바위 중 하나는 높게 쭉 뻗어 오른 형상이다. 더 이상 피곤이 느껴지지 않았다. 대충 깎아 만든 층계를 올라 꼭대기까지 올라갈 수 있을 만큼 힘이 넘치는 것만 같았다. 하지만 의지가 아무리 강해도, 두 다리가 마치 뿌리처럼 박혀 있는 상황에 지팡이를 짚고 산을 오를 수는 없는 노릇이었다.

아이다는 조용히 소리쳤다. "잠깐만요! 아직 다 돌아보지도 못했는데!"

하지만 힘겹게 차로 돌아오면서도, 할아버지 존과 그들이 함께 나눴던 꿈 역시 약속된 만남이 아니라는 걸 깨달았다.

갑자기 그 날이 금요일인 게 생각났다. 아이다 B.가 거리진료

나가는 날이었다. 하마터면 잊을 뻔 했다. 즉시 운전사에게 출발하자고 말했다.

마지막 거리 진료 정차소인 오두가투르에 도착하니 어두컴컴한 시간이었다. 구급차가 주차된 나무 아래로 환자들이 길게 줄을 서 있었다.

아이다 B.는 피곤한 듯 미소를 지으며 환영했다. "고모, 오늘은 천 명 넘게 진찰했어요."

진료팀들은 말이나 행동을 아꼈다. 아이다 B.와 두 명의 인도 의사와 학생, 간호사, 관리자, 분유가루를 나눠주는 매리 테이버 세바스찬, 바이올린을 든 전도자, 따로 떨어져 진료 탁자를 마련한 나병 전문가 포니아가 한 팀으로 일했다. 아이다 B.의 코커스파니엘 종 강아지 주디까지도 찡찡거리는 꼬마 환자들의 주의를 끌며 도움을 주었다.

아이다도 그들과 함께했다. 겁먹은 여인의 손을 꼭 잡기도 하고, 감염을 막느라 조카 아이다가 딱딱한 발꿈치 각질을 잘라주는 동안 소리치는 여인을 안정시키기도 했다. 또한 포니아가 새로 나온 나병 치료약을 나눠주는 것을 도왔다. 손자의 시력을 되돌릴 가망이 없다는 소식에 슬퍼하는 노부인을 위로하기도 했다. 나무 둥치 옆에 접이 의자를 놓고 앉아 애기 엄마가 사리 휘장 뒤에서 오랫동안 검사를 받는 동안 아기를 봐주기도 했다.

어둠이 내리자, 사람들의 얼굴과 모습이 먼지와 손전등 빛 속에 뒤섞였다. 형태와 모양이 없는 군중의 형상이었다. 그런데 그 사이로 흰 옷 입은 사람 하나가 이리저리 움직이는 모습이 어렴풋이 느껴졌다. 젊은 인도인 의사인가? 하지만 자세히 볼 수가 없었다. 아이를 겨우 잠재운 후에 너무 피곤해서 머리를 나무에 기대고 눈을 감았다.

어쩌면 눈을 다시 떴을지도 모르고, 어쩜 잠을 자거나 꿈을 꾼 건지도 모르지만, 흰 옷 입은 그 사람은 군중들 사이에서 나와 아이다 옆으로 다가왔다. 자세히 보니, 얼굴은 눈에 익었지만 인도인 의사는 아니었다. 이전에도 거리 진료를 가거나 병실이나 수술실에서 일하다가 오늘처럼 무척이나 피곤해서 손 하나 꿈쩍할 수 없을 때면 가끔 봤던 얼굴이었다. 오늘 오후에도 보았었다. 기쁨과 사랑에 빛나는 얼굴로 아이들을 맞아주는, 선명한 색채로 그려진 그분 말이다.

늘 그렇듯, 지금도 거룩한 그분의 임재를 느끼면 왠지 모를 죄책감이 들었다. 오래 전 버치필드 밀리컨이 말해준 대로 그분의 임재를 느낄 때는 하던 일을 멈추고서, 사랑과 감사와 기도로 무릎을 꿇어야 했다. 하지만 그럴 때마다 지금 그녀의 팔에 어린아이가 안겨있듯 늘 가로막는 것이 있었다.

아이다는 그분의 음성을 듣고 있는 듯, 갑자기 고개를 번쩍 들었다. 그리고 들릴 듯 말 듯한 소리로 중얼거렸다. "하지만… 이해 못하겠어요. 주님, 제가 주님을 압니다. 평생 동안 주님을 알아왔고, 또 더욱 깊이 알기를 바랐었죠. 하지만 주님을 위해서 한 게 너무 적고 … 늘 너무 바빴습니다. 근데 주님이 왜 제게 고맙다고 하시나요?"

다른 어느 누구도 그 대답을 듣지 못했다. 단 한 사람 외에는. 알아들을 만한 사람들은 다들 너무 바빴다. 갑자기 아기가 손을 뻗어 아이다의 폭신한 흰 머리를 만졌다.

> 너희가 여기 내 형제 중에 지극히 작은 자 하나에게 한 것이 곧 내게 한 것이니라

그날 하루가 거의 끝나갔다. 그리고 아이다는 약속된 만남을 지켰다.

감사의 말

다음의 분들에게 감사의 말씀을 전하고 싶습니다.

아이다 여사의 조카딸인 아이다 B. 스커더에게 감사드립니다. 선생의 도움과 비평과 통찰력이 없었더라면 이 책을 쓸 수 없었을 것입니다.

《인도의 의사, 아이다》(*Dr. Ida: India, Revell,* 1939)와 《인도 벨로르의 의사, 아이다 스커더》(*Dr. Ida S. Scudder of Vellore, India,* 1950)의 저자인 폴린 제퍼리(M. Pauline Jeffery)에게 감사합니다. 그녀는 두 권의 전기를 자료로 사용하도록 허락해주셨습니다.

스커더 일가에 대한 방대한 자료를 주신 존 스커더 3세 부인에게 감사드립니다.

아이다 여사의 생애에 관한 자세한 정보를 주신 매리 테이버 세바스찬에게 감사드립니다.

의료 학교의 초기 상황에 대해 자세한 정보를 주신 에벤에셀 그나나무투 토마스, 카말라 비틸링감, 미리암 마누엘, 헬렌 에벤에셀, 앨리 코루투 존, 등 여러 의사분들에게 감사드립니다.

여러 자료와 지도와 사진을 주신 리브 H. 베츠 부인와 벨로르 기독 의과 대학과 병원 홍보부에 감사드립니다.

아이다 여사의 가족 관계에 관하여 자세한 내용을 싣도록 허락해 주신 V. T. 랭거스와미 이엔가 부인께 감사드립니다.

그 외에 자세한 정보와 일화와 개인 회고록을 사용할 수 있도록 해주신 아이다 여사의 여러 친척들과 친구분들, 동료인 트레바 마샬, 캐롤 제임슨, 베라 피트먼, R. N., 라비나 호네거, 코넬리우스, 아룰라팜, 샬로트 위코프, 힐다 라자루스, 존 피에트, 존 카르멘, 조이 폴, 에드워드, 에드너 걸트, D. L. 그래함, M. D. 그래함, 마리 벅, 리브 H. 베츠, 루스 마이어, 베르나딘 시에베르스 데발로이스, 마르조리 반 브란켄, 블래이스 리베이, 로즈 차코, 쿠툼비아, 플로렌스 니콜스, 폴 브랜드, 로이 에벤에셀, 헬렌 스커더 부시에, 카틀린 스커더 리드, 앨리스 반 도렌 여러분께 감사드립니다.

저자소개 도로시 클라크 윌슨 Dorothy Clarke Wilson

집필 당시, 저자인 도로시 클라크 윌슨은 여러 지역을 다니며 강연을 하고, 남편을 보필하면서 바쁘게 지냈다. 그의 남편은 감리교 뱅거 교구 감독으로서 90개 교회를 관할하던 감리교 사역자였다. 저자는 바쁜 가운데서도 일반 소설 1권, 성경을 배경으로 한 5권의 소설을 썼고, 60개가 넘는 기독 연극 각본과 인도에 관한 방대한 여행기를 쓰고, 다양한 기독 잡지에 수많은 글과 이야기를 투고하는 기염을 토했다.

어릴 적부터 저자는 글쓰기에 큰 뜻을 품었다. 10살 때 쓴 첫 번째 시는 지역 신문 어린이 란에 실렸다. 14살 때는 성경에 관한 첫 번째 이야기를 써서 기독 잡지에 실리기도 했다. 미국 매인 주 루이스톤에 있는 베이츠 대학 재학 시절, 영문학을 전공한 저자는 같은 학과생인 글래디스 해이스티 캐롤과 어윈 캔햄과 함께 대학 문학회에서 열성적으로 활동했다. 졸업 시에는 파이 베타 카파 클럽(*Phi Beta Kappa*, 성적이 우수한 졸업생으로 조직된 모임)에 들어가는 영예를 안았고, 이듬해 결혼하여 남편의 교회 활동을 돕기 위해 희곡을 저술하면서 본격적인 작가 활동을 시작했다.

1949년 감리교 선교회에서는 저자 도로시 윌슨을 인도로 보내 선교에 관한 소설 저술을 위한 자료를 모으게 했는데, 그 여행을 통해 인도에 대한 지식과 관심을 얻게 된 저자는 아이다 스커더에 관한 전기를 집필하기로 마음먹었다. 전기 집필을 기획하면서 저자는 1957년에 다시 인도로 돌아가 아이다 스커더의 의료 센터가 위치한 벨로르에 머무르며 아이다를 만났고, 그곳에서 시작하여 남인도를 두루 돌며 직접 자료를 수집했다.

도로시 윌슨은 미국 매인 주 출신이며, 조안과 해롤드 두 명의 자녀를 두었다.

매인 대학의 윌슨 센터는 남편 엘윈 윌슨과 도로시 윌슨을 기념하여 세운 곳이다. 저자는 2003년 99세 생일을 앞두고 사망하기까지 활발한 저술 활동을 했고, 많은 상을 받았다.

다양한 전기와 소설을 저술한 저자의 책 중 가장 널리 알려진 《이집트의 왕자》는 영화 〈십계〉의 토대가 되었고, 웨스트민스터 상을 수상했다. 〈좋은씨앗〉에서는 그녀의 책 《폴 브랜드 평전》을 펴낸 바 있다.

역자소개 주지현

외국어대학교 러시아어과를 졸업하고 예수전도단과 열방대학에서 선교와 중보기도, 귀납적 성경연구 훈련 등을 받았다. 러시아 내 알타이 공화국에서 선교사로 섬겼으며 현재는 전문 통번역사로 일하면서 남편과 함께 북방지역 NGO사역을 준비하고 있다. 역서로는 《교회가고 싶은 남자》《열방을 품은 그리스도인》《No!라고 말할 줄 아는 십대양육》《축복의 이름》(이상 좋은씨앗), 《그리스도인의 영적성숙》(예수전도단) 등이 있다.